KT-237-694

LES ŒUVRES COMPLETES DE VOLTAIRE

I B

VOLTAIRE FOUNDATION
OXFORD
2002

BIRKBECK LIBRARY COLLEGE

© 2002 VOLTAIRE FOUNDATION LTD

ISBN 0 7294 0774 8

Voltaire Foundation Ltd
99 Banbury Road
Oxford OX2 6JX

PRINTED IN ENGLAND
AT THE ALDEN PRESS
OXFORD

présidents d'honneur

W. H. BARBER

CHRISTIANE MERVAUD

directeur de l'édition

NICHOLAS CRONK

assistante à la direction

JANET GODDEN

comité éditorial

MARIE-HÉLÈNE COTONI   FRANÇOIS MOUREAU

SIMON DAVIES   JOSÉ-MICHEL MOUREAUX

MICHEL DELON   JOHN RENWICK

J. P. LEE   JEROOM VERCRUYSSE

HAYDN MASON   DAVID WILLIAMS

SYLVAIN MENANT   CHARLES WIRZ

conseil consultatif

W. BAHNER   R. MORTIER

J. BALCOU   A.-M. ROUSSEAU

G. BARBER   J. SCHLOBACH

A. BILLAZ   D. W. SMITH

E. R. BRIGGS   U. VAN RUNSET

R. MAUZI   P. ZABOROV

direction de l'édition

1968 · THEODORE BESTERMAN · 1974
1974 · W. H. BARBER · 1993
1989 · ULLA KÖLVING · 1998
1998 · HAYDN MASON · 2001
2000 · NICHOLAS CRONK ·

sous le haut patronage de

L'ACADÉMIE FRANÇAISE

L'ACADÉMIE ROYALE DE LANGUE ET DE
LITTÉRATURE FRANÇAISES DE BELGIQUE

THE AMERICAN COUNCIL OF LEARNED SOCIETIES

THE BRITISH ACADEMY

L'INSTITUT ET MUSÉE VOLTAIRE

L'UNION ACADÉMIQUE INTERNATIONALE

réalisée avec le concours gracieux de

THE NATIONAL LIBRARY OF RUSSIA
ST PETERSBURG

Ouï mieux que toy, DUCLOS, actrice inimitable
De ton art connais les beautés
Qui scait jamais donner un air plus veritable
A des mouvements imités

Ah! que j'aime a te voir en amante abusée
Le visage noié de pleurs,
Fiere Inflexible cœur du parjure Thesée
Toucher, emporter tous les cœurs.

De tous nos mouvemens es tu donc la maitresse
Tiens tu nôtre cœur dans tes mains,
Tu feins le desespoir la haine la tendresse
Et tu sens tout ce que tu feins.

Se vend a Paris chez la V.e F. Poincort Chenier graveur Rue S.t Jacques au Cæur Bonne a la gloire des oix privilege du Roy.

'Mlle Duclos', gravé par Louis Desplaces, 1714, d'après N. de Largillière.

1707-1722

II

TABLE DES MATIÈRES

TABLE DES MATIÈRES

ILLUSTRATIONS

REMERCIEMENTS

Pour la préparation du volume présent nous sommes particulièrement redevables au dévouement et à l'érudition de W. H. Barber, Simon Davies, Haydn Mason, Christiane Mervaud et Charles Wirz.

La préparation des *Œuvres complètes de Voltaire* dépend de la compétence et de la patience du personnel de nombreuses bibliothèques de recherche partout dans le monde. Nous les remercions vivement de leur aide généreuse et dévouée.

Parmi eux, certains ont assumé une tâche plus lourde que d'autres, dont en particulier le personnel de la Bibliothèque nationale de France et de la Bibliothèque de l'Arsenal, Paris; de l'Institut et musée Voltaire, Genève; de la Taylor Institution Library, Oxford; et de la Bibliothèque nationale de Russie, Saint-Pétersbourg.

Parmi les institutions qui ont bien voulu nous fournir des renseignements ou des matériaux pour le volume présent, nous citons: British Library, Londres; Bodleian Library, Oxford; Bibliothèque publique et universitaire, Genève.

SIGLES ET ABRÉVIATIONS

Arsenal   Bibliothèque de l'Arsenal, Paris
Bengesco   *Voltaire: bibliographie de ses œuvres*, 1882-1890
BnF   Bibliothèque nationale de France, Paris
BnC   BNF, *Catalogue général des livres imprimés*, Auteurs, ccxiv
[Voltaire]
Bodley   Bodleian Library, Oxford
BV   *Bibliothèque de Voltaire. Catalogue des livres*, 1961
CN   *Corpus des notes marginales de Voltaire*, 1979-
D   Voltaire, *Correspondence and related documents*, éd. Th. Bester-
man, dans *Œuvres complètes de Voltaire / Complete works of
Voltaire* 85-135, 1968-1977
Dangeau   Dangeau, *Journal*, 1854-1860.
GpbVM   State Public Library, St Petersburg, Voltaire Manu-
scripts
IMV   Institut et musée Voltaire, Genève
M   *Œuvres complètes de Voltaire*, éd. Louis Moland, 1877-1885
MLN   *Modern language notes*
MF   *Mercure de France*
Quérard   *Bibliographie voltairienne*, 1842
RHLF   *Revue d'histoire littéraire de la France*
SVEC   *Studies on Voltaire and the eighteenth century*
Taylor   Taylor Institution, Oxford
Trapnell   'Survey and analysis of Voltaire's collective editions,
1728-1789', 1970
OC   *Œuvres complètes de Voltaire*, 1968- [la présente édition]

L'APPARAT CRITIQUE

L'apparat critique placé au bas des pages fournit les diverses leçons ou variantes offertes par les états manuscrits ou imprimés du texte. Chaque note critique est composée du tout ou d'une partie des indications suivantes:

— Le ou les numéros de la ou des lignes auxquelles elle se rapporte; comme les titres ou sous-titres, les noms de personnages dans un dialogue ou une pièce de théâtre, et les indications scéniques échappent à cette numérotation, l'indication donne dans ce cas le numéro de la ligne précédente suivi des lettres a, b, c, etc. qui correspondent aux lignes de ces textes intercalaires.

— Les sigles désignant les états du texte, ou les sources, repris dans la variante. Des chiffres arabes, isolés ou accompagnés de lettres, désignent en général des éditions séparées de l'œuvre dont il est question; les lettres suivies des chiffres sont réservées aux recueils, w pour les éditions complètes, et т pour les œuvres dramatiques; après le sigle, l'astérisque signale un exemplaire particulier, qui d'ordinaire contient des corrections manuscrites.

— Des explications ou des commentaires de l'éditeur.

— Les deux points (:) marquant le début de la variante proprement dite, dont le texte, s'il en est besoin, est encadré par un ou plusieurs mots du texte de base. A l'intérieur de la variante, toute remarque de l'éditeur est placée entre crochets.

Les signes typographiques conventionnels suivants sont employés:

— La lettre grecque bêta β désigne le texte de base.

— Le signe de paragraphe ¶ marque l'alinéa.

— Deux traits obliques // indiquent la fin d'un paragraphe ou d'une partie du texte.

– Les mots supprimés sont placés entre crochets obliques < >.

– Les mots ajoutés à la main par Voltaire ou Wagnière sont précédés, dans l'interligne supérieur, de la lettre ^{V} ou ^{W}, suivie d'une flèche verticale dirigée vers le haut $^\uparrow$ ou vers le bas $^\downarrow$, pour indiquer que l'addition est inscrite au-dessus ou au-dessous de la ligne. Le signe $^+$ marque la fin de l'addition, s'il y a lieu.

– Toute correction adoptée dans un imprimé est suivie d'une flèche horizontale → suivie du sigle désignant l'imprimé.

Exemple: 'il <allait> $^{W\uparrow}$ <courait> $^{V\downarrow}\beta$' signifie que 'allait' a été supprimé, que Wagnière a ajouté 'courait' au-dessus de la ligne, que 'courait' a été supprimé, et que Voltaire a inséré la leçon du texte de base au-dessous de la ligne. Une annotation du type 'w75G*, →K' indique qu'une correction manuscrite sur l'édition encadrée a été adoptée dans les éditions de Kehl.

PRÉFACE

La première référence à Voltaire dans les *Mémoires* de Saint-Simon figure sous l'année 1716. Le mémorialiste, écrivant avec le recul du temps, affecte un dédain prévisible pour ce poète, auteur de 'vers fort impudents':

Arouet, fils d'un notaire, qui l'a été de mon père et de moi jusqu'à sa mort, fut exilé et envoyé à Tulle pour des vers fort satiriques et fort impudents. Je ne m'amuserais pas à marquer une si petite bagatelle, si ce même Arouet, devenu grand poète et académicien sous le nom de Voltaire, n'était devenu à travers force aventures tragiques une manière de personnage dans la république des lettres, et même une manière d'important parmi un certain monde.[1]

Dans le volume 1A, nous avons recueilli les deux premières tragédies de Voltaire, *Œdipe* (1718) et *Artémire* (1720), œuvres écrites pour la Comédie-Française et qui représentent en quelque sorte la face officielle de l'écrivain débutant. Le jeune Arouet, vers la même époque, travaillait à un poème épique publié en 1723 sous le titre de *La Ligue*. Mais il composait aussi un grand nombre de textes 'portatifs', en prose et en vers. Le présent volume réunit tous ces premiers écrits du jeune poète, de la première œuvre qu'il a signée, l'*Imitation de l'Ode du Père Le Jay sur sainte Geneviève*, publiée en 1709 alors qu'il était étudiant en rhétorique à Louis-le-Grand, jusqu'au premier poème philosophique majeur, rédigé en 1722, et connu (plus tard) sous le titre d'*Epître à Uranie*. Ces premières œuvres du poète, même celles qui peuvent apparaître comme mineures, nous font entendre une voix poétique qui est

---

[1] *Mémoires*, éd. Y. Coirault, Bibliothèque de la Pléiade ([Paris] 1983-1988), v.888. La seule autre référence à Voltaire chez Saint-Simon se trouve sous l'année 1717, et concerne son incarcération à la Bastille (vi.343).

parfois plus personnelle, plus caractéristique aussi de l'écrivain à venir, que celle des premières tragédies.

Les deux premiers contes en prose, *Le Crocheteur borgne* et *Cosi-Sancta*, œuvres de circonstance composées, nous le savons maintenant, pour la première cour de Sceaux, représentent ses premiers pas en prose, et dans un genre qui allait asseoir sa gloire. Sa verve narrative s'exprime aussi dans les premiers contes en vers, y compris dans *Le Janséniste et le Moliniste* qui, dans le présent volume, est classé pour la première fois avec les contes en vers, genre qui allait occuper dans l'œuvre de Voltaire une place presque aussi importante que celle des contes en prose. Aussi ingénieux que soient les deux contes en prose, c'est essentiellement comme poète que le jeune Arouet se fait remarquer et s'impose. Il se révèle très tôt un versificateur de talent, parfois même éblouissant, et il versifie sur tous les sujets et en toute occasion; si c'est à cause de vers impudents, voire imprudents, qu'il est envoyé en exil, puis en prison, c'est toujours par des vers qu'il tente de regagner la confiance des autorités. Personne ne doute du talent immense du jeune poète, surtout pas le jeune poète lui-même, même si certains de ses contemporains doutent parfois de la sagesse de sa conduite, telle la marquise de Mimeure, dans une lettre de juillet 1719: 'Arouet, que vous connaissez mieux sous ce nom-là que sous celui de Voltaire qu'il a pris, est à Sully depuis deux mois [...]; si le jugement répondait à sa vivacité et au talent qu'il a de faire des vers, ce serait le plus grand homme en ce genre qui eût jamais paru.'[2] L'ambition du jeune auteur se dessine très tôt avec l'affaire de l'*Ode sur le vœu de Louis XIII*: étonné de ne pas avoir gagné le premier prix de l'Académie française, Arouet n'hésite pas à régler ses comptes avec La Motte dont le prestige ne semble pas l'intimider. D'abord marqué par l'influence de la Société du Temple, surtout celle de son premier maître, Chaulieu, ainsi que l'atteste le style marotique d'un certain nombre de ses premiers poèmes comme *Le Bourbier*, Arouet s'en dégage fort vite pour s'essayer à des styles

---

[2] Cité par David Jory, *OC*, vol.1A, p.392.

variés. L'esprit mordant du jeune auteur perce déjà dans la première satire importante, *A Mlle Duclos*, composée à la fin du règne de Louis XIV, pour s'épanouir pleinement sous la Régence. La réputation de poète satirique dont il jouit très vite fait qu'on lui impute même des vers qui ne sont pas de lui, comme le remarque Lagrange-Chancel dans l'*Ode première* de ses *Philippiques* qui, d'après Saint-Simon, circulait dès 1719:

> De cette crainte imaginaire,
> Arouet ressent les effets;
> On punit les vers qu'il peut faire,
> Plutôt que les vers qu'il a faits.[3]

Voltaire a mesuré très tôt ce danger, et dans sa *Lettre à Monsieur le Grand Prieur*, publiée dans le *Mercure* en 1716, il se décrit à la troisième personne comme

> Bien moins malin qu'on ne le dit,
> Et sans doute de Dieu maudit,
> Puisque toujours il versifie.[4]

Dans un autre poème, où il parle de lui, toujours à la troisième personne, il essaie de se défendre de cette réputation incendiaire:

> Les Muses partagent son temps;
> Seulement tout ce qui l'étonne,
> C'est qu'il passa toujours parmi les médisants
> Pour avoir chansonné les gens,
> Et que c'est lui que l'on chansonne.[5]

La présence de Voltaire chez les chansonniers de l'époque est hautement révélatrice de l'image que pouvaient avoir ses contemporains du jeune poète. Dans l'étude de la poésie voltairienne jusqu'à l'*Epître à Uranie* (1722), la question de la transmission des textes a été jusqu'ici passée sous silence; elle est pourtant

---

[3] La Grange-Chancel, *Les Philippiques*, éd. Léon de Labessade (Paris 1876), p.257.
[4] *Lettre de M. Arouet à Monsieur le Grand Prieur*, ci-dessous, p.290.
[5] *Lettre au nom de Madame la maréchale de Villars*, ci-dessous, p.431.

primordiale. Dans la production littéraire de Voltaire de cette période, il existe un décalage très net entre les œuvres imprimées et les œuvres qui ont circulé sous le manteau parmi un cercle d'amis et de connaissances. N'ayant point obtenu le premier prix de l'Académie pour son *Ode sur le vœu de Louis XIII*, c'est au *Mercure* qu'il s'adresse pour publier son poème, qui sera suivi de bien d'autres, afin de se faire lire par un public aussi large que possible. Nous donnons dans l'Appendice II la liste de ces poèmes publiés dans le *Mercure* pendant cette période: ils constituent en quelque sorte la face publique du poète qui cherche à asseoir sa réputation et surtout à dissiper son image de poète subversif.

D'autres poèmes, et ils constituent la majorité de ceux qui figurent dans ce volume, ne furent pas imprimés au moment de leur composition: ils circulaient cependant librement dans les cercles où évoluait le jeune Arouet, et, plus tard, au-delà. C'est le cas, par exemple, de *A Mlle Duclos* qui ne sera publié qu'à la fin des années 1730, après avoir été remanié et rebaptisé *L'Anti-Giton*; il en est de même pour *Le Pour et le contre* qui devra attendre un demi-siècle avant d'être imprimé en 1772 sous le titre d'*Epître à Uranie*, dans une version légèrement édulcorée, à un moment où la proclamation du déisme, loin d'être une profession de foi contre les chrétiens, vise désormais à combattre l'influence croissante de la pensée matérialiste. Jamais, au moment de leur composition, Voltaire n'aurait songé à faire imprimer ces deux poèmes: il les a conçus essentiellement commes poèmes 'manuscrits' ou clandestins, et c'est uniquement sous cette forme qu'ils ont longuement circulé. *L'Elève de Terpsicore*, édité par Boissy à Amsterdam en 1718, recueil d'extraits de poèmes satiriques, comprend plusieurs extraits de poèmes de Voltaire inédits, entre autres deux fragments de *A Mlle Duclos*. Nous trouvons d'autres indices de cette diffusion progressive de la poésie manuscrite de Voltaire dans les chansonniers du temps. Dans l'Appendice I, nous donnons une liste des poèmes de Voltaire qui se trouvent dans le recueil le plus complet pour l'époque, le chansonnier Maurepas (qui, pour la période qui nous concerne, recopie le chansonnier Clairambault). En diffusant ses œuvres de cette façon, Voltaire pouvait compter sur un public relativement étendu, et des poèmes tels que *Le Cadenas* ou *Le Bourbier* figurent parmi les textes tout juste avouables qui ont circulé largement avant d'être imprimés l'un et l'autre pour la première fois en 1724. Restent les poèmes vraiment subversifs que Voltaire contrôle de beaucoup plus près: l'*Epître à Mme de G.*, par exemple, qui frise l'athéisme, appartient à cette catégorie de textes inavouables et il n'est donc pas surprenant que nous n'en connaissions aucun manuscrit et qu'il ne figure, même partiellement, dans aucun recueil de l'époque.

La question de l'attribution est, bien entendu, une de celles que posent les vers clandestins. Les chansonniers nous aident parfois à confirmer une attribution, mais il reste des cas douteux: nous retenons en fin de volume deux poèmes, le *Regnante puero* et 'Usé du jeu que pratiquait Socrate' qui selon toute probabilité sont de Voltaire sans que nous en ayons la preuve certaine. La datation constitue un autre problème soulevé par la diffusion manuscrite, problème qui est particulièrement délicat pour cette période où la correspondance voltairienne est mince. Ici encore, le chansonnier Maurepas peut être d'une très grande utilité, comme peut l'être aussi le témoignage de J.-L. Carra, dont les *Mémoires* (1789) citent un certain nombre de poèmes de Voltaire qui auraient été saisis lors de son arrestation en 1717.[6] Les poèmes qui passent de main en main sous forme manuscrite ont souvent été offerts à des amis et leur caractère personnel nous admet dans l'intimité de l'auteur. C'est le cas du recueil Cideville, un manuscrit qui comprend un grand nombre de pièces de jeunesse et que Voltaire envoie en 1735 à son ami rouennais Cideville.[7] Les remaniements ultérieurs destinés à diverses éditions imprimées viseront à un autre moment un autre public.

Voltaire, dès le début de sa carrière, maîtrise l'art de moduler sa

---

[6] Pour la liste complète des poèmes cités par Carra, voir ci-dessous, p.349.

[7] Le recueil Cideville est conservé à la Bibliothèque municipale de Rouen; voir Edmond Meyer, 'Variantes aux "poésies mêlées" de Voltaire d'après le manuscrit envoyé par l'auteur à M. de Cideville en 1735', *RHLF* 39 (1932), p.400-23.

voix selon le public visé. La poésie de cette première période, souvent destinée à circuler dans l'intimité des cercles où le poète se faisait inviter, nous dévoile, sinon la face intime du poète – il reste trop classique pour jamais vouloir se dévoiler vraiment – du moins la face privée, l'envers de la voix officielle qui parle sur la scène de la Comédie-Française. Les années d'apprentissage de Voltaire sont en fait très courtes, entre les petits vers de collégien composés sous le règne de Louis XIV et l'importante épître déiste, qui commence à circuler à la fin de la Régence. En 1722, Arouet est bel et bien devenu Voltaire.

Nicholas Cronk

Ode sur sainte Geneviève

édition critique

par

Catriona Seth

TABLE DES MATIÈRES

INTRODUCTION

'François Arouet, Etudiant en Rhétorique, et Pensionnaire au Collège de Louis-le-Grand', signe avec une imitation d'un poème latin du Père Le Jay, *Sanctae Genovefae, Parisiorum patronae, votum ipso ejus festivitatis die persolutum*, sa première publication. [1]

Il ne s'agit pas, comme l'a cru un temps Luchet, d'une pièce de concours soumise à l'Académie française. [2] Le texte français est imprimé, à la requête des maîtres d'Arouet, dit-on, dans une petite brochure dont nous nous sommes servie pour établir notre version de base. [3] Voltaire ne recopie pas l'ode dans le recueil de poèmes envoyé à Cideville en 1735 et il la désavoue explicitement en 1773. Cela dit elle est admise dans toutes les éditions de ses œuvres depuis 1817; [4] et elle avait déjà été réimprimée du vivant de Voltaire dans le *Recueil C*, réuni par Barthélemy Mercier, abbé de Saint-Léger, et dans l'*Année littéraire* de 1764 ainsi que dans 64A notamment. Son attribution ne nous paraît pas poser de problème.

---

[1] BnF Rés. M Yc 908 (18), publiée s.l.n.d. Pierre M. Conlon, *Prélude au siècle des Lumières en France* (Genève 1973), 1709, 14838.

[2] Luchet, *Histoire littéraire de M. de Voltaire* (Cassel 1780), i.24-25: 'En faisant les premiers pas dans la carrière des Lettres, Monsieur de Voltaire s'y annonça par une Ode [...] sur Sainte Geneviève, dont le sujet avait été donné par le Père Lejay, Régent de Rhétorique de Louis-le-Grand, conjointement avec le Père Porée.'

[3] Une note de Mercier de Saint-Léger (*Recueil C*, Paris 1759) affirme ceci: 'C'est le premier ouvrage imprimé de M. de Voltaire. Il le composa au Collège de Louis le Grand, où il était pensionnaire et écolier de rhétorique, sous le P. le Jay et le P. Porée. Elle se trouve dans un recueil fort rare, imprimé dans le temps.' Nous n'avons trouvé aucune trace de ce recueil qui n'est pas signalé par Bengesco. Mercier fait peut-être référence à la publication séparée, un in-4° de 7 pages, qui constitue l'édition originale. Desnoiresterres quant à lui, fait état d'une édition donnée 'par les Jésuites, en regard de l'ode latine du P. Lejay', en 'huit pages, beau papier, in-4°' s.l.n.d. (*La Jeunesse de Voltaire*, Paris 1871, p.36).

[4] Cela n'empêche pas, d'après Bengesco (i.141), la *Correspondance littéraire* du 25 novembre 1863 de donner l'ode comme inédite: voir la *Chronique du Journal de la librairie* 3 de 1864.

Beuchot propose la date de 1709 mais Bengesco affirme que Voltaire était en rhétorique au cours de l'année scolaire 1710-1711. Conlon date l'ode de 1711 [5] et on peut écarter d'office la date de 1713 proposée par les éditeurs de la contrefaçon rouennaise de 1764 d'une *Collection complète* donnée avec l'adresse d'Amsterdam.

Pour affiner la question, il faut rappeler quelques éléments du culte de sainte Geneviève. [6] Née à Nanterre, la bergère, morte vers 500, s'est vite imposée comme patronne de Paris et dès avant la fin du sixième siècle elle est fêtée le 3 janvier. Le peuple parisien prend l'habitude d'implorer son assistance en des temps de difficultés quelles qu'en soient les origines. Sont alors organisées des célébrations exceptionnelles au cours desquelles les reliques de la sainte sont transportées en grande pompe de l'église de la Montagne-Sainte-Geneviève à laquelle elle donne son nom, à la cathédrale de Paris. A la fin du quinzième siècle, Erasme, de passage à Paris, est guéri lors de l'une de ces processions solennelles tenue à l'occasion d'une inondation de la Seine ce qui conduit le docte auteur à rédiger en reconnaissance des vers latins. Au seizième siècle les reliques de la sainte sont promenées quarante-quatre fois aussi bien contre les 'excès impies des huguenots' que pour faire cesser les intempéries. Voltaire lui-même rapporte dans *Le Siècle de Louis XIV* que la patronne de Paris a été invoquée pour obtenir la chute de Mazarin: 'On fit promener dans Paris la châsse de sainte Geneviève, pour obtenir l'expulsion du cardinal ministre; et la populace ne douta pas que cette sainte n'opérât ce miracle comme elle donne de la pluie' (M.xiv.201). Si le dix-septième siècle compta sept processions, la dernière et la plus somptueuse en 1694, l'année de la naissance de Voltaire, il n'y en eut que deux au dix-huitième. La première, célébrée en mai 1709, n'a pu manquer de frapper les jeunes écoliers

---

[5] *Prélude au siècle des Lumières*, p.254.

[6] Nos informations sur le culte genofévain et les citations sont tirées de Baudot et Chaussin, *Vies des saints et des bienheureux selon l'ordre du calendrier avec l'historique des fêtes* (Paris 1935), i.53-68.

de la Montagne-Sainte-Geneviève familiers de 'ces autels antiques / Parés de vos saintes reliques', du 'Tombeau sacré [...] / Enrichi des dons de nos rois'.

En ce printemps 1709, l'actualité politique et économique était désastreuse. La guerre de succession d'Espagne avait été ruineuse en hommes et en fonds. De plus, les récoltes s'annonçaient mauvaises. Le *Mercure galant* de juin 1709 s'attarde sur 'La Procession appelée *de la Châsse de Sainte Geneviéve*'. Tenue 'par Arrêt du Parlement, en conséquence des ordres de la Cour', elle était motivée par la conjoncture difficile:

la rigueur extrême de l'hiver dernier, [7] avait tellement endommagé les meilleures terres du Royaume, que presque tous les blés et autres grains qui avaient été semés pendant l'automne avaient péri. Quoique l'abondance des blés dans le Royaume eût été si grande les années précédentes, qu'elle était même à charge, cette ruine apparente de la récolte avait cependant rendu les blés si rares qu'ils étaient tout d'un coup montés à un prix excessif, et le peuple qui avait déjà souffert beaucoup par une longue guerre, était réduit à une grande extrémité. Dans cet état déplorable il eut recours à la Patronne de Paris, son asile ordinaire, afin qu'elle pût par son intercession, obtenir de Dieu, et la paix et du pain. [8]

Tous les témoignages font état d'une affluence extraordinaire. Le 8 mai, le Parlement ordonne que soit découverte la châsse, le 9 elle est exposée dès cinq heures du matin: 'L'affluence du peuple fut prodigieuse ce jour-là, et continua les jours suivants, et tout le clergé régulier et séculier de Paris et des environs, y vint en procession.' [9] En plus des hommes d'Eglise, les membres du Parlement, la grande noblesse française et étrangère, les bourgeois

---

[7] La saison rigoureuse est restée longtemps en mémoire. Roucher évoque dans les notes de son poème *Les Mois* (Paris, Quillau, 1779), i.27 'les froids excessifs des années 1709, 1740 et 1776' en rappelant que le mauvais temps avait commencé en janvier. Et plus loin (ii.312) il ajoute: 'L'hiver de 1709 sera toujours une époque mémorable dans les annales de la France. Les ravages en furent terribles, surtout dans nos provinces méridionales, où on ne l'appelle jamais que le grand hiver.'

[8] *Mercure galant* (juin 1709), p.39-41.

[9] *Ibid.* p.42-43.

de la capitale et le peuple, tous sont représentés. [10] L'élan spirituel
gagne l'ensemble des Parisiens. Des processions préparatoires des
reliques se font dans les différentes églises de la ville: 'presque
toutes les personnes considérables de Paris, se firent un devoir
d'accompagner à pied leur paroisse dans ces processions, pour
marquer leur zèle et leur dévotion'. [11] On le voit, le culte de sainte
Geneviève était à l'honneur. Le titre même du poème de Le Jay
tend à suggérer qu'il a été composé pour la fête de la sainte ce qui
légitime la supposition de René Pomeau. [12] En effet, si le texte a été
prévu pour le 3 janvier 1710, le jeune Arouet a bien pu le traduire
au cours de son année de Rhétorique. Un indice interne (vers 28-
30) offre un nouveau lien avec la date du 3 janvier. Cela dit, les
vers de Le Jay ont aussi bien pu être composés pour la fête de
sainte Geneviève des Ardents, le 26 novembre 1709.

'Je ne suis né pour célébrer les saints', dit le premier vers de *La
Pucelle* [13] mais plusieurs raisons ont pu pousser le futur Voltaire à
composer en l'honneur de la patronne de Paris un poème très
différent de la plupart de ses ouvrages ultérieurs. Tout d'abord, il
est très jeune et a pu être impressionné par les cérémonies de
procession de la châsse. Ensuite il est rompu aux exercices de
traduction et d'amplification qui sont au centre des méthodes
pédagogiques de ses maîtres. Il se surpasse d'ailleurs en cette année
de rhétorique car il obtient à la fois le premier prix de discours latin
et celui des vers latins. [14] Par ailleurs le jeune Arouet a pu vouloir

---

[10] Voltaire évoque plusieurs processions anciennes. Le ch.35 de l'*Histoire du
Parlement de Paris* (M.xv.557) rapporte que Henri IV est arrivé à Paris alors même
que la châsse de la sainte était promenée par le cardinal et Pellevé, le légat du pape.
Ailleurs nous lisons que dans un passé plus récent, on avait vu un chef militaire faire
ses dévotions lors d'une telle cérémonie: 'Y a-t-il rien de plus ridicule que de voir le
grand Condé baiser la châsse de sainte Geneviève dans une procession, y frotter son
chapelet, le montrer au peuple, et prouver par cette facétie, que les héros sacrifient
souvent à la canaille?' (*Le Siècle de Louis XIV*, ch.5, M.xiv.203).

[11] *Mercure galant*, p.51.

[12] *D'Arouet à Voltaire*, *Voltaire en son temps* 1 (Oxford 1985), p.46.

[13] *OC*, t.7, p.258.

[14] Pomeau, *D'Arouet à Voltaire*, p.47.

attirer sur lui l'attention du régent Le Jay voire, selon Desnoiresterres, proposer une offrande de paix ou s'acquitter d'un
pensum.[15] L'impression, que l'on dit voulue par les pères du
collège,[16] vaut encore mieux qu'un triomphe lors des exercices
publics des jours de remise de prix. Si Voltaire tient à oublier ce
premier ouvrage d'Arouet, l'ode lance le collégien qui est présenté
à Jean-Baptiste Rousseau.

Le poème est une traduction plutôt qu'une composition
originale. De plus il ressortit à un genre qui possède ses propres
contraintes, l'ode. Voltaire offre une suite d'octosyllabes en onze
dizains. Il respecte l'alternance des rimes masculines et féminines
avec un schéma de rimes croisées, plates puis embrassées
(ABABCCDEED). En plusieurs endroits, les rimes sont pour
l'oreille et non les yeux (airs / concerts) ou paraissent imparfaites à
l'oreille (pieds / voyez). L'allégorie d'ouverture et l'allusion finale
à Bellone montrent la coexistence, assez habituelle à l'époque, de
référents mythologiques au sein de la poésie sacrée. On notera que
Voltaire donne vie à son texte en ne s'arrêtant pas uniquement aux
indices visuels. Si les traditionnels 'Qu'aperçois-je' et 'Je vois'
annoncent des tableaux, dès la première strophe des phénomènes
auditifs viennent compléter notre vision. Si son aveu d'insuffisance
face à ses propres résolutions tient de la pose et vient de son
modèle, il n'est pas indifférent d'observer que la dernière strophe
de l'ode porte sur les malheurs de la guerre. Avant de devenir
Voltaire, le jeune Arouet y consacre un poème. Devenu homme de
lettres et philosophe à part entière, il fera de cette déploration un de
ses thèmes de prédilection. Sous l'écolier aux rimes parfois
maladroites, l'imitateur bridé par son modèle, perce déjà celui
qui compte se faire un nom dans les lettres et fera hommage de ses
écrits sinon à sainte Geneviève du moins aux causes qui lui sont
chères, le déisme, la tolérance, la liberté de penser.

Voltaire ne tira jamais gloire par la suite de cette première

---

[15] Voir Desnoiresterres, *La Jeunesse de Voltaire*, p.35.
[16] *Ibid.*

publication (dont Fréron se moqua en 1764[17]) et il ironise plusieurs fois allant même jusqu'à nier l'attribution qui lui en est faite. Parmi les notes qu'il a lui-même incluses dans *La Pucelle* nous lisons ceci: '[l'auteur offre] un démenti aux éditeurs qui dans une de leurs éditions lui ont attribué une ode à sainte Geneviève, dont assurément il n'est pas l'auteur.' [18] Et l'on sent percer une note d'auto-dérision dans une affirmation présente au sein des différentes versions de son essai sur la poésie épique. Il y envisage le problème de l'inclusion de personnages mythologiques ou saints et proscrit de fait le recours au merveilleux. Il choisit d'évoquer avant tout autre, parmi les figures chrétiennes, celle à laquelle il avait consacré son premier poème: 'Vénus et Junon doivent rester dans les anciens poèmes grecs et latins: Ste Geneviève, St Denys, St Roch et St Christophe, ne doivent se trouver ailleurs que dans notre légende.' [19] Le désaveu d'Arouet devenu Voltaire est avant tout un désaveu esthétique et intellectuel. Il se servira d'ailleurs de l'image de la châsse comme point d'orgue de comportements ridicules pour souligner les aspects pacifiques des philosophes par rapport aux inquisiteurs: 'Aucun philosophe n'a empêché qu'on payât les impôts nécessaires à la défense de l'Etat; et lorsqu'autrefois on promenait la châsse de sainte Geneviève par les rues de Paris pour avoir de la pluie ou du beau temps, aucun philosophe n'a troublé la procession.' [20] L'*Epître à Henri IV* (M.x.387-88), datée de 1766, indique combien le recours à la sainte est inutile:

> La fille qui naquit aux chaumes de Nanterre,
> Pieusement célèbre en des temps ténébreux,
> N'entend point nos regrets, n'exauce point nos vœux,
> De l'empire français n'est point la protectrice. [21]

[17] *L'Année littéraire* (1764), vii.622.
[18] *OC*, t.7, p.258 (chant I).
[19] *Essai sur la poésie épique*, *OC*, t.3B, p.496.
[20] *Réflexions pour les sots*, M.xxiv.123.
[21] Ainsi que le montre la correspondance, Voltaire proposa des modifications à ses vers craignant des réactions défavorables à son affirmation que le roi Henri IV valait mieux comme intercesseur que la sainte.

Et vers la même époque il parle dans des termes d'une dérision extrême de la procession des reliques de la sainte. Que l'on lise par exemple quelques lignes de *Conformez-vous aux temps* (M.xxv.317):

Il y a bien longtemps que vous n'avez promené dans les rues la prétendue carcasse de la bergère de Nanterre, et que Marcel et Geneviève se sont rencontrés sur le pont Notre-Dame pour nous donner de la pluie et du beau temps. Vous avez su que les bons bourgeois de Paris commençaient à soupçonner que ce n'est pas une petite fille de village qui dispose des saisons; mais que le Dieu qui arrangea la matière et qui forma les éléments est le seul maître absolu des airs et de la terre;[22] et bientôt Geneviève, honorée modestement dans sa nouvelle église, ne partagera plus avec Dieu le domaine suprême de la nature.

La procession qui avait entraîné le jeune élève de rhétorique devient pour le patriarche de Ferney un symbole des manifestations populaires de la superstition qui contredisent la véritable religion: 'Vous vous feriez peut-être lapider par le peuple de Paris si dans un temps de pluie vous empêchiez qu'on ne promenât la prétendue carcasse de sainte Geneviève par les rues pour avoir du beau temps.'[23]

Entre les diverses évocations, se dessine l'itinéraire d'un homme singulier: le jeune Parisien, bon élève et chrétien enthousiaste,[24] le littérateur, soucieux d'un renouveau de la

[22] Le *Traité sur la tolérance* contient une évocation similaire au chapitre 20: 'La bourgeoisie a commencé à soupçonner que ce n'était pas sainte Geneviève qui donnait ou arrêtait la pluie, mais que c'était Dieu lui-même qui disposait des éléments' (*OC*, t.56c, p.243).

[23] *Dîner du comte de Boulainvilliers*, *OC*, t.63A, p.393.

[24] L'*Année littéraire* (1764), vii.622-23, publie le texte entier du poème en le faisant précéder de quelques lignes d'introduction: 'Je viens de lire avec plaisir, Monsieur, dans une de vos feuilles, l'éloge que vous avez fait des odes du Père Bernard sur l'église de Sainte-Géneviève. Permettez-moi de vous rappeler à cette occasion que M. de Voltaire a chanté lui-même dans sa jeunesse la Patronne de Paris. Son ode fut imprimée; peut-être n'avez-vous pas ce morceau rare et curieux; je vous l'envoie; je suis persuadé que vos lecteurs seront flattés de la connaître; si cette pièce ne leur donne pas une grande idée du talent de M. de Voltaire pour la poésie lyrique, ils seront du moins édifiés des sentiments de religion, de piété, de dévotion même, que ce grand homme y fait éclater' (lettre XIII datée du 26 novembre 1764).

poésie, le philosophe déiste défendant un combat sans violence mais également sans merci contre la superstition. Il aurait probablement applaudi aux actions des Révolutionnaires qui portèrent la châsse elle-même à la Monnaie pour la faire fondre et firent brûler les ossements de la sainte en jetant les cendres dans la Seine en l'an III. Il serait peut-être étonné de la dévotion que certains Parisiens portent, aujourd'hui encore, à celle qu'ils considèrent toujours comme leur patronne. Il pourrait redire ce qu'il écrivait à la marquise de Florian le 22 janvier 1766 (D13132): 'si la petite Geneviève de Nanterre revenait elle me traiterait fort mal'; ironisant toujours, il proposait sa propre mortification expiatoire: 'Il n'y a d'autres remèdes à cela que de faire pénitence et de réciter l'oraison de ste Geneviève pendant neuf jours.'

Editions

EDI (1709)

Imitation de l'ode du R. père Le Jay sur sainte Geneviève, s.l.n.d. [1709]. BnF Rés. M Yc 908 (18).

RC (1759)

'Ode sur Sainte Geneviève', dans *Recueil C*, réuni par Barthélemy Mercier de Saint-Léger (Paris 1759). BnF, Z 28985.

TS61 (1761)

'Ode sur Sainte Geneviève', *Troisième suite des mélanges de poésie de littérature, d'histoire et de philosophie* [Paris, Prault], 1761. 1 t. 8°. Bengesco 2133, 2209; Trapnell 61P. P.260-63.

W64R

'Ode sur Sainte Geneviève', *Collection complette des œuvres de M. de*

Voltaire. Amsterdam, Compagnie [Rouen: Machuel?] 1764. 18 t. 12°.
Bengesco 2136; Trapnell 64R; BnC 145-48.

Tome iii, pt.2, p.90-93.

AL (1764)

'Ode sur Sainte Geneviève', *Année littéraire* (1764), vii.622-23.

W70L (1772)

'Ode sur Sainte Geneviève du Révérend Père Le Jay, Jésuite', *Collection complette des œuvres de M. de Voltaire*. Lausanne, Grasset, 1770-1781. 57 t. 8°. Bengesco iv.73-83; Trapnell 68; BnC 149-50.

Tome xxiii (1772), p.267-71.

Principes de cette édition

Texte de base ED1. Variantes tirées de W70L.

Nous avons respecté la ponctuation du texte de base, mais nous avons modernisé l'orthographe des mots suivants: allegresse, lumiere, fraper, luy, soûtiennent, beautez, aîles, sçay, paroître, m'éconnoître, oüi, revere, bergere, toûjours, allarmes, rendistes, voicy, memoire, vôtre, prosternez, parez [pour prosternés, parés], resnes, loix, soûmis; zele, ay, sçû, fidele, ay, honnore, foible, luy, moy, ay, orgüeil, loing, presente, quoy, appuy, deûrent, vôtre, nôtre [pour votre, notre], désarmastes, alloient, devorer, mere, autre-fois, proye, esté, desolées, college; l'esperluette a été développée.

IMITATION DE L'ODE
Du R. Pere le JAY,
SUR SAINTE GENEVIEVE.

U'APERÇOIS-JE ? *est-ce une Déesse*
Qui s'offre à mes regards surpris ?
Son aspect répand l'allegresse,
Et son air charme mes esprits.
Un flambeau brillant de lumiere,
Dont sa chaste main nous éclaire
Jette un feu nouveau dans les airs.
Quels sons ! quelles douces merveilles,
Viennent de fraper mes oreilles
Par d'inimitables concerts !

Un chœur d'Esprits saints l'environne,
Et luy prodigue des honneurs :

A

Ode sur sainte Geneviève (s.l.n.d.), première et dernière pages. *Bibliothèque national de France.*

Je vois des Plaines defolées
Aux Vainqueurs même faire horreur.
Vous qui pouvez finir nos peines,
Et calmer de funeftes haines,
Rendez-nous une aimable Paix !
Que Bellone de fers chargée
Dans les Enfers foit replongée
Sans efpoir d'en fortir jamais.

FRANÇOIS AROUET, Etudiant
en Rhetorique, & Penfionnaire
au College de Loüis-le-Grand.

IMITATION DE L'ODE
DU R. PÈRE LE JAY
SUR SAINTE GENEVIÈVE

Qu'aperçois-je? est-ce une déesse
Qui s'offre à mes regards surpris?
Son aspect répand l'allégresse,
Et son air charme mes esprits.
Un flambeau brillant de lumière,   5
Dont sa chaste main nous éclaire
Jette un feu nouveau dans les airs. [1]
Quels sons! quelles douces merveilles,
Viennent de frapper mes oreilles
Par d'inimitables concerts!   10

Un chœur d'esprits saints l'environne,
Et lui prodigue des honneurs:
Les uns soutiennent sa couronne,
Les autres la parent de fleurs.
O miracle! ô beautés nouvelles!   15
Je les vois, déployant leurs ailes,
Former un trône sous ses pieds.
Ah! je sais qui je vois paraître!
France, pouvez-vous méconnaître
L'héroïne que vous voyez.   20

b w70L: du Révérend Père Le Jay, Jésuite
c w70L: [ajout:] Cette ode est le premier ouvrage imprimé de M. de Voltaire. Il
la composa au collège de Louis le Grand, où il était pensionnaire et écolier de
rhétorique, sous le P. le Jay et le P. Porée

[1] Allusion peut-être à un épisode de la légende de sainte Geneviève: en pleine
tempête elle aurait réussi à rallumer un cierge en le touchant et la lampe de son
sanctuaire ne se serait pas éteinte même sans être alimentée en huile.

Oui, c'est vous que Paris révère
Comme le soutien de ses Lys,
GENEVIEVE, illustre bergère, [2]
Quel bras les a mieux garantis?
Vous, qui par d'invisibles armes,   25
Toujours au fort de nos alarmes
Nous rendîtes victorieux: [3]
Voici le jour, où la mémoire
De vos bienfaits, de votre gloire,
Se renouvelle dans ces lieux. [4]   30

Du milieu d'un brillant nuage
Vous voyez les humbles mortels
Vous rendre à l'envi leur hommage
Prosternés devant vos autels:
Et les puissances souveraines   35
Remettre entre vos mains les rênes
D'un empire à vos lois soumis.
Reconnaissant et plein de zèle,
Que n'ai-je su, comme eux fidèle,
Acquitter ce que j'ai promis!   40

Mais hélas! que ma conscience
M'offre un souvenir douloureux;

[2] La tradition iconographique représente la sainte habillée en bergère, souvent une quenouille à la main et une houlette près d'elle.

[3] En l'an 451, les Huns étaient devant Paris. Sainte Geneviève exhorta les citoyens de la capitale — et notamment les femmes — à prier, jeûner et veiller pour défendre ainsi leur ville. Attila fut repoussé. La châsse de sainte Geneviève fut exposée plusieurs fois au cours du neuvième siècle pour éloigner la menace des invasions normandes.

[4] La fête de sainte Geneviève est fixée, depuis le seizième siècle, au 3 janvier. Encore de nos jours, la neuvaine de la sainte, célébrée des 3 au 12 janvier à Saint-Etienne-du-Mont, est considérée comme l'un des principaux pèlerinages français.

Une coupable indifférence
M'a pu faire oublier mes vœux.
Confus j'en entends le murmure,   45
Malheureux! je suis donc parjure!
Mais non; fidèle désormais,
Je jure ces autels antiques
Parés de vos saintes reliques,
D'accomplir les vœux que j'ai faits. [5]   50

Vous, tombeau sacré que j'honore,
Enrichi des dons de nos rois; [6]
Et vous, bergère, que j'implore,
Ecoutez ma timide voix!
Pardonnez à mon impuissance,   55
Si ma faible reconnaissance
Ne peut égaler vos faveurs.

---

44   w70L: N'a pu

---

[5] La strophe figure dans l'*Année littéraire* (1759), vi.137, à l'occasion du compte-rendu du *Recueil C* de Mercier de Saint-Léger et offre à Fréron l'occasion de persifler: 'Ce recueil est terminé par une ode de M. de Voltaire traduite d'une ode latine du P. le Jai sur Sainte Geneviève. La pièce est signée François Arouet; il était alors écolier au collège des Jésuites. Ce sont les premiers vers que M. de Voltaire a fait imprimer; ils sont curieux à ce titre. Je ne vous rapporterai que cette strophe: "Mais hélas [...]". Ces vœux sont de faire hommage de tous ses écrits à Sainte Geneviève, qu'il appelle sa Bergère. Croyez-vous que tous ses ouvrages méritent en effet d'être dédiés à cette sainte?' (*Année littéraire* 1759, vi.137).

[6] Le tombeau de sainte Geneviève est placé dans un édifice dont la crypte était destinée à recevoir les sépultures royales. Clovis et Clotilde – puis Hugues et Robert Capet – contribuèrent à la construction de l'église (voir A.-L. Millin, 'Abbaye Sainte-Geneviève à Paris', *Antiquités nationales ou recueil de monumens pour servir à l'Histoire générale et particulière de l'empire français*, t.lx, Paris, Drouhin, an VII [1799], *passim*). En 1242, les reliques de la sainte furent logées dans une châsse représentant une église de métaux précieux ornée de statuettes et considérée comme l'un des trésors de l'orfèvrerie d'Ancien Régime. Le reliquaire fut envoyé à la Monnaie le 21 novembre 1793. Millin rapporte que 'la plupart des rois et des reines de France s'etaient plu à [...] enrichir' la châsse de la sainte (p.72).

Dieu même à contenter facile
Ne croit point l'offrande trop vile,
Que nous lui faisons de nos cœurs.   60

Les Indes, pour moi trop avares,
Font couler l'or en d'autres mains;
Je n'ai point de ces meubles rares,
Qui flattent l'orgueil des humains.
Loin d'une fortune opulente,   65
Aux trésors que je vous présente
Ma seule ardeur donne du prix;
Et si cette ardeur peut vous plaire,
Agréez que j'ose vous faire
Un hommage de mes écrits.   70

Eh quoi! puis-je dans le silence
Ensevelir ces nobles noms
De protectrice de la France
Et de ferme appui des Bourbons?
Jadis nos campagnes arides   75
Trompant nos attentes timides
Vous durent leur fertilité;[7]
Et, par votre seule prière,
Vous désarmâtes la colère
Du Ciel contre nous irrité.   80

La mort même, à votre présence
Arrêtant sa cruelle faux
Rendit des hommes à la France

---

[7] Certaines sources affirment que Charles VI, malade, aurait bu d'une eau rendue miraculeuse par sainte Geneviève et tirée d'un puits renfermé dans l'église de Nanterre consacrée à la sainte (Millin, 'Abbaye Sainte-Geneviève', p.3). Louis VII, très dévoué à sainte Geneviève, avait fait ouvrir sa châsse pour montrer au peuple que la tête n'avait point été enlevée comme l'assuraient certaines rumeurs.

Qu'allaient dévorer les tombeaux.[8]
Maîtresse du séjour des ombres   85
Jusqu'au plus profond des lieux sombres
Vous fîtes révérer vos lois.
Ah! n'êtes-vous plus notre mère,
GENEVIEVE, ou notre misère
Est-elle moindre qu'autrefois?   90

Regardez la France en alarmes,
Qui de vous attend son secours!
En proie à la fureur des armes
Peut-elle avoir d'autre recours?
Nos fleuves devenus rapides   95
Par tant de cruels homicides
Sont teints du sang de nos guerriers
Chaque été forme des tempêtes,
Qui fondent sur d'illustres têtes,
Et frappent jusqu'à nos lauriers.   100

Je vois en des villes brûlées
Régner la mort et la terreur:
Je vois des plaines désolées
Aux vainqueurs même faire horreur.
Vous qui pouvez finir nos peines,   105

89 [*Une coquille donne la leçon suivante dans l'édition originale*:] GENEVIEEVE
96 W70L: Par-tout
104 W70L: mêmes

[8] Les martyrologes racontent que la sainte réussit à obtenir de Childéric la grâce de prisonniers condamnés à mort (voir Millin, p.5). Par ailleurs, au douzième siècle, on promena dans Paris les reliques de la sainte à l'occasion d'une épidémie du 'mal des ardents'. On raconte que tous les malades qui purent toucher la châsse furent guéris sur l'instant. C'est depuis cette époque que la fête de sainte Geneviève des Ardents est célébrée le 26 novembre.

Et calmer de funestes haines,
Rendez-nous une aimable paix!
Que Bellone de fers chargée
Dans les enfers soit replongée
Sans espoir d'en sortir jamais.   110

FRANÇOIS AROUET, Etudiant en Rhétorique, et Pensionnaire au
Collège de Louis-le-Grand.

111-112   [*signature absente de toutes les éditions ultérieures*]

A mademoiselle Duclos
[L'Anti-Giton]

édition critique

par

Nicholas Cronk

TABLE DES MATIÈRES

INTRODUCTION

Le poème connu habituellement sous le nom de *L'Anti-Giton* remonte à la jeunesse de Voltaire et s'appelait à l'origine *A mademoiselle Duclos*.[1] Son manuscrit était en circulation avant 1718, date à laquelle paraissent deux extraits du poème dans *L'Elève de Terpsicore*;[2] les indications données dans les éditions postérieures sont contradictoires: les éditions w48D et w51 proposent la date de 1722, ce qui est démenti par la date de *L'Elève de Terpsicore*; les éditions w52, w57G1, w64G, w70G et w70L donnent la date de 1718, ce qui semble peu probable; l'édition de 1768 (répétée dans w75G) remarque que 'cette pièce est aussi ancienne' que *Le Cadenas*, et qu'elle fut imprimée en 1712, ce qui est faux. Les éditeurs de Kehl donnent au poème la date de 1714,[3] date qui est acceptée par Beuchot et par Moland: elle semble probable mais reste sans preuve définitive. Dans une lettre de 1715 (D28), Voltaire fait allusion à des vers qu'il a faits pour Mlle Duclos; dans son poème 'Montbrun, par l'Amour adopté', de la même date, il écrit 'Je chantais la Duclos': ces allusions pourraient concerner le petit couplet 'Belle Duclos', mais semblent, avec plus de probabilité, se référer au poème plus ambitieux *A mademoiselle Duclos*. Tout ce que l'on peut dire avec certitude, c'est que le poème circulait en

---

[1] Je tiens à exprimer toute ma gratitude à Madame Christiane Mervaud pour ses précieux commentaires sur cette Introduction et sur l'annotation du texte. Je lui suis particulièrement reconnaissant d'avoir effectué la collation du manuscrit Cideville à la Bibliothèque de Rouen, et la transcription des textes du Recueil Maurepas.

[2] Les vers 11-16 et 38-56. *L'Elève de Terpsicore ou le nourrisson de la satire* (2 t., Amsterdam, B. Tromp, 1718), publié par Louis de Boissy (1694-1758), est un recueil d'extraits de poèmes satiriques, conçu à des fins pédagogiques. Le recueil est anonyme; l'attribution à Boissy est confirmée par G. B. Watts, 'The authorship of *L'Elève de Terpsicore*', *Modern language notes* 40 (1925), p.124. Boissy, auteur dramatique, a fait ses débuts littéraires comme poète satirique.

[3] Edition de Kehl, xiv.12. Ce poème figure dans le Chansonnier Maurepas sous la date de 1715: voir Appendice I.

manuscrit déja en 1715, avant d'être imprimé partiellement en 1718, et qu'il y a de fortes chances qu'il soit antérieur à 1715, ce qui confirmerait la date de 1714 donnée par Kehl.

Pour cette période de la vie de Voltaire, la correspondance nous fait défaut et nous sommes assez mal informés sur ses activités. Le jeune Arouet cherchait à se frayer une carrière de poète et se trouvait par conséquent en conflit avec son père qui le destinait aux études de droit. C'est en 1714 qu'il mit en chantier sa première tragédie *Œdipe*, citée dans une lettre que lui adresse André Dacier en septembre 1714 (D26),[4] et ce n'est peut-être pas un hasard si le théâtre, et la tragédienne la plus en vue, forment le sujet d'un poème rédigé à cette époque. Le jeune Arouet se met à fréquenter les milieux du Temple, dont l'ambiance épicurienne a pu laisser des traces dans *A mademoiselle Duclos*, alors qu'il commence à se faire une réputation dans les cercles aristocratiques où la poésie est cultivée. Il a fréquenté la cour de Sceaux dès 1713, et en 1714, grâce à son père, il se fait inviter par Caumartin, marquis de Saint-Ange, dans son château près de Fontainebleau, où il a peut-être contribué aux divertissements du lieu en s'essayant à la poésie.[5] Caumartin, d'après le portrait que nous a laissé Saint-Simon, 'était fort du grand monde, avec beaucoup d'esprit', et il 'savait tout en histoires, [...] en anecdotes de cour',[6] y compris, peut-être, des anecdotes concernant le marquis de Courcillon; Voltaire écrira plus tard: 'Caumartin porte en son cerveau / De son temps l'histoire vivante.'[7]

Si le poème est resté longtemps manuscrit – les éditions hollandaises de 1724 contiennent un texte abrégé qui ne semble pas autorisé par Voltaire – c'est sûrement à cause de son thème osé, et non point parce que l'auteur cherchait à le renier; preuve en est que dans le recueil manuscrit que Voltaire expédie à son ami

---

[4] Voir *OC*, t.1A, p.26-27.
[5] R. Pomeau, *D'Arouet à Voltaire* (Oxford 1985), p.65-66, 85-86.
[6] Saint-Simon, *Mémoires. Additions au Journal de Dangeau*, éd. Y. Coirault, 8 t. (Paris 1983-1988), i.355.
[7] *Lettre à monseigneur le Grand Prieur*, dans ce volume, p.406.

Cideville en 1735, *A mademoiselle Duclos* se trouve en première position. Le témoignage du recueil Cideville suggère même l'importance que Voltaire accordait au poème; mais, tout important qu'il est, c'est d'abord un poème satirique composé pour l'amusement du cercle de l'auteur et non pour un public plus étendu. Tout change en 1740, lorsque Voltaire publie le poème sous un titre différent et explicite. Dans *L'Anti-Giton*, la description amusée du péché aimable du marquis de Courcillon disparaît en partie, remplacée par une douzaine de lignes qui contiennent une attaque hargneuse contre l'abbé Desfontaines. Arouet avait conçu *A mademoiselle Duclos* à l'origine comme un poème manuscrit de diffusion essentiellement privée, tandis que maintenant, en 1740, Voltaire considère *L'Anti-Giton* comme un poème à publier, donc destiné à un public entièrement différent. *L'Anti-Giton* se situe plus précisément dans la longue querelle qui opposa Voltaire et Desfontaines. En 1738, Voltaire avait publié un libelle, *Le Préservatif*, dans lequel, sous l'anonymat, il relève, point par point, toutes les bévues commises par le rédacteur des *Observations sur les écrits modernes*; et puis, vers la fin du livre, il y glisse une lettre, celle-ci signée par Voltaire, qui rappelle la détention de Desfontaines à Bicêtre pour sodomie et l'ingratitude dont l'abbé fit preuve à l'égard de Voltaire par la suite.[8] La réponse de Desfontaines fut furieuse et immédiate: *La Voltairomanie*, qui parut en décembre 1738, attaqua l'homme aussi bien que ses écrits, et Voltaire en fut gravement blessé.[9] Au cours de l'année 1739, Voltaire composa plusieurs pamphlets contre Desfontaines, dont le plus important est le *Mémoire sur la satire*.[10] *L'Anti-Giton* s'insère donc dans la lignée de ces pamphlets; tout est bon pour

[8] M.xxii.385-86. Voltaire était intervenu en faveur de Desfontaines à cette occasion (voir *OC*, t.35, p.332).

[9] Voir R. Vaillot, *Avec Mme Du Châtelet* (Oxford 1988), p.101-103; Desfontaines, *La Voltairomanie*, éd. M. H. Waddicor (Exeter 1983); et T. Morris, *L'Abbé Desfontaines et son rôle dans la littérature de son temps*, *SVEC* 19 (1961).

[10] M.xxiii.47-64; voir aussi *A M**** (M.xxiii.25-26) et le *Mémoire du sieur de Voltaire* (M.xxiii.27-45).

attaquer Desfontaines, y compris la poésie, et Voltaire sort de l'obscurité un poème qui traînait depuis un quart de siècle dont il change radicalement le ton en réécrivant un certain nombre de lignes pour le transformer en un pamphlet en vers. Car le vocabulaire dont il se sert pour attaquer Desfontaines est celui du pamphlétaire plutôt que du poète: il est 'brutalement dans le vice absorbé', 'il corrompt la jeunesse', il 'viole' les enfants. Dans le contexte de la querelle entre les deux hommes, un tel langage se comprend; ce qui se comprend moins, c'est que cette version polémique et vulgaire ait complètement supplanté la première version, combien plus fine, du poème. L'introduction de l'attaque contre Desfontaines est, de plus, maladroite, et dans les lignes 'Le plaisir même est un objet hideux. / D'un beau marquis il a pris le visage' (dans les variantes aux vers 43-59), on sent une transition difficile de Desfontaines à Courcillon. A partir de 1748, le poème acquiert même un nouveau sous-titre, *A mademoiselle Lecouvreur* (l'actrice était morte en 1730), ce qui efface définitivement la dédicataire d'origine.[11]

Les qualités littéraires de la première version sont bien supérieures, et c'est elle que nous prenons ici comme texte de base. Dans cette rédaction initiale, le poème est dédié à Marie-Anne de Châteauneuf, dite Mlle Duclos, la tragédienne la plus célèbre de ce début du siècle.[12] Un portrait de Largillière, gravé par L. Desplaces en 1714,[13] est exactement contemporain du poème, et il montre l'actrice au sommet de sa réputation. Née à Paris vers 1670, elle débuta d'abord à l'Opéra, et étudia ensuite à la Comédie-Française, où elle fut reçue sociétaire en 1694. Elle succéda à la Champmeslé dans les premiers rôles tragiques, poste qu'elle allait

[11] Le nom de l'actrice est associé très tôt à *L'Anti-Giton*, car le poème paraît avec *La Mort de mademoiselle Lecouvreur* dans le *Recueil de pièces fugitives* publié par Prault en 1740.

[12] Sur sa carrière, voir Henry Lyonnet, *Dictionnaire des comédiens français*, 2 t. (Paris 1910-1912), i.588-90. Voir aussi Jean-Jacques Olivier, *Voltaire et les comédiens* (Paris 1900), p.17-27.

[13] Voir le frontispice.

garder pendant quarante ans; elle quitta la scène, trop tard, en 1733, et mourut en 1748. Mlle Duclos était surtout connue pour sa déclamation ampoulée et chantante, style hérité de la Champmeslé mais qui parut de plus en plus déplacé au siècle suivant, lorsqu'une récitation plus naturelle commença à s'imposer. C'est ainsi qu'en 1725, Voltaire écrit à la marquise de Bernières: 'Mademoiselle Lecouvreur [...] réussit ici à merveille, elle a enterré la Duclos' (D254). Plus tard, dans les *Questions sur l'Encyclopédie* (1770), Voltaire alla jusqu'à rendre Mlle Duclos responsable d'avoir mis fin à la tradition de *chanter* la tragédie: 'La mélopée théâtrale périt avec la comédienne Duclos, qui n'ayant pour tout mérite qu'une belle voix, sans esprit et sans âme, rendit enfin ridicule ce qui avait été admiré dans la des Œillets et dans la Champmêlé.'[14] Un commentaire de 1730 montre à quel point le jeu de Mlle Duclos paraissait déjà démodé, voire absurde:

Mlle D. C. disent nos anciens, fut dans son temps une actrice parfaite; je le veux croire, mais on me permettra d'en juger au goût du nôtre, et d'examiner, non pas ce qu'elle a été dans sa jeunesse, mais ce qu'elle est aujourd'hui. J'avoue qu'elle apporte encore beaucoup de grâces et d'action sur le théâtre. Elle s'élève, s'irrite, s'enflamme, se plaint et gémit fort à propos. Mais elle pêche dans ce qu'il y a de principal. Elle ne produit point les mêmes effets dans les cœurs de ceux qui sont présents. C'est que son feu n'a point de vraisemblance; elle ne paraît plus sentir, mais réciter avec emphase et avec les démonstrations nécessaires. En un mot, c'est l'art, la méthode et l'habitude, et non pas la nature qu'on voit agir en elle. Voilà du moins comme je la trouve dans les premiers actes, où elle est pour ainsi dire encore resserrée par le froid de la vieillesse; mais sur la fin d'une pièce elle réussit beaucoup mieux. Alors réchauffée par la durée de l'action, elle reprend sa première vigueur, et se montre telle qu'elle a été sans doute pour mériter un si grand nombre de partisans.[15]

Nous trouvons un autre portrait de Mlle Duclos, contemporain du poème de Voltaire, dans le Livre III (1715) du *Gil Blas* de Lesage:

---

[14] 'Chant, musique, mélopée' (M.xviii.132).
[15] Jean Dumas d'Aigueberre, *Seconde Lettre du souffleur de la comédie de Rouen, ou entretien sur les défauts de la déclamation* (Paris 1730), p.20-21.

Ne conviendrez-vous pas que l'actrice qui a joué le rôle de *Didon* est admirable? N'a-t-elle pas représenté cette reine avec toute la noblesse et l'agrément convenables à l'idée que nous en avons? et n'avez-vous pas admiré avec quel art elle attache un spectateur, et lui fait sentir les mouvements de toutes les passions qu'elle exprime? On peut dire qu'elle est consommée dans les raffinements de la déclamation. – Je demeure d'accord, dit Pompeyo, qu'elle sait émouvoir et toucher; jamais comédienne n'eut plus d'entrailles, et c'est une belle représentation; mais ce n'est point une actrice sans défaut. Deux ou trois choses m'ont choqué dans son jeu: veut-elle marquer de la surprise, elle roule les yeux d'une manière outrée, ce qui sied mal à une princesse. Ajoutez à cela qu'en grossissant le son de sa voix, qui est naturellement doux, elle en corrompt la douceur, et forme un son assez désagréable. D'ailleurs, il m'a semblé, dans plus d'un endroit de la pièce, qu'on pouvait la soupçonner de ne pas trop bien entendre ce qu'elle disait. J'aime mieux pourtant croire qu'elle était distraite, que de l'accuser de manquer d'intelligence.[16]

L'ignorance de l'actrice était d'ailleurs proverbiale, et l'on disait 'bête comme la Duclos': Voltaire y fera allusion plus tard dans les *Questions sur l'Encyclopédie* lorsqu'il racontera l'anecdote célèbre du 'Credo': 'Je parie, mademoiselle, que vous ne savez pas votre "Credo". – Ah, ah, dit-elle, je ne sais pas mon "Credo"! Je vais vous le réciter. "Pater noster qui..." Aidez-moi, je ne me souviens plus du reste.'[17]

Un portrait littéraire plus respecteux de Mlle Duclos se trouve dans un poème d'Houdar de La Motte, 'La Déclamation: Ode à Mademoiselle Du Clos', et ici encore, quoique dans un registre différent, il est question de la voix tonitruante de l'actrice:

> Du seul son de ta voix les grâces pénétrantes
> Ont presque assez de leur pouvoir:
> A peine est-il besoin de paroles touchantes
> Qui l'aident à nous émouvoir.[18]

---

[16] Lesage, *Gil Blas*, Livre III, ch.6, éd. R. Laufer (Paris 1977), p.154.
[17] M.xx.465.
[18] *Œuvres de M. Houdar de La Motte*, 9 t. en 10 parties (Paris 1754), i.131-34 (p.133).

Trois strophes du poème de La Motte sont citées en bas du portrait gravé publié en 1714, et il est donc fort possible que Voltaire ait eu ces vers en tête au moment de composer son propre poème. Houdar de La Motte, élu à l'Académie française en 1710, était un personnage littéraire très en vue, et on peut même se demander si, avec *A mademoiselle Duclos*, le jeune Arouet n'a pas tenté de faire une réplique à l'ode de La Motte, sur un ton satirique évidemment.[19] L'ode de La Motte, laborieuse et plate, cite en particulier deux rôles, Phèdre et Camille (de l'*Horace* de Corneille), comme exemples de l'art de la déclamation chez Mlle Duclos; Voltaire, quant à lui, cite deux rôles raciniens, Phèdre et Monime (de *Mithridate*). Pour La Motte, qui souligne l'émotion de la déclamation, l'actrice doit faire vivre le théâtre: 'Le théâtre languit, s'il ne prête aux Corneilles / Des Champmélés et des Duclos';[20] pour Voltaire, par contre, la déclamation de Mlle Duclos a un but assez particulier: 'convertir' (vers 77) les homosexuels présents au théâtre en faisant venir le dieu du 'véritable amour' (82).

Ce compliment rendu à l'efficacité salvatrice de la déclamation de l'actrice est, c'est le moins qu'on puisse dire, ambigu. Pour René Pomeau, ce poème témoigne d'un attachement sentimental que le jeune Voltaire aurait eu pour l'actrice.[21] Rien n'est moins sûr. Certes, il parle d'elle dans deux autres poèmes, mais sans chaleur particulière, et sans l'émotion qu'il montrera par la suite pour Mlle Lecouvreur.[22] Le couplet 'Belle Duclos, / Vous charmez la nature' est purement conventionnel, et le poème *A mademoiselle de M****,[23] quoiqu'apparemment personnel, se termine par une chute satirique:

> Mon cœur de la Duclos fut quelque temps charmé;

---

[19] De même dans l'*Epître au prince Eugène* (voir ci-dessous), Voltaire reprend, toujours sur le mode familier, le sujet d'une ode de Jean-Baptiste Rousseau.

[20] *Ibid.*, p.134.

[21] Pomeau, *D'Arouet à Voltaire*, p.53.

[22] Après la mort de Mlle Lecouvreur, Voltaire écrit (à Thiriot) qu'il avait été 'son admirateur, son ami, son amant' (D414).

[23] Ci-dessous, p. 377-78.

L'amour en sa faveur avait formé ma lyre:
Je chantais la Duclos; D'... en fut aimé:
C'était bien la peine d'écrire!

Même réaction dans une lettre de 1715 à la marquise de Mimeure:
'La Duclos ne joue presque point, et [...] elle prend tous les matins
quelques prises de senné et de casse, et le soir plusieurs prises du
comte d'Uzès (c'était bien la peine de faire des vers pour elle!)'
(D28). Par la suite, Voltaire passera de l'ironie à l'hostilité pure et,
dans une lettre de 1736 à Thiriot, il décrit Mlle Duclos comme
étant 'vieille, éraillée, sotte, et tracassière' (D1006).

En fait, le poème ne parle de Duclos que tout au début (vers 1-4)
et tout à la fin (68-82), et le titre (autorisé pourtant par sa présence
dans le recueil Cideville, préparé sous la direction de Voltaire)
risque fort de paraître ironique. Le véritable héros est bien sûr le
marquis de Courcillon, comme l'attestent d'ailleurs certains
manuscrits, qui ne font point autorité, mais qui intitulent le
poème 'La Courcillonade'.[24] Il est à noter que dans la version
imprimée qui est notre texte de base (publié en 1732, treize ans
après la mort de Courcillon), le marquis est désigné par une
périphrase dans une note d'auteur, mais il n'est nulle part nommé;
ce n'est que dans la version manuscrite que Voltaire prépare en
1735 pour Cideville qu'il introduit le nom de Courcillon dans le
poème.[25] Philippe Egon, marquis de Courcillon (1687-1719),
unique fils du marquis de Dangeau, fut un homme dont l'énergie
remarquable se manifesta dans la guerre comme dans la
débauche.[26] Comme soldat, son héroïsme était légendaire: à la
bataille de Ramillies (1706), il reçut un coup de sabre à la tête, à la
bataille de Malplaquet (1709), il perdit une jambe, à la suite de quoi

[24] Notre MS1. Voir ci-dessous la liste des manuscrits; le titre du manuscrit montre
bien l'ambivalence entre les deux pôles du poème. Beuchot dit avoir vu des
manuscrits intitulés 'Vers contre M. de Courcillon' (M.ix.562).
[25] Voir les variantes aux vers 39-61.
[26] Sur la vie de Courcillon, voir le *Journal du marquis de Dangeau*, 19 t. (Paris
1854-1860), i.lxvii-lxxii, xvii.454-57. Il est nommé aussi dans *Le Cadenas*, ci-dessous,
p.150.

il fut promu brigadier.[27] Ne pouvant plus servir dans les armées, il succéda en 1712 à son père comme gouverneur de Touraine,[28] et il mourut de la petite vérole en 1719. C'était un personnage brillant et hautement coloré, très en évidence à la Cour: 'Il eut la bizarre permission d'aller chez le Roi et partout sans épée et sans chapeau, parce que l'un et l'autre l'embarrassait avec presque toute une cuisse de bois, avec laquelle il ne cessa de faire des pantalonnades.'[29] En fait ce n'est pas dans le journal de son père, le marquis de Dangeau, qu'il faut chercher un portrait de la personnalité de Courcillon, mais plutôt chez Saint-Simon (qui s'est moqué de la sécheresse du journal de Dangeau),[30] et qui raconte des traits d'impiété, comme lorsqu'il ridiculise la pieuse Mme de Maintenon, ou quand il se moque de son père en feignant de vouloir se confesser à un prêtre connu pour ses indiscrétions.[31] Mais ce n'était pas principalement ses bouffonneries qui choquaient. 'Courcillon, original sans copie, avec beaucoup d'esprit et d'ornement dans l'esprit, un fonds de gaieté et de plaisanterie inépuisable, une débaucherie effrénée, et une effronterie à ne rougir de rien.'[32] (Le mot 'effréné' rappelle les 'effrénés désirs', vers 34, évoqués par Voltaire.) Saint-Simon fait ressortir la complexité de cet homme, à la fois intelligent et sensuel, et il ne recule pas devant un jeu de mots sur l'unijambiste:

C'était un homme très singulier qu'une cuisse de moins n'avait pu attrister, qui par la faveur de sa mère et la sienne personnelle auprès de Madame de Maintenon, et son état mutilé, s'était mis sur le pied de tout dire et de tout faire, et qui en faisait d'inouïes avec beaucoup d'esprit et une inépuisable plaisanterie et facétie. Il avait aussi beaucoup de lecture, de valeur et de courage d'esprit, mais au fond ne valait rien, et de la plus étrange débauche et la plus outrée.[33]

[27] Saint-Simon, *Mémoires*, ii.729, iii.607, iii.1435.
[28] *Ibid.*, iv.549.
[29] *Ibid.*, iii.748.
[30] *Ibid.*, vi.279.
[31] *Ibid.*, ii.806-808, iii.748.
[32] *Ibid.*, iii.747.
[33] *Ibid.*, vii.495.

Cette débauche outrée, Saint-Simon y fait une seule allusion plus précise, quand il évoque une certaine 'opération de la fistule' et 'la plus sale débauche, dont cette opération passa publiquement pour être le fruit.'[34] L'homosexualité de Courcillon était donc connue 'publiquement', fait attesté par de nombreuses chansons contemporaines qui sont plus qu'explicites à ce sujet.[35] Il semblerait donc que Voltaire reprend un sujet déjà courant chez les chansonniers du temps, mais pour célébrer un ami et non pour le fustiger. Sans aller jusqu'à suggérer une relation intime entre Voltaire et Courcillon (quoique l'hypothèse ne soit pas à exclure absolument), il est évident que le jeune Arouet a dû être fasciné par cet aristocrate intelligent et facétieux, âgé de sept ans de plus que lui, avec qui il avait bien plus en commun qu'avec l'actrice d'une bêtise proverbiale qui avait débuté l'année précédant sa naissance.[36]

Dans l'article 'Amour nommé socratique' du *Dictionnaire philosophique*, Voltaire prend une position apparemment sans nuance: 'Comment s'est-il pu faire qu'un vice, destructeur du genre humain s'il était général, qu'un attentat infâme contre la nature, soit pourtant si naturel?'[37] En pratique, il traite le thème de

---

[34] *Ibid.*, ii.806-807.

[35] 'Recueil Maurepas' (BnF, mss. f.fr. 12628, t.xiii, p.307, 385, etc.); références citées dans le *Journal du marquis de Dangeau*, xvii.455. Les mœurs de Courcillon sont le sujet d'une autre chanson, citée par Roger Peyrefitte (*Voltaire: sa jeunesse et son temps*, 2 t., Paris 1985, i.158-59).

[36] La question de la prétendue bisexualité de Voltaire est complexe; voir le couplet 'Au Régent' ci-dessous dans ce volume. Dans *Voltaire: sa jeunesse et son temps*, Roger Peyrefitte, qui parle de Courcillon et de *L'Anti-Giton* (i.146-49), en fait malheureusement un sujet de propagande; René Pomeau conteste ses conclusions, et remarque, avec plus de sobriété: 'Il est possible que Voltaire en sa jeunesse ait eu des expériences homosexuelles' ('Voltaire, du côté de Sodome?', *RHLF* 86, 1986, p.235-47, p.246). Voir aussi Haydn Mason, *Voltaire: a biography* (Londres 1981), p.52-54.

[37] *OC*, t.35, p.328. Pour le contexte des opinions de Voltaire, voir Michel Delon, 'The priest, the philosopher, and homosexuality in Enlightenment France', dans *'Tis nature's fault: unauthorized sexuality during the Enlightenment*, éd. R. Purks Maccubbin (Cambridge 1987), p.122-31; Bryant T. Ragan, 'The Enlightenment confronts homosexuality', dans *Homosexuality in modern France*, éd. J. Merrick et

l'homosexualité, qui est récurrent dans ses écrits (*Essai sur les mœurs*, *La Défense de mon oncle*), de façon plus subtile, et notamment dans les œuvres de fiction. Dans *Candide* en particulier, le désir (homo)sexuel du baron est constamment mis en parallèle avec le désir (hétéro)sexuel de Cunégonde, ce qui finit par mettre en cause la notion même de norme en matière de préférence sexuelle.[38] Stratégie parallèle dans *A mademoiselle Duclos*, où dans la plus grande partie du poème, Bacchus et 'son culte hérétique' (vers 13) semblent l'emporter sur Cupidon et le 'véritable amour' (82). Mlle Duclos se trouve ainsi face à un paradoxe cruel, car elle qui excelle dans la représentation de l'amour (hétérosexuel, cela va sans dire) sur scène, semble avoir attiré au théâtre un public en partie homosexuel. Pire encore, quand Courcillon arrive avec son escorte au théâtre, la scène se déplace complètement vers lui. Le marquis parade en arbitre du théâtre (idée qui se trouve dans une chanson de l'époque), mais finit par disputer la vedette à l'actrice elle-même: c'est lui, l'acteur, qui est applaudi dans ce poème.

Le vocabulaire dont se sert Voltaire pour désigner l'homosexualité est révélateur à cet égard. Dans la première rédaction du poème, il parle de façon allusive d'un 'usage frénétique' (vers 14),[39] des 'effrénés désirs' (34), de 'jeunes ménins' (58); l'allusion à de 'mignons chéris' (15) est plus directe,[40] mais garde le ton badin

B. T. Ragan (New York 1996), p.8-29; *Homosexuality in early modern France: a documentary collection*, éd. J. Merrick et B. T. Ragan (New York 2001); et Florence Tamagne, *Mauvais Genre?: une histoire des représentations de l'homosexualité* (Paris 2001), p.53-56.

[38] Voir à ce sujet l'excellent article de Jean-Claude Berchet, '*Candide*, ou l'exercice "à la bulgare"', *Amicitia scriptor: littérature, histoire des idées, philosophie. Mélanges offerts à Robert Mauzi*, éd. A. Becq, Ch. Porset et A. Mothu (Paris 1998), p.153-58.

[39] Dans *Thérèse philosophe*, Boyer d'Argens parle de même d'un homosexuel comme 'entiché de cette frénésie', *Romanciers libertins du XVIIIe siècle*, éd. P. Wald Lasowski (Paris 2000), i.952.

[40] Sur l'emploi du mot 'mignon', voir Claude Courouve, *Vocabulaire de l'homosexualité masculine* (Paris 1985), p.158-61.

qui rappelle aussi les contes en prose de Voltaire.[41] La seule allusion résolument explicite est la référence à Gomorrhe (17), et même celle-ci est édulcorée par la satire biblique évidente. Tout changera dans la réécriture de 1740 ayant pour cible Desfontaines, à commencer par le titre. Le mot 'giton', qui dérive du nom d'un personnage du *Satyricon* de Pétrone, fit surface dans la première moitié du dix-huitième siècle, et semble être attesté pour la première fois dans une épigramme de Jean-Baptiste Rousseau.[42] Dans son ode 'Sur l'ingratitude' (1736), Voltaire s'en était déjà pris à 'ce vieux giton', comme il nomme Desfontaines:

> C'est Desfontaines, c'est ce prêtre
> Venu de Sodome à Bicêtre.[43]

Voltaire reprend à présent le terme 'giton' et s'en sert dans le titre même de son poème réécrit. L'effet polémique du titre est renforcé par un autre détail de lexique: au lieu de l'euphémisme 'l'usage frénétique', Voltaire parle maintenant de 'l'usage antiphysique' (l.14, variante). L'adjectif et le nom *antiphysique* sont couramment employés au dix-huitième siècle au sens de *homosexuel*.[44] Le mot n'entre dans le *Dictionnaire de Trévoux* qu'en 1771 ('Terme qui

---

[41] Comparer l'*Histoire des voyages de Scarmentado*: 'Il voulut m'apprendre les catégories d'Aristote, et fut sur le point de me mettre dans la catégorie de ses mignons: je l'échappai belle' (*Romans et contes*, éd. Fr. Deloffre et J. van den Heuvel, Paris 1979, p.135).

[42] 'L'emploi [de *giton*] comme terme générique n'a pratiquement existé qu'au XVIIIᵉ siècle, surtout dans la première moitié et autour de la Révolution' (Courouve, *Vocabulaire de l'homosexualité masculine*, p.118). Voir, par exemple, Pierre-François Godart de Beauchamps, *Histoire du prince Apprius* ('Constantinople' 1728), p.42 ('gnotis', une anagramme); et Boyer d'Argens, *Lettres juives* (1738), lettre 178.

[43] M.viii.422.

[44] '*Antiphysique*: [...] c'est presque l'équivalent d'*homosexuel* dans la langue du XVIIIᵉ siècle' (Courouve, *Vocabulaire de l'homosexualité masculine*, p.55). La première occurrence du mot citée par Courouve est dans une épigramme de Jean-Baptiste Rousseau; le mot est resté courant au XIXᵉ siècle dans le même sens; refusé par Gide, il se trouve encore chez Proust ('un amour dit antiphysique', *Sodome et Gomorrhe*, ii, ch.2).

signifie dans le sens propre et littéral, ce qui est contre nature [...].
Amour *antiphysique*. Voyez les Epigrammes de Rousseau'), mais il
était déjà courant dans la première moitié du siècle, par exemple
dans *Thérèse philosophe* ('Messieurs les antiphysiques'),[45] et
Voltaire s'en était servi en 1738, toujours à propos de l'abbé
Desfontaines, dans des lettres à Thiriot (D1514) et à Maupertuis:
'Je ne suis ni surpris ni fâché que l'abbé Desfontaines essaie de
donner des ridicules à l'attraction. Un homme aussi entiché du
péché antiphysique et qui est d'ailleurs aussi peu physicien, doit
toujours pécher contre nature' (D1508).

Il serait évidemment erroné de suggérer, en s'appuyant sur
l'article 'Amour nommé socratique', que Voltaire était systé-
matiquement hostile aux homosexuels; au contraire, les bio-
graphes de Voltaire sont d'accord pour dire qu'il comptait de
nombreux homosexuels parmi ses connaissances. Ce qui frappe,
dans la réécriture du poème en 1740, c'est le durcissement du
vocabulaire qui traduit un changement de ton fondamental: à
l'indulgence pour le marquis de Courcillon succède une critique
venimeuse envers l'abbé Desfontaines. Ce changement d'opinion
s'explique en partie par une simple hostilité personnelle mais aussi
par le fait que Courcillon était un aristocrate, et que 'le beau vice',
comme on l'appelait alors, qui était toléré chez un marquis, l'était
beaucoup moins chez un pédagogue jésuite.[46]

En fait, toute l'analyse du thème de l'homosexualité dans *A
mademoiselle Duclos* doit s'insérer dans une étude plus large des

---

[45] *Romanciers libertins*, p.952.

[46] De même dans l'article 'L'amour nommé socratique' du *Dictionnaire philosophique*: 'ce qui ne paraît qu'une faiblesse dans le jeune Alcibiade, est une
abomination dégoûtante dans un matelot hollandais, et dans un vivandier
moscovite' (*OC*, t.35, p.329). Un commentateur note en 1723 que 'ce vice, qu'on
appelait autrefois le beau vice, parce qu'il n'était affecté qu'aux grands seigneurs,
aux gens d'esprit, ou aux Adonis, est devenu si à la mode qu'il n'est point
aujourd'hui d'ordre de l'Etat, depuis les ducs jusqu'aux laquais qui n'en soit affecté'
(cité par Michel Rey, 'Police et sodomie à Paris au XVIIIᵉ siècle: du péché au
désordre', *Revue d'histoire moderne et contemporaine* 29, 1982, p.113-24, p.117); voir
aussi Maurice Lever, *Les Bûchers de Sodome* (Paris 1985), ch.4.

stratégies satiriques et parodiques du poème. Parodie d'abord de la déclaration d'amour à l'actrice, poncif s'il en fut, mais remanié ici de façon inhabituelle. Parodie ensuite de la Bible, car le récit de la Genèse se trouve réduit au statut de fiction: trait anticlérical qui aurait certainement plu à Courcillon et à son cercle. Satire aussi des débats littéraires contemporains, car nous sommes en pleine Querelle des anciens et des modernes: en 1714 Houdar de La Motte publie sa version modernisatrice de l'*Iliade* en vers français, et Madame Dacier répond la même année avec son traité *Des causes de la corruption du goût.* Lorsque Voltaire, après avoir tracé l'histoire de l'homosexualité, de la Grèce, en passant par Rome et Florence, jusqu'à Paris, ose suggérer que Paris 'vaut bien l'Italie et la Grèce, / Quoi qu'on en dise, au moins pour les plaisirs' (vers 35-36), il est difficile de ne pas penser que le jeune Arouet parodie le très sérieux La Motte. Ces traits de satire se succèdent et s'entremêlent avec une virtuosité remarquable, le tout traduit dans un style marotique et archaïsant, qui caractérise les autres poésies de jeunesse de Voltaire (comme *Le Bourbier*), et qui se manifeste ici, par exemple, dans l'omission du pronom sujet: 'N'êtes pour rien la prêtresse du temple' (vers 79). [47] L'influence plus profonde de Marot se fait sentir peut-être dans l'utilisation systématique et habile du décasyllabe, qui anticipe les premiers contes en vers, *Le Cadenas* et *Le Cocuage*. [48]

Le personnage au cœur du poème, ce n'est pas bien sûr Mlle Duclos, mais plutôt le marquis de Courcillon, dont les aventures amoureuses sont chantées sur le ton héroï-comique. Le titre *À mademoiselle Duclos* se révèle donc pleinement ironique. Que Courcillon constitue le vrai sujet du poème, cela est confirmé

[47] Voir Walther de Lerber, *L'Influence de Clément Marot aux XVIIe et XVIIIe* *siècles* (Lausanne 1920), p.107-11. Il est à noter que ces effets pseudo-marotiques sont progressivement éliminés de ce poème: voir les variantes pour la ligne 79 (à partir de 1740), et pour la ligne 75 (à partir de 1784).

[48] Sur l'emploi du décasyllabe chez Voltaire, voir N. Cronk, 'The epicurean spirit: champagne and the defence of poetry in Voltaire's *Le Mondain*', *SVEC* 371 (1999), p.53-80 (p.62-64).

quelques années plus tard dans l'épître qu'adresse Voltaire à Monsieur le duc d'Aremberg dans laquelle il fait référence à notre poème:

> Courcillon, qui toujours du théâtre dispose,
> Courcillon, dont ma plume a fait l'apothéose,
> Courcillon qui se gâte, et qui, si je m'en croi,
> Pourrait bien quelque jour être indigne de toi.
> Ah! s'il allait quitter la débauche et la table,
> S'il était assez fou pour être raisonnable,
> Il se perdrait, grands dieux! Ah! cher duc, aujourd'hui
> Si tu ne viens pour toi, viens par pitié pour lui!
> Viens le sauver: dis-lui qu'il s'égare et s'oublie,
> Qu'il ne peut être bon qu'à force de folie,
> Et, pour tout dire enfin, remets-le dans tes fers.[49]

Ces vers attestent l'amitié, et peut-être l'intimité, qui liait Courcillon, d'Aremberg et même le jeune Arouet;[50] et l'esprit de camaraderie masculine qui sous-tend cette épître en fait la continuation de *A mademoiselle Duclos*.

Au début du poème, l'allusion à Cythère (vers 10), le pays idyllique de l'amour et du plaisir, rappelle la mode de la *fête galante* dans la peinture de Watteau et de ses contemporains: *Le Pèlerinage à l'île de Cythère* conservé au Louvre date de 1717. Mais cette mode n'est pas confinée à la peinture et nous en trouvons des échos jusque dans les romans de l'époque.[51] Lorsque Gil Blas fait la connaissance 'd'une jolie personne', il trouve tout de suite le vocabulaire de la fête galante: 'Eh! ma reine, repris-je, laissons là, s'il vous plaît, l'avenir. Ne songeons qu'au présent. Vous êtes belle. Je suis amoureux. Si mon amour vous est agréable, engageons-nous sans réflexion. Embarquons-nous comme les

---

[49] M.x.224.

[50] Une chanson obscène de l'époque lie les deux noms de 'Courcillon, bougrillon' et de d'Aremberg, 'un duc à toison, bougrillon' ('Chanson sur l'air des Boudrillons', dans 'Recueil Maurepas', BnF, ms. FR 12628, t.xiii, p.385-87).

[51] Voir René Démoris, 'Les fêtes galantes chez Watteau et dans le roman contemporain', *Dix-huitième siècle* 3 (1971), p.337-57.

matelots; n'envisageons point les périls de la navigation. N'en regardons que les plaisirs.'[52]

Dans *A mademoiselle Duclos*, Voltaire chante les exploits de son ami Courcillon sur le mode burlesque d'une fête galante homosexuelle.[53] La description de la foule de jeunes hommes suivant Courcillon au théâtre (vers 57-60) est une fête galante où les doux plaisirs aristocratiques de l'amusement et de la séduction rappellent l'ambiance des tableaux de Watteau, à la différence que, dans cet embarquement pour Sodome et Gomorrhe, les femmes sont absentes, d'où la lourde responsabilité de Mlle Duclos. Toujours est-il que le ton de la conversation et de la sociabilité, qui caractérise les fêtes galantes de Watteau,[54] caractérise également l'ambiance de ce poème. Dans cette première satire, écrite semble-t-il sous le règne de Louis XIV, Voltaire paraît avoir très tôt trouvé une voix poétique originale.

Manuscrits et éditions

MS1

Chansonnier Clairambault, t.x, FR12695, p.409-12. 'Courcillonade. Par Harouet. 1715.' Quelques variantes peu importantes. Sur ce recueil voir ci-dessous, p.513.

MS2

Rouen, Bibliothèque municipale, Archives de l'Académie C38 bis, f.1r-4v, 'Epitre a Mlle Duclos ou la Courcilonade', dans 'Pièces fugitives' (Papiers Cideville). Ce manuscrit, dit le Recueil Cideville, fut préparé sous la direction de Voltaire en 1735.[55]

---

[52] Lesage, *Gil Blas*, III, ch.5 (1715), p.150; par la suite il est question du 'voyage de Cythère' (*Gil Blas*, III, ch.8, p.163).

[53] Même contraste entre 'vos vilains gitons' et 'des déesses de Cythère' dans un poème figurant dans une lettre (D649). Un livre anonyme et obscène de 1733, *Anecdotes pour servir à l'histoire secrète des Ebugors* ('A Medoso, 3333'), décrit une guerre entre les Cythériennes et les Ebugors (anagramme pour 'Bougres').

[54] Voir Mary Vidal, *Watteau's painted conversations* (New Haven, Conn. 1992).

[55] Voir, au sujet du recueil Cideville, E. Meyer, 'Variantes aux *Poésies mêlées* de Voltaire d'après le manuscrit envoyé par l'auteur à M. de Cideville en 1735', *RHLF* 39 (1932), p.400-23.

MS3 [56]

Genève, IMV, ms. 4: 'La Coursillonnade, par M. Arouet 1715', dans 'Recueil de pièces en prose et en vers de différents auteurs', p.252. [57]

MS4

Paris, BnF, ms. FR 25660, 'La Courcillonade, ou sodomie, epistre à Mademoiselle Duclos', dans 'Diversités curieuses', p.61.

MS5

Paris, Bibliothèque de l'Arsenal, ms. 3130, 'L'Anty-Gîton, par M. de Voltaire', dans 'Recueil de pièces choisies et libres, A Paris, 1750', p.263.

L24A

A Mademoiselle Duclos, La Ligue ou Henry le Grand, poème épique, par M. de Voltaire, Avec des additions et un recüeïl de Pieces diverses du même Auteur. A Amsterdam, chez Jean Frédéric Bernard [Evreux ou Rouen], 1724. 12°. Les 'Poésies diverses de Monsieur de Voltaire' occupent les pages 157 à 196 du volume. Bengesco 363.

P.175-77.

L24B

Le Cadenas, La Ligue, ou Henry le Grand. Poème épique. Par Mr *Arrouet de Voltaire.* A Amsterdam, chez Henri Desbordes, 1724. 12°. Les 'Poésies diverses du M. de Voltaire' suivent les 'Remarques'; elles sont paginées 1-64. Même texte que le précédent. Bengesco 364.

P.25-28.

---

[56] Les manuscrits 3-5 ne font pas autorité, n'ayant pas été revus par l'auteur. Les variantes de ces manuscrits se trouvent dans l'édition critique de Charles Fleischauer, *Poésie de Voltaire*, édition *variorum*, t.i (édition à compte d'auteur, 1992), p.51-59.

[57] Je suis extrêmement reconnaissant à Monsieur Charles Wirz de m'avoir aimablement fourni une copie du manuscrit de l'Institut et Musée Voltaire.

À MADEMOISELLE DUCLOS

w32

A Mademoiselle Duclos, Œuvres de M. de Voltaire. Nouvelle édition, revue, corrigée, augmentée par l'Auteur. Amsterdam, Ledet [ou] Desbordes, 1732. 2 t. 8°. Bengesco 2118; Trapnell 32, BnC 2-6.
Tome i, p.240-43.

RP40 (1739)

L'Anti-Giton, Recueil de pièces fugitives en prose et en vers. [Paris, Prault], 1740 [1739], 1 t. 8°. Bengesco 2193; BnC 369-70.
P.131-33.

w48D

'L'Anti-Giton / A Mademoiselle Lecouvreur', *Œuvres de M. de Voltaire.* Dresde, Walther, 1748-1754. 10 t. 8°. Bengesco 2129; Trapnell 48D; BnC 28-35.
Tome iii, p.203-205.

w51

'L'Anti-Giton / A Mademoiselle Lecouvreur', *Œuvres de M. de Voltaire.* [Paris, Lambert] 1751. 11 t. 12°. Bengesco 2131; Trapnell 51P; BnC 40-41.
Tome iii, p.174-76.

w52

'L'Anti-Giton / A Mademoiselle Lecouvreur', *Œuvres de M. de Voltaire.* Dresde, Walther, 1752. 9 t. 8°. Bengesco 2132; Trapnell 52; BnC 36-38.
Tome ii, p.98-100.

w57G

'L'Anti-Giton / A Mademoiselle Lecouvreur', *Collection complette des œuvres de M. de Voltaire.* [Genève, Cramer], 1757, 10 t. 8°. Bengesco 2134; Trapnell 56, 57G; BnC 67-69.
Tome ii, p.134-37.

38

W64G

'L'Anti-Giton / A Mademoiselle Lecouvreur', *Collection complette des œuvres de M. de Voltaire*. [Genève, Cramer], 1764. 10 t. 8°. Bengesco 2133; Trapnell 64, 70G; BnC 89.

Tome ii, p.151-54.

Oxford, Merton College.

W68 (1771)

'L'Anti-Giton / A Mademoiselle Lecouvreur', *Collection complette des œuvres de M. de Voltaire*. [Genève, Cramer; Paris, Panckoucke], 1768-1777, 30 t. 4°. Bengesco iv.73-83; Trapnell 68; BnC 141-44.

Tome xviii (1771), p.119-21.

Taylor: VF.

W70G

'L'Anti-Giton / A Mademoiselle Lecouvreur', *Collection complette des œuvres de M. de Voltaire*. [Genève, Cramer], 1770. 10 t. 8°. Bengesco 2133; Trapnell 64, 70G; BnC 90-91.

Tome ii, p.151-54.

W70L (1772)

'L'Anti-Giton / A Mademoiselle Lecouvreur', *Collection complette des œuvres de M. de Voltaire*. Lausanne, Grasset, 1770-1781. 57 t. 8°. Bengesco iv.73-83; Trapnell 68; BnC 149-50.

Tome xxiii (1772), p.293-95.

W75G

'L'Anti-Giton / A Mademoiselle Lecouvreur', *La Henriade, divers autres poèmes et toutes les pièces relatives à l'épopée* [Genève, Cramer & Bardin], 1775, 40 t. 8° [l'édition encadrée]. Bengesco 2141; Trapnell 75G; BnC 158-61.

Tome xii, p.87-89.

39

K84

'L'Anti-Giton / A Mademoiselle Lecouvreur', *Œuvres complètes de Voltaire* [Kehl], Société littéraire typographique. 70 t. 8°. Bengesco 2142; Trapnell K; BnC 164-69.

Tome xiv, p.12-14.

Principes de cette édition

Le texte de base est W32. Les variantes sont tirées de MS2, L24, RP40, W48D, W57G, W68, W75G et K.

L'orthographe du texte de base a été modernisée. La ponctuation d'origine est conservée, sauf pour le premier vers, 'O' devient 'Oh!', pour des raisons de lisibilité. Pour les noms propres qui ont la forme moderne (Melpomene, Cythere, Silene), les accents ont été ajoutés. Le nom propre qui n'a pas sa forme moderne (Gomore) n'est pas modernisé.

Dans le texte de base, les substantifs suivants ont une majuscule: Théâtre, Vers, Dieu, Temple, Rival, Autel, Métamorphose, Ville, Bourdon, Pèlerin, Cieux, Marquis, Satrape, Blondins, Violon, Ménins, Enfant, Prêtresse, Hérétique. ('Amour' garde sa majuscule quand il désigne Cupidon.)

À MADEMOISELLE DUCLOS[1]
[L'ANTI-GITON]

Oh! du théâtre aimable souveraine,
Belle Duclos, fille de Melpomène,[2]
Puissent ces vers de vous être goûtés,
Amour le veut, Amour les a dictés.
Ce petit dieu de son aile légère,   5
Un arc en main parcourait l'autre jour
Tous les recoins de votre sanctuaire,
Loges, foyers, théâtre tour à tour,
Un chacun sait que ce joli séjour
Fut de tout temps du ressort de Cythère;[3]   10

a   MS2: Epitre a Mlle Duclos ou La Courcillonade
a-b   RP40: L'Anti-Giton
      w48D-K: L'Anti-Giton / A Mademoiselle Lecouvreur
      w57G: Cette pièce est de 1718, et par conséquent fort ancienne; l'auteur était alors fort jeune. On l'imprima comme addressée à la comédienne Duclos.
      w68, w75G: Cette pièce est aussi ancienne que la précédente [Le Cadenas]. On l'imprima en 1712, comme addressée à la comédienne Duclos.
2   RP40-K: Belle Cloé
3   MS2: puissent par vous, ces vers etre goutés
4   L24: C'est la justice Amour
     MS2: l'amour le veut, l'amour les a dictés
8-9   RP40-K:
        Car le théâtre appartient à l'Amour:
        Tous ses héros sont enfants de Cythère.
9   MS2: On scait assez que ce charmant sejour
10   RP40-K: [absent]

[1] Célèbre tragédienne, à qui Voltaire a confié le rôle de Salomé dans *Mariamne* (1724); voir l'Introduction.
[2] Muse de la tragédie, dont le nom rappelle les liens primitifs entre la tragédie et le chant (*melos*, 'musique'); Mlle Duclos était surtout connue pour sa façon de 'chanter' la tragédie.
[3] Sous la rubrique 'Modèles des vers purs et harmonieux', Boissy reproduit les vers 11-16, omettant 14 (*L'Elève de Terpsicore*, ii.87).

Hélas! Amour, que tu fus consterné
Lorsque tu vis ce temple profané,
Et ton rival de son culte hérétique,
Etablissant l'usage frénétique,
Accompagné de ses mignons chéris,   15
Fouler aux pieds les myrtes de Cypris. [4]
  Cet ennemi jadis eut dans Gomore,
Plus d'un autel, et les aurait encore
Si par le feu son pays consumé,
En lac un jour n'eût été transformé. [5]   20
Ce conte n'est de la métamorphose: [6]
Mais gens de bien m'ont expliqué la chose,
Très doctement et partant ne veux pas
Examiner la vérité du cas.
  Qu'ainsi ne soit, chassé de son asile,   25
Ce pauvre Dieu courut de ville en ville.

12 MS2: vis ton temple
14 RP40-K: l'usage antiphysique
15 RP40-K: mignons fleuris
16 MS2: foulant aux pieds
    W48D-K: Cypris!
22 MS2, RP40-K: Car gens
24 RP40-K: Mécroire en rien la verité
25 RP40-K: Ainsi que Loth, chassé de son exile [W57G, W68: asile]
26 MS2: dieu courant de

[4] Un des surnoms de Vénus, née dans cet île ou dans ses environs.

[5] On a cru longtemps que la mer Morte avait dû son apparition au désastre de Sodome et Gomorrhe, et les apologistes du dix-huitième siècle soutenaient encore que ces cités criminelles avaient occupé l'emplacement même du lac, qui se serait formé par l'effondrement du sol, effet de la catastrophe s'abattant sur elles; voir F. Vigouroux, *Dictionnaire de la Bible* (Paris 1912), iv.1306 et v.1820. Rien dans la Genèse (xix.24-28) n'autorise cette interprétation, comme le remarquera plus tard Voltaire lui-même dans *La Bible enfin expliquée* (M.xxx.30-31, n.2); voir aussi l'article 'Lac Asphaltide, Sodome' des *Questions sur l'Encyclopédie* (M.xvii.36-40), et l'*Encyclopédie* (t.i.) articles 'Asphalte' et 'Asphaltide, lac de Judée'.

[6] Une des toutes premières occurrences d'un lieu commun de la pensée voltairienne, à savoir que la Bible peut être réduite au statut des autres contes et fables et notamment des *Métamorphoses* d'Ovide.

Il vint en Grèce, il y donna leçon
Plus d'une fois à Socrate et Platon,
Et puis après il fit sa résidence,
Tantôt à Rome et tantôt à Florence,   30
Cherchant toujours, si bien vous l'observez,
Peuples polis et par art cultivés.
Maintenant donc, le voici dans Lutèce,
Séjour fameux des effrénés désirs,
Et qui vaut bien l'Italie et la Grèce,   35
Quoi qu'on en dise, au moins pour les plaisirs. [7]
Là pour tenter notre faible nature, [8]
Ce Dieu paraît sous humaine figure,
Et si n'a pris bourdon de pèlerin, [9]

28   MS2, RP40-K: à Socrate, à Platon
29   RP40-K: Chez des héros il fit
39   W75G, W68, K: Et n'a point pris
39-42   W48D, W57G: [absent]
39-61   MS2:
     il a pris l'air, l'esprit, le corps, le nom
     de ce marquis qu'on nomme Courcillon
     Giton jadis eut un moins beau visage
     Tout sied en luy; l'amour dans son jeune age
     pour compagnon l'auroit pris autrefois
     si de l'amour il n'eut bravé les lois
     pour mieux séduire il parle le langage
     de l'amour meme, on voit de toutes parts,
     jeunes Menins suivre ses étendarts
     dont glorieux il paroit a toutte heure
     sur le theatre aux muses destiné
     ou par Racine en triomphe ammené

[7] Comparer Boyer d'Argens, *Thérèse philosophe* (1748): 'Je ne te parle point du goût de ces monstres qui n'en ont que pour le plaisir *antiphysique* [...]. L'Italie en produit moins aujourd'hui que la France' (*Romanciers libertins*, i.952).
[8] Sous la rubrique 'Modèles de vers aisés, naïfs et badins', section qui commence bien sûr avec un passage tiré de Marot, Boissy reproduit les vers 38-56, omettant 46-52 (*L'Elève de Terpsichore*, ii.74).
[9] Allusion narquoise à la jambe de bois de Courcillon.

Comme autrefois l'a pratiqué Jupin,[10]   40
Quand voyageant au pays où nous sommes,
Quittait les cieux pour éprouver les hommes.
Trop bien il s'est en marquis[11] déguisé,
Leste équipage et chère de satrape,
Chez vos blondins l'ont impatronisé;   45
Comus,[12] Silène,[13] Adonis et Priape,
Sont à sa table où Messire Apollon
Vient quelquefois jouer du violon.

43   L24: [*absent*]
43-59   RP40-K:
 Il n'a pas l'air de ce pesant Abbé,
 Brutalement dans le vice absorbé,
 Qui, tourmentant en tout sens son espèce,
 Mord son prochain, et corrompt la jeunesse;
 Lui, dont l'œil louche, et le mufle effronté,
 Font frissonner la tendre volupté;
 Et qu'on prendrait, dans ses fureurs étranges,
 Pour un démon qui viole des anges.
 Ce Dieu sait trop, qu'en un pédant crasseux,
 Le plaisir même est un objet hideux.
  D'un beau marquis il a pris le visage,
 Le doux maintien, l'air fin, l'adroit langage;
 Trente mignons le suivent en riant;
 Philis le lorgne, et soupire en fuyant.
 Ce faux Amour se pavane à toute heure,

[10] Synonyme familier de Jupiter (employé déjà par La Fontaine et par Scarron, le terme reparaît dans *Le Cocuage*); la légende veut que Jupiter descende sur la terre pour rendre visite aux mortels. L'usage d'une mythologie familière caractérise les poèmes de jeunesse.

[11] Philippe-Egon, marquis de Courcillon (1687-1719); voir l'Introduction.

[12] Dieu de la bonne chère, que Voltaire invoque aussi dans l'*Epître à madame de* *** (ci-dessous, p.392). *Les Dons de Comus ou les délices de la table* (1739) est un livre de cuisine, précédé d'une préface qui fit du bruit à l'époque.

[13] La tradition populaire représentait cette divinité phrygienne en vieillard ivre.

Au demeurant il est haut de corsage,[14]
Bien fait et beau; l'Amour dès son jeune âge,   50
Pour compagnon l'aurait pris autrefois,
Si de l'Amour il n'eût bravé les loix.
Dans ses yeux brille et luxure et malice,
Il est joyeux et de doux entretien,
Faites état qu'il ne défaut de rien,   55
Fors qu'on m'a dit qu'il lui manque une cuisse. (*a*)
Finalement on voit de toutes parts,
Jeunes ménins suivre ses étendards,
Dont glorieux il paraît à toute heure
Sur ce théâtre aux Muses destiné,   60
Où par Racine en triomphe amené,
Le tendre Amour a choisi sa demeure.
Que dis-je, hélas! l'Amour n'habite plus
Dans ce réduit; désespéré, confus
Des fiers succès du Dieu qu'on lui préfère,   65
L'enfant ailé s'est enfui chez sa mère,

(*a*) L'homme dont il est question avait eu une cuisse emportée à Ramilly.[15]

55 L24: ne lui manque rien
56 L24, RP40, W48D, W75G, K: [*note (a) absente*]
60 L24, RP40-K: Sur le théâtre
61 L24: triomphe emmené
62 MS2: Ce tendre
    RP40-K: L'amour galant choisissait sa
66 RP40-K: L'amour honnête est allé chez

[14] Le sens de 'corsage' comme 'taille' ou 'buste', usuel au dix-septième siècle, est vieilli au dix-huitième; d'après Richelet (1680) le mot est 'un peu vieux et n'a proprement lieu que dans le burlesque'. Cf. 'Dame belete au long corsage' (La Fontaine, *Fables*, VIII, 22).

[15] Courcillon a été blessé à la bataille de Ramillies (1706); mais c'est à la bataille de Malplaquet (1709) qu'il a perdu une jambe (Saint-Simon, *Mémoires*, ii.729, iii.607, 1435).

D'où rarement il descend ici bas.
Belle Duclos, ce n'est que sur vos pas
Qu'il vient encore, Duclos, pour vous entendre,
Du haut des cieux j'ai vu ce Dieu descendre,   70
Sur le théâtre, il vole parmi nous,
Quand sous le nom de Phèdre ou de Monime, [16]
Vous partagez entre Racine et vous,
De notre encens le tribut légitime. [17]
Que si voulez que cet enfant jaloux   75
De ces beaux lieux désormais ne s'envole,
Convertissons ceux qui devant l'idole
De son rival ont fléchi les genoux.
N'êtes pour rien la prêtresse du temple
A l'hérétique il faut prêcher d'exemple.   80
Or venez donc avec moi quelque jour
Sacrifier au véritable amour.

68   RP40-K: Belle Cloé
69   L24: Il veut encore venir pour
     RP40-K: encore, Cloé, pour
70   MS2: vu l'amour descendre
75   K: Si vous voulez
75-82   L24: [absent]
77   MS2: Convertissez ceux
79   MS2: rien pretresse de son temple
     RP-K: Il vous créa la pretresse
81   MS2: moy dès ce jour
     RP40: Vous viendrez donc avec moi dès ce jour
     W48D-K: Prêchez donc vite, et venez dès ce jour

[16] Phèdre et Monime (*Mithridate*) étaient parmi les rôles les plus célèbres de Mlle Duclos. Pendant les cinq années 1710-1714 *Phèdre* fut joué 35 fois à la Comédie-Française, et *Mithridate* 24 fois (H. Carrington Lancaster, *The Comédie Française 1701-1774, Transactions of the American Philosophical Society* 41, Philadelphia 1951, p.627-45).

[17] Nabokov identifie dans *Eugène Onéguine* (ch.1, xviii.5-7) un écho de ces dernières lignes (Pouchkine, *Eugène Onéguine*, trad. en anglais avec commentaire par Vladimir Nabokov, 2 t., Princeton 1975, ii.84).

Contes en prose

éditions critiques

par

Christiane Mervaud

TABLE DES MATIÈRES

Le Crocheteur borgne

INTRODUCTION

1. Publication

Le Crocheteur borgne n'a cessé de poser des problèmes à ses éditeurs. Voltaire ne l'a point recueilli dans ses œuvres; Wagnière, son secrétaire, annotant en 1785 l'édition de Kehl parue l'année précédente qui l'avait intégré, ainsi que Cosi-Sancta, dans les Romans, précise: 'Le crocheteur borgne. J'ignore absolument si ce petit conte et Cosi-Sancta sont de Mr de V. Jamais je ne lui en ai entendu parler, ni n'en ai vu de traces dans ses papiers'.[1] Au dix-huitième siècle, à dix ans d'intervalle, deux versions du Crocheteur borgne, fort différentes au demeurant, paraissent, l'une du vivant de Voltaire, sans qu'il ait été apparemment consulté, l'autre dans la première édition posthume de ses Œuvres.

Le Journal des dames de mars 1774 publie Le Crocheteur borgne, ne cite pas le nom de Voltaire, mais le désigne clairement. Donner à lire un inédit de Voltaire était une aubaine pour Mme de Princen qui venait de prendre la direction de ce périodique en janvier 1774.[2] Dans un 'Avertissement', elle s'efforce d'authentifier cette

---

[1] A. Brown, 'Calendar of Voltaire manuscripts other than correspondence', SVEC 77 (1970), p.68.

[2] Marie Emilie Mayon (1736-1812) a épousé en premières noces François-René, baron de Princen, puis en secondes noces Charlemagne Cuvier-Grandin de Montanclos. Elle est l'auteur de petites comédies (voir la notice sous le nom de Marie de Montanclos, dans le Dictionnaire des journalistes 1600-1789, 2ᵉ éd., sous la direction de J. Sgard, Oxford 1999, ii.586). Elle succédait à Mme de Maisonneuve. Sur le Journal des dames, voir la notice par S. van Dijk et P. Albancy, Dictionnaire des journaux 1600-1789, sous la direction de J. Sgard (Oxford et Paris 1991). Sur ce périodique, on peut consulter E. Sullerot, Histoire de la presse féminine en France des origines à 1848 (Paris 1966), p.18-31; Histoire générale de la presse française, sous la direction de C. Bellanger, J. Godechot, P. Guiral et F. Terrou, t.i, Des origines à 1814 (Paris 1969), p.316-18; S. van Dijk, 'Le Journal des dames, 1759-1778; les journalistes-dames et les autres', Traces de femmes – présence féminine dans le journalisme français du XVIIIᵉ siècle (Amsterdam et Maarssen 1988), p.134-86.

découverte en indiquant les circonstances de la composition de ce texte:

J'insère ici un petit conte qui est l'ouvrage d'un homme très célèbre qui ne l'a jamais fait imprimer. Il fut fait dans la société d'une princesse qui réunissait chez elle les talents qu'elle protégeait. Toute faute, dans cette société, devait être réparée par un conte fait sur-le-champ: c'était une espèce de pensum. On sait que le pensum de la société de Boileau était la lecture de quelques vers de *La Pucelle* de Chapelain. J'ai cru que la lecture de celui-ci serait agréable par la gaîté qui règne dans les idées, et dans la manière dont elles sont rendues.[3]

L'édition de Kehl, en 1784, imprime *Le Crocheteur borgne* dans le tome xlv des *Œuvres complètes* de Voltaire après *Le Taureau blanc* et le fait suivre de *Cosi-Sancta*. Un texte explicatif sert de transition entre ces deux contes présentés comme inédits: 'Ce conte, ainsi que le suivant, n'a jamais été imprimé. M. de Voltaire attachait peu de prix à ces amusements de société.' Après une rapide analyse, les éditeurs, en guise de conclusion, précisent que 'ces deux petits romans sont de la jeunesse de M. de Voltaire, et fort antérieurs à ce qu'il a fait depuis dans ce genre.'[4] Mais en 1789, dans le tome lxx, Decroix se ravise. Dans un Errata, il remarque qu'une difficulté majeure de leur entreprise fut l'attribution de 'petites pièces en vers et en prose', que les responsables de l'édition se sont livrés à 'un dépouillement complet des journaux',[5] qu'ils ont fait appel aux portefeuilles des amis de Voltaire, que leur politique éditoriale fut de ne pas se fier à [leur] tact seul'. Or, malgré ces précautions, ils se sont trompés pour *Le Crocheteur borgne* qui serait de M. de Bordes et que l'on aurait faussement attribué au chevalier de Boufflers.[6] Puis Decroix fit de nouveau amende honorable dans le tome xxxiii de l'édition Beuchot en 1829, ce conte n'ayant point été revendiqué par les héritiers de M. de

---

[3] *Journal des dames*, mars 1774, p.10 suivi du *Crocheteur borgne*, p.11-24.
[4] *Œuvres complètes de Voltaire*, De l'imprimerie de la Société littéraire typographique (1784), xlv.424. Les tomes xliv et xlv regroupent les *Romans*.
[5] On remarquera qu'ils n'ont pas dépouillé le *Journal des dames*.
[6] Kehl, lxx.543-44.

Bordes, ni inclus dans l'édition de ses *Œuvres complètes*. Il émet l'hypothèse, assez gratuite, d'un 'auteur anonyme' qui aurait tâché d'y prendre la manière d'un grand peintre.[7] Mais *Le Crocheteur borgne* ne resta point longtemps en quête d'auteur. Beuchot découvre que ce conte a été imprimé dans le *Journal des dames*, qu'il y est présenté comme une production de la cour de Sceaux. Pour Decroix, c'est un 'trait de lumière', il se rallie à la thèse de l'attribution à Voltaire,[8] suivi par tous les éditeurs des *Contes*. Aucun témoignage ne permet de contester cette tradition. Au contraire, les recherches de J. Hellegouarc'h en 1978-1979 tendraient à la confirmer en éclairant les circonstances de l'élaboration de ce conte, en montrant qu'il reflète l'atmosphère des milieux mondains fréquentés par Voltaire dans sa jeunesse.

2. *Les deux versions du 'Crocheteur borgne'*

La version du *Journal des dames* et celle de l'édition de Kehl comportent d'importantes différences textuelles qui affectent le sens même du conte, qu'il s'agisse du rêve érotique ou du rôle dévolu au merveilleux. Elles ne peuvent être conciliées, il faut donc motiver le choix de l'une d'entre elles comme texte de base.

D'après Mme de Princen, *Le Crocheteur borgne* aurait été improvisé. Ce conte conserve des traces d'oralité, à moins qu'il ne cultive une spontanéité plus ou moins feinte: 'Mélinade, (c'est le nom de la dame que j'ai eu mes raisons pour ne pas dire jusqu'ici, parce qu'il n'était pas encore fait)'.[9] Le narrateur stimule l'intérêt

---

[7] Beuchot, tome xxxiii, p.iii, note rédigée par Decroix. Ce dernier a pris connaissance du commentaire de Wagnière cité plus haut, il en a tenu compte dans les Errata qu'il a envoyés à Beuchot (BnF, N 14301, f.91*v*), cité par A. Brown, p.68. On s'explique les doutes de Decroix et son revirement.

[8] D'après une lettre du 15 avril 1822, citée par F. Deloffre, *Romans et contes*, éd. F. Deloffre et J. van den Heuvel (Paris, Bibliothèque de la Pléiade, 1979), p.672.

[9] Sur la conduite du récit, voir l'article de J. Hellegouarc'h qui reconstitue la genèse du *Crocheteur borgne* en tenant compte de ses probables conditions d'élaboration ('Genèse d'un conte de Voltaire', *SVEC* 176, 1979, p.31-34).

par le caractère démonstratif de l'entrée en matière: d'abord des aphorismes, puis des conclusions provisoires, 'voilà pourquoi', 'heureux les borgnes', enfin par l'annonce d'une histoire exemplaire. Il prend à témoin: 'il était comme vous le voyez [...]'. Faudrait-il considérer que les deux textes qui nous sont parvenus seraient des transcriptions ou des reconstructions après coup de deux auditeurs? Une telle hypothèse rendrait compte des variantes stylistiques, mais point des différences considérables qui portent sur le sens même du récit, sauf à penser que l'un des auditeurs aurait pris de grandes libertés avec le texte qu'il avait entendu. Des passages similaires étendus fragilisent cette conjecture. Les deux premiers paragraphes sont identiques. L'apparition d'une belle princesse, la course-poursuite de Mesrour, le sauvetage chevaleresque, le dégoût de la dame refusant son bras à cet 'étrange écuyer', le portrait des deux héros, ne diffèrent que par l'introduction de ces épisodes. Elle est réduite à une phrase dans l'édition de Kehl, développée dans celle de 1774. Même dénouement enfin dans les deux textes où l'on relève seulement des variantes. Il paraît peu plausible que ces longs passages aient été mémorisés ou pris en note *in extenso*. Ils semblent renvoyer, comme le présume F. Deloffre, à une version écrite commune.[10]

L'existence de cette unique version du *Crocheteur borgne* qui serait à l'origine de deux éditions, à dix ans d'intervalle, reste conjecturale, mais elle rendrait compte de l'écriture si maîtrisée de ce conte; rien n'interdit de penser que Voltaire, après l'avoir improvisé, l'ait mis au point pour Mme du Maine, sans pour autant supprimer la parenthèse sur le nom de Mélinade qui souligne l'instance narrative, jeu formel apprécié au dix-huitième siècle.[11] Les héritiers de la duchesse ont pu en faire une ou plusieurs copies.

[10] F. Deloffre, *Romans et contes*, p.673.
[11] On rappellera seulement le préambule de *Ceci n'est pas un conte* (Diderot, *Quatre contes*, éd. J. Proust, Genève 1964, p.73), les interventions de l'auditoire dans l'œuvre de Diderot, mais aussi dans *Le Sopha* de Crébillon; voir C. Mervaud, 'La narration interrompue dans *Le Sopha* de Crébillon', *SVEC* 249, 1987, p.183-95). Voltaire se met en scène et prend parti, cf. 'je conviens qu'on a bien à craindre'.

Cela dit, l'existence de deux versions différentes ne saurait être écartée, faute de preuves décisives. Au-delà de ce constat, et en l'absence de documents qui trancheraient la question, on fera le point sur les renseignements dont on dispose. A Mme de Princen, puis aux éditeurs de Kehl, *Le Crocheteur borgne* a été présenté comme un amusement de société, composé il y a fort longtemps.[12] Leurs versions sont concordantes sur ce point, qu'elles viennent ou non d'une même source.

On a quelque idée de l'origine de la version de Kehl, on ignore celle du *Journal des dames*. Decroix, dans l'Errata du tome lxx, explique que les maîtres d'œuvre de la première édition posthume des œuvres de Voltaire tenaient leur copie d'un 'homme en place'. Elle avait été donnée à Panckoucke par 'une personne qui ne s'est point nommée' et qui voulait rester anonyme, ayant fait promettre que son nom ne serait jamais divulgué, sans doute un familier de la cour de Sceaux, peut-être le prince de Condé en personne.[13] Cet important personnage s'était donc adressé à celui qui fut, dans les dernières années du patriarche de Ferney, l'une des figures de premier plan de l'édition voltairienne, démarche fort plausible. Charles-Joseph Panckoucke, qui avait été l'associé des Cramer pour la distribution de l'édition in-4° de la *Collection complète des œuvres de M. de Voltaire* de 1768, puis de l'édition dite encadrée, avait, à Paris, sous l'adresse de Neufchâtel, réalisé une édition des œuvres (1772-1777) dont les tomes xxiv et xxv, parus en 1773 et rassemblant les *Contes et romans*, n'impriment point *Le Crocheteur borgne*. Or Panckoucke était à la recherche d'inédits de Voltaire, il lui avait attribué à tort *La Brunette anglaise*, un conte en vers publié dans le tome ii des *Mélanges de poésie* de son édition.[14]

---

[12] Voir les notices de ces deux éditions.

[13] Kehl, xlii.544 et lettre de Decroix du 15 avril 1822 (*Romans et contes*, p.672).

[14] *La Brunette anglaise* est un conte de Cazotte. Ce conte avait été publié en 1764 (*Le Bijou trop peu payé, et La Brunette anglaise, nouvelles en vers pour servir de supplément aux œuvres posthumes de Guillaume Vadé*, à Genève, chez les Frères Cramer, Paris, Duchesne, 1764). Ce conte est repris dans les *Œuvres de Monsieur de V...* à Neufchâtel (Paris, Panckoucke, 1772-1777), t.xv: *Mélanges de poésie*, p.421.

Panckoucke a donc reçu la visite de cet homme en vue après 1773. En 1774, Mme de Princen, qui était 'fort entichée de la manie de faire des vers',[15] reproduit dans la livraison de février *La Brunette anglaise* qu'elle donne pour être de Voltaire. A-t-elle recopié, sans vérification, ce conte dans l'édition Panckoucke? Est-elle entrée, à cette occasion, en relation avec Panckoucke ou avec son entourage? En mars 1774, elle a réussi à se procurer, par un canal inconnu, une copie du *Crocheteur borgne*. La version qu'elle a donnée de ce conte a-t-elle été jugée peu satisfaisante par celui qui lui avait fourni le texte? Pourquoi et quand une autre copie a-t-elle été confiée à Panckoucke? Toujours est-il que ce dernier, qui se trouvait aussi en possession de *Cosi-Sancta*, a présenté ces deux contes comme des inédits aux éditeurs de Kehl. Ignorait-il la version du *Journal des dames*? Personne n'avait peut-être envie de faire une publicité rétrospective à Mme de Princen ni de discuter la version qu'elle avait donnée. Le plus simple était sans doute de la laisser sombrer dans l'oubli et d'offrir aux souscripteurs de l'édition de Beaumarchais deux contes de jeunesse de Voltaire, des textes inconnus et piquants.

Un conte, deux textes: bien des inconnues subsistent et la question de la version la plus authentique n'est pas résolue. Faute d'arguments d'ordre externe qui permettraient d'authentifier l'une ou l'autre de ces versions, on en est réduit à privilégier des indices d'ordre interne, sans pour autant être assuré de reproduire le texte qui fut effectivement composé par le jeune Arouet.

A la version galante du *Journal des dames* s'oppose la version libertine de l'édition de Kehl. Dans la première, après sa chute, 'un sommeil subit et qui vint pourtant bien à propos' s'empare de Mélinade, ce qui donne lieu à une scène platonique écrite dans un style assez conventionnel. Mesrour s'endort à son tour 'sur la terre déjà humide de rosée' et, 'par un certain respect, dont un crocheteur même ne peut se défendre', il s'est éloigné de quelques pas du 'canapé pierreux qu'avait choisi la belle fatiguée'.

---

[15] Bachaumont, *Mémoires secrets*, 1er novembre 1774, vii.231.

Dans l'édition de 1784, Mélinade tombe de fatigue sur place, mais ne s'endort point. Elle essaie de se relever, retombe aussitôt, 'et si malencontreusement que ce qu'elle laissa voir', fait perdre la raison au crocheteur. Mesrour aperçoit ce que *Les Hasards heureux de l'escarpolette* de Fragonard permettent d'entrevoir ou de deviner. Lors d'instants fugaces que ménagent des 'occasions', le mouvement d'une balançoire ou quelque posture insolite, le corps féminin est subitement offert à la vue, les vêtements de l'époque dévoilant alors ce qu'ils dissimulent habituellement et, parfois, ce que la décence commande de dissimuler. Aussi le thème de la chute donne-t-il lieu à plaisanteries gaillardes de *Jacques le fataliste* aux *Confessions*[16] et à illustrations libertines.[17]

Les délicatesses du Mesrour du *Journal des dames* sont ignorées du crocheteur de l'édition de 1784 qui 'ne songea plus à la distance que la fortune avait mise entre Mélinade et lui': 'il fut brutal et heureux'. Mélinade serait la première d'une série de reines ou grandes dames subissant semblables outrages: Astarté, qui croyait que 'le ciel attachait aux personnes de sa sorte un caractère de grandeur', parle en reine; elle est traitée en 'demoiselle suivante' par l'Hyrcanien qui la destine à son sérail; Formosante, pour laquelle des rois ont combattu en champ clos, s'entend dire par le pharaon d'Egypte lorsqu'elle est à sa merci: 'vous n'aurez point d'autre lit que le mien, et je me conduirai avec vous selon que j'en

---

[16] Les sous-vêtements féminins de l'époque consistaient en chemises et jupons, ce qui explique maintes gaillardises sur ce thème de la chute. Dans *Jacques le fataliste*, la femme portée en croupe par un chirurgien tombe, Jacques commente cet accident: 'c'est qu'il était écrit là-haut [...] que vous auriez une contusion à la tête, et qu'on vous verrait le cul' (éd. critique par S. Lecointe et J. Le Gaillot, Genève 1976, p.7). Voir aussi, dans le livre I des *Confessions*, la malheureuse culbute de Mlle Lemercier dont 'le derrière' 'fut étalé tout en plein devant le roi de Sardaigne' (éd. B. Gagnebin et M. Raymond, Bibliothèque de la Pléiade, Paris 1959, p.22).

[17] Dans *Bigarrures, Coïro-pygo-glotto-chiro-phallurgiques*, texte présenté par B. Didier (Genève et Paris 1981), 'Le joyeux accident' raconte comment les jupes de deux femmes sont relevées jusqu'à leurs tailles. Ce texte, qui date de la fin du siècle est illustré de manière très crue (texte p.13-14 et illustration hors texte). Je remercie J.-M. Moureaux qui m'a signalé ce rapprochement.

serai content'. [18] Les crocheteurs ne sont pas les seuls à manquer à l'honnêteté. Mesrour met à profit un évanouissement comme 'le grand Bulgare haut de six pieds' de l'histoire de Cunégonde, comme le ferait, s'il le pouvait, l'honnête eunuque que rencontre la Vieille, comme le rustre vigoureux qui rend à la vie une 'belle impertinente'. [19] C'est un lieu commun de rappeler la fréquence des viols et violences dans les contes. La victime est plus ou moins consentante dans *Le Crocheteur borgne*: 'elle bénissait sûrement le ciel de ce que toute infortune porte avec elle sa consolation'. Suivant les règles d'un libertinage élégant et frivole, c'est le thème du petit mal que *Cosi-Sancta* orchestre dans un autre registre. Cette fatuité masculine laisse place à un érotisme plus inquiétant dans maints contes ultérieurs, de *Candide* aux *Lettres d'Amabed*: Cunégonde et la Vieille ont été violées, l'une 'autant qu'on peut l'être', l'autre 'presque tous les jours', la belle et innocente Adaté et sa servante Déra sont les proies d'un moine lubrique. [20]

En janvier 1774, dans son Prospectus, Mme de Princen avait fait part de ses principes: 'Aucun morceau, soit en prose, soit en vers, qui offrirait ou des idées trop analogues à ce genre de tableaux que l'œil de la candeur ne peut fixer sans perdre de son ingénuité, ou des systèmes que la morale la plus pure ne puisse avouer, aucun morceau de ce genre ne sera inséré dans ce journal.' [21] Le *Journal des dames* affichait aussi quelques prétentions féministes et se proposait de faire connaître 'les vertus, l'esprit et le talent du sexe auquel il est consacré'. [22] En février 1774, l'histoire d'une orpheline pauvre qui se tue plutôt que de sacrifier sa vertu devait édifier les

---

[18] *Zadig*, 'Le basilic', *Romans et contes*, p.103; *La Princesse de Babylone*, éd. J. Hellegouarc'h, *OC*, t.66, p.144. Traditionnellement, on trousse les servantes, comme 'la fringante Marton' dans *Ce qui plaît aux dames*, *Contes en vers et en prose*, éd. S. Menant (Paris 1992), i.337. Se permettre des privautés avec des reines se situe dans un registre d'humiliation des femmes caractéristique des contes voltairiens.

[19] *Candide*, *OC*, t.48, p.144 et 157; *La Bégueule*, dans *Contes en vers et en prose*, ii.349.

[20] *Candide*, *OC*, t.48, p.144 et 157; *Lettres d'Amabed*, *Romans et contes*, p.493-95.

[21] *Journal des dames*, janvier 1774, p.10.

[22] *Ibid.*, novembre 1774, p.8.

lectrices.[23] Etait-il convenable dans la livraison suivante de ce périodique et après les belles déclarations d'intention de la rédactrice, de faire allusion, dans un journal dédié à la dauphine, aux plaisirs de contrebande que goûte une princesse avec un portefaix lorsque l'occasion s'en présente? La version édulcorée du *Journal des dames* éveille des soupçons. Elle pourrait avoir fait l'objet de retouches. Ainsi l'étude de détail du portrait de Mesrour laisse penser que le texte a été expurgé avec un souci pointilleux de décence afin d'éviter toute image suggestive:

Edition de Kehl:
— ses grands yeux 'exprimaient et inspiraient la volupté'
— sa longue chevelure 'flottait librement sur ses reins'
— une étoffe transparente 'lui servait d'habillement et ne cachait rien de la beauté de son corps'.

Version du 'Journal des dames':
— 'exprimaient et inspiraient le sentiment le plus doux'
— 'flottait au gré des zéphirs'
— 'lui servait d'habillement'.

Dans le *Journal des dames*, point d'effet de transparence commenté, la présence du corps est gommée autant que faire se peut, et le portrait se complaît dans les clichés.

On est donc tenté de voir, dans le texte publié en 1774, une version à l'usage des dames, conforme à l'esprit du périodique dans lequel le conte est inséré entre des vers à une indifférente, des vers sur des mules brodées, des *Extraits du Cours d'études des jeunes demoiselles* de l'abbé Fromageot, des anecdotes morales.[24] Dans la version de Kehl, point la moindre trace de 'moralité'. Le vilain charbonnier de *La Bégueule* qui profite de l'occasion, dispense du moins à cette 'dégoûtée' une salutaire leçon.[25] Dans *Le Crocheteur borgne*, la violence de Mesrour réalise ce que les

---

[23] *Ibid.*, février 1774, p.210-12.
[24] *Ibid.*, mars 1774, p.9, 24, 31, 106.
[25] *La Bégueule*, p.344-49.

corps désirent et que la société interdit. Toute une tradition littéraire a fait sourire de ces faiblesses féminines, condamnées par la morale, mais conformes à la nature. 'Mieux vaut goujat debout, qu'Empereur enterré', concluait La Fontaine dans sa *Matrone d'Ephèse*. *Le Crocheteur borgne*, qui illustre ou préfigure bien des thèmes propres à l'imaginaire voltairien dans ses *Contes en vers et en prose*, se situe dans cette veine libertine.

Les différences entre les deux versions du *Crocheteur borgne* ne portent pas seulement sur la scène d'amour. Elles affectent aussi la conduite du récit, et l'interprétation du conte. Dans le *Journal des dames*, le dénouement est préparé dès le début avec la mention du goût de Mesrour pour les liqueurs fortes; dans l'édition de Kehl, l'explication finale par le songe et l'ivresse donne sens à des événements qui s'étaient succédé sans lien logique apparent.

Ainsi l'apparition de la princesse sur son char a-t-elle reçu des traitements différents. Elle est due à la magie dans le *Journal des dames*: le crocheteur a trouvé un anneau d'or, dès qu'il le met à son doigt, il voit la princesse. Dans l'édition de Kehl, elle paraît de l'ordre du hasard.[26] Le texte de 1774 annonce la présence de génies dans un palais: ces 'amis des hommes' transportent la Belle dans un 'lieu enchanté', métamorphosent le Borgne en un 'jeune homme à la taille noble', aux grands yeux tendres et vifs. Dans le texte de 1784, Mélinade, étonnée, ouvre les yeux, découvre la beauté du lieu où elle se trouve et la beauté de son compagnon. Dès que le couple a pénétré dans le palais, des génies viennent inopinément prêter serment de fidélité au maître de l'anneau. La comparaison de ces épisodes montre que l'un des textes explique, justifie, rationalise tandis que l'autre met en scène des séquences qu'il faudra interpréter par deux fois, d'abord sur-le-champ, puis rétrospectivement.

Même retour à la réalité dans les deux versions, mais comportant une plaisanterie antireligieuse dans celle de Kehl, où c'est

---

[26] Voir J. Hellegouarc'h, 'Genèse d'un conte', p.21, qui voit dans l'expression 'par hasard' la preuve que le conteur improvise et ne sait pas encore où il va.

'l'eau sacrée' des ablutions d'un musulman dévot qui réveille le pauvre Mesrour. Celui-ci se souvient qu'il a trop bu la veille: tout n'était qu'un rêve d'ivrogne. Dans le *Journal des dames*, Mesrour a abusé des liqueurs fortes, il a cru s'être réveillé, avoir trouvé un anneau et jouir de 'tout le bonheur dont il conservait le souvenir'. La structure narrative de l'édition de 1784 ménage un coup de théâtre final, celle de 1774 accumule les surprises, car on ne compte pas moins de trois réveils,[27] et elle comporte des relais explicatifs. Aussi ne choisit-elle pas entre le merveilleux et le songe, comme si des additions d'une main étrangère l'avait alourdie, en essayant de la rendre plus logique et l'avait banalisée en s'efforçant de la rendre plus conforme à l'idée que l'on se faisait du merveilleux oriental. Les inadvertances ou négligences présumées de l'édition de Kehl peuvent être liées au caractère onirique du récit. Les apparitions non justifiées de la princesse, puis des génies relève-raient du surgissement des images dans le rêve. Une surprise du même ordre au dénouement révélera dans *Le Blanc et le Noir* que la succession d'aventures incohérentes qui composent ce récit, est due à un cauchemar.[28]

La version de Kehl paraît supérieure à celle transmise par le *Journal des dames* qui semble avoir fait l'objet de remaniements visant à supprimer des hardiesses, d'un point de vue idéologique comme d'un point de vue narratif. A l'exception de Philippe van Tieghem qui, dans une édition des contes de 1930, a reproduit le texte du *Journal des dames*,[29] tous les autres éditeurs ont retenu celui de Kehl, ce que nous ferons ici en donnant en appendice l'autre version. Les variantes seront relevées, il n'est pas exclu a priori que le *Journal des dames* conserve parfois le texte authen-

---

[27] Mesrour se réveille après avoir trop bu et trouve un anneau; il s'endort auprès de Mélinade, se réveille métamorphosé; il se réveille définitivement après avoir été aspergé par une servante; on comprend alors que les deux précédents réveils ont eu lieu en rêve.

[28] *Le Blanc et le noir, Romans et contes*, p.265-67.

[29] *Contes et romans*, éd. Ph. van Tieghem, Les textes français de la Société des Belles Lettres (Paris 1930).

tique, les éditeurs de Kehl retouchant les textes du point de vue du style,[30] et leur version comportant une leçon manifestement fausse (lignes 88-89 et variante).

3. Datation

Dans leurs notices que nous avons déjà citées, le *Journal des dames* et les éditeurs de Kehl font état de renseignements intéressants, mais lacunaires sur *Le Crocheteur borgne*. Beuchot déduisit de leur lecture que ce conte et *Cosi-Sancta* avaient été composés à la cour de la duchesse du Maine et les data des séjours que Voltaire y fit en 1746-1747. Longchamp, secrétaire de Voltaire à cette époque, n'avait-il point déclaré dans ses *Mémoires* que son maître lui 'faisait mettre au net les contes, dont il voulait régaler tous les soirs' son hôtesse, alors qu'il s'était réfugié à Sceaux à la suite d'une parole imprudente au jeu de la Reine à Fontainebleau?[31] Le cadre oriental, le thème du borgne, communs à *Zadig*, à *Memnon* et au *Crocheteur borgne*, semblaient confirmer cette datation.[32] Elle laissait subsister des anomalies. Les éditeurs de Kehl évoquaient la jeunesse de Voltaire, il avait alors cinquante-deux ans. Ils affirmaient que ce conte et *Cosi-Sancta* étaient 'fort antérieurs' à ce que Voltaire avait fait dans ce genre. Or, en 1746-1747, ils étaient contemporains de contes célèbres, *Zadig* et *Memnon*.

Cette datation fut reprise dans toutes les éditions des contes jusqu'à celle de F. Deloffre parue dans la Bibliothèque de la Pléiade en 1979. J. Hellegouarc'h venait de réunir un important faisceau d'arguments démontrant qu'ils avaient été composés alors que le jeune Arouet fréquentait la première cour de Sceaux avant

---

[30] F. Deloffre, *Romans et contes*, p.674.

[31] R. Vaillot, *Avec Mme du Châtelet 1734-1749*, *Voltaire en son temps* 2 (Oxford 1988), ch.15.

[32] *Zadig*, 'Le Borgne', *Romans et contes*, p.59; Memnon devient borgne, *ibid.*, p.127.

l'exil de la duchesse fin décembre 1718.[33] Voltaire a effectivement séjourné à Sceaux pendant sa jeunesse entre octobre 1712 et mai 1716, au cours des années 1717 et 1718; il n'y retournera point de 1720 à 1746.[34] Dans l'Epître dédicatoire d'*Oreste* (1750), dédiée à la duchesse du Maine, il déclara qu'une représentation de l'*Iphigénie en Tauride* à Sceaux lui donna 'la première idée' de sa tragédie *Œdipe*.[35] Pendant l'été 1716, exilé à Sully-sur-Loire, Arouet écrit à la marquise de Mimeure: 'nous avons des nuits blanches comme à Sceaux' (D40).[36] Les nuits blanches se sont échelonnées de juillet 1714 à mai 1715. Elles furent au nombre de seize et consistaient en sketches reliés entre eux par une action générale.[37] Mal mariée à un bâtard légitimé du roi et de Mme de Montespan, boiteux, d'esprit sérieux, mais de caractère mou, la pétulante et tyrannique Louise-Bénédicte de Bourbon, petite-fille du grand Condé, exigeait de vivre dans un tourbillon de plaisirs. Soupers, bals, spectacles, séances de lecture, exercices poétiques se succédaient et culminaient lors de la magie des Nuits. C'étaient 'les galères du bel esprit', dira Nicolas de Malézieu, un savant qui devint l'amant de la duchesse et qui était le grand ordonnateur de ces festivités.[38] L'abbé Genest en a retracé la chronique dans *Les Divertissements de Sceaux* (1712), complétés, après sa mort, par la *Suite des divertissements de Sceaux* (1725). Les jeux de société y faisaient fureur, le moindre événement fournissant l'occasion de versifier ou de brocher quelque récit. Voltaire, selon Mme de Princen, se serait acquitté d'un pensum en improvisant *Le Crocheteur borgne*. L'abbé Genest donne l'exemple d'un gage en 1699-1700.[39] Un

---

[33] J. Hellegouarc'h, 'Mélinade ou la duchesse du Maine. Deux contes de jeunesse de Voltaire: *Le Crocheteur borgne* et *Cosi-Sancta*', *RHLF* (1978), p.722-35.

[34] *Ibid.*, p.728: voir le calendrier des séjours de Voltaire à Sceaux.

[35] M.v.81. La duchesse jouait le rôle d'*Iphigénie* que mentionne aussi la 14e Nuit (*Suite des divertissements de Sceaux*, 1725, p.286).

[36] Voltaire gardera de vifs souvenirs de ces nuits blanches (M.xxvii.307-308).

[37] A. Jullien, *Les Grandes Nuits de Sceaux. Le théâtre de la duchesse du Maine d'après des documents inédits* (Paris 1876).

[38] Cité par A. Maurel, *La Duchesse du Maine, reine de Sceaux* (Paris 1928), p.207.

[39] Abbé Genest, *Les Divertissements de Sceaux* (Trévoux 1712), p.59.

historien des Nuits de Sceaux attribue à Voltaire une énigme qui n'a pas été recueillie dans ses *Œuvres* et qu'il aurait composée pour racheter un gage.[40] L'abbé Genest cite maintes poésies fugitives: bouts-rimés, madrigaux, anagrammes qui sont des productions de Sceaux.

Ces ouvrages improvisés étaient des pièces de circonstance qui comportaient des clés et célébraient le plus souvent la maîtresse de céans.[41] J. Hellegouarc'h a démontré, de manière convaincante, que *Le Crocheteur borgne* répond à ces trois critères. Le nom de la princesse, Mélinade, formé sur le radical mel = le miel, d'où melin = de couleur jaune, ne pouvait manquer d'évoquer pour les familiers l'Ordre de la Mouche à miel créé par Mme du Maine. La médaille, suspendue à un ruban jaune, remise au nouveau chevalier lors de la séance d'intronisation, avait valeur de talisman. Le portrait de Mélinade, ses beaux cheveux, 'relevés les uns en boucles, les autres en tresses', ses fort petites mains et ses petits pieds, sa robe d'une étoffe d'argent semée de guirlandes de fleurs, sont autant de signes de reconnaissance. Le char tiré par six grands chevaux blancs, la présence d'un petit chien qui aboie auprès de sa maîtresse confirment l'identification de l'héroïne.[42]

Selon le président Hénault, Mme du Maine était despotique, mais admettait 'qu'on la plaisantât'.[43] Le jeune Arouet aurait donc

---

[40] Selon A. Jullien, Voltaire aurait composé cette énigme: 'Cinq voyelles, une consonne, / En français composent mon nom, / Et je porte sur ma personne / De quoi l'écrire sans crayon.' Il s'agit d'un oiseau (*Les Grandes Nuits de Sceaux*, p.6).

[41] Préface des *Divertissements de Sceaux*.

[42] Voir J. Hellegouarc'h, 'Mélinade ou la duchesse du Maine', p.722-35. Pour la coiffure de Mme du Maine, voir la reproduction de la médaille de la mouche à miel (p.724). La duchesse était blonde comme l'atteste son portrait par de Troy. Elle était très petite, selon le témoignage de La Palatine (p.725). Sur le portrait par Gobert conservé au musée de Sceaux, elle porte une robe d'une étoffe brillante, semée d'une guirlande de fleurs, des chaussures dorées assez semblables aux 'souliers brodés en paillettes' du conte. Son petit chien Jonquille est évoqué dans les *Divertissements de Sceaux*, p.277 et 361. Enfin Mme du Maine se rendait à Paris dans un carrosse tiré par six grands chevaux blancs.

[43] *Mémoires* (Paris 1855), p.132, cité par J. Hellegouarc'h, 'Mélinade ou la duchesse du Maine', p.726.

risqué une plaisanterie sur les plaisirs qu'une princesse peut connaître, même avec un crocheteur. Mme du Maine était alors une jeune femme courtisée alors qu'en 1746, âgée de 71 ans, ayant dû renoncer à ses ambitions politiques, elle régnait sur une cour plus morose. En dépit de ces explications, René Galliani ne peut accepter l'idée que Voltaire aurait eu 'le mauvais goût de prêter à la duchesse du Maine l'aventure de Mélinade'. Il propose de revenir à la datation traditionnelle et à une interprétation qui ferait l'économie de cette clé. [44] *Le Crocheteur borgne* aurait été composé en 1746-1747, après lecture de l'article 'Pauliciens' du *Dictionnaire historique et critique* de Bayle. Cette source ne convainc pas: l'article 'Pauliciens' est une allégorie de l'âme entraînée par des chevaux impétueux dans un précipice. Aussi les rapprochements signalés entre les deux textes paraissent-ils purement formels. [45] Quant au thème du bien et du mal, il est traité suivant des optiques fort éloignées et n'ayant pratiquement rien de commun. Reste l'objection portant sur le caractère osé du conte, surtout si l'héroïne désigne, de manière plus ou moins allusive, Mme du Maine. La duchesse n'était rien moins que prude, mais quelle effronterie de la part du jeune Arouet! Jusqu'à quel point pouvait-on 'plaisanter' à la cour de Sceaux? L'article de René Galliani incite à poser cette question, surtout si l'on songe que l'époux de la brillante Ludovise, c'est ainsi que la duchesse se faisait appeler, n'était point particulièrement favorisé par la nature. Simple conjecture, car il se peut que nul n'ait pensé à un tel rapprochement. Elle avait été mariée à un prince du sang affligé d'un pied bot, on imaginait pour elle les étreintes d'un borgne. Mettre, dans une fiction, la reine de Sceaux dans les bras d'un crocheteur déguenillé et sale restait un exercice rempli d'embûches.

[44] R. Galliani, 'La date de composition du *Crocheteur borgne* de Voltaire', *SVEC* 217 (1983), p.141-46. R. Galliani met l'accent sur le problème du bien et du mal et pense que ce conte reflète 'l'expérience d'un homme qui a vécu et souffert' (p.145).

[45] On en trouvera la liste p.142-44. Bayle illustre l'idée que la contrainte peut parfois se justifier par l'image d'un laquais sauveur d'une grande dame.

Le rythme soutenu du conte, la virtuosité dans la conduite du récit, l'irréalité du texte, l'art de gazer, que nous étudierons plus loin, nous paraissent des réponses suffisantes aux réticences qui viennent d'être exposées et qui concernent la hardiesse de ce récit. Ces critiques, qui projettent des exigences morales sur ce qui était un jeu, évaluent mal les codes d'un cercle mondain.

Le contexte, l'atmosphère, la philosophie de la première cour de Sceaux, la recherche éperdue de divertissements, la griserie d'une fête perpétuelle dans laquelle baignent conteur et auditoire, l'écriture parallèle de contes en vers libertins, *Le Cadenas*, *Le Cocuage* par Voltaire, conduisent à adopter la datation la plus ancienne d'autant plus qu'elle est étayée par maints documents et résiste à maints recoupements. *Le Crocheteur borgne*, qui serait l'un des premiers ouvrages en prose de Voltaire, se situerait donc au 'temps de l'aimable Régence'.

4. *Un songe érotique*

Le Crocheteur borgne est le premier d'une longue série de contes orientaux voltairiens. [46] Les éditeurs de Kehl le remarquaient:

Quant au crocheteur borgne, c'est le même sujet que celui du conte intitulé *Le Blanc et le Noir*. L'idée est prise des contes orientaux, où l'on voit souvent ainsi tantôt un rêve pris pour la réalité, tantôt des aventures réelles, mais arrangées d'une manière bizarre, prises pour un rêve par celui qui les éprouve. Le but de ces contes est de montrer que la vie ne diffère point d'un songe un peu suivi; ils conviennent à des peuples dont le repos est le plus grand des biens, et qui cherchent dans la philosophie des motifs de ne point agir, et de s'abandonner aux événements. [47]

En fait, l'inspiration orientale est sensible dans la première et la dernière parties du conte, mais guère dans la partie centrale, où

---

[46] C'est une des veines constantes du conte voltairien du *Crocheteur borgne* au *Taureau blanc*. Sur l'importance de l'Orient au dix-huitième siècle, voir M.-L. Dufresnoy, *L'Orient romanesque en France 1704-1789* (Montréal 1946-1948).

[47] Kehl, xlv.424.

l'on relève seulement deux allusions, l'une aux crins noirs et crépus, au turban du crocheteur, l'autre à Mahomet et à son paradis. Alors que vient de paraître la traduction par Galland des *Mille et une nuits*[48] et qu'elle fait fureur, le jeune Arouet, ayant à imaginer 'sur-le-champ' un récit, pense naturellement à ces contes à la mode. Il leur emprunte le thème central, celui du borgne, le nom du héros, Mesrour, le cadre, Bagdad.

Crocheteurs et borgnes sont nombreux dans les *Mille et une nuits*. L'*Histoire des trois calenders fils de rois et de cinq dames de Bagdad* met en scène un portefaix, homme d'esprit et de bonne humeur qui se fait inviter à un magnifique repas chez des dames de Bagdad et abuse du vin servi à discrétion. Au cours de la soirée, trois calenders, tous borgnes de l'œil droit, puis le calife, Haroun-al-Rashid, son vizir Giafar, enfin le chef des eunuques, Mesrour, demandent l'hospitalité.[49] Ces borgnes sont tous des éborgnés ayant subi une sanction épouvantable. Fils de rois, ils perdent l'œil droit à la suite d'une erreur de jeunesse pour le premier calender, d'amours malheureuses pour le second, d'une curiosité interdite pour le troisième qui n'a pas été plus sage que les dix borgnes ayant subi le même sort avant lui.

Infirme de naissance, Mesrour ouvre la série des borgnes voltairiens: Zadig manque de devenir borgne, Memnon et Pangloss le deviennent; ces accidents ont partie liée avec leur vie sentimentale.[50] Mesrour est comme destiné à ne pas connaître d'amours heureuses, sauf en rêve, et à éprouver 'les refus des balayeuses du palais', les femmes ayant 'une aversion insurmontable pour les borgnes'.[51] Le thème obsessionnel de la perte de la

---

[48] La publication commence en 1704 et s'achève en 1717.

[49] *Les Mille et une nuits*, traduction Galland, éd. revue par G. Picard (Paris 1960), i.76-174. Ajoutons que le quatrième frère du barbier est borgne (i.374), que l'horrible génie rencontré par Sindbad au cours de son troisième voyage n'a qu'un œil (ii.191).

[50] *Zadig, Romans et contes*, p.59; *Memnon, ibid.*, p.127; *Candide, OC*, t.48, p.130-32.

[51] Zadig est blessé à l'œil gauche en défendant Sémire contre les sbires d'Orcan, mais celle-ci épouse Orcan, car elle déteste les borgnes (*Romans et contes*, p.59).

vue de Voltaire est sans doute justiciable d'une psycho-lecture, d'*Œdipe* aux *Aveugles juges des couleurs*.[52] A une époque où il compose sa première tragédie en évoquant le sort funeste du héros qui se crève les yeux, c'est sur le mode humoristique que, dans *Le Crocheteur borgne*, Voltaire traite de cet œil unique de Mesrour.

Le premier paragraphe énonce comme vérités irréfutables des remarques sur la spécialisation des deux yeux et sur leur fonction respective avec force jeux de mots. Le récit n'est qu'une suite de variations sur les deux premiers nombres, un et deux, sur l'unité et la paire. L'infirmité de Mesrour est mentionnée dans son portrait: 'Il aurait fallu être aveugle pour ne pas voir que Mesrour était borgne', lors de la rencontre de Mélinade qui 'avait un œil de plus que lui', au cours de la poursuite: 'comme il avait plus de jambes que d'yeux', dans le madrigal: 'je n'ai qu'un œil et vous en avez deux', dans la réponse de la princesse: 'je voudrais bien vous donner un autre œil', dans l'invocation à Mahomet: 'accorde-moi une faveur, c'est d'être aux yeux de Mélinade ce qu'elle serait à mon œil s'il faisait jour', enfin au dénouement: 'il avait, pour comble de malheur, laissé un de ses yeux en chemin'.[53]

Mesrour darde avec concupiscence son œil unique sur Mélinade, tournant 'son bon œil du côté de la dame'. Il lui est donné de voir une beauté affriolante: une parure suggestive, 'légère étoffe d'argent', 'léger voile de gaze', laisse deviner la beauté de la taille et celle des cheveux blonds. Hélas, Mesrour est vu, et, en étant vu, il se voit: comme la belle dame refuse son bras, il prend conscience de sa laideur et de sa saleté, ce qui ne l'empêchera pas de voir ce qu'il n'aurait jamais dû voir et, 'comme les borgnes ne diffèrent des autres hommes qu'en ce qu'ils ont un œil en moins', il se rend 'heureux', goûte 'les plaisirs des parfaits amants'. Brutalité dans la

---

[52] Voir l'étude qui fait référence de José-Michel Moureaux, *L'Œdipe de Voltaire. Introduction à une psycho-lecture*, Archives des Lettres modernes 146 (1973). Le frère de Mesrour a eu les yeux crevés (*Romans et contes*, p.129) et les aveugles de la *Petite digression* reconnaissent un dictateur qui décide de la couleur de leurs habits (p.279-80).

[53] F. Deloffre a souligné l'importance du thème de l'œil unique (*Romans et contes*, p.670).

conduite, élégance du ton: le jeu consiste à ne point braver l'honnêteté, du moins en paroles. Ce langage mondain, qui deviendra 'jargon' dans le roman libertin, a tendance 'à prendre les mots dans une acception très particulière, à dévier le langage de sa vocation par l'équivoque, l'euphémisme, l'allusion, ce qui peut aller jusqu'à l'antiphrase'.[54] 'Heureux' est un mot du code en usage, comme les 'bontés' d'une femme pour désigner les réalités de l'amour.[55]

Mesrour s'est 'payé de ses peines', prenant au mot l'imprudente formule de reconnaissance de la belle dame: 'demandez-moi tout ce que vous voudrez, tout ce que j'ai est à vous'. Ces niveaux de langage, donc d'éducation si différents, qui auraient dû les éloigner l'un de l'autre, paradoxalement permettent leur union. Pour s'être conduit en rustre, pour avoir transgressé des interdits d'ordre social (la princesse/le crocheteur), pour avoir fait fi d'un certain nombre de préjugés (l'opposition de la beauté et de la laideur, de la difformité et de la normalité physique), pour avoir apparié les contraires, Mesrour se transforme en éphèbe: joues de rose, lèvres de corail et surtout de 'grands yeux tendres et vifs'. Selon la tradition des *Mille et une nuits*, reprise par Voltaire, l'amour est sanctionné par la perte d'un œil, il permet, dans ce conte, d'être soudain pourvu d'un œil que l'on n'avait point, à condition d'être doté de deux grandes jambes agiles, de poursuivre

---

[54] L. Versini, *Laclos et la tradition. Essai sur les sources et la technique des 'Liaisons dangereuses'* (Paris 1968), p.355.

[55] Dans 'Les yeux bleus', épisode imprimé à la suite de *Zadig*, les trente-trois bossus qui avaient chacun quatre mille pièces d'or à donner sont heureux dès le premier jour (*Romans et contes*, p.121). L'un des dénouements de *Jacques le fataliste* évoque Jacques et Denise, seuls: 'Ils gardaient le silence, ils avaient l'air de se bouder, et ils se boudaient en effet. Jacques avait mis tout en œuvre pour résoudre Denise à le rendre heureux, et Denise avait tenu ferme.' Jacques accuse Denise de ne pas l'aimer et Denise, en larmes, lui répond: 'Eh bien monsieur Jacques, je ne vous aime donc pas, faites de la malheureuse Denise tout ce qu'il vous plaira' (*Jacques le fataliste*, p.374-75). Sur les 'bontés' des femmes, voir la phrase remarquable de Mme de Merteuil: 'Vous abusez de mes bontés, même depuis que vous n'en usez plus' (*Liaisons dangereuses*, lettre II).

une belle aux tout petits pieds, de lui imposer son désir. Le manque et la réparation du manque sont, selon les études de morphologie du conte, un schéma narratif de base,[56] à valeur archétypale. La réparation du manque intervient ici après la transgression d'une interdiction latente. Interdiction et transgression constituent toujours dans les contes un élément couplé.[57] La structure du *Crocheteur borgne* se conformerait aux recettes les plus éprouvées et les plus anciennes (manque/interdiction/transgression/suppression du manque), mais le dénouement remet en cause le schéma, le manque reparaît, différence essentielle entre le conte populaire où sévit la répétition et un conte d'auteur où une originalité de conception intervient.

Mais avant le coup de théâtre final, sur l'accouplement de l'aristocrate consentante et de l'entreprenant portefaix s'est greffée une métamorphose que le lecteur découvre à travers le regard de Mélinade. La prière du borgne est exaucée.

Cette transformation est-elle due à la bienveillance du puissant Mahomet? N'est-ce point plutôt une illusion de l'amour? L'indétermination, même ténue, sur les causes du phénomène, est essentielle pour faire accepter cette scène subversive. Le texte ménage une marge entre une intervention surnaturelle, de quelque ordre qu'elle puisse être (action d'un Dieu ou merveilleux) et l'explication rationaliste, celle d'un 'changement de point de vue, celui d'une femme comblée qui jette sur son talentueux amant un regard reconnaissant'.[58] Le pieux musulman, Mesrour, invoque la transcendance. Il devient objet de plaisanterie, le narrateur le traite de 'mauvais catholique' et cette pointe rend la scène plus piquante.

---

[56] Dans la *Morphologie du conte* (traduit du russe par C. Ligny, Paris 1971), le folkloriste W. Propp voit dans le conte un jeu de 'variables' (noms et attributs des personnages) et de 'constantes' (fonctions des personnages). Il conclut que le conte merveilleux obéit à une structure unique, organisée à partir d'un manque jusqu'à sa réparation finale.

[57] W. Propp, p.49.

[58] P. Cambou, *Le Traitement voltairien du conte* (Paris 2000), p.84. Il va sans dire que 'le sexe a autant d'effet que la prière' (p.308), mais Voltaire donne à ce divertissement une dimension nouvelle par des plaisanteries antireligieuses.

On ne sait si Mahomet agit, mais on voit Cupidon à l'œuvre. Son pouvoir est supérieur à celui de toutes les divinités et il suffit de posséder une beauté pour revêtir le corps même de l'amour: Mesrour porte le carquois d'or de Cupidon. De même, l'horrible vieille de *Ce qui plaît aux dames* se métamorphose en Vénus.[59] 'Mortels, à vos plaisirs, reconnaissez un Dieu', proclame, non sans provocation, le cinquième *Discours en vers sur l'Homme*.[60] Un simple mortel, le plus déshérité de tous deviendrait un Dieu, grâce au plaisir qu'il goûte et à celui qu'il dispense. Le badinage permet de suggérer la réussite de cette union charnelle: 'les faiblesses de Mélinade lui reprenaient à chaque instant, et à chaque instant son amant reprenait des forces'.

Le Crocheteur borgne de la version de Kehl cultive l'ambiguïté. Après sa métamorphose, les portes du palais enchanté s'ouvrent devant 'le maître de l'anneau' et des génies prêtent serment de fidélité au 'maître de l'anneau'. L'expression revient par deux fois; il n'avait point été question d'anneau jusqu'alors et c'est après ces deux occurrences que le conteur indique qu'il s'agit de 'l'anneau de Salomon',[61] doté, comme chacun sait, de pouvoirs extraordinaires. Avant de retrouver l'ordre du merveilleux traditionnel, celui de la possession d'un talisman, une équivoque a été ménagée. Un autre sens se fait jour, qui considère l'anneau comme symbole érotique.[62] Le *Journal des dames* élimine toute éventualité de double sens: Mesrour a trouvé un anneau dans un tas de chiffons et vit alors une aventure merveilleuse. Cette version univoque fait apprécier, par comparaison, le jeu d'un narrateur

---

[59] *Contes en vers et en prose*, éd. Menant, i.346.

[60] 'Sur la nature du plaisir', *OC*, t.17, p.506.

[61] Sur l'anneau de Salomon, voir ci-après l'annotation.

[62] 'Les étreintes du crocheteur et de la princesse sont évoquées en termes discrets, mais suffisamment suggestifs. Et l'on conçoit ce que veut dire cet anneau dont l'heureux amant est "le maître"' (R. Pomeau, *D'Arouet à Voltaire, Voltaire en son temps* 1, Oxford 1985, p.89). Voltaire, qui apprécie les contes en vers de La Fontaine (voir 'Catalogue des écrivains', *Le Siècle de Louis XIV*, *Œuvres historiques*, Bibliothèque de la Pléiade, Paris 1957, p.1170), connaissait sans doute 'L'anneau d'Hans Carvel', tiré de Rabelais (*Contes et nouvelles*, éd. P. Clarac, Paris 1961, i.133-34).

laissant à son auditoire l'entière responsabilité de son interprétation, même fugitivement scabreuse. On concevait aisément pourquoi 'le plaisir faisait seul sonner les flèches' du carquois, c'est-à-dire des crochets que Mesrour n'a même pas pris le temps d'enlever. Les flèches de Cupidon inspiraient le goût du plaisir, elles sont ici un accompagnement sonore des plaisirs du couple. L'entrée dans le palais brillant, on l'a remarqué, si elle ne renvoie pas automatiquement à l'acte sexuel, n'est pas sans le suggérer;[63] du moins entretient-elle des liens étroits avec la possession de Mélinade. Le serment d'allégeance des génies est rendu à celui qui a conquis la femme, qui a imposé les prérogatives de la virilité.

Le registre des métamorphoses prendra une tout autre ampleur et une tout autre signification dans maints contes de Voltaire, du *Blanc et le Noir* au *Taureau blanc*. *Le Crocheteur borgne* relate un prodige digne des contes de fées, alors que Voltaire citera dans ses œuvres ultérieures les 'fables ingénieuses' des *Métamorphoses* d'Ovide[64] et qu'il s'intéressera à la métempsycose.[65] On pense, pour *Le Crocheteur borgne*, au motif ancien du couple monstrueux qui appartient au folklore et que le conte de fées littéraire au dix-huitième siècle exploite avec prédilection. La plus célèbre des variations sur le thème de la métamorphose liée au jeu érotique sera *La Belle et la Bête*, dans sa double version, celle de Mme de Villeneuve en 1740, celle de Mme Le Prince de Beaumont en 1756.[66]

---

[63] R. Pearson, *The Fables of reason: a study of Voltaire's 'contes philosophiques'* (Oxford 1993), p.44: 'Entry into the "palais brillant" may not automatically suggest the sexual act, but when the princess is forbidden entry on her own and Mesrour is told: "Frappe sans crainte", we are surely reminded of the rape.' Le paradis pour Mesrour est d'être 'le maître de l'anneau' salué et reconnu par des génies se hâtant de 'baiser le doigt sacré qui le portait' et R. Pearson remarque que ce serment d'allégeance a été exprimé 'in blatantly symbolic terms'.

[64] Article 'Métamorphose, métempsycose', *OC*, t.36, p.371 et M.xix.139, article 'Figure' des *Questions sur l'Encyclopédie* (1771).

[65] Voir *OC*, t.36, p.370-72 et de nombreuses discussions sur ce sujet dans les ouvrages relatifs à l'Inde.

[66] R. Robert, *Le Conte de fées littéraire en France de la fin du XVIIᵉ siècle à la fin du XVIIIᵉ siècle* (Nancy 1981), p.134-70. Les contes folkloriques ne répugnent ni aux

Mesrour inaugure une lignée florissante de borgnes amoureux. [67] Ces blessés de la vie ou ces handicapés de naissance illustrent l'absence d'une providentielle justice distributive. Or Mesrour est heureux. *Les Mille et une nuits* établissaient un rapport entre la vue, la capacité de voir et la vision du monde qui en résultait. Dans l'*Histoire de l'aveugle Baba Abdalla*, un derviche possède une pommade dont les vertus sont surprenantes: 'Si vous appliquez un peu de cette pommade autour de l'œil gauche et sur la paupière, elle fera paraître devant vos yeux tous les trésors qui sont cachés dans le sein de la terre; mais si vous appliquez de même à l'œil droit, elle vous rendra aveugle'. [68] Baba Abdalla sera victime de sa soif inconsidérée de richesses, et ce sera 'l'aveuglement du cœur' qui lui attirera celui du corps. Dans un monde régi par des forces obscures, où une drogue possède des propriétés magiques, les deux yeux se voyaient attribuer des fonctions opposées, ils réagissaient de manière différente, l'un, le gauche, devant faire le bonheur d'Abdalla, l'autre, le droit, son malheur. Dans les *Mille et une nuits*, cette répartition était de l'ordre du merveilleux et se voulait morale. Dans *Le Crocheteur borgne*, elle devient philosophique. Mesrour, à demi-aveugle à cause de son infirmité, ne voit que le bon côté des choses. L'optimisme ne serait qu'une vision amputée du monde, tout juste bonne pour consoler les déshérités et conforter la bonne conscience des puissants. Le thème du borgne recevra un traitement philosophique dans l'article 'Lettres, gens de lettres ou lettrés' du *Dictionnaire philosophique*. Voltaire rappelle que les Scythes crevaient les yeux de leurs esclaves et que l'Inquisition en use de même: 'On a deux yeux depuis plus de cent

---

jeux scabreux ni aux allusions grivoises, mais les contes écrits au dix-huitième siècle cultivent l'érotisme de manière parfois perverse. Sur les deux versions de *La Belle et la Bête*, dont la première paraît dans *La Jeune Américaine et les Contes marins*, voir l'analyse qu'en donne R. Robert, p.147-53.

[67] James Nicholls, 'Variations on the motif of the one-eyed lover from Marmontel to Flartzenbusch', *Revue de littérature comparée* (janvier-mars 1969), p.15-22.

[68] *Histoire de l'aveugle Baba-Abdalla*, Galland, ii.364.

ans en Angleterre; les Français commencent à ouvrir un œil; mais quelquefois il se trouve des hommes en place qui ne veulent pas même permettre qu'on soit borgne.'[69]

Le philosophe doit garder les yeux ouverts. Mesrour est philosophe, en un autre sens du terme, en fait philosophe parce que borgne. Sa 'philosophie' consiste en une acceptation du monde comme il va, en une propension à se réjouir et à s'adapter, en une absence de prévoyance. Des imparfaits d'habitude traduisent le rythme d'une vie sans problème ni progrès, tout entière dévolue à la satisfaction des besoins élémentaires: 'il travaillait le matin, mangeait et buvait le soir, dormait la nuit, et regardait tous ses jours comme autant de vies séparées, en sorte que le soin de l'avenir ne le troublait jamais dans la jouissance du présent'. Il est donc voué au bonheur, par son nom,[70] par son infirmité, ce qui est paradoxal, et il sait se rendre 'heureux', comme nous l'avons vu, au sens spécialisé du terme. Sagesse médiocre de qui n'a accès qu'à une vision unilatérale des choses, mais supérieure à la fausse sagesse de Memnon dont l'œil perdu 'figure la part de ténèbres qui a envahi [sa] destinée',[71] inférieure à la sagesse de Zadig qui garde ses deux yeux et sera un vrai philosophe. Aussi le rêve et l'ivresse peuvent-ils suffire à combler les désirs d'un crocheteur.

Un rêve, suivi d'un retour à la réalité. Les éditeurs de Kehl comparaient *Le Crocheteur borgne* et *Le Blanc et le Noir*. Présentation du héros, récit d'aventures extraordinaires, réveil brutal, les deux récits sont construits de manière semblable. Mais tandis que Rustan est la proie d'un cauchemar, Mesrour s'évade dans un rêve enchanteur. L'un s'interroge sur le bien et le mal, l'autre pas; l'un philosophe sur les songes, l'autre a pour unique souci de s'en procurer d'autres.

Tous deux rejettent la vie réelle. Rustan s'abandonne au romanesque qui échauffe une tête de Mirza, vit par procuration des aventures invraisemblables. Mesrour, qui n'a rien à perdre,

---

[69] *OC*, t.36, p.286.
[70] Mesrour en arabe signifie l'heureux.
[71] J. van den Heuvel, *Voltaire dans ses contes* (Paris 1967), p.208.

projette dans son rêve tous les désirs d'un déshérité: possession d'une grande dame, jouissance de richesses, accès au pouvoir. 'Les rêves sont les intermèdes de la comédie que joue la raison humaine', écrit Voltaire dans ses *Carnets*.[72] Il pressent leur valeur compensatoire, et dans l'article 'Songes' du *Dictionnaire philosophique*, il montre que dans le rêve se projettent les préoccupations ou les frustrations du rêveur,[73] argumentation reprise dans les *Questions sur l'Encyclopédie*.[74] Le dix-huitième siècle a bien vu la valeur libératoire du rêve qui permet l'évocation de scènes où les gestes de l'amour ne seraient point censurés. Ainsi dans *Le Sylphe ou songe de madame de R. écrit par elle-même à madame de S.*, la belle comtesse vante les plaisirs qu'elle a goûtés: 'Oui, madame, ce sont des songes, mais il en est dont l'illusion est pour nous un bonheur réel'.[75] Des rêves érotiques occupent les nuits que passe la Belle dans le château de la Bête et leur agrément prépare le dénouement.[76] Car le songe exprime le travail du désir dans le cœur humain. Mais point de ruses du désir chez Mesrour dont le rêve se décrypte aisément puisqu'il réalise les fantasmes d'un pauvre hère.

Le rêve du crocheteur est marqué, de manière vraisemblable par le goût de la féerie et de l'extraordinaire. Mesrour croit aux talismans, aux métamorphoses, aux génies. Son anneau joue le rôle d'un 'Sésame, ouvre-toi' et ressemble à celui que le magicien africain a donné à Aladin.[77] Il donne accès à un merveilleux assez traditionnel: salle superbe, vestibule de marbre de Paros, esclaves.

---

[72] *OC*, t.81, p.260.

[73] *OC*, t.36, p.532-35.

[74] M.xx.431-33. Voltaire raconte plusieurs de ses rêves au cours desquels il compose des vers.

[75] Crébillon, *Œuvres complètes*, *Le Sylphe ou songe de madame de R. écrit par elle-même à madame de S.*, Slatkine reprints (Genève 1968), t.i, p.8.

[76] Mme de Villeneuve, *La Belle et la Bête*, dans *Cabinet des fées* (Genève 1786), xxvi.120. Ces rêves érotiques ont été supprimés dans la version donnée par Mme Le Prince de Beaumont.

[77] *Histoire d'Ali Baba et des quarante voleurs*, Galland, ii.413-48; *Histoire d'Aladin ou la lampe merveilleuse*, ii.239-352.

Aux souvenirs diffus des *Mille et une nuits* s'amalgament ceux du *Roland furieux*. Voltaire dira à maintes reprises que la lecture de l'Arioste fait le charme de sa vie.[78] Il y trouve 'toute la grande poésie d'Homère avec plus de variété; toute l'imagination des *Mille et une nuits*', mais aussi 'le merveilleux et le simple'.[79] L'anneau de Mesrour est celui de Salomon, il permet d'accéder, comme celui d'Angélique, à des palais enchantés, au bonheur, à la puissance. Même sauvetage romanesque dans le *Roland furieux*. Il n'est pas jusqu'à des détails dans le portrait de Mesrour et de Brunel, dans celui du crocheteur après sa métamorphose et de Roger qui ne puissent être mis en parallèle, sans compter l'influence plus subtile d'une certaine distance que l'Arioste cultive à l'égard du merveilleux.[80] A ces sources littéraires, se superpose l'expérience de la féerie des Nuits de Sceaux, le serment d'allégeance prêté par les génies pouvait évoquer celui que prêtait à genoux le nouveau chevalier de l'Ordre de la Mouche à miel.[81] Voltaire exploite donc les attributs du merveilleux, mais son récit est enchâssé dans un encadrement réaliste.

Voltaire paraît se situer dans la lignée des contes narrant les caprices de la destinée: des princes deviennent misérables, tel Bedreddin Hassan qui manque de mourir pour avoir fait une tarte à la crème,[82] tandis que de pauvres gens deviennent puissamment riches, comme Ali Baba, Cogia Hassan ou Aladin.[83] Dans *Le Crocheteur borgne*, l'épaisseur et la solidité du réel s'imposent au dénouement. 'L'eau sacrée', ayant servi à un rite religieux de

[78] 17 septembre 1759, à Mme du Deffand, D8484; 15 janvier 1761, à Mme du Deffand, D9542. Voir A. Cioranescu, *L'Arioste en France* (Paris 1939), p.105-41.

[79] Voir l'éloge vibrant de l'Arioste dans une lettre à Chamfort (D19189).

[80] Sur les rapprochements entre le *Roland furieux* et *Le Crocheteur borgne*, voir J. Hellegouarc'h, 'Genèse d'un conte', p.9-13. Sur l'anneau d'Angélique, voir le chant IX; sur les scènes de sauvetage, les chants VIII et XI; sur le portrait de Brunel, le chant III.

[81] Rapprochement qui est fait également par J. Hellegouarc'h.

[82] *Histoire de Noureddin Ali et de Bedreddin Hassan*, Galland, i.239-86.

[83] *Histoire d'Aladin ou la lampe merveilleuse*, Galland, ii.239-352; *Histoire de Cogia Hassan Alhabbal*, i.383-13; *Histoire d'Ali Baba*, ii.413-48.

purification, chasse impitoyablement les rêveries engendrées par l'eau-de-vie qui ont fait connaître au pauvre Mesrour les joies du paradis. Le vrai paradis est décidément sur terre,[84] entre les bras d'une femme, et on y accède grâce à l'usage interdit de l'alcool.

Les contes orientaux se complaisent dans les jeux de la vérité et de l'illusion. 'Je croyais plutôt dormir que veiller', déclare Sindbad relatant les extravagances de ses voyages.[85] Pour Bedreddin, comme pour Abou Hassan, la frontière entre le réel et l'imaginaire est difficile à tracer.[86] Se retrouvant auprès de Dame de beauté après une absence de dix ans, Bedreddin s'interroge sur ce qu'il a vécu ou cru vivre. Le dormeur éveillé, Abou Hassan, à la suite d'une mystification perd le sentiment de son identité. Or il suffit d'un peu d'eau pour que Mesrour se retrouve 'Gros-Jean comme devant'. Les charmes et prestiges d'une vision onirique se réduisent à un rêve d'ivrogne. Dans les contes de Voltaire, il faut toujours se réveiller. Un narrateur rapporte un *Songe de Platon*, le mot de la fin revient à l'un des disciples du maître: 'Et puis, vous vous réveillâtes', insolence qui coupe court aux rêveries métaphysiques.[87]

Ainsi le merveilleux apparaît-il comme le rêve d'une humanité essayant d'échapper aux dures contraintes de sa condition. Anneaux, talismans, métamorphoses, génies, autant de productions de 'l'imagination fausse' alors que les créations des songes relèvent de 'l'imagination passive'.[88] Aucune concession au surnaturel. Troubler les lois naturelles, posséder des pouvoirs extraordinaires: folies que l'eau-de-vie a engendrées. Irrespectueux de toute griserie, Voltaire refuse les échappatoires au nom d'une salubre lucidité. Il note dans ses *Carnets* que 'la plupart des hommes pensent comme entre deux vins'.[89] L'imagination serait-

---

[84] Ce sera la morale du *Mondain*.
[85] *Histoire de Sindbad le marin*, i.226.
[86] *Histoire de Noureddin Ali et de Bedreddin Hassan*, i.239-86; *Histoire du dormeur éveillé*, ii.158-239.
[87] *Le Songe de Platon*, *Romans et contes*, p.17.
[88] 'Imagination', *Œuvres alphabétiques*, *OC*, t.33, p.213, article pour l'*Encyclopédie*.
[89] *OC*, t.81, p.254.

elle l'ivresse du cerveau? Elle l'est pour les 'imaginations fantas-
tiques', celle des contes de fées, mais point pour la 'belle
imagination', 'l'imagination d'invention'. [90]

C'est cette 'belle imagination' qui a su, dans *Le Crocheteur
borgne*, tirer parti de l'irréalité attribuée généralement au conte
pour estomper le passage de la réalité au rêve, pour créer un
simulacre de réalité. Transcrire un rêve, c'est, comme l'a parfaitement montré F. Deloffre, créer une illusion chez le lecteur qui doit
prendre pour vrai ce qui était imaginaire jusqu'à ce que le leurre
soit découvert. L'analyse des niveaux de narration met en
évidence la virtuosité de Voltaire pratiquant une sorte de
'fondu-enchaîné' qui opère la fusion du réel et de l'imaginaire et
qui, par des associations de mots ou d'idées, entrelace motifs
merveilleux et motifs oniriques. [91] Des effets de réalité et d'irréalité
commandent la structure, mais aussi les détails du conte. Car
Voltaire devait créer un trompe-l'œil pour dire que la princesse
hors de portée que l'on gagne au prix de prouesses, [92] était offerte à
la convoitise d'un portefaix et s'en trouvait bien. Mélinade et
Mesrour forment un couple impossible à penser, sauf dans une
parenthèse imaginaire. Le conte, tour à tour, marque la distance
qui les sépare, puis des tentatives de rapprochement jusqu'à une
union, vite démentie par la réalité, l'ordre ayant repris ses droits. A
une distance sociale et quasi naturelle, l'amoureux Mesrour oppose
ses mérites: son agilité dans la course-poursuite, son courage dans
le sauvetage, son esprit dans une conversation galante qui le
hissent au niveau d'un preux chevalier. Mais la roture et la laideur
priment, la belle dame refuse son bras et Mesrour intériorise cette
séparation qui l'a remis à sa place. L'accident inopiné au cours
duquel la princesse inaccessible devient seulement un corps
désirable, la tombée propice de la nuit autorisent la réunion des
amants. Les prouesses érotiques du portefaix rétablissent les droits

---

[90] *OC*, t.33, p.209, 213.
[91] Voir l'excellente analyse de F. Deloffre, *Romans et contes*, p.669.
[92] Tous les romans de la quête exigent que le héros accomplisse de hauts faits.

de la nature sur les fallacieuses distances socio-culturelles[93] et se nourrissent de fantasmes sur la 'vigueur' des rustres, des hommes proches de la nature.[94] Encore doit-on remarquer que, dans sa prière à Mahomet, Mesrour ne se montre point indifférent au plaisir de Mélinade, source pour lui de plaisir supplémentaire.[95] Le songe a joué le rôle d'une excellente transition entre l'aventure romanesque et le merveilleux, mais la structure 'en accordéon' de ce conte, si l'on peut risquer cette expression pour désigner ces rapprochements, puis ces mises à distance des deux héros, reste une variation signifiante sur le thème habituellement tragique des amours impossibles ou contre-nature, du moins selon les hiérarchies en vigueur.

Songe et métamorphose ont permis de dire l'innocence des pulsions naturelles et ce *Crocheteur borgne* répond aux attentes du cercle auquel il était destiné. Un portefaix peut se bercer de l'inanité des rêves, chercher à retrouver leurs charmes illusoires, mais les aristocrates, qui entendent cette histoire, vont s'en amuser. Le conte de fées littéraire, R. Robert l'a établi, prend son essor au sein d'une culture de salon. Les mondains ont découvert 'le plaisir subtil et pervers' de raconter des 'histoires de vieilles'.[96] Les spectacles mis en scène à Sceaux témoignent du goût de cette cour pour un merveilleux de pacotille, parfois parodié. Le thème de la onzième Nuit était 'Le comte de Gabalis et les peuples élémentaires'. La fée Ludovise, Mme du Maine, règne sur un peuple de sylvains et de nymphes.[97] L'allusion aux amours de Tithon et de l'Aurore

[93] De même l'Ingénu veut 'faire mariage' sans s'embarrasser des conventions faites entre les hommes (*L'Ingénu*, *Romans et contes*, p.302).

[94] Dans *Jacques le fataliste*, l'érotisme populaire s'oppose à l'érotisme aristocratique. Acceptation du corps, sexualité joyeuse, réciprocité des plaisirs, absence d'hypocrisie, 'vigueur' de Jacques caractérisent ses amours paysannes. Sade ne fait-il pas appel pour ses orgies à quelques robustes laquais?

[95] La prière de Mesrour épargnerait à Mélinade l'épreuve de la honte lorsqu'elle ouvrira les yeux et ne pourra plus feindre des évanouissements.

[96] C'est la thèse que défend R. Robert dans son ouvrage sur le conte de fées (voir n.66). D'où l'importance du conte parodique au dix-huitième siècle.

[97] Voir A. Jullien, *Les Grandes Nuits de Sceaux*, et l'abbé Genest, *Les Divertissements de Sceaux*.

s'inscrit dans la mode de la mythologie galante:[98] sur terre comme dans l'empyrée, règne la loi de l'entraînement des sens, ce qui ouvre au conteur le champ du badinage tandis que le merveilleux permet l'introduction d'exercices de style.[99] Le jeune Arouet se joue des poncifs romanesques, pratique une écriture de pure gratification, traite sur le mode du jeu les fantasmes aussi bien que les réalités sexuelles, les rêves tout autant que les structures sociales.

Reste la magie d'une nuit d'amour. La nuit cache de son ombre 'le véritable bonheur de Mesrour et les prétendus malheurs de Mélinade'. Quand paraît l'Aurore, entre le carquois d'or de Mesrour et le soleil levant, une correspondance s'établit. La cinquième Nuit eut lieu dans le Pavillon de l'Aurore, sous cette coupole peinte par Le Brun et qui était éclairée dès les premiers rayons du soleil.[100] L'abbé Genest compose alors un impromptu:

> Le verre en mains, parmi les jeux
> Nous saluons l'Aurore
> Que parmi ces transports heureux
> La nuit nous trouve encore.[101]

Ivresse élégante des riches, ivrognerie du pauvre, griserie partagée de l'aristocrate et du roturier, griserie de la parole du conteur: toute la fantasmagorie déployée à Sceaux était destinée à disparaître avec la cour de Ludovise, mais celle que Voltaire inventa, peut-être pour lui complaire, subsiste. A la noctambule que fut la duchesse du Maine,[102] le jeune Arouet, avec ce *Crocheteur borgne*,

---

[98] Voir *Le Cocuage* et *Le Cadenas, Contes en vers et en prose*, i.17-18, 24-26.

[99] P. Cambou montre à juste titre que Voltaire traite le merveilleux 'comme une "manière" à laquelle il faisait des concessions' (p.296), ce qui est vrai du portrait de Mesrour en Cupidon ou de la description du palais.

[100] On peut encore visiter le Pavillon de l'Aurore. Sur son orientation, voir le témoignage du *Mercure galant*, cité par J. Hellegouarc'h, p.26, n.37. A. Jullien, *La Comédie à la cour* (Paris 1885) reproduit cette peinture de Le Brun.

[101] A. Jullien, *Les Grandes Nuits de Sceaux*, p.11.

[102] Nombreux témoignages dans A. Jullien, *Les Grandes Nuits de Sceaux*: compliment en vers remerciant Mme du Maine de la préférence qu'elle lui accordait sur le jour; 'nous avons su qu'elle abhorre le Soleil' (3e Nuit); Adresse à l'Assemblée des Noctambules sur la nécessité de réformer un train de vie dispendieux.

fit l'hommage d'une 'Nuit' qui conjugue les prestiges du monde onirique et les subtilités de l'activité ludique.

5. Editions

K84 (1784)

'Le Crocheteur borgne', *Œuvres complètes de Voltaire* [Kehl], Société littéraire typographique. 70 t. 8°. Bengesco 2142; Trapnell K; BnC 164-69.

Tome xlv, p.417-24.

JD (1784)

'Le Crocheteur borgne', *Journal des dames* (mars 1784), p.11-24.

6. *Principes de cette édition*

Texte de base K. Nous avons cependant préféré le texte de JD à certains endroits: voir les lignes 88-89. Variantes tirées de JD.

Nous avons respecté la ponctuation du texte de base, mais nous avons modernisé l'emploi des majuscules et l'orthographe, à l'exception des noms propres.

LE CROCHETEUR BORGNE[1]

Nos deux yeux ne rendent pas notre condition meilleure; l'un nous sert à voir les biens, et l'autre les maux de la vie;[2] bien des gens ont la mauvaise habitude de fermer le premier, et bien peu ferment le second: voilà pourquoi il y a tant de gens qui aimeraient mieux être aveugles que de voir tout ce qu'ils voient. Heureux les borgnes qui ne sont privés que de ce mauvais œil qui gâte tout ce qu'on regarde! Mesrour[3] en est un exemple.

Il aurait fallu être aveugle pour ne pas voir que Mesrour était borgne. Il l'était de naissance; mais c'était un borgne si content de son état, qu'il ne s'était jamais avisé de désirer un autre œil; ce n'étaient point les dons de la fortune qui le consolaient des torts de la nature, car il était simple crocheteur,[4] et n'avait d'autre trésor

---

[1] Sur le thème du borgne dans les *Mille et une nuits*, voir l'Introduction, ci-dessus. Handicaps et infirmités sont des thèmes fréquents des contes: Zadig a failli devenir borgne, Pangloss et Memnon sont éborgnés, des aveugles puis des sourds sont les héros de la *Petite digression*, le comte de Chesterfield est sourd (voir *Les Oreilles du comte de Chesterfield*). Robin Howells, dans son ouvrage *Disabled powers: a reading of Voltaire's contes* (Amsterdam 1993), insiste sur ce 'damage to the human body' (p.55). On pourrait évoquer les personnages mutilés, la Vieille et sa fesse coupée dans *Candide*, les eunuques dans *Candide* et dans *Le Taureau blanc*.

[2] L'*Histoire de l'aveugle Baba Abdalla* dans les *Mille et une nuits* développe le thème d'une différenciation des deux yeux (voir l'Introduction). Voltaire reprend cette idée dans *Zadig*. Le médecin prétend que les plaies de l'œil gauche sont incurables ('Le Borgne', *Romans et contes*, p.59). Dans l'article 'Anatomie' des *Questions sur l'Encyclopédie* (1771), Voltaire rappelle que 'Borelli dit que l'œil gauche est beaucoup plus fort que l'œil droit' et que d''habiles physiciens ont soutenu le parti de l'œil droit contre lui' (M.xvii.224).

[3] Sur le nom de Mesrour, voir l'Introduction.

[4] Les crocheteurs sont des portefaix. Ils transportaient les fardeaux sur des crochets portés sur les épaules. D'après Richelet, les crochets de portefaix sont 'un instrument à deux branches, et à deux crochetons avec une sellette, que le crocheteur se met derrière le dos et tient avec des bretelles pour porter diverses charges'. Par extension, les crocheteurs désignent des gens de basse condition qui font des choses indignes des honnêtes gens (cf. 'des injures de crocheteur').

que ses épaules; mais il était heureux, et il montrait qu'un œil de
plus et de la peine de moins contribuent bien peu au bonheur:[5]
l'argent et l'appétit lui venaient toujours en proportion de   15
l'exercice qu'il faisait; il travaillait le matin, mangeait et buvait
le soir, dormait la nuit, et regardait tous les jours comme autant de
vies séparées, en sorte que le soin de l'avenir ne le troublait jamais
dans la jouissance du présent. Il était, comme vous le voyez,[6] tout
à la fois borgne, crocheteur et philosophe.   20

Il vit par hasard passer dans un char brillant une grande
princesse[7] qui avait un œil de plus que lui, ce qui ne l'empêcha
pas de la trouver fort belle, et comme les borgnes ne diffèrent des
autres hommes qu'en ce qu'ils ont un œil de moins, il en devint
éperdument amoureux. On dira peut-être que quand on est   25
crocheteur et borgne il ne faut point être amoureux, surtout
d'une grande princesse, et qui plus est, d'une princesse qui a
deux yeux; je conviens qu'on a bien à craindre de ne pas plaire,
cependant comme il n'y a point d'amour sans espérance, et que
notre crocheteur aimait, il espéra. Comme il avait plus de jambes   30
que d'yeux et qu'elles étaient bonnes, il suivit l'espace de quatre

20-21   JD: philosophe. ¶Un jour qu'il s'était levé [...] dans un char brillant [*voir
appendice*]
28   JD: conviens qu'il y a bien

[5] Le bonheur des pauvres fait recette. Le savetier de La Fontaine est plus heureux
que le financier. Le secret d'être heureux est ainsi le partage du 'simple', de
'l'ignorant' pourvu, comme Mesrour, d'un instinct sage (*Discours en vers sur
l'Homme*, *OC*, t.17, p.462). Voltaire a développé le thème de l'indépendance du
bonheur par rapport à la condition: 'Le malheur est partout, mais le bonheur aussi, /
Ce n'est point la grandeur, ce n'est point la bassesse, / Le bien, la pauvreté, l'âge
mûr, la jeunesse / Qui fait ou l'infortune ou la félicité (*OC*, t.17, p.468). Le dix-
huitième siècle a multiplié des images d'Epinal sur les écueils de la richesse, sur la
félicité des humbles; ainsi se justifie le conservatisme social (R. Mauzi, *L'Idée du
bonheur au XVIIIe siècle*, Paris 1969, ch.4, 'Bonheur et condition sociale', p.149-79).
[6] Sur les interventions du narrateur, voir l'Introduction.
[7] La même rupture de ton, du récit réaliste au récit merveilleux a été relevée par
J. Hellegouarc'h dans un conte d'Hamilton, *Zénéide* ('Genèse d'un conte', p.13).

lieues le char de sa déesse que six grands chevaux blancs traînaient avec une grande rapidité.[8] La mode dans ce temps-là parmi les dames était de voyager sans laquais et sans cocher, et de se mener elles-mêmes;[9] les maris voulaient qu'elles fussent toujours toutes seules afin d'être plus sûrs de leur vertu, ce qui est directement opposé au sentiment des moralistes qui disent qu'il n'y a point de vertu dans la solitude. Mesrour courait toujours à côté des roues du char, tournant son bon œil du côté de la dame, qui était étonnée de voir un borgne de cette agilité. Pendant qu'il prouvait ainsi qu'on est infatigable pour ce qu'on aime, une bête fauve, poursuivie par des chasseurs, traversa le grand chemin et effraya les chevaux qui, ayant pris le mors aux dents, entraînaient la belle dans un précipice; son nouvel amant plus effrayé encore qu'elle, quoiqu'elle le fût beaucoup, coupa les traits avec une adresse merveilleuse, les six chevaux blancs firent seuls le saut périlleux, et la dame, qui n'était pas moins blanche qu'eux, en fut quitte pour la peur.[10] 'Qui que vous soyez', lui dit-elle, 'je n'oublierai jamais que je vous dois la vie; demandez-moi tout ce que vous voudrez, tout ce que j'ai est à vous.' 'Ah! je puis avec bien plus de raison', répondit Mesrour, 'vous en offrir autant, mais en vous l'offrant, je vous en offrirai toujours moins; car je n'ai qu'un œil et vous en

35

40

45

50

---

32   JD: de sa divinité, que

---

[8] Les chiffres et les calculs de proportion sont toujours signifiants chez Voltaire. Outre le jeu sur les deux premiers nombres (voir l'Introduction), on notera que Mesrour court pendant quatre lieues, soit 16km environ, et que Mélinade marchera pendant un quart de lieue, soit 1km, distance qu'elle parcourt en une heure et demie!

[9] Remarque qui se situe dans un contexte occidental. S'agit-il d'une allusion à la duchesse du Maine, à son carrosse tiré par de grands chevaux blancs? L'Aurore quitte son amant dans un char dans la fresque de Le Brun.

[10] Mesrour gagne sa dame en la sauvant d'un péril certain, thème rebattu de toute une tradition littéraire. Voltaire a peut-être pensé au *Roland furieux*, chant IX. Remarquons l'importance des exploits chevaleresques dans les contes: Zadig triomphe dans un tournoi (*Romans et contes*, p.106-108); Formosante dans *La Princesse de Babylone* appartiendra à celui qui sera vainqueur de plusieurs épreuves (*OC*, t.66, p.79-88).

avez deux: mais un œil qui vous regarde vaut mieux que deux yeux
qui ne voient point les vôtres.' La dame sourit, car les galanteries
d'un borgne sont toujours des galanteries, et les galanteries font   55
toujours sourire.[11] 'Je voudrais bien pouvoir vous donner un autre
œil', lui dit-elle, 'mais votre mère pouvait seule vous faire ce
présent-là: suivez-moi toujours.' A ces mots elle descend de son
char et continue sa route à pied, son petit chien[12] descendit aussi et
marchait à pied à côté d'elle, aboyant après l'étrangère figure[13] de   60
son écuyer; j'ai tort de lui donner le titre d'écuyer, car il eut beau
offrir son bras, la dame ne voulut jamais l'accepter, sous prétexte
qu'il était trop sale; et vous allez voir qu'elle fut la dupe de sa
propreté: elle avait de fort petits pieds et des souliers encore plus
petits que ses pieds, en sorte qu'elle n'était ni faite ni chaussée de   65
manière à soutenir une longue marche. De jolis pieds consolent
d'avoir de mauvaises jambes, lorsqu'on passe sa vie sur sa chaise
longue au milieu d'une foule de petits-maîtres;[14] mais à quoi
servent des souliers brodés en paillettes dans un chemin pierreux,
où ils ne peuvent être vus que par un crocheteur, et encore par un   70

53-54   JD: que deux qui
60-61   JD: l'étrange figure de son écuyer. Cependant, j'ai

[11] Stéréotype de la coquetterie féminine, fréquent dans les contes: Astarté n'est
pas mécontente de dire que l'Hyrcanien la trouvait plus jolie que Missouf (*Zadig*,
Romans et contes, p.102-103). Les galanteries de Mesrour sont fort bien tournées; il
est évident que Voltaire ne cherche pas la vraisemblance.

[12] La mode était aux petits chiens. Sur Jonquille, la petite chienne de Mme du
Maine, voir l'Introduction. La petite chienne de la reine causera des ennuis à Zadig
(*Romans et contes*, p.62-65). En février 1774 le *Journal des dames* imprime un poème,
'A Mignonne, ma petite chienne', dont l'office est d'éloigner les soupirants de sa
maîtresse. Duclos dans *Acajou et Zirphile* (1744) écrit: 'Chaque femme avait son
géomètre ou son bel esprit, comme elles avaient autrefois un épagneul' (*Cabinet des
fées*, Genève 1786, t.xxxv, p.78). Une illustration osée de cette mode des 'gredins',
une race dérivée de l'épagneul, est donnée par Diderot dans les *Bijoux indiscrets*,
ch.26.

[13] La leçon de JD est adoptée par la plupart des éditions modernes. On conserve la
version de Kehl, 'étrangère' au sens d'insolite étant archaïque.

[14] Encore un tableau caractéristique de la société française du temps.

crocheteur qui n'a qu'un œil? Mélinade [15] (c'est le nom de la dame, que j'ai eu mes raisons pour ne pas dire jusqu'ici, parce qu'il n'était pas encore fait) avançait comme elle pouvait maudissant son cordonnier, déchirant ses souliers, écorchant ses pieds, et se donnant des entorses à chaque pas. Il y avait environ une heure 75 et demie qu'elle marchait du train des grandes dames, c'est-à-dire qu'elle avait déjà fait près d'un quart de lieue lorsqu'elle tomba de fatigue sur la place. Le Mesrour, [16] dont elle avait refusé les secours pendant qu'elle était debout, balançait à les lui offrir dans la crainte de la salir en la touchant; car il savait bien qu'il n'était pas propre, 80 la dame le lui avait assez clairement fait entendre, et la comparaison qu'il avait faite en chemin entre lui et sa maîtresse le lui avait fait voir encore plus clairement. Elle avait une robe d'une légère étoffe d'argent, semée de guirlandes de fleurs, qui laissait briller la beauté de sa taille, et lui avait un sarrau brun taché en mille 85 endroits, troué et rapiécé, en sorte que les pièces étaient à côté des trous, et point dessus où elles auraient pourtant été plus à leur place; il avait comparé ses mains nerveuses et couvertes de durillons avec deux petites mains plus blanches et plus délicates que les lis; enfin il avait vu les beaux cheveux blonds de Mélinade, 90 qui paraissaient à travers un léger voile de gaze, relevés les uns en tresse et les autres en boucles, et il n'avait à mettre à côté de cela

---

78   JD: place. Mesrour
      JD: refusé le secours
79   JD: à le lui
81   JD: avait fait entendre assez clairement;
82   JD: lui et la princesse
87   JD: elles auraient été pourtant
88-89 K: et converties en durillons

[15] Sur le nom de l'héroïne, sur le rapport avec l'Ordre de la mouche à miel, voir l'Introduction. Ce nom à clé fait penser à la fois à Schéhérazade et à Dinarzade des *Mille et une nuits* et aux naïades et dryades de la mythologie que le cercle de Mme du Maine aime évoquer.

[16] Familiarité de l'expression pour désigner le crocheteur.

que des crins noirs hérissés, crépus,[17] et n'ayant pour tout ornement qu'un turban déchiré.

Cependant Mélinade essaie de se relever, mais elle retombe 95 bientôt, et si malheureusement que ce qu'elle laissa voir à Mesrour lui ôta le peu de raison que la vue du visage de la princesse avait pu lui laisser.[18] Il oublia qu'il était crocheteur, qu'il était borgne, et il ne songea plus à la distance que la fortune avait mise entre Mélinade et lui; à peine se souvint-il qu'il était amant, car il 100 manqua à la délicatesse qu'on dit inséparable d'un véritable amour, et qui en fait quelquefois le charme et plus souvent l'ennui; il se servit des droits que son état de crocheteur lui donnait à la brutalité, il fut brutal et heureux.[19] La princesse alors était sans doute évanouie, ou bien elle gémissait sur son sort: mais comme 105 elle était juste, elle bénissait sûrement le destin de ce que toute infortune porte avec elle sa consolation.

La nuit avait étendu ses voiles sur l'horizon, et elle cachait de son ombre le véritable bonheur de Mesrour et les prétendus malheurs de Mélinade; Mesrour goûtait les plaisirs des parfaits 110 amants, et il les goûtait en crocheteur, c'est-à-dire (à la honte de l'humanité) de la manière la plus parfaite; les faiblesses de Mélinade lui reprenaient à chaque instant, et à chaque instant son amant reprenait des forces. 'Puissant Mahomet', dit-il une fois en homme transporté, mais en mauvais catholique, 'il ne manque à 115 ma félicité que d'être sentie par celle qui la cause; pendant que je suis dans ton paradis, divin prophète, accorde-moi encore une faveur, c'est d'être aux yeux de Mélinade ce qu'elle serait à mon

95-124   JD: [*Lignes remplacées par un texte totalement différent. Voir Appendice*]

[17] Sur les crins noirs et crépus, voir le rapprochement avec le *Roland furieux*. J. Hellegouarc'h a comparé ce portrait de Mélinade à ceux de la duchesse du Maine.
[18] Sur la chute malencontreuse, voir l'Introduction.
[19] Ce thème de l'excès de délicatesse est traité dans *La Réunion des Amours* de Marivaux, rapprochement qui a déjà été signalé par F. Deloffre, p.675. Voir l'Introduction sur le sens du mot 'heureux'.

œil, s'il faisait jour';[20] il finit de prier et continua de jouir. L'aurore, toujours trop diligente pour les amants, surprit Mesrour   120
et Mélinade dans l'attitude où elle aurait pu être surprise elle-même un moment auparavant avec Tithon.[21] Mais quel fut l'étonnement de Mélinade quand, ouvrant les yeux aux premiers rayons du jour, elle se vit dans un lieu enchanté avec un jeune homme d'une taille noble, dont le visage ressemblait à l'astre dont   125
la terre attendait le retour; il avait des joues de roses, des lèvres de corail; ses grands yeux tendres et vifs tout à la fois exprimaient et inspiraient la volupté; son carquois d'or orné de pierreries était suspendu à ses épaules, et le plaisir faisait seul sonner ses flèches; sa longue chevelure, retenue par une attache de diamants, flottait   130
librement sur ses reins, et une étoffe transparente brodée de perles lui servait d'habillement, et ne cachait rien de la beauté de son corps.[22] 'Où suis-je, et qui êtes-vous?' s'écria Mélinade dans l'excès de sa surprise. 'Vous êtes', répondit-il, 'avec le misérable qui a eu le bonheur de vous sauver la vie, et qui s'est si bien payé de   135

128-133   JD: inspiraient le sentiment le plus doux. Son carquois d'or était suspendu à ses épaules, et ses flèches paraissaient autant de traits vainqueurs. Sa longue chevelure, retenue par une attache de diamants, flottait au gré des zéphirs, et une étoffe transparente, brodée de perles, lui servait d'habillement. ¶'Où suis-je
134   JD: répondit le beau jeune homme, 'avec
135-139   JD: et qui [...] sur la porte [*voir appendice*]

[20] Sur le sens de cette prière, voir l'Introduction. Signalons aussi l'interprétation qu'en donne R. Pearson: 'Voltaire is giving himself the opportunity to portray the duchesse du Maine and her court in flattering terms. But he is also indulging in the presumptuous fantasy of being her master, and even possibly in the suggestion that a man's sexual power over a woman is a more authentic road to bliss (for both parties) than a woman's recumbent ascendancy "sur sa chaise longue au milieu d'une foule de petits-maîtres"' (p.45).
[21] Héros troyen qui fut aimé de l'Aurore. Zeus lui accorda l'immortalité, mais son épouse oublia de demander pour lui une jeunesse éternelle. Sur l'usage d'une mythologie galante, voir ci-dessous *Le Cadenas* et *Le Cocuage*. C'est l'époque de l'*Homère travesti* de Marivaux.
[22] Les métamorphoses sont nombreuses dans les *Mille et une nuits*: *Histoire du premier vieillard*, *Histoire du second vieillard*, *Histoire du jeune roi des Iles*,

ses peines.' Mélinade, aussi aise qu'étonnée, regretta que la métamorphose de Mesrour n'eût pas commencé plus tôt; elle s'approche d'un palais brillant qui frappait sa vue, et lit cette inscription sur la porte: *Eloignez-vous, profanes, ces portes ne s'ouvriront que pour le maître de l'anneau.* Mesrour s'approche à 140 son tour pour lire la même inscription, mais il vit d'autres caractères et lut ces mots: *Frappe sans crainte;* il frappa, et aussitôt les portes s'ouvrirent d'elles-mêmes avec un grand bruit. Les deux amants entrèrent au son de mille voix et de mille instruments dans un vestibule de marbre de Paros; de là ils passèrent dans une salle 145 superbe où un festin délicieux les attendait depuis douze cent cinquante ans, sans qu'aucun des plats fût encore refroidi:[23] ils se mirent à table et furent servis chacun par mille esclaves de la plus grande beauté; le repas fut entremêlé de concerts et de danses; et quand il fut fini, tous les génies vinrent dans le plus grand ordre, 150 partagés en différentes troupes avec des habits aussi magnifiques que singuliers, prêter serment de fidélité au maître de l'anneau, et baiser le doigt sacré auquel il le portait.[24]

140-142　JD: Mesrour lit à son tour; mais il y voit d'autres caractères: *Frappe sans crainte,* disait l'inscription. Il frappa

143-144　JD: deux enchantés entrèrent

146-147　JD: depuis des siècles, sans

147-148　JD: refroidi. Les Génies ont toujours cette sage précaution dans leurs apprêts. Mesrour et Mélinade se mirent

148　JD: servis par

152-161　JD: l'anneau. ¶Dans ce même temps, une servante de Bagdad jetta une cuvette par la fenêtre; un malheureux, profondément endormi au coin d'une borne qui lui servait de chevet, fut inondé

Histoire des trois calenders. Le roi de Beder arrive dans la ville des métamorphoses (ii.47-48). Le plus souvent ce sont des génies qui métamorphosent les mortels en animaux. Le prodige est ici proche de la tradition des contes de fées.

[23] Les palais enchantés se ressemblent tous dans les *Mille et une nuits,* dans l'Arioste, dans *Le Crocheteur borgne.* Ce festin qui attend depuis douze cent cinquante ans fait penser aux enchantements de *La Belle au bois dormant.*

[24] Dans la version du *Journal des dames,* les génies prêtent serment de fidélité au maître de l'anneau, mais ne baisent point le 'doigt sacré' auquel il le portait. Sans

Cependant il y avait à Bagdad un musulman fort dévot qui, ne pouvant aller se laver dans la mosquée, faisait venir l'eau de la   155
mosquée chez lui, moyennant une légère rétribution qu'il payait au prêtre. Il venait de faire la cinquième ablution, pour se disposer à la cinquième prière, et sa servante, jeune étourdie très peu dévote, se débarrassa de l'eau sacrée en la jetant par la fenêtre. Elle tomba sur un malheureux endormi profondément au coin d'une borne qui lui   160
servait de chevet. Il fut inondé et s'éveilla. C'était le pauvre Mesrour qui, revenant de son séjour enchanté, avait perdu dans son voyage l'anneau de Salomon.[25] Il avait quitté ses superbes vêtements, et repris son sarrau; son beau carquois d'or était changé en crochet de bois, et il avait, pour comble de malheurs, laissé un   165
de ses yeux en chemin. Il se ressouvint alors qu'il avait bu la veille une grande quantité d'eau-de-vie qui avait assoupi ses sens, et

162   JD: revenant par eau de son
164-165   JD: était échangé en
165   JD: avait perdu pour comble de malheur un
166-167   JD: alors de la quantité de liqueur qu'il avait bue la veille: elle avait assoupi

doute s'agissait-il de supprimer toute allusion à une pratique religieuse, le baisement de l'anneau épiscopal ou pastoral que les prélats catholiques, et d'abord le pape, portent au doigt et qui est l'emblème de leur alliance avec l'Eglise. Dans toutes les civilisations, des pouvoirs sont conférés au porteur de l'anneau. Dans le contexte de la version de Kehl, la scène peut faire l'objet d'autres interprétations (voir la note 63 de l'Introduction).

[25] Dans l'*Histoire du pêcheur*, Galland précise en note quels sont les pouvoirs de l'anneau de Salomon: 'Les mahométans croient que Dieu donna à Salomon le don des miracles plus abondamment qu'à aucun autre avant lui: suivant eux, il commandait aux démons; il était porté par les vents dans toutes les sphères et au-dessus des astres; les animaux, les végétaux et les minéraux lui parlaient et lui obéissaient; il se faisait enseigner par chaque plante quelle était sa propre vertu, et par chaque minéral à quoi il était bon de l'employer; il s'entretenait avec les oiseaux, et c'était d'eux qu'il se servait pour faire l'amour à la reine de Saba, et pour lui persuader de le venir trouver. Toutes ces fables de l'Alcoran sont prises dans les Commentaires des juifs' (*Les Mille et une nuits*, i.41-42).

échauffé son imagination. Il avait jusque-là aimé cette liqueur par goût, il commença à l'aimer par reconnaissance,[26] et il retourna avec gaieté à son travail, bien résolu d'en employer le salaire à 170 acheter les moyens de retrouver sa chère Mélinade. Un autre se serait désolé d'être un vilain borgne après avoir eu deux beaux yeux, d'éprouver les refus des balayeuses du palais après avoir joui des faveurs d'une princesse plus belle que les maîtresses du calife, et d'être au service de tous les bourgeois de Bagdad après avoir 175 régné sur tous les génies; mais Mesrour n'avait point l'œil qui voit le mauvais côté des choses.[27]

Fin de l'histoire du crocheteur borgne.

168 JD: imagination, au point qu'il avait cru s'être éveillé, avoir trouvé l'anneau, et jouir de tout le bonheur dont il conservait le souvenir. ¶Il avait jusque-là aimé l'eau de vie par

169-170 JD: retourna à son travail avec gaieté, bien

171 JD: de revoir sa

173-175 JD: d'éprouver les rebuts des poissardes, après avoir été regardé favorablement par une grande princesse, et d'être

177 JD: choses. Combien de gens seraient heureux, s'ils oubliaient aussi facilement les songes agréables que la Fortune leur a fait faire!

[26] *L'Indigent philosophe* de Marivaux fait l'éloge du vin pour supporter les misères de la vie (*Journaux et œuvres diverses*, éd. F. Deloffre et M. Gilot, Paris 1969, p.295).

[27] Reprise de la maxime liminaire qui caractérisera aussi *Cosi-Sancta*.

APPENDICE

Journal des dames, mars 1784, p.11-24

LE CROCHETEUR BORGNE

Nos deux yeux ne rendent pas notre condition meilleure; l'un nous sert à voir les biens, et l'autre les maux de la vie. Bien des gens ont la mauvaise habitude de fermer le premier, et bien peu ferment le second; voilà pourquoi il y a tant de gens qui aimeraient mieux être aveugles que de voir tout ce qu'ils voient. Heureux les borgnes qui ne sont privés que de   5
ce mauvais œil qui gâte tout ce qu'on regarde! Mesrour en est un exemple.

Il aurait fallu être aveugle pour ne pas voir que Mesrour était borgne. Il l'était de naissance; mais c'était un borgne si content de son état, qu'il ne s'était jamais avisé de désirer un autre œil. Ce n'étaient point les dons   10
de la fortune qui le consolaient des torts de la nature; car il était simple crocheteur, et n'avait d'autre trésor que ses épaules; mais il était heureux, et il montrait qu'un œil de plus, et de la peine de moins, contribuent bien peu au bonheur. L'argent et l'appétit lui venaient toujours en proportion de l'exercice qu'il faisait; il travaillait le matin, mangeait et buvait le soir;   15
dormait la nuit et regardait tous les jours comme autant de vies séparées; en sorte que le soin de l'avenir ne le troublait jamais dans la jouissance du présent. Il était (comme vous le voyez) tout à la fois borgne, crocheteur et philosophe.

Un jour qu'il s'était levé plus matin qu'à son ordinaire, parce que   20
certaine liqueur qui lui était familière l'avait forcé de se coucher la veille un peu plus tôt que de coutume, il aperçut au crépuscule (car d'un seul œil on l'aperçoit) quelque chose qui luisait parmi des chiffons. Tout est sujet d'espoir pour un pauvre crocheteur; Mesrour crut avoir trouvé la fortune même, quand il eut ramassé un anneau d'or sur lequel étaient   25
gravés des caractères inconnus pour lui, et qui l'eussent été pour bien d'autres. A peine eut-il mis cet anneau à son doigt, qu'il vit passer dans un char brillant une grande princesse qui avait un œil de plus que lui, ce qui ne l'empêcha pas de la trouver fort belle; et comme les borgnes ne diffèrent des autres hommes qu'en ce qu'ils ont un œil de moins, il en   30
devint éperdument amoureux.

On dira peut-être que, quand on est crocheteur et borgne, il ne faut point être amoureux, surtout d'une grande princesse, et qui plus est d'une princesse qui a deux yeux. Je conviens qu'il y a bien à craindre de ne pas plaire; cependant, comme il n'y a point d'amour sans espérance, et que notre crocheteur aimait, il espéra. 35

Comme il avait plus de jambes que d'yeux, et qu'elles étaient bonnes, il suivit l'espace de quatre lieues le char de sa divinité, que six grands chevaux blancs traînaient avec une grande rapidité. La mode dans ce temps-là, parmi les dames, était de voyager sans laquais et sans cocher, et 40 de se mener elles-mêmes. Les maris voulaient qu'elles fussent toujours toutes seules, afin d'être plus sûrs de leur vertu; ce qui est directement opposé au sentiment des moralistes, qui disent qu'il n'y a point de vertu dans la solitude.

Mesrour courait toujours à côté des roues du char, tournant son bon 45 œil du côté de la dame qui était étonnée de voir un borgne de cette agilité. Pendant qu'il prouvait ainsi qu'on est infatigable pour ce qu'on aime, une bête fauve, poursuivie par des chasseurs, traversa le grand chemin et effraya les chevaux qui, ayant pris le mors aux dents, entraînaient la belle dans un précipice. Son nouvel amant, plus effrayé 50 encore qu'elle, quoiqu'elle le fût beaucoup, coupa les traits avec une adresse merveilleuse. Les six chevaux blancs firent seuls le saut périlleux, et la dame qui n'était pas moins blanche qu'eux, en fut quitte pour la peur.

'Qui que vous soyez', lui dit-elle, 'je n'oublierai jamais que je vous 55 dois la vie; demandez-moi tout ce que vous voudrez; tout ce que j'ai est à vous.' 'Ah! je puis avec bien plus de raison', répondit Mesrour, 'vous en offrir autant; mais en vous l'offrant, je vous en offrirai toujours moins; car je n'ai qu'un œil, et vous en avez deux; mais un œil qui vous regarde, vaut mieux que deux qui ne voient point les vôtres.' La dame sourit; car 60 les galanteries d'un borgne sont toujours des galanteries; et les galanteries font toujours sourire. 'Je voudrais bien pouvoir vous donner un autre œil', lui dit-elle, 'mais votre mère pouvait seule vous faire ce présent-là; suivez-moi toujours.'

A ces mots, elle descend de son char et continue sa route à pied; son 65 petit chien descendit aussi et marchait à pied à côté d'elle, aboyant après l'étrange figure de son écuyer. Cependant, j'ai tort de lui donner le titre d'écuyer; car il eut beau offrir son bras, la dame ne voulut jamais l'accepter, sous prétexte qu'il était trop sale; et vous allez voir qu'elle fut

la dupe de sa propreté. Elle avait de fort petits pieds, et des souliers   70
encore plus petits que ses pieds; en sorte qu'elle n'était ni faite, ni
chaussée de manière à soutenir une longue marche. De jolis pieds
consolent d'avoir de mauvaises jambes, lorsqu'on passe sa vie sur sa
chaise longue au milieu d'une foule de petits-maîtres; mais à quoi servent
des souliers brodés en paillettes dans un chemin pierreux, où ils ne   75
peuvent être vus que par un crocheteur, et encore par un crocheteur qui
n'a qu'un œil?

Mélinade (c'est le nom de la dame, que j'ai eu mes raisons pour ne pas
dire jusqu'ici, parce qu'il n'était pas encore fait) avançait comme elle
pouvait, maudissant son cordonnier, déchirant ses souliers, écorchant ses   80
pieds, et se donnant des entorses à chaque pas. Il y avait environ une
heure et demie qu'elle marchait du train des grandes dames; c'est-à-dire
qu'elle avait déjà fait près d'un quart de lieue, lorsqu'elle tomba de
fatigue sur la place. Mesrour, dont elle avait refusé le secours pendant
qu'elle était debout, balançait à le lui offrir dans la crainte de la salir en la   85
touchant; car il savait bien qu'il n'était pas propre. La dame le lui avait
fait entendre assez clairement; et la comparaison qu'il avait faite en
chemin entre lui et la princesse, le lui avait fait voir encore plus
clairement.

Elle avait une robe d'une légère étoffe d'argent, semée de guirlandes   90
de fleurs, qui laissait briller la beauté de sa taille; et lui, avait un sarrau
brun, taché en mille endroits, troué et rapiécé; en sorte que les pièces
étaient à côté des trous; et point dessus où elles auraient été pourtant plus
à leur place. Il avait comparé ses mains nerveuses et couvertes de
durillons avec deux petites mains plus blanches et plus délicates que les   95
lis. Enfin, il avait vu les beaux cheveux blonds de Mélinade, qui
paraissaient à travers un léger voile de gaze, relevés les uns en tresses
et les autres en boucles; et il n'avait à mettre à côté de cela, que des crins
noirs, hérissés, crépus, et n'ayant pour tout ornement qu'un turban
déchiré.   100

Mais pendant que nous nous arrêtons à la description des deux
personnages, nous oublions que la pauvre Mélinade est à terre très
embarrassée. Un sommeil subit, et qui vint pourtant bien à propos,
absorba dans un instant les idées fâcheuses que lui donnait sa situation
désagréable. La voilà donc endormie, et c'est, comme vous voyez, tant   105
mieux pour elle: la nuit avait étendu ses voiles sur l'horizon; Mesrour ne
voyait plus que faiblement l'objet de sa nouvelle ardeur; et comme il ne

l'entendait plus (puisqu'elle ne disait mot) l'illusion allait en diminuant et l'envie de dormir en augmentant. Plus d'un homme, sans être ni crocheteur, ni borgne, ni philosophe a connu cet effet de l'obscurité. Aussi ne voit-on que les poètes chagrins, et les amants espagnols chanter les ressources de la nuit. Notre Mesrour n'y entendait point tant de finesse, et croyant seulement qu'il était glorieux d'imiter une grande princesse, il se coucha aussi sur la terre déjà humide de rosée; mais par un certain respect, dont un crocheteur même ne peut se défendre, il s'éloigna de quelques pas du canapé pierreux qu'avait choisi la belle fatiguée.

Cependant les génies, amis des hommes, travaillaient au bonheur de notre borgne, ainsi qu'à celui de Mélinade. Cette belle se trouva transportée dans un lieu enchanté avec un jeune homme d'une taille noble, dont le visage ressemblait à l'astre dont la terre attendait le retour. Il avait des joues de rose, des lèvres de corail; ses grands yeux tendres et vifs, tout à la fois, exprimaient et inspiraient le sentiment le plus doux. Son carquois d'or était suspendu à ses épaules, et ses flèches paraissaient autant de traits vainqueurs. Sa longue chevelure, retenue par une attache de diamants, flottait au gré des zéphirs, et une étoffe transparente, brodée de perles, lui servait d'habillement.

'Où suis-je, et qui êtes-vous?' s'écria Mélinade dans l'excès de sa surprise. 'Vous êtes', répondit le beau jeune homme, 'avec le misérable qui a eu le bonheur de vous sauver la vie, et qui n'a eu pour récompense que le plaisir de coucher sur la terre humide auprès de vous, tandis que vous dormiez sans vous embarrasser de son sort.'

Mélinade de plus en plus étonnée fut pourtant bien aise de la métamorphose du borgne, et sa reconnaissance la fit remercier les dieux des dons qu'ils avaient faits à Mesrour. La princesse avançait toujours pour voir quelle serait la fin de cet enchantement, et de temps en temps jetait un coup d'œil à la dérobée sur son conducteur qui, n'étant plus borgne, voyait des deux yeux les tendres regards de Mélinade.

Ils approchent tous deux d'un palais brillant; la princesse y lit cette inscription sur la porte: *Eloignez-vous, profanes, ces portes ne s'ouvriront que pour le maître de l'anneau!* Mesrour lit à son tour; mais il y voit d'autres caractères: *Frappe sans crainte*, disait l'inscription. Il frappa, et aussitôt les portes s'ouvrirent d'elles-mêmes avec un grand bruit. Les deux enchantés entrèrent au son de mille voix et de mille instruments dans un vestibule de marbre de Paros: de là ils passèrent dans une salle superbe, où un festin délicieux les attendait depuis des siècles, sans qu'aucun des plats fût encore refroidi. Les génies ont toujours cette sage précaution dans leurs apprêts. Mesrour et Mélinade se mirent à table et furent servis par mille esclaves de la plus grande beauté. Le repas fut entremêlé de concerts et de danses; et quand il fut fini, tous les génies 150 vinrent dans le plus grand ordre, partagés en différentes troupes, avec des habits aussi magnifiques que singuliers, prêter serment de fidélité au maître de l'anneau.

Dans ce même temps, une servante de Bagdad jeta une cuvette par la fenêtre; un malheureux, profondément endormi au coin d'une borne qui 155 lui servait de chevet, fut inondé, et s'éveilla. C'était le pauvre Mesrour qui revenant par eau de son séjour enchanté, avait perdu dans son voyage l'anneau de Salomon. Il avait quitté ses superbes vêtements et repris son sarrau. Son beau carquois d'or était échangé en crochet de bois, et il avait perdu pour comble de malheur un de ses yeux en chemin. 160 Il se ressouvint alors de la quantité de liqueur qu'il avait bue la veille: elle avait assoupi ses sens, et échauffé son imagination, au point qu'il avait cru s'être éveillé, avoir trouvé un anneau, et jouir de tout le bonheur dont il conservait le souvenir.

Il avait jusque-là aimé l'eau-de-vie par goût; il commença à l'aimer 165 par reconnaissance, et il retourna à son travail avec gaieté, bien résolu d'en employer le salaire à acheter les moyens de revoir sa chère Mélinade. Un autre se serait désolé d'être un vilain borgne, après avoir eu deux beaux yeux, d'éprouver les rebuts des poissardes, après avoir été regardé favorablement par une grande princesse, et d'être au 170 service de tous les bourgeois de Bagdad, après avoir régné sur tous les génies. Mais Mesrour n'avait point l'œil qui voit le mauvais côté des choses. Combien de gens seraient heureux, s'ils oubliaient aussi facilement les songes agréables que la Fortune leur a fait faire!

Cosi-Sancta
Un petit mal pour un grand bien
Nouvelle africaine

INTRODUCTION

1. *Publication et datation*

Cette 'nouvelle africaine' parut pour la première fois en 1784 dans l'édition de Kehl, à la suite du *Crocheteur borgne*. Une note des éditeurs expliquait pourquoi, à leur sens, ce texte n'avait point été publié par son auteur: 'M. de Voltaire attachait peu de prix à ces amusements de société. Il sentait très bien que le plus joli roman ne pourrait jamais être ni aussi curieux, ni aussi instructif pour les hommes éclairés que le texte même de *La Cité de Dieu*, d'où il avait tiré *Cosi-Sancta*.'[1]

Cette conjecture n'est guère plausible, le mépris affiché par Voltaire à l'égard de ses *Contes* relevant souvent de la coquetterie. On peut hasarder une autre hypothèse. Voltaire a pu égarer ce texte dans la masse de ses papiers, Wagnière, son secrétaire n'en avait jamais entendu parler, ni n'en avait vu de trace.[2] Les éditeurs de Kehl ne précisent point d'où ils avaient tiré ce récit; ils ne donnent point les raisons qui les avaient conduits à placer ce conte après *Le Crocheteur borgne*, et Decroix qui, en 1789, hésita sur l'attribution du premier texte, ne dit mot de *Cosi-Sancta*.[3] Des inconnues subsistent sur ce petit ouvrage sans prétention, éclipsé par *Le Crocheteur borgne*.

Les éditeurs de Kehl ont daté ces deux contes 'de la jeunesse de M. de Voltaire, et fort antérieurs à ce qu'il a fait depuis dans ce genre'. Ils confirment cette datation ancienne pour *Cosi-Sancta* par

---

[1] *Œuvres complètes de Voltaire*, de l'Imprimerie de la Société littéraire typographique (1784), xlv.424. Les éditeurs de Kehl se sont fiés à la référence de Voltaire, *La Cité de Dieu*, qui est fausse.

[2] Voir la note 1 du *Crocheteur borgne*.

[3] Les problèmes qui se posent pour *Cosi-Sancta* en ce qui concerne la publication dans Kehl et la datation du texte sont du même ordre que pour *Le Crocheteur borgne*. On renvoie donc à l'Introduction de ce conte.

l'ajout d'une note concernant 'les mauvais discours', 'les équivoques fades', 'les grossièretés assez mal enveloppées' que se permettent les invités lors du repas de noces de l'héroïne: 'C'était encore l'usage dans la jeunesse de M. de Voltaire, même dans la bonne compagnie; mais ce ton n'est plus à la mode, parce que, suivant la remarque de J. J. Rousseau et de plusieurs auteurs graves, nous avons dégénéré de la pureté de nos anciennes mœurs.'[4]

Enfin, ils font précéder le conte d'un 'Avertissement' précisant les circonstances de sa composition: 'Madame la duchesse du Maine avait imaginé une loterie de titres de différents genres d'ouvrages en vers et en prose; chacune des personnes qui tiraient ces billets était obligée de faire l'ouvrage qui s'y trouvait porté. Mme de Montauban ayant tiré pour son lot une nouvelle, elle pria M. de Voltaire d'en faire une pour elle, et il lui donna le conte suivant.'[5]

Des loteries littéraires eurent lieu à la cour de Sceaux comme l'atteste la *Suite des Divertissements de Sceaux* (1725) qui les évoque en termes similaires et les situe lors des 'Grandes Nuits'.[6] Dans ses *Mémoires*, le duc de Saint-Simon, à la date de 1714, condamne les 'folies de Sceaux': 'Nuits blanches en loteries, jeux, fêtes, illuminations, feux d'artifice, en un mot fêtes et fantaisies de toutes les sortes, et de tous les jours.'[7] L'éditeur des *Souvenirs de madame de Caylus*, vraisemblablement Voltaire, les associe, lui aussi, aux nuits blanches, ces fêtes que donnaient à la duchesse du Maine 'tous ceux qui avaient l'honneur de vivre avec elle': 'On faisait une loterie des vingt-quatre lettres de l'alphabet: celui qui tirait le C donnait une comédie, l'O exigeait un petit opéra, le B un ballet. Cela n'est pas

---

[4] Note des éditeurs de Kehl, xlv.428.

[5] Kehl, xlv.427.

[6] *Suite des divertissements de Sceaux* (1725), p.90. Sur les nuits de Sceaux, voir A. Jullien, *Les Grandes Nuits de Sceaux. Le théâtre de la duchesse du Maine d'après des documents inédits* (Paris 1876).

[7] Saint-Simon, *Mémoires*, éd. Yves Coirault (Bibliothèque de la Pléiade, Paris 1985), iv.918; voir aussi p.381, 722, 773.

aussi ridicule que le prétend madame de Caylus, qui était un peu brouillée avec elle.'[8]

Les recherches de J. Hellegouarc'h sur la cour de Sceaux ont permis de fixer la date probable de *Cosi-Sancta*. Les nuits blanches se sont échelonnées du 31 juillet 1714 au 15 mai 1715. Or Voltaire, qui séjourna à Sceaux entre octobre 1712 et mai 1716, avait participé à ces festivités, comme l'indique une lettre qu'il écrivit dans l'été 1716 de son exil doré de Sully: 'Vous seriez peut-être bien étonnée si je vous disais que, dans ce beau bois dont je viens de vous parler, nous avons des nuits blanches comme à Sceaux.'[9] Mme de Montauban a été identifiée. Epouse d'un lieutenant-colonel du régiment du Maine, elle fit partie de la cour de la duchesse. Sa fille joua un rôle de premier plan au cours de la troisième Nuit. Fille d'honneur de Mme du Maine, elle sera menée à la Bastille lors de la conspiration de Cellamare.[10] Le décès du fils unique de Mme de Montauban en octobre ou novembre 1716 interdit qu'on ait donné, en son nom, après cette date, une nouvelle telle que *Cosi-Sancta* qui plaisante sur la manière de sauver un fils.[11] Ce faisceau d'indices frappe par sa cohérence. Les pièces d'un puzzle s'emboîtent, il est possible d'assigner à ce conte la date de 1714 ou 1715. Ajoutons que les loteries littéraires étant un divertissement peu coûteux, on songerait à les situer au cours des dernières Nuits dont le programme fut infiniment moins chargé que celui des fêtes grandioses qui les précédèrent.[12] L'intérêt porté

---

[8] M.xxvii.307-308.

[9] D40.

[10] Saint-Simon, *Mémoires*, vii.350.

[11] Voir J. Hellegouarc'h, 'Mélinade ou la duchesse du Maine. Deux contes de jeunesse de Voltaire: *Le Crocheteur borgne* et *Cosi-Sancta*', *RHLF* 78 (1978), p.722-35, et l'édition établie par F. Deloffre, *Romans et contes* (Bibliothèque de la Pléiade, Paris 1979), notice sur *Cosi-Sancta*, p.681-85. Cette datation ancienne de *Cosi-Sancta* avait déjà été proposée par un biographe de la duchesse du Maine, mais cette assertion ne s'appuyait sur aucune preuve et était passée inaperçue de la critique voltairienne (A. Maurel, *La Duchesse du Maine, reine de Sceaux*, Paris 1928, p.22).

[12] Voir A. Jullien sur cette réforme imposée par d'impérieuses raisons financières. La duchesse l'annonça dans une *Adresse à l'Assemblée des Noctambules* au cours de la onzième Nuit (*Les Grandes Nuits de Sceaux*, p.38).

par les salons à un problème relevant de la casuistique amoureuse, celui de l'adultère par vertu, est avivé par la publication en 1715 de la première édition du *Dictionnaire des cas de conscience* de Jean Pontas. L'article 'Intention' déclare nettement qu'un 'adultère [...] ne peut en aucun cas devenir permis sous prétexte qu'on ne le fait que pour sauver la vie du prochain'. [13] Le mouvement de curiosité que suscitait alors le *Dictionnaire historique et critique* de Bayle, dont on verra que Voltaire s'inspire, la lecture de Machiavel à Sceaux, attestée par Mme de Staal de Launay et qui a pu suggérer le sous-titre: 'un petit mal pour un grand bien', semblent indiquer que *Cosi-Sancta* reflète l'atmosphère de la première cour de la duchesse du Maine. [14]

Cette 'nouvelle africaine' ne fut pas improvisée. A l'occasion d'une loterie, le jeune Arouet aurait assumé un rôle dont se chargeait volontiers Nicolas de Malézieu. Administrateur des biens du duc, précepteur et amant de la duchesse, celui-ci avait la haute main sur la cour de Sceaux et, afin de ne point priver Ludovise, la maîtresse de céans, des plaisirs qu'elle réclamait sans cesse, il venait parfois au secours de ceux ou celles à qui l'inspiration faisait défaut. [15] Qu'une grande dame, se trouvant à quia ait chargé un poète de vingt ans de composer à sa place une nouvelle, est fort vraisemblable, surtout si elle avait apprécié le brio avec lequel il s'était acquitté d'un pensum en narrant les aventures de Mesrour et de Mélinade. Simple conjecture qui nous conduit à suivre la tradition établie par Kehl en plaçant *Cosi-Sancta* après *Le Crocheteur borgne*.

---

[13] S'autorisant des jugements des Pères de l'Eglise, Jean Pontas, dans l'article 'Adultère', déclare que 'la crainte la plus griève ne peut servir d'excuse à une action qui, de sa nature, est péché mortel', mais se montre plus indulgent lorsqu'il s'agit d'un viol.

[14] Sur l'intérêt que Bayle éveille dans les années 1714-1715, voir P. Rétat, *Le Dictionnaire de Bayle et la lutte philosophique au XVIIIe siècle* (Paris 1971), p.128. Sur la lecture de Machiavel à Sceaux, voir Deloffre, *Romans et contes*, p.682, n.4.

[15] Ainsi les épîtres qu'échangèrent la duchesse du Maine et son frère, le baron de Saint-Maur furent-elles respectivement composées par Malézieu et Chaulieu (Maurel, *La Duchesse du Maine*, p.56).

2. *Un divertissement mondain*

D'origine mondaine, ce récit ne vise à rien d'autre, semble-t-il, qu'à divertir. Aux scandales publics et aux orgies du Palais Royal, les habitués de la cour de Sceaux opposaient la recherche de plaisirs plus délicats où se marquait l'attrait pour les lettres. [16] Pour y briller, il fallait faire preuve de cette 'coquetterie dans l'esprit', qualité essentielle, selon Voltaire, de l'homme de bonne compagnie. [17] Tout l'art consiste à raconter une histoire leste en gardant certaine élégance de ton, le vieux thème gaulois du cocuage étant renouvelé par l'étrange moralité du petit mal pour un grand bien, alors que les infortunes de la vertu sont traitées à peu près comme des bonnes fortunes. Thèmes assurés d'un certain succès, mais qui acquièrent plus de piquant s'ils laissent entrevoir, sous le voile de la fiction, certaines allusions ou applications, s'ils sont en conformité par quelque endroit avec les sujets de conversation du moment. Car toute coterie se fixe des centres d'intérêt, se nourrit de médisances, s'amuse de sous-entendus, forge son propre répertoire de plaisanteries. Œuvre de circonstance, réservée à des initiés, ce conte a sans doute perdu peu ou prou de son sel. L'abbé Genest dans la préface des *Divertissements de Sceaux* mettait en garde les commentateurs futurs en signalant que les pièces qui composaient son recueil étaient 'propres seulement pour les occasions qui les [avaient] fait naître' et qu'elles comportaient des clés. [18] Bien des points demeurent obscurs, mais en filigrane se devinent certaines malices du conteur.

Des identifications ont pu être proposées. Le vieux curé d'Hippone que consulte la belle Cosi-Sancta, semble désigner, comme l'établit de manière convaincante F. Deloffre, Malézieu,

---

[16] 1714-1715, c'est l'époque des orgies du Temple: voir A. Challamel, *La Régence galante* (Paris 1861).

[17] *Notebooks*, éd. Th. Besterman, *OC*, t.81, p.246: 'On n'est de bonne compagnie qu'à proportion qu'on a de la coquetterie dans l'esprit.'

[18] *Les Divertissements de Sceaux* (Trévoux 1712).

surnommé le 'curé', inventeur de l'ordre de la mouche à miel, tireur d'horoscope à l'occasion.[19] 'Il n'est pas exclu, ajoute la même étude, que Voltaire ait songé au 'prêteur de la province gauloise du temps, à savoir le régent Philippe d'Orléans',[20] contre lequel conspirera la duchesse du Maine. A l'appui de cette hypothèse, ajoutons que certains traits du proconsul pourraient lui avoir été empruntés. 'Homme plus débauché que voluptueux', le Régent, selon le témoignage de sa propre mère, n'était point 'délicat en amour'. Lui aussi s'amusait 'fort peu aux préliminaires': 'chez mon fils et chez ses maîtresses, tout va tambour battant, sans la moindre galanterie'.[21] Avant d'écrire le *Regnante puero*, Voltaire se serait-il amusé à lui faire jouer un rôle déplaisant dans un conte? Quant au jeune homme 'pétri par les grâces', on a proposé d'y voir l'irrésistible Richelieu, ami de Voltaire, qui participera à la conspiration de Cellamare.[22] Faut-il également rapprocher de la seconde aventure de l'héroïne celle que Voltaire prête dans ses *Carnets* à plusieurs grandes dames? Dans des fragments non datés, sous la dénomination *Pensées et contes*, se trouve consignée la notation suivante: 'La duchesse de Bouillon ou la marquise de

---

[19] Deloffre, *Romans et contes*, p.685-86, n.2. A la suite de l'hôtel de Rambouillet, la cour de Sceaux avait adopté l'usage des prénoms symboliques. La bonne aventure était à l'honneur chez Mme du Maine.

[20] Deloffre, *Romans et contes*, p.684.

[21] Voir M. de Lescure, *Les Maîtresses du Régent. Etudes d'histoire et de mœurs sur le commencement du XVIIIe siècle* (Paris 1860), qui cite des lettres de la Palatine, p.83, 174. Aucune des aventures recensées du Régent n'illustre un abus d'autorité semblable, de près ou de loin, à celui que relate *Cosi-Sancta*, mais des indélicatesses aussi graves sont narrées (ainsi l'histoire d'une jeune fille que lui livra la lâche complaisance de son valet de chambre, p.482).

[22] Deloffre, *Romans et contes*, p.684. Hardi, fripon, le duc de Fronsac qui deviendra le maréchal de Richelieu, est célèbre par une vie amoureuse mouvementée. Il usait bien évidemment des procédés traditionnels que Voltaire prête à Ribaldos: déguisement en abbé, complaisances pour le mari (M. Pollitzer, *Le Maréchal galant: Louis-François Armand, duc de Richelieu*, nouv. éd. latines, Paris 1952, p.44, 45-49). Ajoutons que Richelieu se faisait gloire d'enlever au Régent ses infidèles maîtresses, schéma inverse de celui du conte. Mais il était tant d'autres séducteurs patentés que rien ne permet d'affirmer que Richelieu est la source de Ribaldos.

Richelieu violée par un voleur, s'écria à la fin, ah mon cher voleur!'
Dans son *Sottisier*, fort postérieur à la période de Sceaux, il notait
le même mot en l'attribuant à une autre héroïne: 'Madame de
Mazarin violée par un voleur de gr. chemin, ah mon cher voleur.'
Voltaire peut avoir consigné dans ses papiers une anecdote qu'il
connaissait depuis longtemps, ce qui expliquerait l'incertitude sur
le nom de l'héroïne. Manifestement, cette histoire lui plaît.
Eveillait-elle des souvenirs dans le cercle de Sceaux?[23] Dans
l'état actuel de nos connaissances, nous ne saurions le dire, pas plus
que nous ne sommes aptes à mettre un nom sur le portrait de
Capito qui donne pourtant l'impression d'avoir été pris sur le vif.
Ces clés laissent entrevoir des liens existant entre ce conte et le
cercle auquel il était destiné.

Plus subtilement, l'impertinence religieuse de ce conte, non
seulement était susceptible de plaire à la cour de Sceaux dont le
goût des plaisirs, la joie de vivre narguaient la triste morale
chrétienne régnant à Versailles sous la férule dévote de Mme de
Maintenon, mais elle devait éveiller bien des échos. *Cosi-Sancta*
brocardait l'austère et timide duc du Maine[24] que la brillante
Ludovise ne ménageait guère. D'une piété inébranlable, ce bâtard
de Louis XIV et de Mme de Montespan dont Mme de Maintenon
avait entouré l'enfance de soins attentifs,[25] veillant tout particu-

---

[23] *Notebooks*, *OC*, t.82, p.703; t.81, p.420. A l'époque de Sceaux, on devait encore
colporter des médisances sur Mme de Mazarin qui avait défrayé la chronique
quelques années auparavant. Mariée à un jaloux frénétique, elle s'était enfuie avec la
complicité de son frère, M. de Nevers, qu'elle fut accusée d'aimer trop tendrement
(G. Desnoiresterres, *Les Cours galantes*, Paris 1862, ii.27-42).

[24] Saint-Simon a tracé un portrait inoubliable du duc du Maine, diable boiteux et
Titan de l'hypocrisie (*Mémoires*, ii.939). Le plus souvent, il le peint en couard,
tremblant devant son épouse (ii.186, 650, 858; iii.64). Mme de Staal, dans la dernière
page de ses *Mémoires*, lui reconnaît un caractère noble et sérieux, mais méfiant et
soupçonneux, un 'esprit éclairé, fin et cultivé', possédant 'toutes les connaissances
d'usage, spécialement celles du monde au souverain degré', mais fuyant la société
(*Mémoires de Mme de Staal-Delaunay*, éd. présentée et annotée par G. Doscot, Paris
1970, p.234).

[25] Sa santé fragile et son défaut de conformation nécessitèrent beaucoup de soins.

lièrement à son éducation religieuse,[26] se consolait des hauteurs de sa despotique épouse en polissant des maximes, en traduisant l'*Anti-Lucrèce* du cardinal de Polignac, poème en latin destiné à réfuter les idées que Bayle avait empruntées au *De rerum natura* et surtout en méditant les œuvres de saint Augustin.[27] Ses 'Maximes et réflexions de st Augustin', manuscrit de 218 folios conservé à la Bibliothèque nationale, ont été éditées par l'abbé Guérin en 1840 sous le titre: *La Divine doctrine de Jésus-Christ ou méditations sur le sermon sur la montagne de M. le duc du Maine.*[28] Ces dévots délassements ne trouvaient point grâce aux yeux de la duchesse qui le rabrouait sèchement en toute occasion et qui, par ailleurs, ne manifestait guère de piété.[29] Faire patronner par saint Augustin la maxime provocante du petit mal pour un grand bien alors que le duc du Maine relevait des maximes extraites du *Sermon sur la*

[26] Elle fit rédiger, par l'abbé Gobelin, un recueil de maximes à son intention afin de l'affermir dans ses devoirs (*Correspondance générale de Mme de Maintenon*, éd. Th. Lavallée, Paris 1865, ii.241).

[27] Voir Ch. Mervaud, 'Voltaire, saint Augustin et le duc du Maine: aux sources de Cosi-Sancta', *SVEC* 228 (1984), p.89-96, qui analyse le recueil de maximes (BnF fonds français 15353, f.13-19) du duc du Maine, texte qui laisse deviner un tour d'esprit rigoriste. D'après Mme de Staal, des séances de lecture de sa traduction de l'*Anti-Lucrèce* eurent lieu à Sceaux (*Mémoires de Mme de Staal-Delaunay*, p.95). Voltaire rendit hommage au cardinal de Polignac dans *Le Temple du goût* (*OC*, t.9, p.119-20). Polignac laissera inachevé son poème à sa mort en 1742.

[28] Cet ouvrage du duc du Maine, dédié à son fils, le prince de Dombes, se présente comme un 'recueil' des maximes, réflexions, et instructions de saint Augustin destiné à faire connaître les 'avis' et les 'sublimes leçons' de ce 'saint docteur', en particulier à ceux que la grosseur de ses ouvrages effraierait. Ces extraits ont été vus et approuvés par des prélats (*Maximes et Réflexions de saint Augustin*, BnF, f.fr. 9606, 'Dessein de l'ouvrage', non paginé). Le duc du Maine commente la prédication de Jésus-Christ sur la montagne d'après l'Evangile selon saint Matthieu. On y trouve des réflexions assez amères sur le mariage et la répudiation des femmes à propos des versets 31-32. Au folio 87, il a relevé des maximes extraites du *Sermon sur la prédication du Christ sur la montagne*. On ajoutera que le duc du Maine n'était pas prêt à faire preuve d'indulgence à l'égard des femmes trop sûres d'elles, lui qui avait consigné dans ses papiers cette réflexion: 'La première qualité d'une femme est la modestie' (f.fr. 15353, f.18).

[29] Mme de Maintenon se plaignait du manque de piété de la duchesse du Maine (Mervaud, 'Voltaire, saint Augustin et le duc du Maine', p.93).

prédication du Christ sur la montagne, ne paraît point une plaisanterie fortuite. L'insolence à l'égard de saint Augustin atteignait, de manière oblique, le maître de maison qui avait la réputation de supporter stoïquement les humiliations qui lui étaient infligées. S'étant résigné à 'faire les honneurs' de fêtes qui le ruinaient, [30] étranger à ce tourbillon de plaisirs, il pouvait devenir une cible. Dans *Cosi-Sancta*, l'allusion restait suffisamment vive et suffisamment légère ajoutant un piment supplémentaire, du moins pour la cour de Sceaux, à une histoire polissonne. Pour autant, ces malignités sous-jacentes à usage interne, ces 'personnalités', même si elles ont joué un rôle dans la genèse du texte, ne rendent point compte de sa tonalité antireligieuse sous ses multiples aspects.

3. *Une veine anti-janséniste*

Cosi-Sancta: ce titre mérite réflexion. Une jeune femme dont la destinée est de rendre service à toute sa famille, d'éviter la pendaison à son mari, une mort violente à son frère et d'écarter de son fils tout danger de mort en payant de sa personne, est canonisée pour l'usage qu'elle fit de ses charmes. La vertu, cause des plus grands malheurs, l'adultère, symbole du dévouement

---

[30] Saint-Simon, *Mémoires*, iii.64. Les infortunes conjugales du duc du Maine étaient de notoriété publique. Mme du Maine figure dans une pièce satirique: *Les Scandales du temps* (1716): 'Qu'à du Maine, laide et nabote / Un Malézieu lève la cotte / Le marché pour tous deux est bon / Mais que de Polignac n'en bouge / Et couche avec cet embryon, / C'est faire honte au chapeau rouge' (*Recueil Clairambault-Maurepas. Chansonnier historique du XVIIIe siècle*, publié par E. Raunié, Paris 1880, ii.52. Sur les amours illégitimes de la duchesse, voir aussi p.100, 295). Les chansonniers ridiculisent également les vains efforts du duc du Maine pour conserver les privilèges que lui avait accordés Louis XIV: 'du Maine, ici, dont par édit / La naissance l'on a flétri / Roi sera à Mississipi' (p.251, voir aussi p.233-35, 314). Si le duc du Maine est mis indirectement en cause dans *Cosi-Sancta*, la date qui a été proposée pour ce conte (1714-1715) est confirmée. Le duc du Maine mourut en 1736. Il n'était plus question de plaisanter à son sujet lorsque Voltaire, dix ans plus tard, reviendra faire sa cour à la duchesse vieillissante.

conjugal, de l'amour fraternel et maternel, se trouvent placés sous le patronage de saint Augustin et illustrés par sa postérité spirituelle en la personne d'une jeune janséniste.

Le nom de l'héroïne est un curieux amalgame de latin, la langue religieuse, celle de saint Augustin, et d'italien, la langue de l'amour pour Voltaire. [31] Ce nom composite alerte sur la nature hybride du personnage qui, pourtant, sur le plan psychologique, est tout d'une pièce. Cosi-Sancta appartient au monde latin du quatrième siècle puisque son aventure est censée avoir eu lieu sous le proconsulat de Septimius Acindynus, mais l'usage de l'italien l'arrache à l'Antiquité et la rend contemporaine, cette histoire de cocuage consenti jouant des anachronismes. Temps et distance se télescopent: ce fait divers se passe dans le diocèse d'Hippone dont saint Augustin fut l'évêque à partir de 396, l'atmosphère et les personnages sont empruntés à quelque ville française au temps de la Régence: le petit robin, Capito, est conseiller au présidial; un séducteur se déguise en revendeuse à la toilette, en joueur de marionnettes, en frère carme quêteur; des bandits de grand chemin arrêtent les voyageurs; un médecin à la mode guérit les femmes qui ont des vapeurs. Voltaire fait d'une pierre deux coups, réglant leur compte à saint Augustin et aux jansénistes qui se réclamaient de sa pensée, Jansénius, évêque d'Ypres ayant prétendu revenir à la pure doctrine du Père de l'Eglise dans son *Augustinus*.

Le thème de *Cosi-Sancta* ne semble point emprunté directement à saint Augustin, mais à l'article 'Acindynus' du *Dictionnaire historique et critique* de Bayle qui relate l'aventure d'une pauvre chrétienne vendant ses faveurs à un homme riche afin de sauver la vie à son mari. Bayle a aussi rapporté cette anecdote dans ses *Nouvelles de la République des Lettres* de juillet 1684. [32] L'article 'Acindynus' n'offrait pas seulement un canevas narratif, il était suivi d'un commentaire qui critiquait vertement saint Augustin.

[31] Voir D3277, à Mme Denis.
[32] Référence indiquée par J. Dagen, 'Le paillard et le polisson. De Brantôme à Voltaire', *Littératures* 5 (Toulouse 1982), p.142 et note 5 (Bayle, *Œuvres diverses*, 1737, i.96).

Celui-ci avait médité sur ce drame de la pauvreté dans son *Sermon sur la montagne selon saint Matthieu*; il se refusait à jeter la première pierre sur cette femme adultère, car toute concupiscence était absente de sa conduite. Il évitait de se prononcer sur ce cas difficile: 'Je ne veux discuter ici ni le pour ni le contre, je laisse ce fait à la libre appréciation de chacun, car cette histoire n'est point tirée de livres revêtus d'une autorité divine.'[33] Il était porté à excuser l'héroïne de cette aventure et Bayle s'en scandalisait.[34] L'article 'Acindynus' invitait à lire celui qui était consacré à 'Abimélech', relatant comment Sara se laissa enlever par Abimélech afin de sauver la vie d'Abraham, ce dernier se faisant passer pour son frère. La 'charité' de Sara mettait les pères de l'Eglise devant une cruelle alternative: la louer ou la condamner. Tandis que Sophronie, dame romaine, avait préféré la mort au déshonneur, Sara avait fait preuve de complaisance et Abraham avait menti. Bayle se gaussait des bonnes raisons laborieusement alléguées par saint Ambroise et saint Chrysostome.[35] Enfin l'article 'Sara', également signalé en note,[36] évoque l'adultère qu'Abraham commit avec sa servante Agar, 'non pas pour faire injure à sa femme, mais plutôt pour lui complaire'.[37] Comme le dit justement F. Deloffre, Cosi-Sancta 'assumerait un triple adultère, celui de la femme d'Hippone, celui d'Abraham et celui de Sara',[38] mais, remarquons-le, en se prostituant par trois fois.

Bayle dénonçait 'le honteux maquerelage du mari', mais

---

[33] Saint Augustin, *Œuvres complètes*, traduites en français, éd. Vivès (1869), ix.55.

[34] Voir la remarque B de l'article 'Acindynus' et surtout la remarque C qui dénonce les dangers d'un tel laxisme: 'Qui ne voit que si une telle morale avait lieu, il n'y aurait point de précepte dans le Décalogue dont la crainte de la mort ne nous dispensât' et plus loin: 'On pourra donc impunément transgresser la loi de chasteté afin d'éviter la mort.'

[35] Voir le commentaire de l'article 'Abimélech'. L'article 'Abraham' du *Dictionnaire philosophique* se moquera des efforts des exégètes pour justifier la conduite d'Abraham (*OC*, t.35, p.294).

[36] La remarque C de l'article 'Acindynus' renvoie à la note 1 de l'article 'Sara'.

[37] Note 1 de l'article 'Sara'.

[38] Deloffre, *Romans et contes*, p.683.

également les 'équivoques morales' des commentateurs. Voltaire, que ces contradictions des exégètes stimulent, exploite l'embarras de saint Augustin. Avec une mauvaise foi entraînante, il lui joue un bon tour au terme duquel l'austère évêque d'Hippone se trouve cautionner de toute son autorité la morale du petit mal pour un grand bien dans un récit dont Voltaire a transformé les données léguées par son modèle. Un drame de la misère est devenu une sordide histoire de jalousie. Saint Augustin avait insisté sur le dénuement de petites gens qui ne pouvaient payer au fisc une livre d'or. Dans *Cosi-Sancta*, le petit vieillard Capito a pu prétendre à la plus belle fille de la province, Cosi-Sancta offre un gros sesterce au médecin, une somme considérable. Capito est emprisonné pour avoir commandité un assassinat.

Au thème d'une justice trop sévère, Voltaire substitue celui d'une justice corrompue. Le rôle du proconsul est modifié en conséquence. Apprenant à quelles extrémités l'obligation de rendre à César ce qui lui était dû, avait entraîné l'accusé, Acindynus se condamne à payer lui-même au fisc la livre d'or. Comme la pauvre chrétienne avait été trompée par l'homme riche qui l'avait payée avec un sac de terre, le proconsul, mis au courant de cette infamie, adjuge au chrétien le terrain d'où avait été tirée cette terre. Des dédommagements étaient prévus par un juge s'efforçant d'être juste. Dans le conte de Voltaire, le mal engendre le mal: meurtre, adultère, crime impuni, l'action progresse par la jalousie non motivée d'un vieillard et la concupiscence d'un juge. De plus, l'illusoire pureté des belles âmes est dangereuse: la résistance de Cosi-Sancta est source de malheurs; punie pour un adultère qu'elle n'a point commis, elle sera honorée pour ceux qu'elle commettra.

L'indulgence hésitante de saint Augustin, sensible à un certain nombre de circonstances atténuantes, est ainsi détournée de son sens. [39] C'est au terme d'une véritable trahison de sa pensée qu'il se

---

[39] Saint Augustin fait remarquer qu'il peut exister 'des circonstances où une femme du consentement de son mari et dans l'intérêt même de son mari paraît devoir

métamorphose en avocat du petit mal; 'il a été entièrement de cet avis', affirme intrépidement le conteur. Pour accréditer semblable thèse, Voltaire multiplie les références fausses destinées à compromettre ce vénérable père de l'Eglise. L'aventure qui avait eu lieu en Syrie à Antioche sous le proconsulat de Septimius Acindynus devient contemporaine de saint Augustin et arrive précisément dans son diocèse à Hippone.[40]

Saint Augustin est donc censé rapporter l'histoire d'une de ses ouailles dans la *Cité de Dieu*, ouvrage dans lequel il se proposait de décrire l'avenir du monde chrétien. Cette anecdote est en fait relatée dans le *Sermon sur la montagne*. S'agit-il d'une inadvertance bien compréhensible de la part de Voltaire qui n'avait sans doute pas ces textes sous les yeux quand il composa cette histoire? Il pourrait avoir pensé à l'ouvrage le plus célèbre de saint Augustin. L'hypothèse d'une malice n'est pourtant pas à écarter. En dépit de ses écarts de conduite, Cosi-Sancta trouve place dans la 'cité divine' formée de ceux qui vivent selon la loi de Dieu. Canonisée, elle appartient de droit à la cité céleste des élus.[41]

Dans le droit fil de cette veine impertinente, saint Augustin se trouve rejeter cette 'maxime faussement établie selon laquelle il n'est point permis de faire un petit mal dont un plus grand bien pourrait résulter'. Or c'est la leçon de saint Paul dans l'Epître aux Romains.[42] Opposer saint Augustin à saint Paul sur ce point ne manque pas de piquant lorsqu'on songe au rôle que joua la lecture

---

tenir une conduite que réprouve habituellement la morale' et il n'éprouve pas pour l'adultère de cette femme 'la même répulsion', la 'même horreur' que pour d'autres adultères (voir son *Sermon sur la montagne*).

[40] Septimius Acindynus fut consul en 340. L'aventure relatée par saint Augustin en 393 datait d'une cinquantaine d'années. Saint Augustin devint évêque d'Hippone en 396.

[41] Dans *La Cité de Dieu*, il est question de chrétiennes outragées qui méritent la pitié. Elles ont tort de s'abandonner au désespoir et de se donner la mort, car ce qui importe, ce n'est pas ce que le corps subit, c'est ce qu'a voulu la volonté (livre I, ch.16-19). Dans l'article 'Adultère' des *Questions sur l'Encyclopédie* (1770), Voltaire indiquera la référence exacte, qu'il a pu alors vérifier (M.xvii.72-73).

[42] Epître aux Romains, iii.8.

de cette épître dans la conversion de saint Augustin telle qu'il la rapporte dans ses *Confessions*![43]

Auteur d'un fort sévère *Sermon contre l'adultère*,[44] saint Augustin, qui fut obsédé par le destin de l'homme perdu par le péché et sauvé par la grâce de Dieu, ne pardonne point par mansuétude une simple faute, mais patronne des adultères à répétition. Pour s'être 'mortifiée', Cosi-Sancta inaugure la légende dorée voltairienne.

La première sainte voltairienne a des parents jansénistes, tout comme le jeune Arouet dont on sait qu'il s'opposait à son père et à son frère aîné, détestant leur religion sévère et étroite.[45] En ces années où s'achève le long règne de Louis XIV, le jansénisme, qui a été persécuté, occupe une place majeure dans la vie religieuse et publique. Au temps des remous causés par la bulle Unigenitus (1713), Voltaire se libère de son obsession personnelle du dieu cruel, dans une tragédie anti-janséniste, *Œdipe*,[46] et dans un conte ridiculisant le rigorisme, *Cosi-Sancta*. Il versifie les réquisitoires de Jocaste et d'Œdipe qui, innocents, n'ont pu échapper à leur affreux destin; il rit et fait rire dans sa 'nouvelle africaine' de la prédestination: un faux prophète, ce 'curé diseur de bonne aventure' prédit à l'héroïne un destin qu'elle accomplira point par point, après avoir jeté 'les hauts cris', cherché en vain un sens mystique à l'oracle, juré qu'elle s'y soustrairait. Beaucoup plus tard, Voltaire associera la duchesse du Maine à sa dénonciation des convulsionnaires, en intégrant dans l'article 'Convulsions' du

---

[43] Dans la célèbre scène du jardin des *Confessions*, aboutissement d'une crise de conscience, saint Augustin, qui se reprochait ses atermoiements, entend une voix d'enfant qui lui commande: 'Prends et lis.' Il lit l'Épître aux Romains (*Confessions*, texte établi et traduit par P. de Labriolle, Paris 1925, t.i, livre VIII, p.199-200).

[44] Saint Augustin commente le verset de saint Paul: 'Ne vous y trompez pas: ni les impudiques [...] ni les adultères ne posséderont le royaume des cieux' (I Corinthiens vi.9).

[45] R. Pomeau, *La Religion de Voltaire* (Paris 1969), p.22-27. De son frère, Armand, Voltaire écrira: 'ses mœurs féroces me dégoûtèrent du parti' (D4930).

[46] Pomeau, *La Religion de Voltaire*, p.85-91. Les critiques contemporains ont bien saisi la tonalité anti-janséniste de la tragédie.

Dictionnaire philosophique, des petits vers satiriques qu'il lui attribue.[47]

Plus généralement, la question litigieuse de la vertu féminine lui permet de souligner les contradictions de la morale chrétienne. Selon les moralistes, une bonne action exige une bonne fin, un bon motif, une matière qui soit légitime. Ces conditions ne peuvent être remplies pour Cosi-Sancta. Au proconsul qui lui réclame une de ses nuits, elle répond fermement: 'c'est un bien qui est à mon mari', appliquant strictement le précepte de saint Paul dans la Première Epître aux Corinthiens: 'La femme ne dispose pas de son corps, mais le mari'. Elle sera parfaitement soumise à la volonté de son mari, comme le recommandait également saint Paul.[48] Mais Capito, en acceptant que son épouse se dévoue, représente l'esprit de la 'cité terrestre' où règne l'amour de soi jusqu'au mépris de Dieu. Pour sa femme, il n'est pas possible de concilier l'obligation d'obéissance et l'interdiction de l'adultère. Faudrait-il alors privilégier l'intention au détriment de l'action? Point de secours à attendre de la casuistique. Dans *L'Ingénu*, la belle Saint-Yves consulte le père Tout-à-tous. Au nom de la direction d'intention que fustige Pascal dans les *Provinciales*, et en rappelant l'histoire de la pauvre chrétienne rapportée par saint Augustin, le jésuite incite la jeune fille à se rendre 'utile' à celui qu'elle considère comme son mari,[49] car il s'agit d'abord pour lui de ménager le séducteur, protecteur de la bonne cause. Les religieux de toute obédience sont empêtrés dans des contradictions et, parfois, dévoilent leurs compromissions, lorsqu'ils sont aux prises avec les problèmes propres à la condition féminine.

---

[47] *OC*, t.35, p.37. Ces vers ridiculisent les miracles opérés par le diacre Pâris.

[48] Première Epître aux Corinthiens, vii.4. Sur la soumission de la femme: Epître aux Ephésiens, v.22, et Epître aux Colossiens, iii.18. La maréchale de Grancey est révoltée par la misogynie de saint Paul (*Femmes soyez soumises à vos maris*, 1767, M.xxvi.564).

[49] *L'Ingénu*, ch.16.

4. *Les infortunes de la vertu*

Quoi qu'elle fasse, une femme ne saurait éviter d'être coupable. Dans *Cosi-Sancta*, l'esprit de badinage s'empare de questions qui ont fait les délices du siècle, celle du cas de conscience proposant 'un modèle parfait de souricière morale'[50] et celle de la chute inéluctable de la femme. Coupable d'être désirable, on la condamne, non sans raffinement pervers, à prouver sa vertu en se déshonorant.

Cosi-Sancta est vouée aux adultères sans plaisir pour s'être refusée au jeune amant qu'elle aimait. Le même jour, un juge débauché, un hardi chef de brigands, un galant médecin ne font pas appel en vain à son sens du devoir. Selon un schéma classique, la vertu féminine se prouve par des refus réitérés, Cosi-Sancta est toujours consentante, elle se contente de se recommander à Dieu. Ni séduction, ni contrainte: l'école des femmes voltairienne fait ainsi l'économie des larmes et des drames. La tranquille acceptation de l'héroïne, qui s'en remet à la Providence, évidemment compromise dans l'aventure, oblitère la violence des situations ou des conduites. Cosi-Sancta subit par trois fois, et sans s'émouvoir, ce dont meurt Mlle de Saint-Yves. La sensibilité qui règne dans *L'Ingénu* est étrangère aux autres contes de Voltaire où se donne libre cours un vieux fonds gaulois. Almona, en 'femme charitable et prudente' ne conçoit pas d'autre moyen que d'user de ses charmes pour sauver Zadig, mais elle berne le grand prêtre tandis que Cosi-Sancta dispense bel et bien ce 'petit secours'. Eludant toute analyse psychologique, Voltaire esquive les potentialités dramatiques du sujet que Duclos exploitera dans l'*Histoire de Mme de Luz* (1741). L'irréprochable baronne de Luz cède au chantage d'un juge, un chevalier, puis son directeur de conscience abusent d'elle alors qu'elle est évanouie. Au terme de pertes de conscience, suivies de réveils douloureux, elle se voit réduite à l'état d'un corps

---

[50] P. Fauchery, *La Destinée féminine dans le roman européen du dix-huitième siècle* (Paris 1972), p.309.

excitant les convoitises masculines et, avant de mourir de honte, elle maudit le ciel qui laisse bafouer la vertu. [51] Cosi-Sancta ignore tout dilemme moral, elle est confrontée à la lâcheté d'un mari, au goût du plaisir de partenaires successifs, elle n'en a cure, Voltaire exclut ainsi tout tragique ou toute tentation sadique [52] pour cultiver des sous-entendus égrillards. Ce conte n'en est pas moins susceptible d'une psycho-lecture. Il traduit, comme l'a montré Jean Dagen, 'un bel acharnement contre la femme', peut-être 'une réponse partiellement libératrice à des complexes infantiles',[53] mais c'est dans *L'Ingénu*, cinquante ans plus tard que la femme victime meurt et que s'opère une liaison entre Eros et Thanatos.

Dans *Cosi-Sancta*, Voltaire élude toute notion de péché. Seul prévaut le comique des situations et des personnages. Vieillard jaloux, belle jeune femme innocente, amant entreprenant, autant de rôles de composition qui divertissent tant et si bien que la mort de Ribaldos est quasiment escamotée. [54] Capito prend place dans la lignée des barbons aux précautions inutiles, d'Arnolphe à Bartholo, incluant le 'geôlier sexagénaire' du *Cadenas*, vieillards pourvus d'une jeune femme ou prétendant séduire une jeune fille et dont la vocation littéraire est d'être trompés. Dans la conduite

---

[51] Ce roman, où coexistent une exigence morale hautement proclamée et une secrète fascination libertine, cultive une ambiguïté étrangère au rire voltairien. Dans sa *Lettre à l'auteur de l'Histoire de Mme de Luz*, Duclos prétend que certains lecteurs désiraient une nouvelle édition du roman, 'mais augmentée de nouveaux viols', ce qui laisse à penser sur les complaisances inavouées d'un tel récit (*Histoire de Mme de Luz*, éd. critique par J. Brengues, Saint-Brieuc, Presses universitaires de Bretagne, 1972, p.89).

[52] Les personnages de *Cosi-Sancta* profitent de l'occasion et sont lancés dans la chasse au plaisir. Il paraît intéressant de comparer les scènes coquines de Voltaire à celle d'*Ernestine* dans *Les Crimes de l'amour* de Sade. Ernestine refuse de sacrifier sa vertu pour sauver celui qu'elle aime. Son bourreau la contraint à voir son amant, Herman, au pied de l'échafaud. Elle s'évanouit. Alors, tandis que meurt le misérable Herman, il abuse d'elle.

[53] J. Dagen, 'Le paillard et le polisson', p.143 et 144.

[54] L'attention du lecteur est attirée sur le long cortège de veuves que laisse Ribaldos, pleuré par toutes les femmes de la ville.

117

du récit, Voltaire exploite les poncifs d'une vulgate: le séducteur d'une belle farouche se doit de devenir l'ami du mari, la résistance l'enflamme, il se déguise, stratagème éprouvé que la tradition de la farce avait illustré.[55] Le thème de la mal mariée, l'épisode du brigand de grand chemin[56] appartiennent aux canevas romanesques bien connus. Voltaire, qui a rimé la naissance et les méfaits de *Cocuage*,[57] imagine que le déshonneur de Capito, qui fait la gloire de sa femme, restera gravé sur un tombeau. Capito cumule le ridicule du cocu imaginaire, l'indignité du 'cocu magnifique' et du cocu éternel.[58]

Le modèle antique se limitait à un unique 'martyre' de la pauvre chrétienne; dans *Cosi-Sancta*, qui relate trois adultères commis le même jour, une sorte de mécanisme à répétition est mis en marche. Après s'être sacrifiée pour un mari qu'elle 'n'aimait guère', Cosi-Sancta sauve un frère qu'elle 'aimait tendrement' et enfin un fils qu'elle 'adorait'. Alors que l'enjeu devient pour elle de plus en plus vital, l'épreuve paraît de plus en plus supportable, c'est du moins ce que suggère le conteur: au chantage brutal de ses deux premiers partenaires succède le madrigal d'un galant médecin. Ainsi l'effet comique est-il garanti.

Cosi-Sancta, à l'instar du *Crocheteur borgne*, est conçu sous forme démonstrative. Cette 'nouvelle africaine', qui illustre une maxime, adopte une structure circulaire. Sa composition rigoureuse, au cours de laquelle se réalise la prophétie initiale, réduit l'héroïne au rôle d'automate voué à la mécanique du récit: ses réponses stéréotypées apportées à des situations similaires font

---

[55] Toute une tradition théâtrale, que reprendra Beaumarchais dans son *Sacristain*, puis dans *Le Barbier de Séville* avait exploité ce procédé: voir R. Pomeau, '*Le Barbier de Séville*: de l'intermède à la comédie', et J.-P. de Beaumarchais, 'Un inédit de Beaumarchais: *Le Sacristain*', *RHLF* 74 (1974), p.963-76 et 976-1000.

[56] Sur le thème de la mal mariée, voir Fauchery, *La Destinée féminine*, p.378-94. Sur les histoires de brigands, voir plus loin la note 26.

[57] *Le Cocuage*, conte en vers.

[58] *Le Cocu magnifique* de Crommelynck est infiniment plus complexe que Capito, lequel, pour avoir été trop soupçonneux, doit se résoudre à jeter sa femme dans les bras d'un autre.

progresser une histoire qui se déroule sans obstacle.[59] Aussi l'esprit est-il satisfait par cet impeccable enchaînement des épisodes qui conduit à une conclusion à la fois attendue et provocante. Cette version libertine d'un paradoxe emprunte la forme d'un 'proverbe' illustrant la maxime: 'un petit mal pour un grand bien', en un temps où les théâtres de société mettent en scène des 'comédies en proverbes'.[60] *Cosi-Sancta* se situe dans le registre de la dérision, mais point de trouble des sens, point d'érotisme dans ce conte libertin. La parfaite géométrie de l'architecture textuelle est mise au service d'une pulsion antireligieuse et d'une prédilection pour les polissonneries désinvoltes.

5. *Edition*

K84

'Cosi-Sancta. Un petit mal pour un grand bien', *Œuvres complètes de Voltaire* [Kehl], Société littéraire typographique. 70 t. 8°. Bengesco 2142; Trapnell K; BnC 164-69.
Tome xlv, p.427-34.

6. *Principes de cette édition*

Nous avons respecté la ponctuation de l'édition de Kehl, mais nous avons modernisé l'emploi des majuscules et l'orthographe, à l'exception des noms propres.

---

[59] P. Cambou souligne 'la stricte adéquation du personnage au parti pris narratif' (*Le Traitement voltairien du conte*, Paris 2000, p.389).

[60] Clarence D. Brenner, *Le Développement du proverbe dramatique en France et sa vogue au début du XVIIIe siècle*, University of California Publications in Modern Philology, 20.1 (Berkeley 1937).

COSI-SANCTA

Un petit mal pour un grand bien. Nouvelle africaine [1]

C'est une maxime faussement établie, qu'il n'est pas permis de faire un petit mal dont un plus grand bien pourrait résulter. [2] St Augustin a été entièrement de cet avis, comme il est aisé de le voir dans le récit de cette petite aventure arrivée dans son diocèse, sous le proconsulat de Septimius Acindynus, [3] et rapportée dans le livre de *La Cité de Dieu*. [4]

Il y avait à Hippone un vieux curé grand inventeur de confréries, [5]

---

[1] Le nom composite de l'héroïne, 'tellement sainte' et devenue 'ainsi sainte', pourrait peut-être se rendre, s'il était nécessaire, par 'sainte à ce point', mais la traduction ne peut que trahir les intentions de Voltaire qui joue de l'effet produit par ce mélange de latin et d'italien, sauf à réserver l'hypothèse, peu crédible au demeurant, d'une mauvaise transcription d'un copiste. Aucune vérification n'est possible en l'absence de manuscrit de Voltaire. L'intitulé 'nouvelle africaine' s'explique par le lieu où se passe l'histoire, Hippone, en Afrique du nord (de nos jours Annaba en Algérie). La maxime du sous-titre, qui conclura le texte, a pu, selon J. Dagen, avoir été suggérée par la lecture des *Dames galantes*. Brantôme évoque ces femmes qui, au cours des guerres, ont dû se dévouer pour sauver leurs fils ou leurs maris: 'et quel mal peut-il en arriver ou escandale pour cela? c'est un grand bien' ('Le paillard et le polisson', p.142). Cette maxime éveille maints échos sans que l'on puisse indiquer une filiation directe, d'autres hypothèses, comme la lecture de Machiavel, une réponse à saint Paul ayant été évoquées (voir l'Introduction).

[2] Epître aux Romains, iii.8.

[3] Septimius Acindynus, qui fut consul de Rome en 340, avait été gouverneur d'Antioche où eut lieu l'histoire de la pauvre chrétienne.

[4] Référence fausse. L'anecdote est relatée dans le *Sermon sur la montagne*, comme l'indiquait Bayle dans l'article 'Acindynus'. Il l'a racontée également dans les *Nouvelles de la République des Lettres* (1684) (Dagen, 'Le paillard et le polisson', p.142 et note 5). Voltaire a forcé la pensée de saint Augustin (voir notice).

[5] Les confréries sont des sociétés formées en vue d'une fin pieuse, par exemple pour honorer un saint ou pour pratiquer des exercices de dévotion ou de charité. Les plus anciennes remonteraient au treizième siècle et seraient contemporaines des grands ordres mendiants. Il fait allusion peut-être à l'Ordre de la mouche à miel, créé par le 'curé' Malézieu.

confesseur de toutes les jeunes filles du quartier, et qui passait pour un homme inspiré de Dieu, parce qu'il se mêlait de dire la bonne aventure,[6] métier dont il se tirait assez passablement.

On lui amena un jour une jeune fille nommée Cosi-Sancta: c'était la plus belle personne de la province. Elle avait un père et une mère jansénistes, qui l'avaient élevée dans les principes de la vertu la plus rigide;[7] et de tous les amants qu'elle avait eus, aucun n'avait pu seulement lui causer dans ses oraisons un moment de distraction. Elle était accordée depuis quelques jours à un petit vieillard ratatiné, nommé Capito,[8] conseiller au présidial d'Hippone.[9] C'était un petit homme bourru et chagrin, qui ne manquait pas d'esprit, mais qui était pincé dans la conversation, ricaneur et assez mauvais plaisant; jaloux d'ailleurs comme un Vénitien,[10] et qui pour rien au monde ne se serait accommodé d'être l'ami des galants de sa femme. La jeune créature faisait tout ce qu'elle pouvait pour l'aimer, parce qu'il devait être son mari; elle y allait de la meilleure foi du monde, et cependant n'y réussissait guère.

Elle alla consulter son curé, pour savoir si son mariage serait heureux. Le bonhomme lui dit d'un ton de prophète: 'Ma fille, ta vertu causera bien des malheurs, mais tu seras un jour canonisée pour avoir fait trois infidélités à ton mari.'

Cet oracle étonna et embarrassa cruellement l'innocence de cette belle fille. Elle pleura: elle en demanda l'explication, croyant

---

[6] Assimilation amusante des prophéties, des oracles et de la bonne aventure, devenue courante depuis l'*Histoire des oracles* de Fontenelle.

[7] Sur l'anti-jansénisme de Voltaire, voir l'Introduction.

[8] En italien, *ho capito* signifie *j'ai compris*. Le barbon devrait comprendre combien sa jalousie est absurde.

[9] Nom des tribunaux institués en France par Henri II en vertu de l'édit de janvier 1551 dans la plupart des baillages et sénéchaussées. Composés de neuf juges au moins, les présidiaux devaient connaître en dernier ressort de toutes les matières civiles jusqu'à la somme de 250 livres en capital.

[10] Voltaire penserait-il au Maure de Venise? Le Cadenas aux 'enfers inventé' / Chez les humains tôt après fut porté; / Et depuis ce, dans Venise et dans Rome' (*Le Cadenas*).

que ces paroles cachaient quelque sens mystique;[11] mais toute
l'explication qu'on lui donna fut que les trois fois ne devaient point
s'entendre de trois rendez-vous avec le même amant, mais de trois
aventures différentes.   35

Alors Cosi-Sancta jeta les hauts cris; elle dit même quelques
injures au curé, et jura qu'elle ne serait jamais canonisée. Elle le fut
pourtant, comme vous l'allez voir.

Elle se maria bientôt après: la noce fut très-galante; elle soutint
assez bien tous les mauvais discours qu'elle eut à essuyer, toutes les   40
équivoques fades, toutes les grossièretés assez mal enveloppées dont
on embarrasse ordinairement la pudeur des jeunes mariées.[12] Elle
dansa de fort bonne grâce avec quelques jeunes gens fort bien faits et
très jolis, à qui son mari trouvait le plus mauvais air du monde.

Elle se mit au lit auprès du petit Capito, avec un peu de   45
répugnance. Elle passa une fort bonne partie de la nuit à dormir, et
se réveilla toute rêveuse. Son mari était pourtant moins le sujet de
sa rêverie qu'un jeune homme nommé Ribaldos, qui lui avait
donné dans la tête sans qu'elle en sût rien. Ce jeune homme
semblait formé par les mains de l'Amour: il en avait les grâces, la   50
hardiesse et la friponnerie; il était un peu indiscret, mais il ne l'était
qu'avec celles qui le voulaient bien: c'était la coqueluche d'Hippone. Il avait brouillé toutes les femmes de la ville les unes contre
les autres, et il l'était avec tous les maris et toutes les mères. Il
aimait d'ordinaire par étourderie, un peu par vanité; mais il aima   55
Cosi-Sancta par goût, et l'aima d'autant plus éperdument que la
conquête en était plus difficile.[13]

[11] Voltaire refuse ces interprétations mystiques, échappatoires des commentateurs sacrés. Ainsi l'article 'Sara' de Bayle révèle qu'Origène voulait donner un sens
mystique aux aventures de l'épouse d'Abraham (note B). L'application du sens
littéral et des règles de moralité seront des constantes de la critique biblique de
Voltaire.

[12] Les éditeurs de Kehl donnaient ici une note qui a été citée dans l'Introduction.

[13] Thème courant de la tradition romanesque. Qu'on se souvienne de la
déclaration désabusée de Mme de Clèves à M. de Nemours: 'Les obstacles ont
fait votre constance.' Sur le goût des obstacles, voir L. Versini, *Laclos et la tradition*
(Paris 1968), p.126-28.

Il s'attacha d'abord en homme d'esprit à plaire au mari.[14] Il lui faisait mille avances, le louait sur sa bonne mine et sur son esprit aisé et galant. Il perdait contre lui de l'argent au jeu, et avait tous les jours quelque confidence de rien à lui faire. Cosi-Sancta le trouvait le plus aimable du monde; elle l'aimait déjà plus qu'elle ne croyait; elle ne s'en doutait point, mais son mari s'en douta pour elle.[15] Quoiqu'il eût tout l'amour-propre qu'un petit homme peut avoir, il ne laissa pas de se douter que les visites de Ribaldos n'étaient pas pour lui seul. Il rompit avec lui sur quelque mauvais prétexte, et lui défendit sa maison.

Cosi-Sancta en fut très fâchée, et n'osa le dire; et Ribaldos, devenu plus amoureux par les difficultés, passa tout son temps à épier les moments de la voir. Il se déguisa en moine, en revendeuse à la toilette,[16] en joueur de marionnettes; mais il n'en fit point assez pour triompher de sa maîtresse, et il en fit trop pour n'être pas reconnu par le mari. Si Cosi-Sancta avait été d'accord avec son amant, ils auraient si bien pris leurs mesures, que le mari n'aurait rien pu soupçonner; mais comme elle combattait son goût, et qu'elle n'avait rien à se reprocher, elle sauvait tout, hors les apparences, et son mari la croyait très coupable.[17]

Le petit bonhomme, qui était très colère et qui s'imaginait que son honneur dépendait de la fidélité de sa femme, l'outragea cruellement, et la punit de ce qu'on la trouvait belle. Elle se trouva dans la plus horrible situation où une femme puisse être: accusée injustement, et maltraitée par un mari à qui elle était fidèle, et déchirée par une passion violente qu'elle cherchait à surmonter.

Elle crut que si son amant cessait ses poursuites, son mari pourrait cesser ses injustices, et qu'elle serait assez heureuse pour se guérir d'un amour que rien ne nourrirait plus. Dans cette vue, elle se hasarda d'écrire cette lettre à Ribaldos:

[14] Encore un thème traditionnel que les vaudevilles exploiteront.
[15] Même analyse psychologique dans le chapitre de *Zadig*, 'La jalousie'.
[16] Marchande qui vendait des vêtements d'occasion.
[17] Voir aussi 'La jalousie' dans *Zadig*.

'Si vous avez de la vertu, cessez de me rendre malheureuse; vous m'aimez, et votre amour m'expose aux soupçons et aux violences d'un maître que je me suis donné pour le reste de ma vie. Plût au ciel que ce fût encore le seul risque que j'eusse à courir! Par pitié pour moi, cessez vos poursuites. Je vous en conjure par cet amour même qui fait votre malheur et le mien, et qui ne peut jamais vous rendre heureux.'

La pauvre Cosi-Sancta n'avait pas prévu qu'une lettre si tendre, quoique si vertueuse, ferait un effet tout contraire à celui qu'elle espérait. Elle enflamma plus que jamais le coeur de son amant, qui résolut d'exposer sa vie pour voir sa maîtresse.

Capito, qui était assez sot pour vouloir être averti de tout, et qui avait de bons espions, fut averti que Ribaldos s'était déguisé en frère carme quêteur[18] pour demander la charité à sa femme. Il se crut perdu: il imagina que l'habit d'un carme était bien plus dangereux qu'un autre pour l'honneur d'un mari. Il aposta des gens pour étriller frère Ribaldos: il ne fut que trop bien servi. Le jeune homme, en entrant dans la maison, est reçu par ces messieurs; il a beau crier qu'il est un très honnête carme, et qu'on ne traite point ainsi de pauvres religieux, il fut assommé, et mourut à quinze jours de là d'un coup qu'il avait reçu sur la tête. Toutes les femmes de la ville le pleurèrent. Cosi-Sancta en fut inconsolable; Capito même en fut fâché, mais par une autre raison; car il se trouvait une très méchante affaire sur les bras.

Ribaldos était parent du proconsul Acindynus. Ce Romain voulut faire une punition exemplaire de cet assassinat; et comme il avait eu quelques querelles autrefois avec le présidial d'Hippone,[19] il ne fut pas fâché d'avoir de quoi faire pendre un conseiller; et il

---

[18] Les carmes sont un des quatre grands ordres mendiants qui ont été fondés au douzième siècle. Ils vouaient une dévotion particulière à la Vierge. Au dix-huitième siècle, cet ordre possédait de nombreux couvents. Les carmes avaient la réputation de séduire les femmes en allant de maison en maison, et le relâchement de leurs mœurs est un thème courant de la littérature.

[19] Le présidial est en conflit avec l'intendant, Voltaire transporte à Hippone des querelles bien françaises.

fut fort aise que le sort tombât sur Capito, qui était bien le plus vain et le plus insupportable petit robin[20] du pays.

Cosi-Sancta avait donc vu assassiner son amant, et était près de voir pendre son mari; et tout cela pour avoir été vertueuse; car, comme je l'ai déjà dit, si elle avait donné ses faveurs à Ribaldos, le mari en eût été bien mieux trompé.

Voilà comme la moitié de la prédiction du curé fut accomplie. Cosi-Sancta se ressouvint alors de l'oracle, elle craignit fort d'en accomplir le reste; mais ayant bien fait réflexion qu'on ne peut vaincre sa destinée, elle s'abandonna à la Providence qui la mena au but par les chemins du monde les plus honnêtes.

Le proconsul Acindynus était un homme plus débauché que voluptueux, s'amusant très peu aux préliminaires, brutal, familier, vrai héros de garnison, très craint dans la province, et avec qui toutes les femmes d'Hippone avaient eu affaire uniquement pour ne se pas brouiller avec lui.

Il fit venir chez lui madame Cosi-Sancta; elle arriva en pleurs: mais elle n'en avait que plus de charmes.[21] 'Votre mari, Madame', lui dit-il, 'va être pendu, et il ne tient qu'à vous de le sauver.' 'Je donnerais ma vie pour la sienne', lui dit la dame. 'Ce n'est pas cela qu'on vous demande', répliqua le proconsul. 'Et que faut-il donc faire?' dit-elle. 'Je ne veux qu'une de vos nuits', reprit le proconsul. 'Elles ne m'appartiennent pas', dit Cosi-Sancta: 'c'est un bien qui est à mon mari.[22] Je donnerais mon sang pour le sauver, mais je ne puis donner mon honneur.' 'Mais si votre mari y consent', dit le proconsul. 'Il est le maître', répondit la dame: 'chacun fait de son bien ce qu'il veut.[23] Mais je connais mon mari,

---

[20] F. Deloffre a établi que ce mot était en usage à la fin du dix-septième siècle (*Romans et contes*, p.686). Le grand *Robert* le date vers 1620.

[21] On pense à *Britannicus*. Néron admirait Junie dont les larmes relevaient 'de ses yeux les timides douceurs'. Mais il n'y a point trace de sensualité perverse chez le proconsul, différent à cet égard de Néron: 'J'aimais jusqu'à ses pleurs que je faisais couler' (ii.2).

[22] Première Epître aux Corinthiens, ii.7.

[23] On lit dans l'article 'Acindynus' de Bayle: 'Elle le fit, prêtant même en cette rencontre son corps à son mari, non par rapport aux désirs accoutumés, mais par

il n'en fera rien; c'est un petit homme têtu, propre à se laisser pendre plutôt que de permettre qu'on me touche du bout du doigt.' 'Nous allons voir cela', dit le juge en colère. 145

Sur-le-champ il fait venir devant lui le criminel; il lui propose, ou d'être pendu, ou d'être cocu: il n'y avait point à balancer. Le petit bonhomme se fit pourtant tirer l'oreille. Il fit enfin ce que tout autre aurait fait à sa place. [24] Sa femme, par charité, lui sauva la vie; 150 et ce fut la première des trois fois.

Le même jour son fils tomba malade d'une maladie fort extraordinaire, inconnue à tous les médecins d'Hippone. Il n'y en avait qu'un qui eût des secrets pour cette maladie; encore demeurait-il à Aquila, à quelques lieues d'Hippone. [25] Il était 155 défendu alors à un médecin établi dans une ville d'en sortir pour aller exercer sa profession dans une autre. Cosi-Sancta fut obligée elle-même d'aller à sa porte à Aquila, avec un frère qu'elle avait, et qu'elle aimait tendrement. Dans les chemins elle fut arrêtée par des brigands. [26] Le chef de ces messieurs la trouva très jolie; et comme 160 on était près de tuer son frère, il s'approcha d'elle, et lui dit que, si elle voulait avoir un peu de complaisance, on ne tuerait point son frère, et qu'il ne lui en coûterait rien. La chose était pressante: elle

---

rapport à l'envie qu'il avait de vivre.' Bayle prétend que saint Paul n'a jamais voulu dire qu'un mari 'pût disposer du corps de sa femme en faveur du tiers et du quart' (remarque C).

[24] C'est la morale de Sganarelle: 'Et quant à moi, je trouve, ayant tout compensé, / Qu'il vaut mieux être encor cocu que trépassé' (*Sganarelle ou le cocu imaginaire*, sc.xvii).

[25] Aquila ne se trouve pas près d'Hippone. Il s'agit peut-être d'un souvenir de Bayle qui situait à Aquilée la mort de Constantin, fils du grand Constantin, en 340, année où Acindynus devint consul.

[26] Dans *L'Infortunée sicilienne ou mémoires et aventures de la comtesse Carini* (1742) de Claude-François Lambert, la funeste beauté de l'héroïne est la source de ses infortunes. Le perfide don Gusman veut la violer dans une épaisse forêt (p.121). Elle est enlevée par des brigands dont le chef veut abuser d'elle. Elle essaie alors d'attenter à ses jours. Frappé de son héroïsme, Brigaut, le chef des brigands, 'respecte sa sagesse', propose de revenir dans le chemin de la vertu et de l'épouser (p.169). Par comparaison, on apprécie le traitement que Voltaire fait subir à un épisode édifiant dans les romans sentimentaux.

venait de sauver la vie à son mari qu'elle n'aimait guère; elle allait perdre un frère qu'elle aimait beaucoup; d'ailleurs le danger de son fils l'alarmait; il n'y avait pas de moment à perdre. Elle se recommanda à Dieu, fit tout ce qu'on voulut; et ce fut la seconde des trois fois.

Elle arriva le même jour à Aquila, et descendit chez le médecin. C'était un de ces médecins à la mode que les femmes envoient chercher quand elles ont des vapeurs, ou quand elles n'ont rien du tout. Il était le confident des unes, l'amant des autres; homme poli, complaisant, un peu brouillé d'ailleurs avec la faculté dont il avait fait de fort bonnes plaisanteries dans l'occasion.

Cosi-Sancta lui exposa la maladie de son fils, et lui offrit un gros sesterce.[27] (Vous remarquerez qu'un gros sesterce fait, en monnaie de France, mille écus et plus). 'Ce n'est pas de cette monnaie, Madame, que je prétends être payé', lui dit le galant médecin. 'Je vous offrirais moi-même tout mon bien, si vous étiez dans le goût de vous faire payer des cures que vous pouvez faire: guérissez-moi seulement du mal que vous me faites, et je rendrai la santé à votre fils.'

La proposition parut extravagante à la dame; mais le destin l'avait accoutumée aux choses bizarres. Le médecin était un opiniâtre qui ne voulait point d'autre prix de son remède. Cosi-Sancta n'avait point de mari à consulter: et le moyen de laisser mourir un fils qu'elle adorait, faute du plus petit secours du monde qu'elle pouvait lui donner! Elle était aussi bonne mère que bonne sœur. Elle acheta le remède au prix qu'on voulut; et ce fut la dernière des trois fois.

Elle revint à Hippone avec son frère qui ne cessait de la remercier, durant le chemin, du courage avec lequel elle lui avait sauvé la vie.

Ainsi Cosi-Sancta, pour avoir été trop sage, fit périr son amant, et condamner à mort son mari; et pour avoir été complaisante, conserva les jours de son frère, de son fils et de son mari. On

---

[27] Ce gros sesterce représente les revenus de toute une année d'un médecin.

trouva qu'une pareille femme était fort nécessaire dans une famille; on la canonisa après sa mort, pour avoir fait tant de bien à ses parents en se mortifiant,[28] et l'on grava sur son tombeau:

Un petit mal pour un grand bien. 200

[28] Le mot est ironique, mais telle était la thèse de saint Chrysostome à propos de Sara qu'il loue 'de ce qu'après une telle continence et à son âge, elle a voulu s'exposer à l'adultère et livrer son corps à des barbares, afin de sauver la vie à son mari'. Bayle pense que les habitants d'Antioche n'ont pu ouïr un tel sermon 'sans s'émanciper à des réflexions malignes' (article 'Abimélech', remarque A).

Contes en vers

éditions critiques

par

Catriona Seth

TABLE DES MATIÈRES

Le Cadenas

INTRODUCTION

Le poème paraît pour la première fois en 1724 à la suite de *La Henriade*.[1] On le classe au nombre des œuvres de jeunesse de Voltaire en le rapprochant du *Cocuage* avec lequel il a par ailleurs une parenté thématique, mais aussi de deux contes en prose de la période de Sceaux, *Le Crocheteur borgne* et *Cosi-Sancta*.

Pour les questions de datation, la fin du tome i de l'édition des œuvres de Voltaire de Ledet (1732) contient les 'Pièces fugitives de M. de Voltaire, écrites à l'âge de dix-sept ou de dix-huit ans'. Le premier texte de la série, telle qu'elle est présentée au sein de l'édition Ledet, a été rédigé alors que Voltaire était déjà plus âgé que cela, c'est une lettre à Chaulieu de juillet 1716. Il faut donc prendre *cum grano salis* les affirmations sur l'âge de l'écrivain, d'autant que sont incluses une lettre à Fontenelle de 1720 et l'épître aux mânes de M. de Génonville. Un manuscrit que nous avons pu consulter, conservé à la Bibliothèque municipale de Troyes avec les papiers Bouhier, se présente sous le titre suivant: 'Le Cocuage par M. Haroilet' (1713) et livre peut-être un premier état daté. La tradition rapportée par Quérard et Bengesco veut que *Le Cadenas* ait été lu à Sully et envoyé, en 1716, à une Mme B. qui aurait connu les avanies de la ceinture de chasteté. Une note de l'édition des œuvres complètes de 1756 indique ceci: 'L'auteur n'avait que dix-huit ans, quand il la fit, au sujet d'une dame qui était en effet dans le cas dont il est ici question.' Une note dans l'édition de Kehl (xiv.10) modifie un peu l'affirmation: 'L'auteur avait environ vingt ans quand il fit cette pièce adressée à une dame contre laquelle son mari avait pris cette étrange précaution; elle fut imprimée en 1724 pour la première fois.' Un exemplaire du texte est au nombre de ceux présentés, sous la rubrique Arouet, comme saisis lors de

---

[1] *La Ligue ou Henry le Grand etc.* (Amsterdam, J.-F. Bernard, 1724), v.172-75.

l'arrestation de Voltaire, dans l'ouvrage de J.-L. Carra.[2] Si nous pouvons nous fier à Carra, la date du 16 mai 1717 serait donc un *terminus ad quem* pour la rédaction du poème. Notre *terminus a quo*, qu'il s'agit également d'envisager avec un certain recul, nous est proposé par une indication du recueil de vers envoyé par Voltaire à Cideville vers le début du mois de mars 1735. *Le Cadenas* y figure dans sa version longue avec l'indication 'ecrit a lage de 15 ans'. Cela nous ferait remonter à 1709-1710, l'année de l'*Ode sur sainte Geneviève*. Faut-il y voir une erreur de Céran, copiste de l'ensemble si nous en croyons E. Meyer? Cela est possible.[3] Dans l'ensemble, la graphie est claire et relativement homogène mais Voltaire se plaignait des erreurs de son secrétaire de l'époque. Notons toutefois que des corrections ont été portées en divers endroits du manuscrit, peut-être de la main du poète. Quoi qu'il en soit, l'année suivant l'embastillement du jeune Arouet, quelques vers du conte sont cités dans *L'Elève de Terpsicore* de Louis de Boissy.[4]

Le poème connaît deux versions successives assez différentes. La première, plus longue (texte I ci-dessous), débute par une présentation générale. La seconde (texte II ci-dessous), que retiennent à juste titre la plupart des éditeurs modernes, est plus vive, condense les vers 1-35, et commence *in medias res*. Les présenter conjointement, comme nous le faisons, offre une

---

[2] J.-L. Carra, *Mémoires historiques et authentiques sur la Bastille* (Londres et Paris 1789), ii.150-76. Jean-Louis Carra (1742-1793) publia plusieurs écrits dans les genres les plus divers. En 1782 parut par exemple le *Système de la raison*, un ouvrage aux idées matérialistes antireligieuses et anti-monarchiques. En 1789, il fonda avec Mercier les *Annales patriotiques et littéraires*, journal démocratique au succès retentissant. Carra voyait dans la violence un moyen de lutter contre la superstition et la tyrannie et c'est pourquoi il accueillit avec enthousiasme la Révolution. Elu député à la Convention nationale, il vota la mort de Louis XVI. Il s'attacha au parti de la Gironde, et fut condamné et exécuté le 31 octobre 1793.

[3] E. Meyer, 'Variantes aux *Poésies mêlées* de Voltaire d'après le manuscrit envoyé par l'auteur à M. de Cideville en 1735', *RHLF* 39 (1932), p.400-23.

[4] Louis de Boissy, *L'Elève de Terpsicore, ou le nourrisson de la satire*, 2 t. (Amsterdam 1718).

occasion inégalée de comparer les deux textes et d'admirer l'évolution de l'art de Voltaire.

Peu fier de la plupart de ses contes, en prose comme en vers, que l'on regarde par exemple le sort de deux œuvres de la même époque, celle que l'on appelle couramment *Le Janséniste et le Moliniste* et *Le Cocuage*, Voltaire inclut *Le Cadenas* dans de très nombreuses éditions. De plus, les retouches qu'il y apporte progressivement montrent le travail grâce auquel il aboutit à l'un de ses contes en vers les plus réussis. Le fond du poème, la séduction, la jalousie, l'adultère, est celui des contes traditionnels, de Boccace, La Fontaine, Vergier ou Grécourt. Ce dernier se voit d'ailleurs attribuer le texte dans l'édition de ses œuvres imprimée à Paris en l'an V.[5] Comme dans *Le Cocuage*, Voltaire traite la mythologie sans révérence aucune. Il la récrit à sa façon et crée par ce biais une complicité immédiate avec son lecteur qui reconnaît le personnel de la fable.

La première version du poème, plus maladroite, est intéressante car elle porte des marques plus immédiates du marotisme à la mode avec la suppression de pronoms sujets et l'utilisation de tournures archaïques comme 'ma mie' (vers 12), mais aussi, et surtout, parce qu'elle contient une allusion au chevalier de Rochebrune en qui Voltaire semble avoir vu un père putatif. Il n'est guère étonnant que celle-ci surgisse au milieu d'un texte consacré à l'adultère ou comment le commettre. Rochebrune est présenté non comme géniteur putatif mais comme modèle littéraire. Le locuteur, pour séduire sa belle, a en effet produit: 'Gentils propos, et toutes les sornettes, / Dont Rochebrune orne ses chansonnettes.'[6] La version initiale contient également un témoignage sur les occupa-

---

[5] J.-B. de Grécourt, *Œuvres* (Paris an V [1797]), iv.214.

[6] Vers 6-7. Il s'agit, semble-t-il, de la seule référence au sein de l'œuvre littéraire de Voltaire au 'mousquetaire, officier, auteur' (D6968) dont il se croyait le fils. Ne se décrit-il pas comme 'bâtard de Rochebrune' (D2989) dans un billet envoyé à Richelieu à l'occasion de la préparation de *La Princesse de Navarre*? Notons au passage que N. Hepp signale une participation d'un certain Rochebrune du côté des Modernes dans la bataille d'Homère (Noémi Hepp, *Homère en France au XVIIe siècle*, Paris, Klincksieck, 1968, p.699).

tions des jeunes gens aisés du milieu de Voltaire avec les promenades aux Tuileries ou les soirées à l'opéra. Retenu par son vieux mari, la belle ne peut voir son amant qu'à l'église. La première version suit un schéma comparable à celui emprunté par Voltaire lui-même pour *Le Cocuage*. Un récit pseudo-mythologique est enchâssé au sein d'un discours direct adressé à une jeune femme.

Le passage du texte long au texte court se fait progressivement, 1739 étant l'année charnière avec la première publication de la version brève (w39) dont l'édition de 1740 nous offre un état quasi définitif. La seconde version est nettement plus efficace que la première pour plusieurs raisons. Plus courte, son impact n'est pas délayé dans des considérations diverses sans importance directe pour le récit. Sont supprimées les références qui étaient progressivement devenues moins claires au cours des vingt ou vingt-cinq ans écoulés depuis la première rédaction. Le marotisme à la mode au début du siècle est atténué au point de ne guère être sensible sauf dans quelques vers comme 'Plus ne sera d'amant favorisé'. L'histoire commence *in medias res* avec une allusion au triomphe amoureux qui ne va pas sans rappeler Ovide.[7] Cela rend plus vivant encore ce texte auquel les enjambements (soulignons au passage la mise en valeur du mot 'cocuage' grâce à un rejet) et le discours direct confèrent une tonalité guillerette. Voltaire choisit ici l'un de ses mètres de prédilection, le décasyllabe, souvent emprunté par les auteurs de contes en vers, avec le plus simple des schémas de rimes: une série de rimes plates. Il respecte, comme il le fait généralement, la règle de l'alternance des rimes mais il montre aussi sa négligence de certaines conventions classiques en matière de versification. En effet, il fait rimer entre eux les sons -ion et -on et il met deux fois à la rime le mot 'pas'.[8]

---

[7] On trouve par exemple une autre version de ce topos ovidien dans l'élégie iv du livre iii des *Amours* de Bertin (1780): 'J'avais signalé ma tendresse'.

[8] Dans la cinquième lettre sur *Œdipe*, écrite vers la même époque, Voltaire répond aux accusations de rimes incorrectes portées contre lui: 'J'ai fait rimer *frein* à

La référence à une origine italienne des ceintures de chasteté reflète une tradition vivace dans la littérature française. Il suffit par exemple de lire Brantôme ('Sur les dames qui font l'amour et leurs maris cocus') ou encore Diderot (*Les Bijoux indiscrets*, ch.28). Les allusions mythologiques rappellent une tradition rapportée dans l'*Odyssée*: surprenant Aphrodite dans les bras d'Arès, Héphaïstos, le dieu forgeron, les aurait enveloppés d'un grand filet; il était par ailleurs habituel d'offrir dans la description d'objets galants une généalogie supposée[9] fondée sur la théogonie païenne. Pirithoüs, descendu aux enfers avec Orphée pour l'aider à retrouver son épouse légitime, devient le premier amant adultérin. Le cadenas reçu par Proserpine est une espèce de reflet inversé de la ceinture de Vénus, forgée par son époux Vulcain, et perdue lorsque la déesse folâtrait avec Mars. Une Furie, Tisiphoné, ou une Parque, Alecto, forge l'instrument de la vengeance du mari trompé. Rabelais déjà avait fait référence aux ceintures de chasteté[10] et, plus près de Voltaire, des voyageurs disaient en avoir vu en Italie. Il suffit par exemple de consulter un ouvrage qui figure dans la bibliothèque de Voltaire, le *Nouveau voyage d'Italie* de F.-M. Misson (La Haye, Henri van Bulderen, 1702; BV2471). L'index contient l'indication suivante: '*Cadenats pour femmes. 217. Cet endroit est Latin.*' La page 217 du tome i

---

rien; héros à *tombeaux; contagion* à *poison,* etc. Je ne défends point ces rimes parce que je les ai employées: mais je ne m'en suis servi que parce que je les ai crues bonnes. Je ne puis souffrir qu'on sacrifie à la richesse de la rime toutes les autres beautés de la poésie, et qu'on cherche plutôt à plaire à l'oreille qu'au cœur et à l'esprit. On pousse même la tyrannie jusqu'à exiger qu'on rime pour les yeux encore plus que pour les oreilles etc.' (*OC*, t.1A, p.372).

[9] Sylvain Menant propose une typologie des contes comprenant une catégorie qui prétend narrer l'origine d'une pratique sociale ou d'un objet. C'est ce qu'il appelle des 'contes archéologiques'; pour lui, *Le Cadenas* ressortit à cette tradition; voir *La Chute d'Icare. La crise de la poésie française (1700-1750)* (Genève 1981), p.165.

[10] *Le Tiers Livre,* ch.36: 'Le diantre, celluy qui n'a poinct de blanc en l'œil, m'emporte doncques, ensemble si je ne boucle ma femme à la bergamasque quand je partiray hors de mon serrail' (Rabelais, *Œuvres complètes*, Paris, Bibliothèque de la Pléiade, 1955, p.458).

livre en effet une phrase latine: *Ibi etiam sunt serae, & varia repagula, quibus turpe illud Monstrum, pellicles suas occludebat.* Misson dit avoir vu à Venise un coffre renfermant des cadenas dont François Carrara aurait été l'inventeur ou du moins l'utilisateur. Le témoignage est corroboré par le président de Brosses qui écrit en 1739-1740: 'C'est aussi là [le petit Arsenal du palais Saint-Marc] qu'est un cadenas célèbre, dont jadis un certain tyran de Padoue, inventeur de cette machine odieuse, se servait pour mettre en sûreté l'honneur de sa femme. Il fallait que cette femme eût bien de l'honneur, vu la largeur de la serrure.' [11]

Certains se sont étonnés à l'idée que l'on pût, au début du dix-huitième siècle, parler encore de ceintures de chasteté autrement que par référence à un passé barbare ou des nations fort éloignées. Les *Mémoires* de Bonneval, [12] plus tardifs que le conte de Voltaire, en évoquent pourtant à l'époque, toujours en Italie:

L'affaire du cadenas était véritable. Une espèce de cotte de maille, faite à peu près comme le fond d'une fronde, rendait la route impénétrable. Je ne sais combien de petites chaînes attachaient ce réseau à une ceinture, que des rubans diversement attachés rendaient presque immobile. Il n'était pas possible de découper ou de découdre sans qu'on s'en fût aperçu.

Plus tard, en France, un cas défraya la chronique judiciaire. Le plaidoyer de l'avocat, souvent réimprimé, [13] devint un texte obligé pour les collectionneurs de curiosa ainsi que l'indiquent les nombreux exemplaires de l'opuscule préservés au sein de l'Enfer de la BnF, [14] ou les citations que nous en trouvons dans un recueil composite de Jamet, en partie manuscrit, intitulé *Cythèreana*, et conservé à la Bibliothèque Municipale de Rouen. [15] L'ouvrage, imprimé avec permission, contient le plaidoyer de l'avocat d'une

---

[11] *Lettres historiques et critiques sur l'Italie*, i.215 (Paris, Mercure de France, 1986).

[12] C. A. de Bonneval, *Mémoires* (La Haye 1738), i.95 et suiv.

[13] *Plaidoyer de Monsieur Freydier, avocat à Nismes contre l'introduction des cadenats, ou ceintures de chasteté* (Montpellier, Augustin-François Rochard, 1750).

[14] Voir Pascal Pia, *Les Livres de l'Enfer* (Paris 1998), p.597-98.

[15] Cote: Leber 2777; le recueil contient une partie sur 'Les Cadenats de Vénus, ou Ceintures de chasteté', f.144bis-145v.

demoiselle Marie Lajon contre le sieur Pierre Berlhe 'accusé, détenu dans les prisons de la Cour'. Si nous évoquons ce texte plus tardif dans lequel est racontée la triste aventure d'une 'jeune fille sans expérience, séduite par les artifices d'un ravisseur perfide' et qui se voit 'appliquer un *cadenas*, ou *ceinture de chasteté*, dans le dessein, sans doute, d'introduire peu à peu chez les Français un usage barbare, qu'une jalousie outrée n'avait inspiré jusqu'ici qu'aux Italiens et aux Espagnols', c'est que l'avocat Freydier cite Voltaire à l'appui de sa condamnation de la barbarie perpétrée à l'encontre de sa cliente; rappelant les origines italiennes de l'usage, il affirme ceci:

Cette mode ne fit pas d'abord fortune: comme Carrara fut étranglé à Padoüe par arrêt du Sénat de Venise l'an 1405. Les jaloux de ce temps-là admirèrent l'invention; mais ils n'osèrent pas se servir d'une précaution qui avait coûté si cher à son auteur; dans les suites ils l'introduisirent peu à peu chez eux, bientôt le nombre des coupables les rendit impunis, et enfin les choses sont venues au point que, selon le célèbre Voltaire:

> Depuis ce temps dans Venise, et dans Rome
> Il n'est pédant, bourgeois, ni gentilhomme,
> Qui, pour garder l'honneur de sa maison,
> De cadenas n'ait[16] sa provision;
> Là tout jaloux, sans craindre qu'on le blâme,
> Tient sous la clef la vertu de sa femme.[17]

Les vers de Voltaire serviront une nouvelle fois à un avocat, cette fois-ci à la fin du dix-neuvième siècle. Il s'agissait de défendre l'auteur d'un feuilleton, *La Ceinture de chasteté*. Maître Carré, l'avocat de la défense d'un J. Casanova dont l'identité n'a pas été percée à jour, a rappelé les lettres de noblesse du sujet dans la littérature française avançant entre autres les noms de Tallemant des Réaux, Voltaire, Boursault et Nanteuil. L'auteur a été acquitté.[18]

---

[16] 'fait' chez Jamet.
[17] p.xxvi-xxvii.
[18] J.-J. Pauvert, *Anthologie historique des lectures érotiques. De Sade à Fallières* (Paris 1982), p.599.

Le poème de Voltaire participe, nous l'avons dit, d'une tradition littéraire remontant à Boccace ou, plus près de nous, La Fontaine. Il faut aussi y voir une des indications de l'esthétique d'une époque dans laquelle la bonne société pouvait s'émoustiller à la lecture de poèmes un peu libres ou à la vue de tableaux représentant de belles déesses ou encore des personnages bibliques en tenues un peu déshabillées. Il n'est donc pas étonnant qu'il ait existé, notamment dans la foulée des vers de Voltaire, des illustrations sur ce thème. En voici la description d'après Jamet: 'Il existe deux gravures; l'une représentant le mari jaloux qui cadenasse sa femme, ayant pour inscription les vers ci-dessus, qu'on retrouve dans le plaidoyer de Freydier; l'autre est celle de l'amour qui ouvre le cadenat sur le vantre de la belle avec la clef que lui rapporte l'Amour. Nous possédons ces deux figures, qui sont fort rares et peu connues.'

La popularité du poème ne s'est pas démentie. Il figure dans de nombreuses éditions des œuvres de Voltaire. Nous le trouvons également, accompagné d'une traduction anglaise, dans un recueil dédié à Voltaire, *The Humours of New Tunbridge Wells at Islington*.[19] Il s'agit de la version longue du poème, publiée sur la page de gauche avec, en vis-à-vis, 'The Italian padlock. Imitated from Mr. De Voltaire' (p.38-59). La version anglaise s'adresse à une certaine Chloé et est sensiblement plus longue que le texte français; les références au théâtre et aux Tuileries sont elles aussi traduites et le lecteur anglais de 1730 se voit donc fournir un poème dont il peut comprendre les allusions.[20]

---

[19] *The Humours of New Tunbridge Wells at Islington* [...] (London, J. Roberts, 1734). Sur ce recueil voir J. Patrick Lee, 'Voltaire, John Lockman and the myth of the *English letters*', *SVEC* 2001:10, p.250-52.

[20] Le recueil contient également en double texte *Ah! Camargo* et l'*Ode sur les malheurs du temps*, attribuée ici pour la première fois à Voltaire.

Manuscrits[21] et éditions[22]

MS1

Rouen, Bibliothèque municipale, Archives de l'Académie C38bis, 'Le Cadenas ecrit a lage de 15 ans', dans 'Pièces fugitives' (*Recueil* Cideville), f.97r-102v.

MS2

Paris, BnF, naf. 2778, f.233r, version incomplète au sein des papiers Wagnière.

CARRA (?1716-1717)

J.-L. Carra, *Mémoires historiques et authentiques sur la Bastille, dans une suite de près de trois cents emprisonnements, détaillés et constatés par des pièces, notes, lettres, rapports, procès-verbaux, trouvés dans cette Forteresse, et rangés par époques depuis 1475 jusqu'à nos jours* (Londres et Paris, Buisson, 1789), ii.164-67. Inconnu à Bengesco.

L24A

La Ligue ou Henry le Grand, poème épique, par M. de Voltaire, Avec des additions et un recüeil de Pieces diverses du même Auteur. A Amsterdam, chez Jean Frédéric Bernard [Evreux ou Rouen], 1724. 12°. Les 'Poésies diverses de Monsieur de Voltaire' occupent les p.157 à 196 du volume. 'Le Cadenas' se trouve aux p.172-75. Bengesco 363.

---

[21] Nous avons collationné plusieurs manuscrits dont deux seuls nous paraissent offrir une certaine fiabilité étant données leurs sources. Les autres manuscrits sont: Institut 633, p.85; Rouen, BMR ms. O 31, l'anthologie personnelle d'Auguste Le Chevalier; Genève, IMV, ms. 4 (Papiers Cayrol), Troyes ms. 2362-31 et Paris, Arsenal 2949, f.41v, une autre anthologie personnelle. Le poème se trouve également dans le Chansonnier Clairambault, t.x, FR12695, p.420-21. 'Le Cadenat. Par Harouet. 1713.' Sur ce recueil voir ci-dessous, p.513.

[22] En ce qui concerne les éditions collectives, la liste ci-dessous en donne seulement les principales; Trapnell signale également les versions suivantes: w36, i [2e partie], 344-47; w37, i.323-27; w38, w43, iv.135-38; w41C, iv (1742), 110-13; w42, iv.110-13; w46, v.100-102; w50, iii.241-44; w52, iii.101-103; w57P, vi.125-27; w64R, iv.122-25; w72X, x.ii.138-41; w72P, xiv (1773), 197-200; w71, xviii (1774), 96-98.

L24B

La Ligue, ou Henry le Grand. Poeme epique. Par Mr *Arrouet de Voltaire.* A
Amsterdam, chez Henri Desbordes, 1724. 12°. Les 'Poésies diverses du
M. de Voltaire' suivent les 'Remarques'; elles sont paginées 1-64. 'Le
Cadenas' se trouve aux p.25-28. Bengesco 364. Même texte que le
précédent.

W32

Œuvres de M. de Voltaire. Amsterdam, Ledet [ou Desbordes], 1732. 2 t.
8°. Bengesco 2118; Trapnell 32, BnC 2-6.

Tome i, p.236-39.

HT34

*The Humours of New Tunbridge Wells at Islington. Lyric poem. with songs,
epigrams, &c, also imitations from French, Gascoon, Italian, Latin and
Chinese poets and an ode, from a manuscript of Mr. De Voltaire* (London, J.
Roberts, 1734). Inconnu à Bengesco.

W38

Œuvres de M. de Voltaire. Amsterdam, Ledet [ou Desbordes], 1738-1750.
8 t. 8°. Bengesco 2120; Trapnell 39A; BnC 7-11.

Tome iv, p.135-38.

W39

Œuvres de Mr. de Voltaire. Amsterdam [Rouen?] Compagnie, 1739. 3 t.
8°. Bengesco 2121; Trapnell 39R. BnC 16-17.

Tome ii, p.306-10.

RP40

Recueil de pièces fugitives en prose et en vers. Par Mr. De V*** [Paris
Prault] 1740. Page 133. Bengesco 2193; BnC 369-70.

W40

Œuvres de Mr. de Voltaire. Nouvelle édition, revue, corrigée et considérablement augmentée. Amsterdam [Rouen?] Compagnie, 1740. 5 t. 12°.
Bengesco 2122; Trapnell 40R; BnC 16.
Tome iv, p.127-30.

W41R

Œuvres de M. de Voltaire. Amsterdam [Rouen?] Compagnie, 1741. 5 t.
12°. Bengesco 2123; Trapnell 41R; BnC 19.
Tome iv, p.127-30.

W48D

Œuvres de M. de Voltaire. Dresde, Walther, 1748-1754. 10 t. 8°. Bengesco
2129; Trapnell 48D; BnC 28-35.
Tome iii, p.206-209.

W51

Œuvres de M. de Voltaire. [Paris, Lambert] 1751. 11 t. 12°. Bengesco 2131;
Trapnell 51P; BnC 40-41.
Tome iii, p.172-74.

W56

Collection complette des œuvres de M. de Voltaire. [Genève, Cramer], 1756,
1757, 10 t. 8°. Bengesco 2134; Trapnell 56, 57G; BnC 67-69.
Tome ii, *Mélanges de poésie*, p.138-41.
Taylor: VF

W57G

Collection complette des œuvres de M. de Voltaire. [Genève, Cramer], 1757,
10 t. 8°. Bengesco 2134; Trapnell 57G; BnC 67-69.
Tome ii, p.138-41.

W57P

Œuvres de M. de Voltaire. [Paris, Lambert], 1757. 22 t. 12°. Bengesco 2135; Trapnell 57P; BnC 45-54.

Tome vi, p.125-27.

W64G

Collection complette des œuvres de M. de Voltaire. [Genève, Cramer], 1764. 10 t. 8°. Bengesco 2133; Trapnell 64, 70G; BnC 89.

Tome ii, p.155-58.

Oxford, Merton College.

W68 (1771)

Collection complette des œuvres de M. de Voltaire. [Genève, Cramer; Paris, Panckoucke], 1768-1777, 30 t. 4°. Bengesco 2137; Trapnell 68; BnC 141-44.

Tome xviii (1771), p.116-18.

Taylor: VF.

W70L (1772)

Collection complette des œuvres de M. de Voltaire. Lausanne, Grasset, 1770-1781. 57 t. 8°. Bengesco iv.73-83; Trapnell 68; BnC 149-50.

Tome xxiii (1772), p.298-300.

W75G

La Henriade, divers autres poèmes et toutes les pièces relatives à l'épopée [Genève, Cramer & Bardin], 1775, 40 t. 8°. L'édition encadrée. Bengesco 2141; Trapnell 75G; BnC 158-61.

Tome xii, p.84-86.

Taylor: VF.

к84

Œuvres complètes de Voltaire [Kehl], Société littéraire typographique. 70 t. 8°. Bengesco 2142. BnC 164-69.

Tome xiv, p.7-11.

Taylor: VF

Principes de cette édition

Textes de base: w32 pour le texte I (édition plus correcte que l24a et l24b grevées, pour ce poème, de nombreuses coquilles); w40 pour le texte II.

Nos variantes sont tirées des manuscrits et éditions suivants:

– texte I: carra, ms1, ms2, l24, w38.

– texte II: w39, w41r, w48d, w51, w56, w57g, w57p, w64g, w68, w70l, w75g, k.

Traitement du texte de base

Nous avons développé l'esperluette et transformé en *-ai* les fins en *-oi*. Par ailleurs nous avons notamment modernisé les mots suivants:

Texte I: cadenat, sévere, approuvez (pour approuvés), jurates, indifference, assûrance, sexagenaire, colere, guere, païs, helas, scelerat, mystere, tems, hymenée, benefice, derniere, penétrer, secrettes, voïez, chaudiere, senat, ames, long-tems, confrere, experience, garand, fidelité, preparez (pour préparés), serruriere, premiere, acheve, pedant, méchans, vetilles, verroux. Nous avons supprimé les majuscules initiales sur les mots suivants: Amant, Dieux, Diables, Cocus, Cadenas.

Texte II: cadenat, momens, tiran, geolier, desirs, mistere, sur tout, derniere, voïez, secrettes, chaudiere, ame, long-temps, expers, serruriere, acheve, essaïant, émû, surete, vangeur, bien-tôt. Nous avons supprimé les majuscules initiales sur les mots suivants: Eglise Cocuage, Amour, Enfers, Damné(s), Tribunal, Sénat, Saints, Altesse, Dame, Cadenas, Vertu, Force, Amant, Dieu(x), Feux, Enclumes, Fourneaux, Humains.

LE CADENAS

[Texte I]
Le Cadenas

Jeune beauté qui ne savez que plaire,
A vos genoux comme bien vous savez,
En qualité de prêtre de Cythere,
J'ai débité non morale sévère;
Mais bien sermons par Venus approuvés,   5
Gentils propos, et toutes les sornettes,
Dont Rochebrune orne ses chansonnettes.
De ces sermons votre cœur fut touché,
Jurâtes lors de quitter le péché,
Que parmi nous on nomme indifférence: 10
Plus un baiser m'en donna l'assurance;
Mais votre époux, ma mie, a tout gâté.
Il craint l'Amour. Mari sexagénaire
Contre ce Dieu fut toujours en colère;
C'est bien raison. L'Amour de son côté,   15
Assez souvent ne les épargne guère.

a   MS1: Le Cadenas ecrit a lage de 15 ans
1   MS1: Jeune bauté sortant du monastere
3   MS1: [*absent*]
6   CARRA, MS1: Tendres propos et les douces sornettes
8   CARRA: De tels sermons
     MS1: De sermons tels
11   CARRA, L24: Même un
     MS1: Plus d'un
12   CARRA, L24, MS1: époux, Iris a
13   CARRA, L24, MS1: Epoux sexagenaire
15   L24: Amour de

Celui ci donc tient de court vos appas.
Plus ne venez sur les bords de la Seine,
Dans ces jardins où blondins à centaine,
En rendez-vous vont prendre leurs ébats,   20
Où tous les soirs Nymphes jeunes & blanches
Les *Courcillons*,[1] *Polignacs*, *Ville-Franches*,
Près du Bassin devant plus d'un Paris
De la beauté vont disputer le prix;[2]
Plus ne venez au Palais des Francines,[3]   25
Dans ce pays où tout est fiction,
Où l'Amour seul fait mouvoir cent machines,
Plaindre Thesée et siffler Arion.[4]
Trop bien hélas! à votre époux soumise,
On ne vous voit tout au plus qu'à l'église.   30
Le scélérat a de plus attenté

18 L24: Puis ne
19 CARRA, L24: où silvains à
20 CARRA, L24: Et le dieu Pan vont
23 MS1: du basin d//
24 MS1: de bauté
25 MS1: Vous n'allés point au
28 MS1: siffler Ixion.
29 MS1: a votre argus devotement soumise
31 CARRA: On dit par-tout qu'il a même attenté

[1] Courcillon, grand militaire et homosexuel notoire est également évoqué, avec sa cour de mignons, dans *A mademoiselle Duclos* (vers 43-56).
[2] Allusion aux promenades dans le jardin des Tuileries, haut lieu de rencontres galantes.
[3] La suite du poème semble indiquer que Voltaire désigne ici l'opéra. Soulignons cependant que les Francine sont une famille d'ingénieurs d'origine italienne chargés d'embellir Saint-Germain, Versailles ou encore le Louvre de bassins et de jeux d'eau. L'un d'eux, Pierre, dit Francine-Grandmaison, conçut la célèbre grotte de Téthys, bâtie en 1662 dans le parc de Versailles. Des milliers de jets d'eaux, un orgue hydraulique et de petits oiseaux formaient un concert harmonique et visuel auquel Voltaire songe peut-être.
[4] L'*Arion* de Fuzelier fut joué en avril 1714, apparemment sans succès.

Par cas nouveau sur votre liberté.
Pour éclaircir pleinement ce mystère,
D'un peu plus haut reprenons notre affaire.

Vous connaissez la Déesse Cérès: 35
Or en son temps Cérès eut une fille,
Semblable à vous à vos scrupules près,
Belle et sensible, honneur de sa famille,
Brune surtout, partant pleine d'attraits,
Ainsi que vous par le dieu d'hyménée.   40
La pauvre enfant fut assez mal menée.
Le roi des morts fut son barbare époux,
Il était louche, avare, hargneux, jaloux;
Il fut cocu, c'était bien la justice.
Pirithoüs son fortuné rival,   45
Beau, jeune, adroit, complaisant, libéral,
Au dieu Pluton donna le bénéfice
De cocuage;[5] or ne demandez pas,
Comment un homme avant sa dernière heure,
Put pénétrer en la sombre demeure.   50
Cet homme aimait, l'Amour guida ses pas.

32   CARRA: nouveau à votre
38   L24: Belle, sensible
39   L24: Brune pourtant,
41-42 CARRA: [ces deux vers sont inversés]
50   CARRA: pénétrer dans la
     MSI: Peut pénétrer

[5] Voir *La Mandragore* de La Fontaine, où un jeune homme 'Jette son plomb sur Messer Nicia / Pour lui donner l'ordre de Cocuage' ayant trouvé l'épouse du Florentin à son goût (La Fontaine, *Œuvres complètes*, Bibliothèque de la Pléiade, Paris 1954, p.482); le conteur fait également allusion à une confrérie des cocus.

Mais aux enfers comme aux lieux où vous êtes,
Voyez qu'il est peu d'intrigues secrètes.
De sa chaudière un damné d'espion
Vit ce grand cas, et dit tout à Pluton.   55
Le dieu donna sa femme à tous les diables.
Premiers transports sont un peu pardonnables.
Bientôt après devant son tribunal,
Il convoqua le sénat infernal,
A son conseil viennent les noires âmes,   60
De ces maris dévolus aux enfers,
Qui dès longtemps en cocuage experts,
Pendant leur vie ont tourmenté leurs femmes.
Un d'eux lui dit, mon confrère et Seigneur,
Pour détourner la maligne influence,   65
Dont votre Altesse a fait l'expérience,
Occir sa femme est toujours le meilleur;
Mais las! Seigneur, la vôtre est immortelle.
Je voudrais donc pour votre sûreté,
Qu'un cadenas de structure nouvelle   70
Fût le garant de sa fidélité.
A la vertu par la force asservie,
Lors vos plaisirs borneront son envie,
Plus ne sera d'amant favorisé,
Et plût aux dieux, que quand j'étais en vie   75
D'un tel secret je me fusse avisé!

54-55 CARRA, L24:
       Pluton sçut tout. Certain de son malheur,
       Pestant, jurant, pénétré de douleur;
56   MS2: En dieu
57   CARRA, MS1: sont toujours pardonnables
60   MS1: En son conseil vinrent
     CARRA, L24, MS1, MS2: les saintes âmes
62   MS1: longtemps au cocuage
63   MS1: tourmentez
64   CARRA, MS1: L'un
67   MS1: tuer sa

A ce discours les diables applaudirent,
Et sur l'airain les cocus l'écrivirent.
En un moment fers, enclumes, fourneaux,
Sont préparés aux gouffres infernaux.[6]   80
Tisiphoné de ces lieux serrurière,
Au cadenas met la main la première:
Elle l'achève: et des mains de Pluton,
Proserpina reçoit le triste don.
On m'a conté, qu'essayant son ouvrage,   85
Le cruel dieu fut ému de pitié,
Qu'avec tendresse il dit à sa moitié,
Que je vous plains! vous allez être sage.

  Or ce secret aux enfers inventé
Chez les humains tôt après fut porté,   90
Et depuis ce, dans Venise et dans Rome,
Il n'est pédant, bourgeois ni gentilhomme,
Qui pour garder l'honneur de sa maison,

77 MS1: A ces discours les cocus applaudirent
    CARRA: les Parques applaudirent
    L24: les maris applaudirent
78 MS1: les diables l'écrivirent
79 MS1: moment feux, enclumes fourneaux,
    MS2: enclumes marteaux
81 CARRA, MS2: Dame Alecton de
83 CARRA: Parquoi bientôt, l'impatient Pluton
84 MS1: Prosperpine a receu le
    CARRA: A sa moitié porta le
86 MS1: ce dieu cruel
87 CARRA: Et tendrement il
89 CARRA: Ce secret donc
91 MS2: dans Madrid et

[6] Les huit vers qui suivent figurent chez Boissy comme exemples de 'vers aisés, naïfs et badins' (ii.74).

De cadenas n'ait sa provision.
Là tout jaloux, sans crainte qu'on le blâme,   95
Met sous la clef la vertu de sa femme;
Or votre époux dans Rome a fréquenté,
Chez les méchants on se gâte sans peine,
Et le galant vit fort à la romaine,
Mais ne craignez pour votre liberté,   100
Tous ces efforts seront pures vétilles.
De par Venus vous reprendrez vos droits,
Et mon amour est plus fort mille fois,
Que cadenas, verrous, portes ni grilles.

[Texte II]
Le Cadenas

Je triomphais; l'Amour était le maître,
Et je touchais à ces moments trop courts
De mon bonheur, et du vôtre peut-être.
Mais un tyran veut troubler nos beaux jours;
C'est votre époux. Geôlier sexagénaire;   5
Il a fermé le libre sanctuaire

94   MS2: N'ait en tout temps cadenats à foison
96   CARRA: Tient sous la clef les beautés de
     MS1: Tient sous
     L24, MS2: clef les beautés de
99   MS1: Et ce galant
100 CARRA: Mais n'en craignez
101 CARRA, W39: Tous ses efforts
     MS1: Tous les cadenat sont de pures vétilles
a   W48D, W56, W57P, W57G, W70L: [*avec note*: Cette pièce est fort ancienne.
L'auteur n'avait que 18 ans quand il la fit, au sujet d'une dame, qui était en effet dans
le cas dont il est ici question.]
     K: Le Cadenas. 1714

De vos appas; et trompant nos désirs,
Il tient la clef du séjour des plaisirs:
Pour éclaircir ce douloureux mystère,
D'un peu plus haut reprenons cette affaire.   10

Vous connaissez la Déesse Cerès:
Or, en son temps Cerès eut une fille,
Semblable à vous, à vos scrupules près,
Brune, piquante, honneur de sa famille,
Tendre surtout, et menant à sa cour   15
L'aveugle enfant, que l'on appelle Amour.
Un autre aveugle, hélas! bien moins aimable,
Le triste Hymen la traita comme vous:
Le vieux Pluton, riche autant qu'haïssable,
Dans les enfers fut son indigne époux: 20
Il était dieu, mais avare et jaloux;
Il fut cocu, car c'était la justice.
Pirrithoüs, son fortuné rival,
Beau, jeune, adroit, complaisant, libéral,
Au dieu Pluton donna le bénéfice   25
De cocuage: Or ne demandez pas
Comment un homme, avant sa dernière heure,
Put pénétrer dans la sombre demeure.
Cet homme aimait, l'Amour guida ses pas:
Mais aux enfers, comme aux lieux où vous êtes,   30
Voyez qu'il est peu d'intrigues secrètes.

7   w39, w41r: et bravant nos
10   w39, w41r: reprenons notre affaire
14   w39, w41r: Belle et sensible, honneur
15   w39, w41r: Brune et partant pleine d'attraits
16-19 w39, w41r:
            Ainsi que vous par le Dieu d'Hyménée,
            Enfant aveugle, elle fut malmenée.
18   w57p: le traita
20   w39, w41r: Le roi des morts fut
22   w41r: c'était bien la

De sa chaudière, un traître d'Espion
Vit le grand cas, et dit tout à Pluton,
Il ajouta que même, à la sourdine,
Plus d'un damné festoyait Proserpine.   35
Le dieu cornu, dans son noir tribunal,
Fit convoquer son sénat infernal;
Il assembla les détestables âmes
De tous ses saints dévolus aux enfers,
Qui, dès longtemps en cocuage experts,   40
Pendant leur vie ont tourmenté leurs femmes.
Un Florentin lui dit: Frère et Seigneur,
Pour détourner la maligne influence
Dont votre altesse a fait l'expérience,
Tuer sa dame est toujours le meilleur.   45
Mais, las, seigneur! la vôtre est immortelle: [7]
Je voudrais donc, pour votre sûreté,
Qu'un cadenas de structure nouvelle,
Fût le garant de sa fidélité:
A la vertu par la force asservie,   50
Lors vos plaisirs borneront son envie:
Plus ne sera d'amant favorisé;

32 w39, w41r: un coquin d'espion
33 w39, w41r: Vit ce grand
35-36 w39, w41r: [*ajout entre ces vers:*]
     Et qu'elle avait au séjour d'Uriel,
     Trouvé moyen d'être encor dans le Ciel
     Pluton frémit, fit des cris effroyables,
     Jura le Styx, donna sa femme aux diables.
36 w39, w41r: Il assembla, dans
37 w39, w41r: De ses pédants le sénat
38 w39, w41r: Il convoqua les
39 w39, w41r: tous ces saints
42 w39, w41r: L'un d'eux lui dit Mon confrère

[7] Il y a peut-être ici une allusion ironique au *Télémaque* de Fénelon dans lequel Calypso, amoureuse d'Ulysse mais quittée par lui, se désole d'être immortelle.

Et plût aux dieux, que quand j'étais en vie,
D'un tel secret je me fusse avisé!
A ces discours les damnés applaudirent,   55
Et sur l'airain les Parques l'écrivirent.
En un moment, feux, enclumes, fourneaux,
Sont préparés aux gouffres infernaux.
Tisiphoné, de ces lieux serrurière,
Au cadenas met la main la première: 60
Elle l'achève, et des mains de Pluton
Proserpina reçut ce triste don.
On m'a conté, qu'essayant son ouvrage,
Le cruel Dieu fut ému de pitié;
Qu'avec tendresse il dit à sa moitié: 65
Que je vous plains! vous allez être sage.

Or ce secret, aux enfers inventé,
Chez les humains tôt après fut porté,
Et depuis ce, dans Venise et dans Rome,
Il n'est pédant, bourgeois ni gentilhomme,   70
Qui, pour garder l'honneur de sa maison,
De cadenas n'ait sa provision.
Là, tout jaloux, sans craindre qu'on le blâme,
Tient sous la clef la vertu de sa femme.
Or votre époux dans Rome a fréquenté;   75
Chez les méchants on se gâte sans peine;
Et ce galant vit fort à la romaine;
Mais son trésor est-il en sûreté?
A ses projets l'amour sera funeste;

55 51P, W56G, W57G, W57P, W68, W75G, K: ce discours
56 W39, W41R: les cocus écrivirent
57 W39, W41R: fers, enclumes
77 W39, W41R: Et le galant
78 W39, W41R: trésor n'est point en

Ce dieu charmant sera notre vengeur: 80
Car vous m'aimez; et quand on a le cœur
De femme honnête, on a bientôt le reste.[8]

---

80   W4IR: sera votre vengeur

[8] Beuchot renvoie à un couplet de Mlle de Scudéry: 'L'oreille est le chemin du cœur; / Et le cœur l'est du reste.'

Le Cocuage

INTRODUCTION

Texte de jeunesse de Voltaire, *Le Cocuage* (Bengesco 642), ressortit à la même esthétique que *Le Cadenas* offrant d'ailleurs un thème commun, celui de l'infidélité. Il peut également être mis en parallèle avec les deux premiers contes en prose de Voltaire, *Le Crocheteur borgne* et *Cosi-Sancta* et avec le conte en vers plus tardif *L'Origine des métiers*. Dans *Le Cocuage*, Voltaire crée un lien immédiat avec son lecteur grâce à des allusions à un fonds mythologique connu de chacun.[1] Il commence par un rappel burlesque de la naissance de Minerve, sortie tout armée du cerveau de son père Jupiter. Il fait référence à d'autres éléments fournis par la tradition: Vulcain le forgeron est l'époux de la belle — trop belle si nous en croyons le poète — Vénus. Infidèle, la déesse perd sa ceinture en folâtrant avec Mars; découvrant sa trahison, le mari trompé cherche à se venger. De cette anecdote, Voltaire tire un conte nouveau. Ses décasyllabes et son choix de mots familiers comme *Jupin*, *poupon*, *vacarme*, le marotisme à la mode[2] et la personnification d'abstractions comme la malice ou la jalousie en font une parfaite illustration d'un genre cultivé par Hamilton ou Vergier après l'Arioste et La Fontaine dont le conte propose quelques souvenirs de lecture; l'adverbe qui ouvre le poème, 'Jadis', nous installe dans un passé fictif typique des contes. Comme dans *Le Cadenas*, Voltaire va se servir d'une anecdote plaisante avec des échos mythologiques pour amener une galan-

---

[1] Signalons que la BnF possède un ouvrage intitulé *Actéon, ou l'origine du cocuage*, un conte en vers hétérométriques publié sans lieu probablement au cours de la première décennie du dix-huitième siècle (le catalogue propose la date de 1701). Le titre indique bien la parenté que le poème peut avoir avec celui de Voltaire même si un héros mythologique différent est au centre du poème.

[2] Par exemple l'omission de l'article 'Flèches y sont' ou du pronom sujet 'Pas ne croyait' (v.13) et l'ordre des mots dans des vers comme: 'Soins et soucis son esprit tenaillèrent'.

terie adressée à une femme mariée réelle ou imaginaire dotée du prénom traditionnel d'Iris.[3] Le mot même de cocuage est de style bas et nous installe dans un contexte familier et moqueur.

Alors que la querelle d'Homère vient tout juste de prendre fin, on peut voir le récit de la 'fabrication' de Cocuage comme une variante amusante sur le thème du bouclier d'Achille décrit dans l'*Iliade* et qui avait tant occupé les partisans respectifs de Mme Dacier et de M. de La Motte.[4] L'allitération des vers 15-16 et les rimes riches mettent en valeur ce passage du poème en indiquant par un effet d'harmonie imitative les labeurs de Vulcain. Les vers sont martelés à l'image des métaux que travaille le dieu forgeron. La naissance de cocuage nous est présentée avec humour comme le résultat d'énormes efforts; elle peut faire réfléchir les chrétiens à une autre naissance par parthénogenèse grâce à l'opération du saint Esprit. Le fils de Vulcain vient sur les traces de Minerve, de Cupidon et des Amours. Ces derniers enseignent l'art de plaire et s'opposent donc au nouvel enfant qui fait de son père sa victime initiale: Vulcain sera le premier à porter sur le front la marque du cocuage, les cornes auxquelles fait également allusion *Le Cadenas*. Voltaire prend pour cible les maris trompés et par une pointe finale demande la protection de Cocuage qui serait une espèce de double imparfait de l'Amour, lui aussi porteur d'un carquois: 'Flèches y sont pour le cœur des Cruelles, / Cornes y sont pour le front des maris.'

Nous ne connaissons pas les circonstances de la composition du texte. Nablow suppose que Voltaire en a fait lecture dans des sociétés aristocratiques et il est vrai que nombre de textes en vers de l'époque participent d'une esthétique de la sociabilité.[5] On peut imaginer qu'il s'agit de la réponse à un jeu de questions – 'quelle est l'origine du cocuage?' – ou d'un compliment à une dame trop

---

[3] Certaines versions du *Cadenas* donnent également à la jeune femme destinatrice du conte le prénom d'Iris.

[4] On peut citer à titre d'exemple l'ouvrage de Jean Boivin (1663-1726) intitulé *Apologie d'Homère, et Bouclier d'Achille* (Paris, François Jouenne, 1715).

[5] R. A. Nablow, *A study of Voltaire's lighter verse*, SVEC 126 (1974).

vertueuse qui, jeune fille, a refusé de céder au poète mais est désormais mariée. C'est cette explication-là qu'offre Mme du Noyer, mère de la charmante Pimpette dont Voltaire fut un temps épris, présentant le texte, sans l'attribuer, comme un 'conte allégorique' dans ses *Lettres historiques et galantes*; après avoir parlé de deuils royaux, elle s'adresse ainsi à sa correspondante: 'éloignons ces tristes idées. Je m'en vais tâcher de les effacer de votre esprit, en vous amusant par la lecture d'une petite pièce intitulée, l'apothéose du Cocuage, qu'un cavalier chagrin de ce que sa maîtresse s'est mariée à un autre, composa ces jours passés.' [6]

La première publication du texte par Mme du Noyer date de 1720. L'édition de Kehl propose pour le poème une date de 1716. Celle-ci pourrait bien être exacte. En effet, une parenté thématique et stylistique unit *Le Cocuage* à d'autres textes de la jeunesse de Voltaire. De plus, un élément externe nous permet d'indiquer que les vers circulent dès le début de 1717: le *Nouveau Mercure* de janvier 1717 contient aux p.211-14, une *Epître de M. Michel à M*** à qui il avait promis le Cocuage de M. Arouet*. En outre, si nous en croyons Carra, un exemplaire du poème est au nombre des manuscrits saisis lors de l'arrestation du jeune Arouet en mai 1717. Les premières années de la Régence sont une époque de relâchement des mœurs lors de laquelle, de fait, les Parisiens rendent un culte véritable à celui que Rabelais ou La Fontaine présentent déjà comme le dieu Cocuage, du moins dans les milieux que fréquente Voltaire. L'inversion des valeurs qui fait de l'infidélité une vertu

---

[6] *Lettres historiques et galantes* (1707-1717), t.vii (1717), lettre cii. Nous citons d'après les *Lettres historiques et galantes de Mme du Noyer, contenant différentes histoires, avantures, anecdotes curieuses et singuliéres* (Cologne [Amsterdam], Pierre Brunel, 1720; nouv. éd. Londres, Jean Nourse, 1739), iv.200. Besterman indique que le mariage de Catherine-Olympe du Noyer avec Borillet aurait eu lieu 'in or about 1716' (D7, Commentary). Si cela avait été exact, ce que Pomeau contredit ('L'année suivante [1721], Pimpette se trouve enfin mariée sous le nom de Mme de Winterfield', *D'Arouet à Voltaire*, p.63), on aurait pu voir dans cette coïncidence de date et dans la publication par Mme du Noyer la possible indication que Voltaire aurait écrit ce conte comme une dernière galanterie à l'intention de Pimpette. Cette hypothèse semble devoir être écartée.

était prônée par Chaulieu entre autres. On peut donc dire qu'elle est bien dans l'air du temps. Le vocabulaire religieux présent dans toute la fin du poème témoigne d'un libertinage de bon aloi. Mme du Noyer commente ainsi le texte qu'elle cite dans ses *Lettres historiques et galantes* (p.202-203):

Qu'en dites-vous, Madame, n'est ce pas là une dévotion bien placée? Et n'y a-t-il pas de la folie à déifier ainsi les crimes les plus odieux? C'est ce que faisaient autrefois les Romains, lorsqu'ils dressaient des autels aux vices et aux maux auxquels les humains sont sujets, et c'est ce qui se pratique encore dans certains pays lointains, où les hommes sacrifient au diable pour se le rendre favorable, et éviter d'en être battus. Quoi qu'il en soit, cette imagination, toute bizarre qu'elle est, a quelque chose de réjouissant, et cette folie est assez agréablement tournée. Je m'en vais donc finir ma lettre par cet endroit, puisqu'il est agréable et réjouissant, et je renvoie à une autre fois à vous parler du Père Quesnel.

Si Voltaire rejette ses contes comme des enfantillages, voire des 'coïonneries', il en écrit jusqu'à la fin de ses jours. Datant de la jeunesse du poète, *Le Cocuage* est galant et léger, dénué de l'ironie parfois amère qui fera plus tard partie des caractéristiques du conte voltairien.

Editions[7]

CARRA (?1716-1717)

J.-L. Carra, *Mémoires historiques et authentiques sur la Bastille, dans une suite de près de trois cents emprisonnements, détaillés et constatés par des pièces, notes, lettres, rapports, procès-verbaux, trouvés dans cette Forteresse, et rangés par époques depuis 1475 jusqu'à nos jours.* Londres et Paris, Buisson, 1789.
Tome ii, p.164.

---

[7] En plus des éditions citées ci-dessous le poème se trouve également dans les *Lettres historiques et galantes*, t.vii (1717), lettre cii, sa première publication, et dans le *Recueil de pièces choisies, rassemblées par les soins d'un cosmopolite* (1735), p.270; BnF Rés. Enfer 923.

L24A

La Ligue ou Henry le Grand, poème épique, par M. de Voltaire, Avec des additions et un recueil de Pieces diverses du même Auteur. A Amsterdam, chez Jean Frédéric Bernard [Evreux ou Rouen], 1724. 12°. Pages 172-75. Les 'Poésies diverses de Monsieur de Voltaire' occupent les p.157 à 196 du volume. Bengesco 363.

L24B

La Ligue, ou Henry le Grand. Poeme epique. Par Mr *Arrouet de Voltaire.* A Amsterdam, chez Henri Desbordes, 1724. 12°. Pages 25-28. Les 'Poésies diverses du M. de Voltaire' suivent les 'Remarques'; elles sont paginées 1-64. Bengesco 364.

w32

Œuvres de M. de Voltaire. Amsterdam, Ledet [ou Desbordes], 1732. 2 t. 8°. Bengesco 2118; Trapnell 32, BnC 2-6.

Tome i, p.244-45.

w36

Œuvres de Voltaire. Amsterdam [Rouen?], 1736. 4 t. 12°. Bengesco 2119; Trapnell 36.

Tome i, 2e partie, p.352-54.

Genève, IMV.

w37

Œuvres de monsieur de Voltaire. Basle, Brandmuller, 1737. 3 t. 8°. Bengesco iv.6n; Trapnell 37; BnC 15.

Tome i, p.331-34.

w39

Œuvres de M. de Voltaire. Amsterdam [Rouen] Compagnie, 1739. 3 t. 8°. Bengesco 2121; Trapnell 39R; BnC 16-17.

Tome ii, p.314-16.

w64r

Collection complette des œuvres de M. de Voltaire. Amsterdam, Compagnie [Rouen, Machuel?], 1764. 22 t. 12°. Bengesco 2136; Trapnell 64R; BnC 145-48.

Tome v, p.367-69.

BnF: Rés. Z Beuchot 26 (1, 2).

k84

Œuvres complètes de Voltaire [Kehl], Société littéraire typographique. 70 t. 8°. Bengesco 2142; Trapnell K; BnC 164-69.

Tome xiv, p.15-17.

Principes de cette édition

Texte de base w32. Variantes tirées de CARRA, L24A et B, W39 et K.

Nous avons modernisé les mots suivants: vouloit, croïoit, tenaillerent, martellerent, réprocha, revéré, fleau, essaïa, vû, flame, éclairoit, faisoit, fleches, contract, invoquois, pere. Nous avons remplacé allumez par allumés pour le participe passé au masculin pluriel et fut par fût pour le présent du subjonctif (3e personne). Nous avons supprimés les majuscules initiales suivantes: dieu, jalousie, malice, amour, volupté, maris, belles, cruelles, maîtresse.

LE COCUAGE

Jadis Jupin de sa femme jaloux,
Par cas plaisant fait père de famille,
De son cerveau fit sortir une fille,
Et dit, du moins celle-ci vient de nous.
Le bon Vulcain que la cour éthérée   5
Fit pour ses maux époux de Cythérée,
Voulait avoir aussi quelque poupon,
Dont il fût sûr, et dont seul il fût père.
Car de penser que le beau Cupidon,
Que les Amours, ornements de Cythère,   10
Qui, quoiqu'enfants, enseignaient l'art de plaire,
Fussent les fils d'un simple forgeron,[1]
Pas ne croyait avoir fait telle affaire.
De son vacarme il remplit la maison,
Soins et soucis son esprit tenaillèrent,[2]   15

a   K: [*ajout*: 1716.]
2   CARRA: fut père
4   L24: de vous
7   CARRA: Voulut avoir
8   CARRA: et dont il fut le père
11   CARRA: [*absent*]
14   CARRA: remplit sa maison
15   CARRA, L24: son cerveau tenaillèrent

[1] Vulcain est forgeron dans la tradition latine tout comme Caïn dans l'Ancien Testament. Il n'est pas impossible que Voltaire ait également la référence biblique en tête.

[2] Le sens figuré que nous connaissons ne s'utilise pas à l'époque de Voltaire où tenailler signifie torturer avec des tenailles ardentes. Tout comme le verbe marteler, à la rime au vers suivant, tenailler renvoie plaisamment aux occupations quotidiennes du dieu forgeron.

Soupçons jaloux son cerveau martelèrent.
A sa moitié vingt fois il reprocha
Son trop d'appas, dangereux avantage.
Le pauvre Dieu fit tant qu'il accoucha
Par le cerveau; de quoi? du Cocuage.   20
C'est là ce dieu révéré dans Paris. [3]
Dieu mal faisant, le fléau des maris,
Dès qu'il fut né, sur le chef de son père,
Il essaya sa naissante colère. [4]
Sa main novice imprima sur son front,   25
Les premiers traits d'un éternel affront. [5]
A peine encor eut-il plume nouvelle,
Qu'au bon Hymen il fit guerre mortelle;

16 CARRA: jaloux sans cesse l'assiégerent
    L24: jaloux sans cesse l'affligerent
18 L24: dangereux appanage
19 CARRA: Le Dieu si bien fit qu'enfin il
20 CARRA, K: de Cocuage
21 CARRA: là le Dieu
22 CARRA: la terreur des
28 W39, K: guerre immortelle

[3] Dans son *Tiers-Livre*, Rabelais fait de Cocuage un dieu et il raconte une entrevue avec le roi des dieux: 'Ne scay quant jour après, Coqüage [...] comparut en personne davant le grand Juppiter, alleguant ses merites paraecedens et les bons et agreables services que aultres foys lui avoit faict, et instamment requerant qu'il ne le laissast sans feste, sans sacrifices, sans honneur – Juppiter se excusoit, [...] feut toutefoys tant importuné par messer Coqüage que en fin le mist en l'estat et catalogue et luy ordonna en terre, honneur, sacrifices et feste' (éd. Paris 1931, v.251-52, cité à la p.810 de La Fontaine, *Œuvres complètes*, Bibliothèque de la Pléiade, Paris 1954).

[4] Vulcain est cité comme le premier cocu dans *La Coupe enchantée* de La Fontaine, une nouvelle tirée de l'Arioste (La Fontaine, *Œuvres complètes*, p.504). Le même parallèle figure dans *Le Roi Candaule et le maître en droit* (*ibid.*, p.578).

[5] Un conte de La Fontaine d'après une pièce de théâtre de Machiavel que connaissait Voltaire évoque le choix d'une victime 'Pour lui donner l'ordre de Cocuage', *La Mandragore*, p.482 de La Fontaine, *Œuvres complètes*.

Vous l'eussiez vu l'obsédant en tous lieux,
Et de son bien s'emparant à ses yeux,   30
Se promener de ménage en ménage,
Tantôt portant la flamme et le ravage,
Et de brandons allumés dans ses mains
Aux yeux de tous éclairait[6] ses larcins;
Tantôt rampant dans l'ombre et le silence,   35
Le front couvert d'un voile d'innocence,
Chez un époux le matois introduit,
Faisait son coup sans scandale et sans bruit.[7]
La jalousie au teint pâle et livide,
Et la malice à l'œil faux et perfide,   40
Guide ses pas où l'amour le conduit,[8]
Nonchalamment la volupté le suit.
Pour mettre à bout les maris et les belles,

29 CARRA: l'excédent en
33 CARRA, K: Et des brandons
    W39: dans les mains
34 CARRA, K: éclairer ses
36 CARRA: couvert du voile
37 CARRA: s'introduit
38 CARRA: Cornes lui met sans
39 CARRA: La défiance sombre et
41 CARRA, K: Guident
43 CARRA: bout quelque beauté cruelle;

[6] Sur son propre exemplaire de w32, conservé à la Bibliothèque municipale de Rouen, Cideville effectue la rectification à la main.

[7] Dans *La Coupe enchantée*, un conte qui tient de l'éloge du cocuage, nous lisons cette évocation des époux jaloux: 'Le moindre bruit éveille un mari soupçonneux; / Qu'à l'entour de sa femme une mouche bourdonne, / C'est Cocuage qu'en personne / Il a vu de ses propres yeux' (La Fontaine, *Œuvres complètes*, p.494).

[8] Un conte de La Fontaine présente Cocuage comme un dieu qui accompagne l'Amour: 'Un tonnelier et sa femme Nanon / Entretenait un ménage assez mince. / De l'aller voir Amour n'eut à mépris, / Y conduisant un de ses bons amis, / C'est Cocuage; il fut de la partie: / Dieux familiers et sans cérémonie, / Se trouvant bien dans toute hôtellerie' (*Le Cuvier*, *Œuvres complètes*, p.603).

De traits divers ses carquois sont remplis;
Flèches y sont pour le cœur des cruelles, 45
Cornes y sont pour le front des maris.

Or, ce Dieu-là, malfaisant ou propice,
Mérite bien qu'on chante son office,
Et par besoin ou par précaution,
On doit avoir à lui dévotion, 50
Et lui donner encens et luminaire;
Soit qu'on épouse ou qu'on n'épouse pas,
Soit qu'on le fasse ou qu'on craigne le cas,
De sa faveur on a toujours affaire.
O vous, Iris, que j'aimerai toujours, 55
Quand de vos vœux vous étiez la maîtresse,
Et qu'un contrat trafiquant la tendresse,
N'avait encor asservi vos beaux jours,
Je n'invoquais que le dieu des amours:
Mais à présent père de la tristesse, 60
L'Hymen, hélas! vous a mis sous sa loi.
A Cocuage il faut que je m'adresse,
C'est le dieu seul en qui j'ai de la foi. [9]

45   CARRA: Car il en est pour
     L24, W39: pour les cœurs des
     CARRA: pour les cœurs des rebelles,
46   CARRA: pour les fronts des
53   K: Soit que l'on fasse
54   K: toujours à faire
63   K: Le seul dieu dans qui

[9] Il y a peut-être ici un souvenir de *Joconde nouvelle tirée de l'Arioste* de La Fontaine. Nous y lisons en effet ceci: 'Je fus forcé, par mon destin, / De reconnaître Cocuage / Pour un des dieux du mariage, / Et, comme tel, de lui sacrifier' (La Fontaine, *Œuvres complètes*, p.356).

Conte
[*Le Janséniste et le Moliniste*]

INTRODUCTION

Le catalogue de la BnF inclut ce texte sous l'étiquette 'Conte apocryphe'. Il figure à la date du 28 février 1781 dans la *Correspondance secrète, politique et littéraire* de Métra (Londres 1787-1790), xi.114-15, comme composé par Voltaire en 1723 'et omi[s] dans l'édition de Kehl pour raison de convenances'.[1]

Bengesco commence par se méfier du texte (i.185) en disant qu'il a été 'condamné à l'oubli par la prudence des éditeurs de Kehl'. Il l'inclut dans la section des 'Ouvrages faussement attribués à Voltaire' sous le n° 2312 (iv.285) affirmant ceci: 'Métra dit qu'il a cru devoir retirer cette pièce *de l'oubli auquel la prudence des éditeurs* [de Kehl] *en a condamné beaucoup de cette espèce.*' Il rajoute quelques commentaires sur d'autres contes supposés de Voltaire. Or nous avons une excellente raison de juger exacte l'attribution faite par Métra et de regretter l'absence du texte au sein d'éditions modernes des contes de Voltaire. Le poème figure dans le recueil copié par Céran conservé à la Bibliothèque municipale de Rouen parmi les papiers de Cideville à qui Voltaire l'avait envoyé en mars 1735.

Il nous semble que le conte, comme un certain nombre de ceux qui figurent au sein de ce manuscrit, est bien antérieur à la date d'envoi. Deux éléments vont dans ce sens. Tout d'abord, le poème est cité par Carra parmi les douze pièces que l'on croit avoir été

[1] La date nous laisse entendre que le manuscrit BnF, naf. 4822 f.45r a la même source que la *Correspondance secrète*: '29 février 1781. / quoiqu'on puisse regarder comme complette l'éd. de V. à laq. Préside M. de Beaum. il s'est trouvé dans le portefeuille de ce celebre ecrivain un grand nombre de pièces dont on n'osera pas faire usage. Tout ce qui est sorti de cette plume est intéressant ainsi je retirerai les 2 pièces suivantes de l'oubli auquel la prudence des édit. en a condamné beaucoup de cette espèce. Volt. composa celle-ci en 1723' (cité par Fleischauer, p.306).

saisies lors de l'emprisonnement de Voltaire en 1717.[2] Ensuite, si l'on consulte D27, une lettre de Jean-Baptiste Rousseau écrite le 8 avril 1715 à Boutet, il fait référence à un poème 'sur les Jesuites et les Jansenistes' qui nous paraît être celui-ci:

Je reçois mon cher monsieur avec la lettre que vous m'avez fait l'honneur de m'escrire, la petite Pièce en vers de M. Aroüet que m. Mandat m'avoit déjà fait voir il y a quatre jours en passant par ici pour aller à Vienne. Il m'en a montré deux autres de la mesme main que j'ai trouvées aussi bien que la première, toutes pétillantes de génie, mais assez peu correctes, ce qui ne me fait pas beaucoup de peine dans un jeune homme parce que l'esprit d'exactitude s'aquiert avec le travail. J'ai donc esté très content du tour et du stile de ces petits ouvrages, mais Je ne le suis point s'il est vrai comme m. Mandat me l'a laissé entrevoir que ce jeune autheur qui a certainement bien de l'esprit ne s'en serve pas avec la discrétion nécessaire à un homme qui veut se faire des Amis et s'attirer l'estime des gens sages. J'ai veu mesme par les deux autres Pièces dont l'une est adressée à la Duclos et l'autre roule sur les Jesuites et les Jansenistes, qu'il n'est pas assez en garde contre ce qui peut donner prise aux Ennemis que son mérite pourra lui attirer dans la suitte. J'ai peur qu'il ne se trouve un jour dans le cas où Je me suis trouvé par mes Epigrammes qui ont servi de prétexte à m'attribuer les sottises d'autrui, et Je voudrois que quelqu'un fût assez de ses amis pour l'avertir de profiter de mon exemple, car ce seroit un meurtre qu'un jeune homme qui donne de si belles espérances se perdit par des imprudences innocentes à son âge, mais dangereuses pour la suite dans un siècle comme celui où nous vivons.

La citation est un peu longue mais nous paraît bien confirmer notre affirmation. Il serait ironique qu'un texte faisant craindre pour son auteur des représailles ait été saisi sur sa personne au moment même de son arrestation et l'on ne peut que saluer la clairvoyance de Jean-Baptiste Rousseau qui devinait le génie d'Arouet et prévoyait les réactions du pouvoir face à un esprit satirique en liberté.

Le fond du poème est celui de nombreux contes en vers grivois et à tendance anticléricale. On trouverait des textes à mettre en

---

[2] J.-L. Carra, *Mémoires historiques et authentiques sur la Bastille* (Londres et Paris, Buisson, 1789), ii.170-71.

parallèle chez un écrivain comme Grécourt. Le décasyllabe est l'un des mètres de prédilection des conteurs en vers. L'attaque contre les ordres monastiques est présente dans de nombreux écrits de l'époque. L'on se contentera de noter que Voltaire montre ses maîtres jésuites hypocrites mais indulgents face aux Jansénistes rigoureux qui ont élevé son frère.

Manuscrit[3] et éditions

MS1

Rouen, Bibliothèque municipale, Archives de l'Académie C38 bis, f.20*v*-22*r*, 'Conte', dans 'Pièces fugitives' (Recueil Cideville).[4]

CARRA (?1716-1717)

'Le Janséniste et le Moliniste', dans J.-L. Carra, *Mémoires historiques et authentiques sur la Bastille, dans une suite de près de trois cents emprisonnements, détaillés et constatés par des pièces, notes, lettres, rapports, procès-verbaux, trouvés dans cette Forteresse, et rangés par époques depuis 1475 jusqu'à nos jours.* Londres et Paris, Buisson, 1789.

Tome ii, p.170-79.

CORRESPONDANCE SECRÈTE (1788)

Correspondance secrète, politique et littéraire [...] de Métra (Londres 1787-1790).

Tome xi, p.114-15.

Principes de cette édition

Texte de base MS1. Variantes tirées de CARRA.

[3] Il existe plusieurs autres copies manuscrites du poème: Genève, IMV ms.4 (Cayrol); Rouen, Bibliothèque municipale, ms.O31, VI (1093), p.498; Paris, BnF, mss. naf. 4822 f.45*r* et 14292, f.6*r*. Le poème se trouve également dans le Chansonnier Clairambault, t.x, FR12695, p.289-90. 'Le Janséniste et le Moliniste. Par Harouet. 1713.' Sur ce recueil voir ci-dessous, p.513.

[4] Ce manuscrit fut préparé sous la direction de Voltaire: voir E. Meyer, 'Variantes aux *Poésies mêlées* de Voltaire d'après le manuscrit envoyé par l'auteur à M. de Cideville en 1735', *RHLF* 39 (1932), p.400-23.

CONTE

Pere simon doucereux Moliniste,
Pere augustin severe janseniste,
tous deux supots de la relligion,
alloient a Rome au pere des fideles,
solliciter une decision   5
qui terminat leur devotes querelles.
nos deux caffards disputoient en chemin
sur les cinq points de doctrine perverse.
jeune tendron leur tombe sous la main
dans le moment change la controverse;   10
le rigoriste encensa son devant
l'ignacien ayant fait sa priere,
dévotement prit la route contraire,
chacun le fit pour lhonneur du couvent.
apres avoir parfait leur entreprise,   15
un remords prist, non pas aux gens d'église,
car leur metier est de chasser iceux,
ou d'en donner, non d'en prendre pour eux,
mais a la fille encor dans l'ignorance,
simple, timide et qui n'avoit alors   20

a   CARRA: Le Janséniste et le Moliniste
2   CARRA: augustin sauvage janséniste
5   CARRA: solliciter quelque décision
11 CARRA: rigoriste exploita son
15 CARRA: ayant tous deux leur
16 CARRA: remords vint
17-18 CARRA:
        Ils en ont peu, comme pouvez penser;
        Car sont de Dieu commis pour les chasser;
19 CARRA: la belle encor
20 CARRA: Simple et timide, qui

seize ans au plus c'est lage des remords
si ce n'est plus celuy de l'innocence.
donc a genoux avec contrition
elle leur dit du ciel vous etes maitres,
d'une pauvrete ayez compassion,   25
a mon peché faites Remission
Vous pouvez tout, vous etes tous deux pretres.
lors luy donnant sa benediction
le jesuitte en flamé, plein de zele,
luy promit place en la Sainte Sion,   30
l'autre au rebours menacant la donzelle,
luy refusa son absolution.

21 CARRA: ans entiers c'est
22 CARRA: n'est pas
26 CARRA: [absent]
29 CARRA: Le Loyoliste enflammé, plein
31 CARRA: rebours chapitrant la
     MSI: rebours chapitrant [barré] menaçant

Autour de l'*Ode sur le vœu de Louis XIII*

édition critique

par

Catriona Seth

TABLE DES MATIÈRES

I
Un prix convoité

Ode présentée à l'Académie française
pour la distribution des prix de l'année 1714

INTRODUCTION

Messieurs,

Nous nous sommes aperçus cette année que l'émulation se refroidissait, non par la qualité des ouvrages qui nous ont fait souhaiter d'avoir plus d'un prix à distribuer, mais par le nombre des prétendants, qui s'est trouvé moindre qu'à l'ordinaire.

Dans la place où le sort m'a mis, c'est à moi de ranimer au nom de l'Académie française, cet amour d'une gloire si précieuse à la nation, si propre à y maintenir l'éclat des talents, plus désirable peut-être que celui des armes.

Prenant la parole, le jour de la saint Louis de 1714, à l'occasion de la remise du prix de poésie de l'Académie française, La Motte développe une espèce de poétique, insistant notamment sur l'importance d'une versification correcte. Un des jeunes concurrents a pu croire que ses incorrections métriques étaient en cause et le secrétaire des immortels ajouta quelque chose par lequel le même candidat a pu se sentir concerné:

il y a une fiction de détail et renaissante à chaque instant, plus précieuse que ces fictions générales dont la plupart des poètes se contentent. Ils prennent pour un chef-d'œuvre poétique d'avoir inventé quelque action insipide entre la paix et la victoire, entre Mars et Minerve; et pour en avoir fait des personnages d'un poème froid d'ailleurs et souvent froid par la fiction même, ils se flattent fièrement d'être au-dessus de ceux qui ont traité le même sujet sans fable. [1]

Pourtant La Motte tentait de ménager les différents participants

---

[1] La Motte, 'Discours sur les prix que l'Académie française distribue, prononcée le 25 août fête de Saint-Louis 1714 après la lecture des pièces qui ont remporté les prix', dans *Recueil de plusieurs pièces de poésie présentées à l'Académie française, pour le prix des années MDCCXIII et MDCCXIV avec plusieurs discours qui ont été prononcés dans l'Académie, et plusieurs pièces de poésie qui y ont été lues en différentes occasions* (Paris, Jean-Baptiste Coignard, 1714), p.283-84.

s'exprimant avec sa modération coutumière et encourageant les plus jeunes:

Instruits qu'ils sont à présent de nos préceptes, qu'ils travaillent avec confiance et avec émulation. Le moyen le plus sûr de perfectionner leurs talents, c'est d'aspirer à un prix que des juges éclairés dispensent, et de le disputer à des concurrents qu'on doit toujours supposer redoutables. Cette double vue de juges qu'il faut satisfaire, et de rivaux qu'il faut surpasser, fait faire à l'esprit tout l'effort dont il est capable; un auteur qui sans concurrence, abandonne un ouvrage au public, se contente d'ordinaire de le trouver bon; celui qui dispute un prix veut que son ouvrage soit le meilleur.[2]

Malgré les regrets exprimés par La Motte sur le faible nombre de participants, les registres de l'Académie du lundi 2 juillet 1714 indiquent que le concours de l'année avait suscité un certain intérêt:

Ce même jour M. le Sec[rétai]re a mis sur le bureau treize pieces de prose pour le prix de l'eloquence proposé par la Compagnie, et vingt-sept pieces de vers pour le prix de poésie proposé par un particulier sur l'accomplissement du vœu de Louis XIII par le Roi, dans l'Eglise de Notre Dame de Paris, et dont on a prié la Compagnie d'être le juge.[3]

Le recueil de l'Académie évoque pour sa part le 'sujet donné par Messieurs de l'Académie pour le prix de poésie', à savoir 'la religion, la piété, et la magnificence du roi dans la construction de l'autel et la décoration du chœur de l'église de Paris, pour l'accomplissement du vœu du roi Louis XIII, de triomphante mémoire'.[4]

Le thème se voulait fédérateur, célébrant la monarchie de droit divin, faisant oublier un moment les conflits et disettes; il permettait de relier l'aspect le plus souriant d'une actualité qui ne l'était guère et le passé glorieux de la France. En effet, souhaitant mettre son pays et sa personne sous protection divine

[2] *Ibid.*, p.286-87.
[3] *Les Registres de l'Académie française 1672-1793* (Paris 1895), i.578.
[4] *Recueil*, p.236.

à une époque où la guerre contre l'Espagne rendait exsangue son royaume, Louis XIII avait fait un vœu. La consécration qui rendait la 'Bienheureuse Vierge Marie' 'protectrice' de la France fut officialisée par des lettres patentes que le parlement promulgua le 10 février 1638. L'*Histoire du Parlement de Paris* affirme que Louis XIII 'ayant ôté la protection de la France à sainte Geneviève, qu'on croyait la patronne du royaume parce qu'elle l'était de Paris, conféra cette dignité à la vierge Marie'.[5] Voltaire rappelle la grande solennité qui accompagna la proclamation en l'église Notre-Dame de Paris. Le vœu s'accompagnait de résolutions pratiques dont la promesse de construire à Notre-Dame de Paris un autel où l'on verrait une 'image de la Vierge tenant entre ses bras celle de son précieux Fils'. Le projet ne fut pleinement réalisé que trois-quarts de siècle plus tard.[6] Les architectes de Versailles, Jules Hardouin Mansart et Robert de Cotte furent chargés de la réalisation du nouvel intérieur de la cathédrale.[7] Les travaux avancèrent de façon irrégulière avec la mort de différents intervenants et les difficultés du trésor public. Après avoir été fermé pendant quinze ans, le chœur, refait à neuf, fut rendu au

[5] Ch.53, M.xvi.34-35.

[6] Les citations figurent dans l'article 'Vœu de Louis XIII' rédigé par Raymond Darricau au sein du *Dictionnaire du Grand Siècle*, éd. F. Bluche (Paris 1990), p.1614-15. Evoqué dans plusieurs des poèmes qui ont concouru pour le prix, le décor installé au dix-huitième siècle pour se conformer au vœu de Louis XIII comprend notamment une pietà de Nicolas Coustou, la vierge implorante, ses deux bras grands ouverts, le Christ mort appuyé contre elle (il s'agit du groupe dit 'de la Pitié', exécuté en maquette dès 1712 et achevé après modifications en 1723), une statue de Louis XIII (due à Guillaume Coustou, frère de Nicolas) le représentant ainsi qu'il l'avait voulu, offrant à la Vierge sa couronne et son sceptre, et un Louis XIV agenouillé, la main droite sur le cœur, sculpté par Coysevox. Le dallage du sanctuaire, en marbre polychrome, comprenait un médaillon aux armes de Louis XIV. Marcel Aubert signale que les travaux débutèrent le 29 avril 1699 et que la première pierre du grand autel fut posée par l'archevêque le 7 décembre de la même année (*La Cathédrale Notre-Dame de Paris. Notice historique et archéologique*, Paris 1945, p.29-30).

[7] Voir Maurice Vloberg, *Notre-Dame de Paris et le vœu de Louis XIII* (Paris 1926).

culte en avril 1714 et un *Te Deum* put être entonné en action de grâces de la paix de Rastadt.

Au début du dix-huitième siècle, les prix de l'Académie restent un moyen de se tailler une réputation dans la République des Lettres. Des auteurs comme Fontenelle ou La Motte avaient obtenu de ces couronnes. Lauréat de prix scolaires, Arouet, qui, encore écolier, avait, à la demande de son professeur le Père Porée, prêté sa plume à un soldat désireux d'obtenir une faveur royale, et dont la version française d'un poème latin du Père Le Jay avait eu les gloires de l'impression,[8] recherche ce genre de tableau d'honneur. Habitué par ses études aux exercices de versification, il se glisse facilement dans le moule de cette poésie officielle dans laquelle les conventions remplacent l'inspiration. Son ode est rédigée en octosyllabes. Elle comprend dix dizains dont le schéma de rimes montre une certaine virtuosité (rimes croisées, plates puis embrassées) et respecte bien entendu la classique alternance du masculin et du féminin; l'élève de rhétorique Arouet s'était servi de strophes identiques pour sa traduction de l'ode sur sainte Geneviève. Certains vers ne sont pas dénués de maladresse, comme par exemple, 'Reconnais-le aux vertus suprêmes'.

L'originalité future d'Arouet, son anticléricalisme, n'apparaissent nullement dans ce texte encombré d'un appareil allégorique suranné. Le 'Je vois' typique des poèmes de cet ordre, l'évocation du marbre et de la toile peinte animés, la convocation du roi et de son défunt père sont insuffisants pour donner vie à ce que raconte le poète ou même pour l'animer d'un souffle véritable. L'invocation au roi qui termine la pièce avec son quatrain hétérométrique (trois alexandrins, un octosyllabe) sent l'élève appliqué plus que le poète inspiré. Le 'grand Dieu' est prié de donner une vie éternelle à un roi déjà vieillissant. Le jeune homme de dix-huit ans peut certes voir en Louis XIV celui qui fut l'appui de ses pères mais il ne peut guère espérer qu'il demeurera celui de 'nos neveux'.

---

[8] Les *Etrennes à feu monseigneur le Dauphin* et l'*Ode sur sainte Geneviève*.

Arouet semble pourtant avoir été content de son effort. Deux choses le confirment: son choix de devise et sa réaction à l'attribution du prix. Les poèmes étaient soumis au jugement des immortels de façon anonyme. L'auteur s'identifiait par une phrase, généralement tirée des Saintes Ecritures ou de la littérature antique. Une enveloppe cachetée portant la citation contenait son nom et n'était ouverte qu'après l'étude des pièces soumises.[9] A titre d'exemple, l'un des autres concurrents, l'abbé du Jarry, avait accompagné son propre poème d'un verset tiré du psaume 115: *Vota mea Domino reddam coram omni populo ejus* (Je m'acquitterai de mes vœux envers le Seigneur devant tout son peuple). Le verset offrait un parallèle implicite entre la position du fils de saint Louis accomplissant la promesse paternelle et celle du psalmiste. Très différente, la devise choisie par Voltaire figure dans certaines éditions de son poème. Elle est tirée du livre III des *Géorgiques* de Virgile: *Templum de marmore ponam propter aquam* (Je placerai un temple de marbre au bord de l'eau). Elle peut être vue comme un rappel de ce que Louis XIII venait de faire en embellissant Notre-

---

[9] Voltaire est le seul des cinq concurrents récompensés à avoir tiré sa devise de textes profanes. C'est ce qu'indique l'ouvrage de Delandine, *Couronnes académiques, ou recueil des prix proposés par les sociétés savantes, avec les noms de ceux qui les ont obtenus, des concurrents distingués, des auteurs qui ont écrit sur les mêmes sujets, le titre et le lieu de l'impression de leurs ouvrages* (Paris, Cuchet, 1787), p.44: 'Académie française 1713. La religion, la piété et la magnificence du roi dans la construction de l'autel et la décoration du chœur de l'église de Paris, pour l'accomplissement du vœu du roi Louis XIII. Le poème de M. l'abbé du Jarry fut couronné en 1714. Il avait pour devise: *Vota mea Domino reddam coram omni populo ejus*. Ps. 115. *Accessit* à l'ode ayant pour devise ce vers de Virgile: *Templum de marmore ponam propter aquam*. Autre *accessit* à un poème de M. Bainville, ayant pour épigraphe: *Sicut oliva fructifera in domo Dei*. [Dans le *Recueil* de l'Académie, c'est la IVe pièce. Elle est signée Bainville et commence par le vers: 'Descends, Religion sacrée'.] Deux autres pièces de vers ont été publiées sur ce sujet. La première avait pour devise: *Suscitabo semen tuum post te, ipse aedificabit domum nomini meo, et stabilitam thronum regni ejus un sempiternum*. Reg. lib. 3 [Le texte est publié comme 'III. Pièce *sur le même sujet*. Poème *A la Renommée*.' dans le *Recueil de l'Académie*. L'incipit en est: 'Des hauts faits des héros messagère éloquente.']. La seconde: *Potens in terrâ erit semen ejus*. Ps. 111. [Il s'agit de la cinquième pièce à figurer dans le recueil de l'Académie. Le premier vers en est: 'Quel éclat ce sanctuaire'].'

Dame, allusion à la situation de la cathédrale de Paris dans l'île de la Cité. Cela dit, les hommes du dix-huitième siècle, fins connaisseurs de Virgile qui était l'une de leurs principales lectures scolaires, ne pouvaient manquer de songer au contexte de la citation. Il s'agit certes de l'évocation d'un tribut versé par le poète à l'empereur mais c'est également un plaidoyer pour une poésie nouvelle:

Le premier, pourvu que ma vie soit assez longue, je ramènerai les Muses avec moi, du sommet aonien, dans ma patrie; le premier je te rapporterai, ô Mantoue, les palmes iduméennes, et dans la plaine verte je fonderai un temple de marbre, au bord de l'eau, à l'endroit où l'immense Mincio vagabonde en méandres paresseux, et frange ses rives de tendre roseau. Au milieu du temple je placerai César et il en sera le dieu. [10]

De la déclaration d'allégeance au souverain, elle-même un appel au patronage royal tout à fait à sa place dans un poème officiel à une époque où le trône offrait charges et pensions aux muses françaises, nous passons à l'affirmation d'une vocation poétique véritable qui peut paraître immodeste surtout chez un si jeune homme dont les seuls triomphes littéraires étaient scolaires. Voltaire a envoyé le poème soumis à l'Académie à Jean-Baptiste Rousseau, lui-même célèbre pour ses odes et ses cantates, requérant de son aîné un jugement, peut-être avant qu'intervienne la décision des immortels. La lettre du jeune Arouet est perdue, nous n'en connaissons pas la date, mais Rousseau l'évoque dans le second paragraphe de sa lettre à la *Bibliothèque française* le 22 mai 1736. [11] En 1718, Boissy cite un

---

[10] Virgile, *Géorgiques*, III, trad. E. de Saint-Denis (Paris, Les Belles Lettres, collection Budé, 1956), p.39.

[11] 'Me trouvant à Soleure, j'en [de Voltaire] reçus une lettre de compliment accompagnée d'une ode, qu'il avait composée pour le prix de l'Académie et sur laquelle il me demandait mon sentiment, que je lui marquai avec toute la sincérité qu'on doit à la confiance d'un jeune homme qu'on aime. J'appris pourtant que l'Académie avait mis cette ode au rebut, et que l'année d'après une seconde ode qu'il avait fait à dessein de prendre sa revanche, avait eu le même sort' (D1078). Nous ne savons rien de la seconde pièce de concours à laquelle fait allusion Rousseau.

extrait de la réponse de Rousseau; malgré ce que paraît laisser
entendre la lettre de 1736, imprécise voire inexacte sur plusieurs
points, Rousseau a pu être sollicité après l'événement à un moment
où Arouet tente de rallier tous les suffrages possibles. [12]

Le morceau de Voltaire, récompensé d'un *accessit*, eut les
honneurs du recueil de l'Académie mais fut également publié
dans le *Nouveau Mercure galant* d'octobre 1714. Le journaliste y
rappelle que l'ode n'a pas remporté le prix de l'Académie, mais 'l'a
bien disputé'. Il ajoute que les lecteurs 'ne seront pas fâchés de lire'
le poème qu'il reproduit. [13] Avec un sens de la publicité déjà bien
développé, le jeune Arouet orchestre ainsi une campagne contre
son rival heureux, l'abbé du Jarry et le protecteur de ce dernier, La
Motte; cette publication dans le *Mercure* n'en est que la première
étape. Si la devise tirée de Virgile semblait indiquer que Voltaire se
positionnait du côté d'une poésie nouvelle, les suites de l'histoire le
rejettent, peut-être en partie involontairement, du côté des
anciens. En effet, le vainqueur du prix, plusieurs fois couronné
par l'auguste assemblée, était soutenu par La Motte, l'un des chefs
de file des modernes. Le futur Voltaire voit la décision de
l'Académie comme un vote légitimiste en faveur d'une personne
ayant ses entrées auprès des immortels. Il s'acharne donc contre
deux individus, l'auteur primé, dont il décortique le poème dans
une espèce d'explication de textes, et, surtout, son protecteur. De
cette œuvre de jeunesse, à première vue de piètre importance,

---

[12] 'Les gens raisonnables ne seront pas scandalisés de voir ici les recueils de
l'Académie mis au rang des mauvais livres, quand ils feront attention qu'on voit à la
tête de ces recueils, les noms des auteurs les plus décriés et celui de Gacon même,
quand ils sauront que Mr. Rousseau, dans une lettre qu'il écrit à Mr. Arouet,
l'exhorte à ne plus travailler pour les prix après le couronnement de l'abbé du Jarri.
On ne voit point, dit-il, que ni les Corneilles, ni les Racines, ni les Despréaux aient
jamais travaillé pour les Prix; ils craignaient trop de compromettre leur réputation;
ils savaient trop bien que les plus méchants ouvrages avaient droit d'aspirer aux
lauriers académiques; il n'y avait point aussi de livres plus notés chez Mr. Boileau
que les Recueils de l'Académie' (Louis de Boissy, *L'Elève de Terpsicore, ou le
nourrisson de la satyre*, Amsterdam 1718, ii.2; voir D25).

[13] *Nouveau Mercure galant* (octobre 1714), p.102-103.

découlent donc à la fois des œuvres dirigées contre 'le patriarche des vers durs' comme *Le Bourbier* que l'on lira ci-dessous et la position curieuse de Voltaire, moderne chez les anciens, face à un abbé du Jarry pas plus heureux d'être un ancien égaré chez les modernes. [14] La publication de son ode dans le *Mercure* représente, pour Voltaire, un début de revanche contre son vainqueur. Il entend en effet montrer que son poème était plus que digne de l'emporter sur l'œuvre primée.

Manuscrit et éditions [15]

MS I

Genève, IMV, ms.4 (Cayrol), p.427.

NM (1714)

Nouveau Mercure galant (octobre 1714), p.102-103.

L24A

La Ligue ou Henry le Grand, poème épique, par M. de Voltaire, Avec des additions et un recueil de Pieces diverses du même Auteur. A Amsterdam, chez Jean Frédéric Bernard [Evreux ou Rouen], 1724. 12°. p.157-61. Les 'Poésies diverses de Monsieur de Voltaire' occupent les p.157 à 196 du volume. Bengesco 363.

---

[14] Noémi Hepp le dit 'de l'espèce de cette bonne vieille dont parle Montaigne, qui portait un cierge à saint Michel et un autre à son serpent, car la préface des mêmes *Poésies chrétiennes* que nous venons de citer [pour les vers honorant La Motte, traducteur d'Homère] contient un éloge dithyrambique de l'*Iliade* de Mme Dacier' (*Homère en France au XVIIe siècle*, Paris 1968, p.687).

[15] En plus des éditions citées ci-dessous le poème figure dans *Réflexions sur la rhétorique et sur la poétique, par Mr. de Fénelon, archevêque et duc de Cambray. Avec quelques autres pièces concernant l'Académie française* (Amsterdam, Jean-Frédéric Bernard, 1717) à la suite de la *Lettre à M.D****, et dans *Le Portefeuille trouvé* (Genève 1757) t.i, p.265-69.

1. ODE PRÉSENTÉE À L'ACADÉMIE FRANÇAISE

L24B

La Ligue, ou Henry le Grand. Poeme epique. Par Mr *Arrouet de Voltaire.* A Amsterdam, chez Henri Desbordes, 1724. 12°. p.4-9. Les 'Poésies diverses du M. de Voltaire' suivent les 'Remarques'; elles sont paginées 1-64. Bengesco 364.

OC61

Œuvres choisies de M. de Voltaire. Avignon, Giroud, 1761. 12°. p.1-6. Bengesco 2182, 2206; Trapnell 61A; BnC 430-33.

TS61

Troisième suite des mélanges de poésie, de littérature, d'histoire et de philosophie. [Paris, Prault], 1761. 1 t. 8°. p.260. Bengesco 2209; Trapnell 61G; BnC 84-86.

W64R

Collection complette des œuvres de M. de Voltaire. Amsterdam, Compagnie [Rouen, Machuel?], 1764. 22 t. 12°. Bengesco 2136; Trapnell 64R; BnC 145-48.
Tome i (2ᵉ partie), p.[655]-60.
BnF: Rés. Z Beuchot 26 (1, 2).

W70L

Collection complette des œuvres de M. de Voltaire. Lausanne, Grasset, 1770-1781. 57 t. 8°. Bengesco 2139; Trapnell 70L; BnC 149-50.
Tome xxiii (1772), p.259-62.

K84

Œuvres complètes de Voltaire [Kehl], Société littéraire typographique. 70 t. 8°. Bengesco 2142; BnC 164-69.
Tome xiii, p.331-35.

Principes de cette édition

Texte de base: NM. Il est impossible que la version du *Nouveau Mercure* ait circulé sans l'aval de Voltaire. Voilà pourquoi nous la choisissons comme texte de base. Soulignons que le manuscrit envoyé à l'Académie ne subsiste pas, la conservation des textes ayant concouru aux prix ne remontant qu'à la seconde moitié du dix-huitième siècle. Nos variantes sont tirées des éditions suivantes: L24A et B, OC61, W70L, et K.

Traitement du texte de base

Les mots suivants ont été modernisés: Academie, Françoise, Roy, Pieté, Foy, prosternez [pour prosternés] Trés, animez [pour animés], nôtre [pour notre], Heros, Dépoüiller, puissâce, celeste, ornez [pour ornés], supreme, caractere, revere, heroïques, intrepide, cherie, Ecartoit, afreux, tranquile, faisoit, toy, memoire, reconnois, diadêmes, heresie, revolte, levent, effrenée, fleches, zele, revere, ardens, foy, sincere, pieté, sçavent, pieté, orgüeil, vangeresse, roy, éblouït, fidele, éleve, tenebreux, toûjours, cüeillis, françoise, statuës, côtez, voila [pour voilà].

L'esperluette a été développée et les traits d'union modifiés pour respecter l'usage moderne.

Au vers 91 nous avons corrigé une coquille du texte de base qui donne 'Assiste' pour 'Assise'.

ODE PRÉSENTÉE À L'ACADÉMIE FRANÇAISE
pour la distribution des prix de l'année 1714

Du Roi des Rois la voix puissante
S'est fait entendre dans ces lieux.
L'or brille, la toile est vivante,
Le marbre s'anime à mes yeux.
Prêtresses de ce sanctuaire,   5
La paix, la piété sincère,
La foi,[1] souveraine des Rois,
Du Très-Haut filles immortelles,
Rassemblent en foule autour d'elles
Les arts animés par leurs voix.   10

a   L24: L'Ode suivante fut présentée à l'Académie française en 1714 au sujet du vœu de Louis XIII. Que Louis XIV venait d'accomplir, en faisant construire l'autel de Notre-Dame de Paris. La pièce de M. de Voltaire ne remporta point le prix, l'Académie la mit au dessous de celle de l'abbé du Jarri, que le public trouva très mauvaise quand elle parut et qui commence par ces trois vers,
      Enfin le jour paraît, où le Saint Tabernacle
      D'ornements enrichi nous offre un *beau* spectacle,
      La mort ravit un roi plein d'un projet si *beau*.
L'Académie ne s'aperçut point de tous les défauts de cette pièce qui est très plate et où l'on trouve des pôles glacés et des pôles brûlants et jugea à propos de la couronner. Voyez le Recueil de l'Académie 1714 chez Coignard; faut-il s'étonner, que ceux qui ont du talent pour les vers, ne veuillent plus composer pour les prix de l'Académie?
   Du roi des rois
a-b   oc61, w70L: Ode [oc61: Ode I] sur la construction de l'autel de Notre-Dame en 1714.
   κ: Ode première sur le vœu de Louis XIII. 1712.

[1] Une statue de la Foi par Lemoyne était au nombre des vertus placées au-dessus des pilastres du chœur.

O vierges compagnes des justes,
Je vois deux héros (a) prosternés,[2]
Dépouiller leur bandeaux augustes,
Par vos mains tant de fois ornés:[3]
Mais quelle puissance céleste   15
Imprime sur leur front modeste
Cette suprême majesté,
Terrible et sacré caractère,
Dans qui l'œil étonné révère
Les traits de la Divinité.   20
L'un voua ces pompeux portiques,
Son fils vient de les élever.
O que de projets héroïques
Seul il est digne d'achever!
C'est lui, c'est ce sage intrépide   25
Qui triomphe du sort perfide,
Contre sa vertu conjuré,
Et de la discorde étouffée (b)
Vient dresser un nouveau trophée
Sur l'autel qu'il a consacré.   30

(a) Les deux statues de Louis XIII et de Louis XIV sont aux deux côtés de l'autel.

(b) La paix de l'empereur faite dans le temps que le chœur de Notre-Dame a été achevé.

n.a oc61, w70l: Les statues
26   oc61, w70l: Qui triompha du
27   oc61, w70l: Contre la vertu
n.b oc61: que le chœur a
30   l24: [*insère ici la note b*]

[2] Il s'agit bien entendu de Louis XIII et Louis XIV représentés agenouillés.
[3] La statue de Louis XIII le montre offrant sa couronne à la Vierge; Louis XIV quant à lui est représenté sans couronne mais dans une attitude d'humilité.

Tel autrefois la cité sainte
Vit le plus sage des mortels
Du Dieu qu'enferma son enceinte
Dresser les superbes autels. [4]
Sa main redoutable et chérie   35
Loin de sa paisible patrie
Ecartait les troubles affreux,
Et son autorité tranquille
Sur un peuple à lui seul docile
Faisait luire des jours heureux.   40

O Toi, cher à notre mémoire,
Puisque LOUIS te doit le jour,
Descends du pur sein de la gloire,
Des bons rois immortel séjour;
Revois ces rivages illustres   45
Où ton fils depuis tant de lustres
Porte ton sceptre dans ses mains.
Reconnais-le aux vertus suprêmes
Qui ceignent de cent diadèmes
Son front respectable aux humains.   50

Viens, l'hérésie insinuante,
Le duel armé par l'affront,
La révolte pâle et sanglante
Ici ne lèvent plus leur front.
Tu vis leur cohorte effrénée   55
De leur haleine empoisonnée,

31 oc61, w70L: Telle autrefois
33 oc61, w70L: qu'enferme son
44 L24: rois éternel séjour
45 oc61, w70L: Reviens sur ces rives illustres
    L24: Revois les rivages
54 L24: plus le front

---

[4] Allusion à Salomon, constructeur légendaire du temple de Jérusalem.

Souffler leur rage sur tes lis
Leurs dents, leurs flèches sont brisées,
Et sur leurs têtes écrasées
Marche ton invincible fils.   60

Viens sous cette voûte nouvelle,
De l'art ouvrage précieux;
Là brûle, allumé par son zèle,
L'encens que tu promis aux cieux.
Offre au dieu que son cœur révère   65
Ses vœux ardents, sa foi sincère,
Humble tribut de piété.
Voilà les dons que tu demandes;
Grand Dieu, ce sont là les offrandes
Que tu reçois dans ta bonté.   70

Les rois sont les vives images
Du Dieu qu'ils doivent honorer;
Tous lui consacrent des hommages,
Combien peu savent l'adorer?
Dans une offrande fastueuse   75
Souvent leur piété pompeuse
Au ciel est un objet d'horreur:
Sur l'autel que l'orgueil lui dresse
Je vois une main vengeresse
Tracer l'arrêt de sa fureur.⁵   80

70 L24: reçois de ta
80 OC61, W70L: [avec note: *Apparuerunt* [W70: *Apparuerint*] *digiti quasi hominis scribentis*]
L24: [avec note: *Apparuerunt digiti quasi hominis scribantis⁶*]

⁵ Les deux strophes qui suivent figurent sous le titre '"Bonheur véritable d'un roi", tiré de l'Ode sur la construction du chœur de Notre-Dame' dans *Les Muses chrétiennes* de d'Aquin de Château-Lyon, ouvrage dédié à M. le curé de Sainte-Marguerite (Paris, Ruault, 1773), p.44-45.
⁶ 'Au même moment on vit paraître des doigts, et comme la main d'un homme qui écrivait' (Daniel v.5). Il s'agit d'un avertissement divin lors du festin sacrilège de Baltassar.

Heureux le roi que la couronne
N'éblouit point de sa splendeur;
Qui, fidèle au Dieu qui la donne,
Ose être humble dans sa grandeur;
Qui donnant aux rois des exemples,   85
Au Seigneur élève des temples,
Des asiles aux malheureux;
Dont la clairvoyante justice
Démêle et confond l'artifice
De l'hypocrite ténébreux!   90

Assise avec lui sur le trône,
La sagesse est son ferme appui:
Si sa fortune l'abandonne,
Le Seigneur est toujours à lui.
Ses vertus seront couronnées   95
D'une longue suite d'années,
Trop courte encore à nos souhaits,
Et l'abondance dans ses villes
Fera germer ses dons fertiles
Cueillis par les mains de la paix.   100

Prière pour le Roi

Toi qui formas LOÜIS de tes mains salutaires,
Pour augmenter ta gloire, et pour combler nos vœux,
Grand Dieu, qu'il soit encor l'appui de nos neveux,
Comme il fut celui de nos pères.

91   w70L: sur son trône
100a-104   w70L: [*absent*]

II
Une réaction violente

Lettre à monsieur D***

INTRODUCTION

Au lieu de se flatter d'un *accessit*, Arouet fut outré du résultat. Comme nous l'avons vu, il rendit possible la publication dans le *Nouveau Mercure galant* de son propre texte, dûment introduit par un commentaire flatteur. Il fit également circuler une critique acerbe et détaillée du poème primé, la *Lettre à monsieur D****. L'ouvrage est important à plusieurs égards. Il nous offre une expression première de l'esthétique de Voltaire qui utilise ici la lettre comme véhicule de ses idées littéraires. Se crée déjà une idée de complicité avec le lecteur qui se substitue au destinataire; il y aura d'autres cas de faux textes épistolaires plus tard dans la carrière de l'écrivain. [1] Le choix de l'initiale D*** pour désigner celui auquel est adressé le texte nous paraît tout sauf innocent pour deux raisons. Tout d'abord, l'un des modèles du bon goût cités dans le cours du texte, l'auteur de l'*Art poétique*, Boileau, avait notamment vu paraître ses œuvres sous la seule initiale de son autre patronyme, Despréaux; [2] la lettre de Voltaire peut donc être vue comme un appel au témoignage d'une autorité du grand siècle. Par ailleurs, les odes de La Motte auxquelles Voltaire fait allusion ici ont été publiées en 1709 à Paris chez Grégoire Dupuis sous le titre *Odes de monsieur D*** avec un Discours sur la poésie en général, et sur l'ode en particulier*; la coïncidence alphabétique pouvait laisser entendre que La Motte était pris à témoin dans cet exposé de ses propres insuffisances. Nous trouvons également dans la *Lettre à monsieur D**** l'une des premières indications du goût de Voltaire pour la dissimulation et le masque. L'auteur ne décline pas son identité et

---

[1] Barbier indique, au nombre des ouvrages de Voltaire, une *Lettre à monsieur D***, avocat à Besançon*, par un membre du conseil de Zurich (s.l. 1767), in-8, 7 pp. (A. A. Barbier, *Dictionnaire des ouvrages anonymes*, 3ᵉ éd., Paris 1874).

[2] Signalons par exemple l'édition des *Œuvres diverses du sieur D**** (Paris, D. Thierry, 1674).

feint de n'avoir eu aucune connaissance préalable des ouvrages soumis pour le prix. Il adopte une stratégie qui sera souvent sienne lorsqu'il s'agira de surveiller la propagation de textes philosophiques. Nous remarquons ici un éloge de l'imitation des anciens, une affirmation du fait que le dix-septième est un grand siècle et donc, implicitement, qu'il sera difficile de l'égaler. Voltaire qui, plus âgé, s'élèvera contre la satire, la pratique ici en rêvant d'un Quintilien moderne, rôle qu'il jouera d'une certaine façon avec son *Temple du goût*. Si face à un La Motte, partisan des modernes, le jeune écrivain est forcé de se ranger du côté des anciens, son éloge de Mme Dacier est peut-être en partie intéressé: il songe vraisemblablement déjà à une carrière de dramaturge et au soutien que peut lui apporter André Dacier.

Voltaire attaque sur plusieurs fronts. Il tente d'abord de démontrer que le texte de du Jarry est imparfait. Le nom de l'abbé n'est pas donné dans un premier temps comme s'il s'agissait d'obliger le lecteur à faire une partie du travail lui-même. [3] Nous apprenons l'identité de du Jarry au moment où le poème contesté nous est livré. Il faut admirer la technique du jeune auteur de la lettre. Il trace les circonstances de sa lecture du poème gagnant et tente de les reproduire pour nous. On notera cette espèce de tribunal de l'opinion à l'intérieur d'une société choisie qui correspond tout à fait à d'autres cas de jugements publics favorables ou non à l'audition, en société, d'œuvres poétiques. Ici du Jarry est montré lisant son poème et fier déjà d'avoir obtenu la couronne académique. L'auditeur supposé propose une espèce d'explication de textes non dénuée de mauvais esprit; s'appuie sur des tournures qui tiennent de la prétérition comme celle-ci: 'Je serais trop long si je faisais une recherche exacte des fautes dont ce poème est rempli. Je laisserai les vers qui n'ont d'autre défaut que celui d'être faibles, rampants, durs, forcés, prosaïques etc.'; feint l'incompréhension, trouvant des équivoques là où il n'y en a pas; propose des interprétations excessivement littérales et offre du

---

[3] Il en va de même pour l'attaque contre La Motte vu d'abord comme un académicien, décrit par ses ouvrages et nommé seulement plus loin.

poème gagnant une paraphrase réductrice mais efficace. Il détourne une pratique habituellement réservée aux grands auteurs, celle du commentaire et de l'analyse. Il l'indique lui-même: 'Mr. l'abbé du Jarri ne se serait jamais douté qu'il aurait des commentateurs.' L'exégète se retrouve, paradoxalement, à 'critiquer une pièce qui est si fort au-dessous de la critique'. L'unique reproche sérieux, qui revient dans de nombreuses éditions de Voltaire en simple introduction à son propre poème soumis pour le prix, est celui qui porte sur le pluriel maladroit des 'pôles' et l'indication que ceux-ci pourraient être soit glacés, soit brûlants, non-sens scientifique évident.[4] Des formules antithétiques offrent les seules véritables traces d'un homme de lettres: 'le propre d'un grand poète est d'anoblir les choses les plus communes; et le propre d'un rimeur est d'avilir les choses les plus nobles' ou encore 'le poème de [La Motte] doit être regardé comme l'ouvrage d'une femme d'esprit, et celui de Madame Dacier comme le chef-d'œuvre d'un savant homme.' L'on peut surtout reprocher à l'auteur de la lettre l'attaque dans les règles contre l'homme qu'il juge responsable de ce qu'il voit comme une injustice

---

[4] Desfontaines reprend la critique dans son compte-rendu du *Nouvelliste du Parnasse* (p.17): 'Le prix fut déféré à un poème de l'abbé du Jarry, dont on fait l'anatomie dans cet écrit; dessein, pensées, expressions, tout y est sifflé: surtout, les *pôles brûlants* de ce pauvre poète, sont bien tournés en ridicule. Il faut avouer que l'auteur de cette lettre est un fin connaisseur.' Plus tard encore, c'est Voltaire lui-même qui rappelle sa critique dans une lettre à la *Bibliothèque française*, écrite de Cirey le 20 septembre 1736 (D1150): '[Rousseau] parle ensuite d'une ode que je fis à l'âge de dix-huit ans pour le prix de l'Académie française. Il est vrai que ce fut mr l'abbé du Jarry qui remporta le prix; je ne crois pas que mon ode fût trop bonne, mais le public ne souscrivit pas au jugement de l'Académie. Je me souviens qu'entre autres fautes assez singulières dont le petit poème couronné était plein, il y avait ce vers: "Et des pôles brûlans jusqu'aux pôles glacez." Feu mr De la Motte; très aimable homme et de beaucoup d'esprit, mais qui ne se piquait pas de science, avait par son crédit fait donner ce prix à l'abbé du Jarry, et quand on lui reprochait ce jugement et surtout le vers du *pôle glacé* et du *pôle brûlant*, il répondait que c'était une affaire de physique qui était du ressort de l'Académie des sciences et non de l'Académie française; que d'ailleurs il n'était pas bien sûr qu'il n'y eût point de pôles brûlants, et qu'enfin l'abbé du Jarry était son ami. Je demande pardon de cette petite anecdote littéraire, où la jalousie de Rousseau m'a conduit.'

sévère: La Motte. Il accablera à nouveau celui qu'il appelle ailleurs 'le patriarche des vers durs'[5] dans *Le Bourbier* et dans une épigramme. S'il laisse entendre que le célèbre auteur des odes de 1709 est un homme agréable, il lui reproche toutefois ses positions.[6]

Dans l'exemplaire du texte que nous retranscrivons, aucun nom d'auteur n'est donné. A notre connaissance, Desfontaines, en 1734, dans son compte-rendu du recueil de Bruzen de La Martinière dans lequel la *Lettre* est reprise, est le premier à proposer une attribution: 'On soupçonne que M. de V. a autrefois composé cette lettre.' Personne n'est venu proposer un nom autre. Barbier est de ceux qui acceptent sans réserve l'identification donnée par Desfontaines:

Ces soupçons se changent en certitude aux yeux de ceux qui la lisent avec attention. Ils y remarquent en effet le ton agréable et piquant de Voltaire, l'élégante simplicité de son style et la justesse de son goût. [...] La lettre de Voltaire à M. D*** ne serait point déplacée dans la correspondance littéraire de ce grand homme.[7]

Ecrivant contre la satire, une vingtaine d'années plus tard, Voltaire affirmait que ce genre d'écrits suscitait toujours une réponse. Qu'il ait eu ou non connaissance de la *Lettre à monsieur D****, du Jarry, dans la préface de ses *Poésies chrétiennes* répond implicitement aux attaques directes ou indirectes de Voltaire. Il défend en effet son poème en s'appuyant sur le jugement académique après avoir évoqué ses deux premiers prix:

[5] Voir également *Le Temple du goût*, *OC*, t.9, p.138.

[6] Barbier rappelle que Voltaire n'eut point à se plaindre, par la suite, de l'attitude de La Motte à son égard: 'Il paraît que La Motte ne conserva aucun souvenir de ces traits de vengeance. Il répara même l'injustice qu'il avait commise envers Voltaire puisque, ayant eu à approuver sa première tragédie, il n'hésita point à dire, dans son approbation, que cet ouvrage promettait au théâtre un digne successeur de Corneille et de Racine. De son côté, Voltaire reconnut enfin que La Motte était un sage qui prêta plus d'une fois le charme des vers à la philosophie. Ce sont les expressions dont il se servit en 1766 dans le *Dictionnaire philosophique*, article "Critique"' (Barbier, col.1101; voir *OC*, t.35, p.656-66).

[7] Barbier, col.1099-1101.

je ne doute pas que certains critiques qui ne veulent rien estimer, n'aient appelé de l'arrêt rendu en ma faveur par seize juges, de dix-sept qui se trouvèrent au jugement: quand il fut lu à l'Académie le jour de la distribution, on m'a assuré qu'il avait trouvé des oreilles favorables. Ceux qui se connaissent en vers harmonieux, sublimes et chrétiens, croient avoir reconnu ces traits dans cet ouvrage: mais comme on n'y trouve point ces pointes d'esprit, ces antithèses et ces chutes préparées, qui dans les odes ou dans les stances font dire *Voilà qui est beau*, ces sortes de vers, graves et sérieux, demandent des lecteurs aussi éclairés que ceux qui les ont honorés de leur approbation, pour être goûtés [...].

Je m'étais proposé de répondre aux critiques qui veulent s'abaisser quelquefois jusqu'à mes ouvrages, s'il y a quelques gens qu'il soit permis de critiquer, ce sont surtout les mauvais critiques, et la liberté qu'ils se donnent d'attaquer, justifie au moins celle de se défendre et de repousser sur eux-mêmes les traits de leur fausse censure. Mais comment réformer ceux qui s'érigent en réformateurs? Il faudrait leur donner une autre raison, et refondre entièrement leur esprit; on rend le goût à un malade en purgeant la bile; mais on ne donne pas ainsi le bon goût et le vrai discernement à un faux critique, et la sagesse qui guérit les maladies de l'âme a peu de remèdes contre une démangeaison de censurer à tort et à travers dans un esprit mal fait, il faudrait commencer par lui faire voir, que la règle sur laquelle il prétend redresser les autres, est une règle incongrue qui a besoin d'être redressée la première: et comment en venir à bout, puisque c'est cette règle tortue et ce faux discernement que nous voulons rectifier, qui jugera de nos réflexions?

Mais la mauvaise critique ne doit pas faire tomber la plume de la main à ceux qui peuvent être de quelque utilité pour l'Eglise. [8]

On le voit, Voltaire et du Jarry réclament l'un le goût d'ici-bas, l'autre le royaume des Cieux, et l'on peut se demander si l'*Ode sur le vœu de Louis XIII* n'est pas le dernier poème vraiment chrétien de Voltaire.

En s'affrontant à du Jarry et, au-delà, à La Motte, Voltaire se dresse contre l'Académie entière. Il fronde cette institution créée, raille-t-il, pour préserver le bon goût, mais incapable, insinue-t-il, de reconnaître le véritable génie comme celui de Corneille face

---

[8] Du Jarry, *Poésies chrétiennes, héroïques et morales* (Paris, Esprit Billiot, 1715).

auquel les Gomberville ou les Desmarets ne valent rien. La lettre paraît retransmettre des informations reçues d'un immortel présent au jugement et laisse entendre que les académiciens ont modifié certains passages du poème primé, trop ridicules dans leur première version.[9] Ses affirmations auraient pu précipiter une crise grave au sein de l'institution: non seulement un jeune inconnu candidat au prix recueillait les confidences d'un immortel qui 'trahissait' les siens, mais encore le public apprenait que les morceaux soumis pouvaient être retouchés et que l'anonymat essentiel n'aurait été qu'une façade. Cette première escarmouche faillit compromettre durablement les liens du poète et des immortels. C'est ce que montre le rappel de l'affaire du jeune Arouet au moment où le célèbre Voltaire tentait de devenir membre de l'Académie. Nous en trouvons une évocation recopiée dans l'anthologie personnelle d'un avocat rouennais, Auguste Le Chevalier, sous le titre *Discours prononcé à la porte de l'Académie française par Mr le Directeur à M*** 1743*:

Nous vous pardonnons de bon cœur tous les traits que vous nous avez décochés; dépit amoureux contre les rigueurs d'une maitresse trop sévère! Il nous fut impossible en 1714 de vous ajuger un prix que vous aviez souhaité; que ne donniez vous une meilleure ode! Avec quelle joie nous vous eussions couronné, c'eust été nous donner des arrhes mutuelles d'un enagemt. prochain. Votre chagrin contre notre justice éxacte loin de se rallentir par le tems n'a fait que s'irriter.[10]

Il est impossible de traiter du rapport de Voltaire et de l'Académie voire des académies en général sans garder en mémoire cette première escarmouche. C'est peut-être en se

---

[9] La version du poème de du Jarry donnée dans ses *Poésies chrétiennes* contient quelques légères modifications. En particulier, la référence aux pôles disparaît; les vers incriminés deviennent: 'Iles, vastes états, lointaines régions, / Dont l'infidèle nuit couvre les nations, / Climats glacés, brûlants...'.

[10] Bibliothèque municipale de Rouen, ms. O31, VIII, 126. En 1743, Voltaire avait espéré être élu à l'Académie mais le parti dévot s'y opposa et il ne fut reçu qu'en 1746. Pierre-Charles Roy est l'auteur supposé du pamphlet imprimé sous le même titre et que recopie probablement Le Chevalier.

souvenant de sa mauvaise expérience que Voltaire écrit plus de cinquante ans plus tard au secrétaire perpétuel de l'Académie française, d'Alembert, une lettre qui commence par ces mots: 'Je voudrais, mon très cher, et très grand philosophe, qu'on donnât rarement des prix, afin qu'ils fussent plus forts et plus mérités. Je voudrais que l'académie fût toujours libre, afin qu'il y eût quelque chose de libre en France' (D17899; 4 septembre 1772).[11]

Histoire du texte

La date de composition du texte paraît pouvoir être établie grâce à des indices internes. Nous savons que les résultats du prix ont été proclamés le 25 août 1714. Or l'auteur de la *Lettre* dit avoir vu 'les pièces qui seront imprimées dans le Recueil de l'Académie'. Celui-ci est sorti avant la fin de 1714 (le *Journal de Trévoux* de janvier 1715 en rend compte). C'est donc entre ces deux dates que doit *a priori* avoir eu lieu la rédaction du texte et même la scène de lecture en société qui y est décrite si elle n'est pas purement le produit de l'imagination du jeune poète.

La *Lettre* vise, à une époque où les querelles littéraires sont fréquentes, à créer une espèce d'affaire *Louis XIII* ou d'affaire du Jarry qui doit contribuer à asseoir la réputation du jeune Arouet. Elle a dû susciter des remous dans la république des lettres dans la mesure où elle est considérée digne d'être incluse dans l'ensemble des pièces relatives à l'Académie française qui suivent les *Réflexions sur la rhétorique* de Fénelon à une époque où elle n'a pas trait à l'actualité.

Moland signale qu'il n'a pas trouvé 'l'édition de cette *Lettre*, qui a dû être faite dans le temps' (M.xxii.1). Nous l'avons également cherchée sans succès. Il ne nous semble pas impossible que le texte

---

[11] Notons au passage qu'il n'y a pas eu de prix décerné en 1772 en l'absence de bons concurrents ainsi que l'indique le registre AF iii, 296, 318 (Archives de l'Institut).

ait d'abord circulé en manuscrit et que Voltaire n'ait pas particulièrement souhaité le voir imprimer.

La première version publiée connue, celle qui, tout imparfaite qu'elle soit, nous offre notre texte de base, paraît dans un curieux recueil composite, les *Réflexions sur la rhétorique* de Fénelon (Amsterdam 1717). La lettre inaugure la série des 'diverses pièces touchant l'académie française'.[12] Beuchot signale que la lettre est republiée dans le *Recueil de divers traités sur l'éloquence et la poésie*, imprimé en Hollande par Bruzen de La Martinière (1730), 2 volumes in-12. Bengesco indique que l'édition Renouard de 1821 reprend la partie qui constitue une espèce de lettre à proprement parler (soit quatre paragraphes) sans inclure les remarques de Voltaire ou le poème de du Jarry.

Texte de base: *Réflexions sur la rhétorique et sur la poétique, par Mr. de Fénelon, archevêque et duc de Cambray. Avec quelques autres pièces concernant l'Académie française* (Amsterdam, Jean Frédéric Bernard, 1717), p.221-40.

Principes de cette édition

La ponctuation du texte de base, ainsi que l'orthographe des noms propres de personnes et de lieux, ont été respectées. Dans quelques cas les alinéas ont été supprimés après les citations, pour rendre la mise-en-page plus claire. Par ailleurs le texte de base a fait l'objet d'une modernisation portant sur la graphie, l'accentuation et l'emploi des majuscules.

Traitement du texte de base

Les modernisations et rectifications suivantes ont été effectuées: dans les terminaisons de verbes, *-oi* a été transformé en *-ai*; l'esperluette a été développée; les Traits d'union ont été harmonisés pour se conformer à l'usage moderne.

---

[12] D'après Barbier, l'ouvrage pourrait être de 1731.

La graphie des mots suivants a été revue selon l'usage moderne: Poësie, françoise, academie, connoissés, poëtes, communement gazettier, constituë, tems, paye, confreres, mediocres, poëme, premiere, piece, sachiés, reputation, repondit, decisions, reponse, satis fit (pour satisfit), funebres, present, treise, grouppe, pieté, genie, dixneuf, envoye, ennuyeront, nôtre (pour notre), suposons, poême, negligé, reserver, assés, loüer, ornemens, premierement, troisiemement, tournez (pour tournés), voila (pour voilà), fidelle, parcequ', connuë, foibles, prosaiques, grossieres, ayent, couronnez (pour couronnés), descouvertes, fecond, consequences, formez (pour formés), repond, tenebreux, cahos, traittoit, resolurent, epithete, delicatesse, écrits (pour écris), acadmicien, desseins (pour dessins), inventez (pour inventés), enfantez (pour enfantés), matiere, matiére, aplaudi, matiére, taillez (pour taillés), vû, rens, merite, zéle, chrêtien(s), s'y (pour si), homage, drapaux, nôtre (pour notre), verité, plûpart annoblir, avillir, voi, ecclesiastique, apparamment, diademe, loüanges, isles, loingtaines, regions, infidelle, glacez (pour glacés), brulants, connuë, poles, medecin, reçûs, siences parvenuë, raïon, repand(re), heros, piece, reverées, nud, abatu, venduë, brulants, joints (pour joins), venerable, guére, priere, ayeul, present(é), espines, eut (pour eût), trouverés, pacquet, reduit, écrits (pour écris), ayent, meprisent, genies, siecle(s), succederent, oposa, torrant, dixhuitieme, reputation, ruïne, systeme, methode, seduit, caractere, ecarte, modelles, imitez (pour imités), escrire, aisement, stile, reconnoîtrés, beautez, meprise, meritoit, epitre, meprise, pere, revere; nous corrigeons en les signalant les erreurs d'homophones ou/où et a/à.

Les fautes de copiste ou d'impression ont été corrigées: 'à' pour 'a'; 'teint' pour 'teints'; 'du' pour 'de'; 'mis' pour 'mise'; 'ou' pour 'où'; 'ou' pour 'on'; 'parle' pour 'parlé'; 'plnsieurs' pour 'plusieurs'; 'Potes' pour 'Pôles'; 's'y' pour 'si'.

LETTRE À MONSIEUR D***

Au sujet du prix de Poésie donné par
l'Académie française,
l'année 1714

Monsieur,

Vous connaissez le pauvre Du ** c'est un de ces poètes de
profession qu'on rencontre partout et qu'on ne voudrait voir nulle
part; nous l'appelons communément le gazetier du Parnasse, il est
parasite afin qu'il ne lui manque rien de ce qui constitue un bel   5
esprit du temps, et il paie dans un bon repas, son écot par de
mauvais vers, soit de sa façon soit de celle de ses confrères les
poètes médiocres. Il nous montra ces jours passés un poème
imprimé, où on voyait à la première page ces mots écrits A
L'IMMORTALITÉ. C'est la devise de l'Académie française nous   10
dit-il, la pièce n'est pas pourtant de l'Académie, mais elle l'a
adoptée, et si ces Messieurs l'avaient composée ils ne s'y seraient
jamais pris autrement que l'auteur.[1] Il faut que vous sachiez
continua-t-il que l'Académie donne tous les deux ans un prix de
poésie et par là immortalise un homme tous les deux ans, vous   15
voyez entre mes mains l'ouvrage qui a remporté le prix cette
année. Oh que l'auteur de ce poème est heureux, il y a quarante ans
qu'il compose sans être connu du public, à présent le voilà pour un
petit poème associé à toute la réputation de l'Académie.[2] Mais lui

---

[1] Le texte gagnant a peut-être circulé sur une feuille volante ou sous forme de
brochure avant d'être intégré au recueil. La devise figure au centre d'un ornement
qui apparaît sur la page de titre des recueils de l'Académie et notamment de celui
dans lequel figurent les poèmes de Voltaire et de l'abbé du Jarry.

[2] Voltaire fait preuve de mauvaise foi: du Jarry était connu, ainsi qu'il le dit plus
loin, pour ses sermons à l'occasion de la mort de hauts personnages; par ailleurs il
avait déjà été primé par l'Académie. L'abbé évoque ses diverses récompenses
académiques dans la préface de ses *Poésies chrétiennes*: 'Me voyant engagé dans

dis-je n'arrive-t-il jamais qu'un auteur déclaré immortel par les 20
quarante soit mis au rang des *Cotins* par le public, qui est juge en
dernier ressort? cela ne se peut me répondit mon poète car
l'Académie n'a été instituée que pour fixer le goût de la France
et on n'appelle jamais de ses décisions. J'ai de bonnes preuves dit
alors un de mes amis, qu'une assemblée de quarante personnes 25
n'est pas infaillible: du reste le Cid et le Dictionnaire de Furetière
se sont soutenus contre l'Académie,[3] et il pourrait bien se faire
qu'elle approuvât de fort mauvais ouvrages comme elle en a
critiqué de fort bons.

Pour réponse à toutes ces railleries mon homme lut à haute voix 30
Poëme chrétien qui à remporté le prix par Mr. l'abbé du Jarri.[4] Il faut

l'impression de ce recueil, j'ai fait un effort pour joindre un troisième prix de poésie
aux deux autres, dont l'Académie française m'avait honoré. J'ai cru avoir besoin de
renouveler quelque réputation que les coups d'essai de ma jeunesse m'avaient
acquise, et qu'après une longue éclipse sur le Parnasse, venant à y paraître de
nouveau, il me fallait réprimer la licence critique par le poids d'un suffrage aussi
imposant que celui de cette célèbre compagnie.' Les trois poèmes primés figurent
d'ailleurs dans le recueil: *Pièce qui a remporté le prix au jugement de l'Académie
française en l'année mil six cent soixante dix-neuf:* 'Que la victoire a toujours rendu sa
Majesté plus facile à la paix' ('C'est en vain que Louis...') (p.3); *Autre pièce en 1683:*
'Sur les grandes choses que le Roi a faites pour la Religion Catholique' ('En vain
pour les héros les lauriers ont des charmes') (p.10); et le volume clôt sur la *Pièce qui a
remporté le prix au jugement de l'Académie française, en l'année mil sept cent quatorze*
(*Poésies chrétiennes, héroïques et morales*, Paris, Esprit Billiot, 1715).

[3] Rappelons que la querelle du *Cid* qui agita pendant plusieurs mois la
République des lettres a abouti en décembre 1637 aux *Sentiments de l'Académie
sur 'le Cid'* dans lesquels Corneille était loué pour les beautés de sa pièce mais fustigé
pour son manque de respect des règles aristotéliciennes. Le dramaturge prit fort mal
les critiques et répondit plusieurs fois directement ou indirectement aux sentences
académiques. Pour ce qui est du *Dictionnaire* de Furetière, sa publication est
intervenue avant l'achèvement du dictionnaire de l'Académie qui l'a vu comme un
rival à condamner.

[4] Déjà auteur du *Poème chrétien sur la béatitude, contre les illusions du quiétisme*
(Paris, Louis Josse, 1699; Conlon 9318), en 1715, du Jarry fait paraître son recueil de
Poésies chrétiennes, héroïques et morales. Par ailleurs, dans le recueil de l'Académie, la
table des matières donne: *Poème chrétien qui a remporté le prix de poésie au jugement de
l'Académie française en l'année MDCCXIV. Par M. l'abbé du Jarry.* Les quatre
autres pièces de vers sur le même sujet figurent sous le titre d'*Ode*.

avant de commencer lui dis-je que nous sachions ce que c'est que
Mr. l'abbé du Jarri, le sujet de son poème et en quoi le prix
consiste. Il satisfit ainsi à mes questions.

Autrefois Mr. l'abbé du Jarri a fait imprimer plusieurs oraisons   35
funèbres[5] et quelques sermons,[6] à présent il fait mettre sous la
presse un volume de ses poésies,[7] et il est à croire qu'il est aussi
bon poète que grand orateur. Le sujet de son poème est la louange
du Roi, *à l'occasion, du nouveau chœur de Notre Dame construit par
Louïs quatorze et promis par Louïs treize.* Le prix est un beau groupe   40
de bronze où l'on voit un assemblage merveilleux du fabuleux et
du sacré, car la Renommée y paraît auprès de la Religion, et la
Piété y est appuyée sur un Génie.[8] Au reste les rivaux de Mr.
l'abbé du Jarri étaient de jeunes gens de dix-neuf à vingt ans, Mr.

---

[5] Il a publié l'*Oraison funèbre de très haut et très puissant Seigneur M*^re *Charles de Ste
Maure, duc de Montausier, pair de France, prononcée dans l'église de Sainte-Croix de la
Cité, le 23 août 1690* (Paris, Antoine Dezallier, 1690; Conlon 4826), l'*Oraison funèbre
du très haut, très puissant prince Louis de Bourbon, prince de Condé, premier prince du
sang, prononcée à l'abbaye royale de Maubuisson, le 3 may 1687* (Paris, Daniel
Horthemels, 1687; Conlon 3346), l'*Oraison funèbre de Marie-Anne-Christine de
Bavière, dauphine de France, prononcée dans l'église de l'abbaye royale de Maubuisson,
le 27 juin 1690* (Paris, Antoine Dezallier, 1690; Conlon 4825); au moment de
composer pour le prix il donne *Les Oraisons funèbres de très haut, très puissant et très
excellent prince, monseigneur Louis, dauphin, mort en MDCCXI, et de très haute, très
puissante et très excellente princesse, Marie Adélaïde de Savoye, son épouse* (Paris,
Nicolas Pepie, 1712; Conlon 16271).

[6] Conlon signale les ouvrages suivants: *Essais de sermons pour l'Avent, contenant
trois desseins différents* [...] *et aussi trois desseins particuliers pour les dimanches et pour
les fêtes de l'Avent* (Paris, D. Thierry, 1698; Conlon 8696, voir aussi l'entrée 19186),
*Essais de sermons pour les dominicales et les mystères, contenant trois desseins pour
chaque sujet. Avec des sentences choisies de l'Ecriture sainte et des Pères de l'Eglise pour
chaque discours, traduites en français* (Paris, Denys Thierry, 1696; Conlon 7607) et
Sermons sur les mystères de Nostre-Seigneur et de la Sainte Vierge (Paris, Jacques
Estienne 1709; Conlon 14758).

[7] Le privilège des *Poésies chrétiennes*, date du 29 avril 1714 mais le volume n'a
paru qu'en 1715. S'il s'agit de ce volume la *Lettre à monsieur D****a dû être écrite
après la parution du recueil académique.

[8] Le *Nouveau Mercure galant* d'octobre 1714 évoque, avant de présenter le poème
du jeune Arouet, le groupe de bronze où 'l'on voit la Renommée auprès de la
Religion, et la Piété appuyée sur un Génie'.

l'abbé en a soixante et cinq. [9] Il est bien juste qu'on fasse honneur à   45
son âge. Après ce grand préambule, il toussa, et nous lut d'un ton
plein d'emphase, le merveilleux poème que je vous envoie.

POÈME CHRÉTIEN [10]
Qui à remporté le prix de poésie au jugement de l'Académie
française par Mr. l'abbé du Jarri [11]   50

Enfin le jour paraît, où le saint Tabernacle
D'ornements enrichi nous offre un beau spectacle.
La mort ravit un roi plein d'un projet si beau,
Salomon est fidèle à David au tombeau. [12]
Viens ô Religion des mortels adorée,   55
Descends fille du Ciel de la voûte azurée
Reçois de tes enfants couronnés et soumis
Les dons offerts par l'un; et par l'autre promis.
Que j'aime à voir Loüis victorieux et calme,

[9] L'abbé du Jarry est né en 1658 (et mort en 1730); Voltaire le vieillit donc d'une
dizaine d'années.

[10] Nous donnons le texte du poème conformément à notre texte de base (et aux
principes d'édition indiqués ci-dessus). Signalons au passage que le poème figure
avec une traduction latine de M. de Fanniere de l'Académie royale des médailles et
Inscriptions, fils de M. de Fanniere, Conseiller d'Etat, petit-neveu de M.
Dablancour, dans l'édition des *Poésies chrétiennes* de l'auteur.

[11] Le texte de Voltaire semble se conformer à celui du recueil de l'Académie. En
effet, la p.235 donne ceci: *Poème chrétien qui a remporté le prix de poésie au jugement de
l'Académie française en l'année MDCCXIV. Par M. l'abbé du Jarry* et à la p.237 nous
lisons: *Poème chrétien qui a remporté le prix de poésie au jugement de l'Académie
française.*

[12] La Bible rapporte que Salomon a construit le Temple de Jérusalem souhaité par
David, son père mort. Les dix vers qui suivent sont cités par Boissy (*L'Elève de
Terpsicore*, ii.94-95) parmi les 'Modèles de vers durs et ostrogots' avec la remarque:
'Voilà le plus noir baragouin qu'on puisse parler. *Le visible temple sort du ténébreux
chaos, les dessins inventés du docte artisan, passent de son esprit enfantés sur le bronze,
une informe matière est formée en chef-d'œuvre, marbre, jaspe taillés sous le sacré
lambris, y disputent le prix à la sculpture antique.* Est-ce là du français ou de
l'allemand?' On notera la ressemblance du texte de Boissy avec le résumé offert par
Voltaire dans la *Lettre à monsieur D.*

La tête couronnée, et d'olive et de palme,   60
A la source des dons offrir un saint tribut
Et rapporter à Dieu l'éclat qu'il en reçut.

Héros religieux, des princes le plus juste,
Digne père d'un roi des rois le plus auguste
Vois sur la terre enfin tes saints vœux accomplis,   65
Vois ta religion dans celle de ton fils.
Quel prodige de l'art! l'excellence admirée
Imite sur l'autel la puissance qui crée,
Dieu lui parle, et l'encens que sa voix rend fécond
Par mille être formés à ses ordres répond.   70
Du ténébreux chaos, sort le visible temple
Où tout offre la gloire à l'œil qui le contemple.
Tels du docte artisan les dessins inventés
Passent de son Esprit sur le bronze enfantés.
Une informe matière, en chef-d'œuvre est formée   75
Le ciseau fait sortir la figure animée.
Marbre, jaspe, taillés sous le sacré lambris
A la sculpture antique y disputent le prix.
Monuments, de Louïs éternisez le zèle,
Egalez de son nom la durée immortelle.   80
Les chants de la victoire entonnés tant de fois
De l'Eglise et du monde ont rassemblé les voix.
Je vois parmi les dons de nos chrétiens monarques
Flotter de leurs exploits les éclatantes marques.
Pompe des conquérants, drapeaux, disparaissez,   85
Ne nous rappelez plus cent peuples terrassés. [13]
Le dieu de paix préfère un pacifique hommage
A ceux que de la guerre ensanglante l'image.
Et d'un plus beau spectacle en ce jour glorieux
La splendeur réjouit et la terre et les Cieux.   90

[13] Les drapeaux glorieux des campagnes militaires étaient suspendus dans Notre-Dame.

O vierge souviens-toi de ce jour mémorable
Où tremblant sous la main de ton fils adorable
Un monarque pieux, vraiment roi très chrétien,
Mit son sceptre royal sous la garde du tien.
C'est un serment sacré qui te plut dans le père,   95
Que dans le fils dégage un zèle héréditaire.
Vois le peuple avec lui devant toi prosterné
Lui demander encor un roi par lui donné.
Qu'en ce jour de l'encens la plus pure fumée
Remplisse du Seigneur la maison parfumée.   100
Que nos vœux pour Louïs jusques au ciel montés
Au trône de ton fils soient par tes mains portés
Que la terre et le ciel, que l'homme joint à l'ange,
Forment d'un saint concert, l'harmonieux échange
Que par toutes les voix au Parnasse sacré   105
Par d'immortels accords Louïs soit célébré.
De cendres en ce jour couvrant son diadème
Il ignore son rang et se cache à lui-même.
Iles, vastes climats, lointaines régions,
Dont l'infidèle nuit couvre les nations,   110
Pôles glacés brûlants,[14] où sa gloire connue
Jusqu'aux bornes du monde est chez vous parvenue,
Puisse la renommée en louant ce grand roi
Porter jusques à vous un rayon de sa foi.
Et de sa piété l'exemple se répandre   115
Autant que de son nom le bruit s'est fait entendre.
Voyez non plus ce front où sur des traits guerriers
La sagesse triomphe au milieu des lauriers.
Mais le roi qui descend du char de la victoire
Aime à voir devant Dieu disparaître sa gloire;   120

---

[14] La juxtaposition des deux adjectifs, séparés d'une virgule dans l'édition des
poésies de du Jarry, mais ici sans ponctuation, produit une espèce d'oxymore qui
rappelle Pétrarque et la poésie baroque, mais qui est d'un effet tout à fait ridicule
dans le contexte d'une esthétique classique.

Joint l'humble adorateur au plus grand des humains,
S'unit aux dons offerts par ses royales mains,
Met aux pieds des autels tous ces titres illustres,
Offre au Ciel en tribut l'éclat de quinze lustres,
Ce beau règne tissu d'innombrables exploits   125
Et rend de tout l'hommage au monarque des rois.
Tel jadis adorant cette couronne sainte
Qui du sang de l'agneau montre l'épine teinte
L'aïeul saint de Louïs posait sur les autels
La relique sans prix vénérable aux mortels. [15]   130
Plus grand lorsqu'il offrait dans les pompes sacrées
De l'innocent contrit les marques révérées,
Le chef et le pied nu, l'œil, le front abattu,
Qu'au trône et sous le dais, de splendeur revêtu. [16]
Eh? que sont-ils grand Dieu sur leur trône fragile   135
Ces rois ces conquérants que tu pétris d'argile?
Que sont-ils à tes yeux quand par de vains présents
Jusques sur les autels ils recherchent l'encens!
Tu dédaignes Seigneur leurs superbes offrandes,
C'est dans leurs riches dons leur foi que tu demandes   140
Et tu veux qu'un héros des passions vainqueur
En parant tes autels t'en fasse un de son cœur.
C'est ce cœur infini plus vaste que le monde
Que pour temple a choisi ta sagesse profonde.
Son hommage te plaît, un signe heureux enfin   145
D'un déluge de sang nous annonce la fin.
Tu veux qu'au même jour un saint vœu s'accomplisse
Et que l'hymne de paix au temple retentisse
Heureux jour! saint baiser! qui comblant nos souhaits
Unit la piété, la justice et la paix.   150

---

[15] Saint Louis a offert à Notre-Dame des reliques de la Passion dont une couronne d'épines que l'on disait avoir été portée par le Christ lors de sa crucifixion.

[16] Quelques-uns des vers qui précèdent montrent, selon Boissy (ii.95), par leur 'style gothique' que du Jarry était disciple de Chapelain.

Prière pour le roi

Tout le Peuple, grand Dieu, devant toi s'humilie,
De tes dons pour Louïs, renouvelle le cours.
Plus ta clémence ajoute au nombre de ses jours
Plus nous avons besoin qu'elle se multiplie.   155
Pour prix de tes autels parés et rétablis,
Laisse croître et fleurir un rejeton des lis.
A l'ombre des lauriers de la royale tige
Joins aux ans de l'aïeul ceux de l'auguste enfant.
Qu'au siècle de Louïs[17] tout tienne du prodige   160
Et qu'il soit aussi long qu'heureux et triomphant.

On a pris la liberté, Monsieur, de critiquer l'ouvrage que
l'Académie a couronné: je vous envoie les remarques que nous
avons faites avec simplicité; elles vous ennuieront peut-être moins
que le poème.   165
Enfin le jour paraît. Je défie qu'on s'exprime mieux pour dire,
enfin il commence à faire jour, et l'auteur aurait ôté l'équivoque s'il
avait mis: *Enfin ce jour paraît.* Car il doit savoir que notre langue
est ennemie des équivoques. Ce n'est pas tout, plusieurs personnes
d'esprit ont trouvé que cet *Enfin* fait un très mauvais effet,   170
supposons deux choses qui certainement n'arriveront ni l'une ni

---

[17] Frantext ne recense aucune occurrence du groupe nominal 'Siècle de Louis'
avant 1724 (chez Dubos). L'on peut se demander si Arouet ne trouva pas chez du
Jarry cette expression dont Voltaire allait faire la fortune. La Harpe insistant sur
l'idée que la poésie officielle ne produisait pas de chefs-d'œuvre au nombre des
pièces couronnées des concours revient sur le concours de 1714 en confondant deux
poèmes primés de du Jarry: 'dans ce grand nombre de pièces couronnées, les plus
heureuses ont été celles dont les amateurs ont retenu quelques beaux vers, tels que
ceux-ci de l'abbé du Jarry: Comme on voit les roseaux, courbant une humble tête, /
Résister par faiblesse aux coups de la tempête, / Tandis que les sapins, les chênes
élevés, / Satisfont en tombant aux vents qu'ils ont bravés.' Il signale alors un
emprunt du vaincu à son vainqueur: 'Voltaire a voulu deux ou trois fois s'approprier
cette belle expression, *satisfaire en tombant*, sans pouvoir jamais la placer aussi bien
qu'elle l'est ici' (*Lycée ou cours de littérature*, Paris, Agasse, an XII, xiii.295-96; nous
trouvons l'expression à la scène iii de l'acte I de *La Mort de César*: 'Et voir dans
l'Orient le trône de Cyrus / Satisfaire en tombant aux mânes de Crassus').

l'autre; que les grandes actions de Louïs quatorze ne passeront point à la postérité et que Mr. l'abbé du Jarri jouira de l'immortalité que lui promet l'Académie; ceux de nos neveux qui auraient un jour le courage de lire le poème de Mr. l'abbé du 175 Jarri croiraient en voyant cet *Enfin* que le roi a négligé d'accomplir le vœu de son père. Car l'auteur ne dit pas que de longues guerres soutenues contre la moitié de l'Europe ont fait réserver l'accomplissement du vœu pour un temps plus heureux et qu'on n'a différé de bâtir le chœur de notre Dame qu'afin de le faire avec plus de 180 magnificence. Vous voyez Monsieur que l'auteur s'y prend assez mal pour louer un roi si digne d'être bien loué.

> *où le saint tabernacle*
> *D'ornements enrichi nous offre un beau spectacle.*

Les beaux vers! premièrement on ne sait si c'est le saint 185 tabernacle, ou le beau spectacle qui est enrichi d'ornements. Secondement, *Le st. tabernacle* convient à toutes les églises de Paris comme *à notre Dame*. Troisièmement ces deux vers sont si plats et si mal tournés qu'on doute si l'harmonie n'y est pas plus maltraitée que le sens commun. 190

> *La mort ravit un roi plein d'un projet si beau*

Voila donc Monsieur en deux vers, *un beau projet* et *un beau spectacle*.

> *Salomon est fidèle à David au tombeau.*

Si on ne connaissait l'histoire de Salomon, on ne saurait ce que 195 l'auteur veut dire par ce vers, faut-il que parce qu'une chose est connue, elle soit mal exprimée?[18] Je n'ai encore examiné que quatre vers, je serais trop long si je faisais une recherche exacte des fautes dont ce poème est rempli. Je laisserai les vers qui n'ont d'autre défaut que celui d'être faibles, rampants, durs, forcés, 200 prosaïques etc. Je n'attaquerai chez Mr. l'abbé du Jarri que le

---

[18] Nous avons rappelé plus haut que Salomon avait construit le Temple de Jérusalem souhaité par son père. Si David n'a pas pu édifier le sanctuaire, c'est qu'il

ridicule et les fautes grossières contre le sens commun, je n'aurai que trop d'occupation.

Que j'aime à voir Louïs victorieux et calme.

A-t-on jamais dit d'un roi victorieux qui donne la paix à ses sujets [205] qu'il est victorieux et calme? La bizarrerie de ce terme se fait mieux sentir qu'elle ne peut s'exprimer.

La tête couronnée et d'olive et de palme.

On portait bien autrefois des palmes dans les mains, mais l'abbé du Jarri ne trouvera nulle part que les vainqueurs en aient été [210] couronnés.[19] C'est une des découvertes qu'il a faites dans son poème.

Quel prodige de l'art! l'excellence admirée
Imite sur l'autel la puissance qui crée.

Toute la compagnie en présence de laquelle, on nous lisait ce [215] poème ne put s'empêcher de rire à la lecture de ces deux vers, notre poète en fut scandalisé. Nous lui disions que Chapellain, Colletet, Gombaud, Gomberville, Hainaut, Desmaretz, Perrault, Scuderi,[20] n'avaient jamais fait de vers plus ridicules. Vous perdez le respect nous répondit-il, tous ces auteurs sont de l'Académie française.[21] [220]

---

avait combattu. Son fils, monarque sage et pacifique, érigea la demeure consacrée. L'histoire devait être familière à tout lecteur du début du dix-huitième siècle; de plus, le parallèle entre les personnages bibliques et les deux Louis, le fils accomplissant ce que le père avait souhaité, l'aîné s'étant engagé dans des guerres, le second devant inaugurer une époque de paix, ne paraît pas forcé. On doit, je pense, taxer Voltaire de mauvaise foi dans sa critique d'autant que la périphrase par laquelle il désigne Salomon constructeur du temple de Jérusalem dans son propre poème est moins claire encore que les allusions de du Jarry.

[19] De palme à palmes, Voltaire feint l'incompréhension face à l'image traditionnelle des palmes de la victoire qui équivalent aux lauriers.

[20] Il s'agit de proches de Richelieu, familiers de l'hôtel de Rambouillet, des cercles mondains et érudits et parfois de la 'Société des cinq auteurs', comptant parmi les premiers académiciens sans être au nombre des plus glorieux.

[21] La Harpe indique que l'affaire de l'ode sur le vœu de Louis XIII devint, par la

Dieu lui parle, et l'encens que sa voix rend fécond,
Par mille êtres formés à ses ordres répond.
Du ténébreux chaos sort le visible temple
Où tout offre la gloire à l'œil qui le contemple.

Avant d'examiner ce pompeux galimatias, il faut que je vous fasse 225
part de ce qui s'est passé à l'Académie à l'occasion de ces vers.

Dans le manuscrit qui était entre les mains de ces Messieurs on
avait écrit *du ténébreux Chaos sort l'invisible temple*, ce temple
invisible fit peine à quelques-uns. Ils n'osaient exposer aux yeux du
public un poème où on traitait d'invisible l'église de notre Dame. 230
Ils résolurent de substituer à la place de ce mot quelque épithète
expressive qui relevât la beauté du vers, l'épithète de visible leur
parut très juste. On consulte l'auteur, il y donne les mains, non
sans admirer le bon sens et la délicatesse de l'Académie. Je tiens ce
que je vous écris de la bouche d'un académicien qui me citait ce 235
vers *du ténébreux chaos* comme le plus bel endroit du poème.[22]

---

suite, un nouvel exemple avancé par les écrivains négligés pour montrer que
l'Académie était incapable de juger correctement la valeur des choses. Il écrit
ceci (après avoir cité quelques vers de du Jarry, extraits d'un autre poème): 'C'est la
pièce où étaient ces vers, qui en 1714 remporta le prix de l'Académie sur une ode de
Voltaire. Il n'avait alors que vingt ans; il ne manqua pas de crier à l'injustice, et ce fut
même un des motifs de l'espèce d'animosité qu'il laissa voir assez longtemps contre
l'Académie, et qui produisit quelques satires qu'il eut pourtant la sagesse de ne pas
insérer dans ses œuvres, mais que son nom a fait subsister jusqu'à nous. Les auteurs,
mécontents de l'Académie, ont répété mille fois que *l'abbé du Jarry l'avait emporté sur
Voltaire*, et en disant cela ils croyaient avoir tout dit. Heureusement les deux pièces
existent: celle de du Jarry n'est pas bonne, mais il y a du bon: celle de Voltaire n'est
pas bonne, et il n'y a rien, absolument rien de bon, rien qu'on puisse opposer aux
quatre vers cités ici. On ne devait couronner ni l'une ni l'autre; mais, dans le cas du
choix, il n'y avait pas à balancer' (*Lycée ou cours de littérature*, xiii.289). Barbier
conclut à la supériorité du poème d'Arouet: 'On a peine aujourd'hui à concevoir
comment l'Académie lui préféra le poème de l'abbé du Jarry' (Barbier, col.1101).

[22] Non seulement, comme nous l'avons signalé dans l'introduction, Voltaire
laisse entendre que l'illustre compagnie a 'corrigé' les imperfections du poème de du
Jarry, mais encore il affirme que le plus bel extrait du texte primé n'est pas du
signataire mais de ses juges.

Quelques personnes plaignent ici Mr. l'abbé du Jarri. Le public disent-ils, le condamne sans l'entendre, car jamais personne n'entendra ce qu'il veut dire par, *l'excellence admirée de l'art qui imite sur l'autel la puissance qui crée; l'encens fécond qui répond aux ordres de Dieu par des êtres déjà formés, le visible temple qui sort du chaos ténébreux et qui offre sa gloire à l'œil.* Je suis sûr que M. l'abbé du Jarri ne l'entend pas lui-même. 24c

Oh! que si on voulait débrouiller ce *Chaos,* on tirerait de fortes conséquences contre le sens commun de Mr. l'Abbé du Jarri: peut-être même pourrait-on s'en prendre à l'Académie qui a adopté ce bel ouvrage. 245

> *Tel du docte artisan les dessins inventés*
> *Passent de son esprit sur le bronze enfantés.*

Il veut faire une comparaison, mais à quoi compare-t-il ces *dessins* 25c *du docte artisan?* Est-ce au néant, est-ce au chaos! vous voyez qu'il n'y a pas un vers où on ne trouve du ridicule. Que penseriez-vous d'un homme qui dirait *les dessins inventés de Mr. l'abbé du Jarri passent de son esprit enfantés sur le papier?* On pardonne *les dessins inventés par un docte artisan, mais les dessins inventés d'un docte* 255 *artisan,* ne sont pas soutenables.

> *Une informe matière en chef-d'œuvre est formée.*

On a fort applaudi dans l'Académie à cette heureuse pointe de *matière informe qui* est formée.

> *Marbre, jaspes taillés sous le sacré lambris* 26c
> *A la sculpture antique y disputent le prix.*

Voici Monsieur les deux vers qui ont déterminé les suffrages de l'Académie; on a vu avec étonnement, qu'un poète dit en deux vers, que le marbre et le jaspe qui servent à l'ornement du chœur de notre Dame ont été taillés dans le chœur même, et que ce même 26₅ marbre et ce même jaspe disputent le prix à la sculpture antique. Surtout cette expression vive, *marbre, jaspe* a plu infiniment. Vous vous apercevez bien que ce n'est point un esprit de critique qui

m'anime, et que je rends justice au vrai mérite avec autant d'équité
que le pourrait faire l'Académie même.   270

Monuments, de Louïs éternisez le zèle.

Mr. l'abbé du Jarri est le premier qui ait ainsi employé le mot de
monument au vocatif sans épithète, il aurait du moins sauvé cette
faute s'il avait mis.

Monuments de Louïs éternisez son zèle.   275

Je vois parmi les dons de nos chrétiens monarques.

On dit bien un monarque chrétien, mais non pas un chrétien
monarque.

Le Dieu de paix préfère un pacifique hommage

On ne sait si l'épithète de pacifique convient si bien à un vœu qui   280
n'a été fait que pour remercier Dieu de la défaite des Espagnols.[23]

A ceux que de la guerre ensanglante l'image.

Il veut parler des drapeaux qui sont à notre Dame, mais en vérité
n'est-ce que l'image de la guerre qui les ensanglante? Il me semble
que c'est bien la guerre elle-même, et la plupart des drapeaux sont   285
réellement teints du sang des ennemis. On remarque à propos de
ce vers que le propre d'un grand poète est d'anoblir les choses les
plus communes, et le propre d'un rimeur est d'avilir les choses les
plus nobles.

Un monarque pieux, vraiment roi très chrétien.   290

Avant Mr. l'abbé du Jarri on n'avait jamais mis *roi très chrétien* en
vers.

Vois son peuple avec lui devant toi prosterné
Lui demander encor un roi par lui donné.

---

[23] D'après les historiens modernes, le vœu de Louis XIII revêt un profond sens
théologique et ne correspond pas uniquement à un acte de gratitude pour une
victoire militaire. Voir l'article 'Vœu de Louis XIII' rédigé par Raymond Darricau,
Dictionnaire du Grand Siècle, p.1614-15.

Voilà trois *lui* qui font pour le moins deux équivoques dans ces   295
deux vers. Expliquons la chose, le plus favorablement que nous
pourrons; Mr. l'abbé du Jarri ne se serait jamais douté qu'il aurait
des commentateurs.

Sainte vierge, vois le peuple de Louïs prosterné avec lui demander à ton
fils dont il est parlé huit vers auparavant le roi par lui donné.   300

On doute si on peut demander une chose dont on est déjà en
possession, cela paraît bien raffiné, c'est le goût de l'Académie dit-
on, je le crois, mais est-ce le goût du public? *Parnasse sacré.*[24] On ne voit pas trop ce que c'est qu'un Parnasse
sacré. C'est apparemment celui de l'auteur, car il est ecclésiastique.   305

> *De cendres en ce jour couvrant son diadème.*

On ne peut dire de ce vers que ce qu'Horace disait autrefois des
mauvais poètes qui voulaient faire leur cour à Auguste par des
louanges mal placées. *Cui malè si palpere recalcitrat undique tutus.*[25]
En effet, il est bien question de *Cendre* quand Louïs quatorze fait   310
construire de nouveau le chœur de notre Dame.

> *Iles, vastes climats, lointaines régions*
> *Dont l'infidèle nuit couvre les nations.*

Ce *dont* tombe-t-il sur l'infidèle nuit, ou sur les nations, encore une
équivoque. L'Auteur ne les épargne pas.   315

> *Pôles glacés, brûlants....*

Lors qu'on nous lut cet endroit du poème, on trouva que pour dire
Pôles glacés, brûlants au pluriel, il faudrait qu'il y eût plusieurs
pôles de chaque espèce.

> *Que par toutes les voix au Parnasse sacré*   320
> *Par d'immortels accords Louis soit célébré.*

---

[24] Le commentaire fait référence aux vers suivants de du Jarry: 'Que par toutes
les voix au Parnasse sacré / Par d'immortels accords Louis soit célébré.'

[25] *Satires*, livre II, satire I, vers 20: 'Caressez mal l'étalon et, entièrement sur ses
gardes, il vous donnera un coup de pied en retour.'

Ainsi selon Mr. l'abbé du Jarri, il y a quatre pôles pour le moins. Un malin envieux de la gloire de Mr. l'abbé se souvint alors par malheur que nous n'avons que deux pôles encore sont-ils tous deux glacés, parce que le soleil ne passe jamais les tropiques. Grands éclats de rire aussitôt, de voir qu'un poète à soixante-cinq ans mette le soleil directement sur les pôles, il me semble que je vois le Médecin malgré lui qui place le cœur du côté droit.[26] Certes si ces pôles brûlants sont bien reçus à l'Académie française où l'on juge des mots; ils ne passeraient point à l'Académie des sciences où l'on examine les choses.

> *Pôles glacés brûlants où sa gloire connue*
> *Jusqu'aux bornes du monde est chez vous parvenue.*

Cet, où *sa gloire connue* ne signifie que *chez vous connue*: ainsi c'est une faute de dire ensuite *chez vous parvenue* et *jusqu'aux bornes du monde*. C'est une cheville qu'on a mise entre deux pour écarter encore plus la chose du sens commun.

> *Puisse la renommée, en louant ce grand roi*
> *Porter jusques à vous un rayon de sa foi.*

J'aime à voir la renommée porter un rayon de Foi.

L'exemple se répandre,[27] on a condamné dans un célèbre auteur cette façon de parler, *répandre des exemples*, à plus forte raison condamnera-t-on dans Mr. l'abbé du Jarri *un exemple qui se répand.*

> *Voyez non plus ce front où sur des traits guerriers*
> *La sagesse triomphe au milieu des lauriers.*

A présent il change de sentiment, il veut ôter à Louïs XIV non seulement ses lauriers, mais encore la sagesse qui est empreinte sur son front comme si en descendant du char de la victoire un héros

---

[26] Allusion à un célèbre échange dans *Le Médecin malgré lui* (II.iv).

[27] Le commentaire porte sur le vers suivant: 'Et de sa piété l'exemple se répandre!'

chrétien en était moins sage. Voyez dont dit-il non plus ce front où
la sagesse triomphe au milieu des lauriers.   350

> *Mais le roi qui descend du char de la victoire*
> *Aime à voir devant dieu disparaître Sa gloire.*

C'est une faute contre la construction, il fallait dire *le roi qui*
descend etc. et qui aime etc. ou plutôt il ne fallait rien dire de tout
cela.   355

Je me lasse enfin de critiquer une pièce qui est si fort au-dessous
de la critique. Je ne vous parlerai point *du roi qui rend de tout*
l'hommage au monarque des rois, de la comparaison de la couronne
d'épine avec le chœur de nôtre Dame, des marques révérées de
l'innocent contrit, de ce beau vers, *le chef et le pied nu, l'œil, le*   360
front abattu: mais je ne puis m'empêcher de vous dire un petit mot
de celui-ci.

> *La relique sans prix, vénérable aux mortels.*

On dit une chose être sans prix quand elle est de nature à être
vendue, mais Mr. l'abbé du Jarri sait-il bien qu'on ne peut vendre   365
les choses saintes. [28] C'est apparemment du reliquaire qu'il veut
parler, en effet ce reliquaire est d'or et enrichi de pierreries *sans*
prix. Mais ce n'est point le reliquaire qui est vénérable aux mortels,
c'est la relique; encore deux mots sur cet autre vers.

> *C'est ce cœur infini plus vaste que le monde.*   370

On dit bien un grand cœur, mais on ne dit guère en vers *un cœur*
infini, et s'il est infini ce cœur il n'est pas étonnant qu'il soit plus
vaste que le monde. Mr. l'abbé du Jarri me dira peut-être que le
monde est infini de son côté, en ce cas d'infini à infini il n'y a point
de comparaison à faire; mais je ne crains pas qu'il me fasse cette   375
objection; on voit bien par les pôles brûlants, que ce grand poète
n'est pas grand physicien.

---

[28] Voltaire joue ici sur les mots mais derrière l'attaque verbale se profile
l'accusation de simonie qu'il portera souvent contre les prêtres.

La prière pour le roi est aussi belle que son poème. Il y prie Dieu de faire mourir Monsr. le dauphin.

Joins aux ans de l'aïeul ceux de l'auguste enfant. 380

Il faut Monsieur, que ce soit la conduite de ce poème qui ait emporté les voix des juges. Voici Monsieur ce que c'est que l'ordre de l'ouvrage.

Après avoir dit que le jour paraît, et que la mort ravit un roi plein du beau projet de nous donner un beau spectacle, il fait une 385 apostrophe à la religion, une apostrophe à Louïs treize, il tire le temple du chaos, puis il fait une apostrophe aux monuments, une apostrophe aux drapeaux, une apostrophe à la Vierge, une apostrophe aux îles lointaines, une apostrophe aux pôles brûlants, une comparaison du chœur de notre Dame avec la couronne 390 d'épines, une apostrophe à Dieu et voilà tout le poème.

J'ai cru d'abord que l'Académie avait donné le prix au poème de Mr. l'abbé du Jarri non comme au meilleur ouvrage qu'on lui eût présenté, mais comme au moins ridicule.[29] Je disais il est bien ignominieux pour la France que nous ayons plusieurs poètes plus 395 mauvais que Mr. l'abbé du Jarri. Hier, je vis les pièces qui seront imprimées dans le recueil de l'Académie, il n'y en a pas une seule qui ne soit incomparablement au-dessus du poème couronné,[30] vous trouverez dans le paquet que je vous envoie une ode qui l'a un peu disputé au poème de Mr. l'abbé du Jarri. Vous jugerez entre 400 ces deux ouvrages. On est donc réduit Monsieur à accuser l'Académie d'injustice ou de mauvais goût et peut-être de tous les deux ensemble.

Comme vous voulez savoir mon sentiment sur toutes les choses

---

[29] Faisant allusion à l'un de ses précédents triomphes, sur La Monnoye, du Jarry évoque, dans sa préface, ce genre de jugement: 'Tout ce que l'on peut dire pour rabaisser une décision si honorable, c'est que la pièce préférée ne l'est quelquefois qu'à de médiocres rivales. Sur cela j'ose dire que la concurrence glorieuse ne m'a pas manqué; puisque j'ai eu celle d'un des plus grands Poètes de notre siècle, que je me ferais plaisir de nommer, s'il ne m'en revenait trop de gloire.'

[30] Pour les titres et incipit, voir ci-dessus, p.187n.

que je vous écris, je vous dirai ce que je pense en cette occasion de   405
l'Académie française avec autant de franchise et de naïveté que je
vous ai communiqué mes petites remarques sur le poème de Mr.
l'abbé du Jarri.

Il faut que vous sachiez qu'il n'y a eu que vingt académiciens
qui aient assisté au jugement. [31] Parmi ces vingt il y en a quelques-   410
uns qui trouvent Horace plat, Virgile ennuyeux, Homère ridicule;
il n'est pas étonnant que des personnes qui méprisent ces grands
génies de l'Antiquité estiment les vers de Mr. l'abbé du Jarri. Les
Despréaux, les Racines, les la Fontaines ne sont plus: nous avons
perdu avec eux le bon goût qu'ils avaient introduit parmi nous, il   415
semble que les hommes ne puissent pas être raisonnables deux
siècles de suite. On vit arriver dans le siècle qui suivit celui
d'Auguste ce qui arrive aujourd'hui dans le nôtre. Les Lucains
succédèrent aux Virgiles, les Senèques aux Cicerons; ces Senèques
et ces Lucains avaient de faux brillants, ils éblouirent, on courut à   420
eux à la faveur de la nouveauté, Quintilien s'opposa au torrent du
mauvais goût. O que nous aurions besoin d'un Quintilien dans le
dix-huitième siècle. [32]

---

[31] Voltaire surestime le nombre de personnes présentes. Du Jarry dans la préface
de ses *Poésies chrétiennes* parle 'de l'arrêt rendu en ma faveur par seize juges, de dix-
sept qui se trouvèrent au jugement'. La lecture des registres de l'institution indique
que même l'abbé gonfle les chiffres (à moins que certains immortels, arrivés en
retard, par exemple, n'aient pas été comptés); en effet, entre le jour où les poèmes
soumis pour le prix ont été déposés sur le bureau du secrétaire et celui de la
proclamation des résultats, il n'y a jamais eu plus de quinze immortels présents. Ce
chiffre maximum est atteint le jour de la saint Louis. Les académiciens dont les noms
figurent sur les procès-verbaux à cette occasion sont La Motte, Mimeure, Dacier, le
marquis de Dangeau, l'abbé de Dangeau, l'abbé de Choisy, La Chapelle, Callières,
l'abbé de Saint-Pierre, l'abbé Genest, l'abbé Abeille, l'abbé de Louvois, l'archevêque d'Albi, Danchet et La Monnoye (*Les Registres de l'Académie française*, ii.580).

[32] Le compte-rendu du *Nouvelliste du Parnasse* (2ᵉ édition, 1734), t.ii, reproduit le
passage (p.17-18) en ajoutant ceci: 'M. l'abbé d'Olivet a parlé à peu près sur ce ton,
dans son remerciement à l'Académie. Mais ne pourrait-on pas dire que M. Rollin est
ce Quintilien si ardemment désiré? il est à souhaiter que ses ouvrages, estimés de
tout le monde, nous inspirent de l'aversion pour le style précieux, et affecté, qu'on
veut accréditer parmi nous.'

Il paraît de nos jours, un homme du corps de l'Académie qui
veut fonder sa réputation sur la ruine de celle des anciens qu'il ne   425
connaît presque point. Il établit, si j'ose m'exprimer ainsi, un
nouveau système de poésie. Ses mœurs douces et sa modestie,
vertus si rares dans un poète, lui gagnent les cœurs, sa nouvelle
méthode de composer séduit quelques esprits. Plusieurs académiciens le soutiennent, d'autres se conforment sans s'en apercevoir à   430
sa manière de penser, les du Jarri sont ses disciples. C'est un
homme qui abuse de la grande facilité qu'il a à composer, et de
celle qu'ont ses amis à approuver tout ce qu'il fait. Il veut saisir
toute sorte de caractère, il embrasse tout genre d'écrire et n'excelle
dans aucun, parce que dans tous il s'écarte des grands modèles, de   435
peur qu'on ne lui reproche de les avoir imités. S'il fait des
églogues, s'il compose un poème, il se donne bien de garde
d'écrire dans le goût de Virgile. Lisez ses odes vous vous
apercevrez aisément (comme il le dit lui-même) que ce n'est pas
le style d'Horace, voyez ses fables[33] certainement vous n'y   440
reconnaîtrez point le caractère de la Fontaine.[34] Il y a pourtant
dans les écrits de cet auteur, trop de beautés pour que je le méprise,
mais aussi il y a trop de défauts pour que je l'admire et on pourrait
dire de lui ce que Quintilien[35] disait de Sénèque. *Il y a dans ses
ouvrages des choses admirables, mais il faut savoir les discerner, et plût*   445

[33] Les odes de La Motte parurent dans une nouvelle édition en 1709; ses fables
furent regroupées quelques années après l'affaire des poèmes sur le vœu de Louis
XIII: *Fables nouvelles, dédiées au roi. Par M. De La Motte, de l'Académie française.
Avec un discours sur la fable* (Paris, Gregoire Dupuis, 1719).

[34] Plus tard Voltaire contredira ce propos, notamment dans une lettre (D17809) à
La Harpe, vers le 1er juillet 1772: 'Comme les vieillards aiment à conter, & même à
répéter, je vous ramentevrai qu'un jour les beaux esprits du royaume [...] disaient à
souper tout le mal possible de La Motte-Houdart. Les fables de la Motte venaient de
paraître. On les traitait avec le plus grand mépris, on assurait qu'il lui était
impossible d'approcher des plus médiocres fables de la Fontaine. Je leur parlai
d'une nouvelle édition de ce même la Fontaine, & de plusieurs fables de cet auteur
qu'on avait retrouvées. Je leur en récitai une; ils furent en extase; ils se récriaient.
Jamais la Motte n'aura ce style, disaient-ils, quelle finesse & quelle grâce! on
reconnaît la Fontaine à chaque mot. La fable était de la Motte.'
[35] *De institutione oratoria*, XI.131.

à Dieu qu'il l'eût fait lui-même. Car un homme qui a fait tout ce qu'il a voulu méritait de vouloir faire mieux.

Vous savez Monsieur que Madame Dacier, nous a donné une traduction, noble et fidèle d'Homère: le moderne dont je vous parle a mis en vers quelques endroits de Madame Dacier et a donné à son ouvrage le nom d'Iliade. On peut dire en passant que le poème de celui-ci doit être regardé comme l'ouvrage d'une femme d'esprit et celui de Madame Dacier comme le chef-d'œuvre d'un savant homme,[36] Mr. l'abbé du Jarri a fait une épître en prose rimée à l'honneur de la nouvelle Iliade en vers français.[37] Il a porté son épître de porte en porte chez tous les académiciens amis des modernes.[38] Puis il a composé pour le prix, il l'a emporté. Messieurs de l'Académie ont de la reconnaissance.

Au reste Monsieur il faut vous avertir qu'on estime et qu'on révère plusieurs Académiciens, autant qu'on méprise le poème de Mr. l'abbé du Jarri. C'est tout dire.

450

455

460

---

[36] Voltaire reprendra une formulation presque identique dans l'article 'Epopée' des *Questions sur l'Encyclopédie* (M.xviii.564-92). Il s'agit d'un bon mot qui avait cours à l'époque et dont il est peut-être l'inventeur. Voisenon s'en sert dans ses *Anecdotes littéraires* (*Œuvres complètes*, Paris 1781), iv.25, et Cartaud de La Vilate rapporte ceci: 'M. de La Motte écrivait comme une femme galante, qui avait de l'esprit, [...] Mme Dacier écrivait comme un pédant' (*Essai philosophique et historique sur le goût*, Amsterdam 1736, cité par Hepp, *Homère en France*, p.691).

[37] L''Epître à Monsieur de La Motte sur sa traduction de l'Iliade' figure dans les *Poésies chrétiennes*, p.94-106.

[38] La préface des *Poésies chrétiennes* reconnaît le besoin de courtiser les lecteurs influents: 'un Livre à son entrée dans le monde a besoin d'être appuyé [...] et les auteurs aussi bien que les plaideurs, perdent souvent leur cause faute de sollicitation.'

III
Contre les grenouilles du Parnasse

Le Bourbier

INTRODUCTION

Nous avons vu que la *Lettre à monsieur D**** n'a probablement circulé, dans un premier temps, que sous forme manuscrite et donc au sein d'un groupe de lecteurs assez réduit. Il en va tout autrement de la deuxième attaque de Voltaire contre La Motte. *Le Bourbier* voit le jour dans un périodique publié en Hollande, généralement plus proche des Modernes, les *Nouvelles littéraires*, dès le 6 avril 1715. Voltaire s'y montre en arbitre du bon goût ou du moins en dénonciateur des mauvais écrivains. Il utilise l'image, habituelle depuis l'Antiquité, d'une hiérarchie sur les pentes du Parnasse. Son *Temple du goût* est une version plus travaillée de cette même idée.[1] Dans une veine similaire lors des escarmouches diverses qui font suite à la bataille d'Homère, on va jusqu'à

---

[1] Parmi les nombreux autres textes de l'époque fondés sur une esthétique comparable, signalons celui qui figure dans *L'Elève de Terpsicore*, de Louis de Boissy, p.55-56 et qui met également en scène le vainqueur du prix académique: 'Et du Jarry, le traducteur d'Horace, / Pons l'accroupi, l'insipide Carlet, / Le plat Villiers et le rustre Buchet / Rampent encore au bas de ce Parnasse.' Voltaire lui-même continue d'imaginer dans sa correspondance des rangs pour les uns et pour les autres. Citons deux exemples tirés de lettres écrites peu après *Le Bourbier*. Au marquis d'Ussé (D34; 10 juillet 1716), Voltaire se montre encore en espèce d'arbitre du goût chargé d'assigner un rang aux poètes: 'Jusques au fond de vos fournaux / Faittes couler l'eau d'Hipocrene / Et je vous placerai sans peine / Entre Hombert et Despréaux.' Ou à La Faye (été 1716; D39): 'Vous qui rimez comme Ferrand / Des madrigaux, des épigrammes, / Qui chantez d'amoureuses flammes / Sur votre luth tendre et galant, / Et qui même assez hardiment / Osâtes prendre votre place / Auprès de Malherbe et d'Horace, / Quand vous alliez sur le Parnasse / Par le café de la Laurent. / Je voudrais bien aller aussi au Parnasse, moi qui vous parle. J'aime les vers à la fureur, mais j'ai un petit malheur, c'est que j'en fais de détestables, et j'ai le plaisir de jeter tous les soirs au feu tout ce que j'ai barbouillé dans la journée. Parfois je lis une belle strophe de votre ami mr de la Motte, et puis je me dis tout bas, petit misérable, quand feras-tu quelque chose d'aussi bien? Le moment d'après c'est une strophe peu harmonieuse et un peu obscure, et je me dis *garde-toi bien d'en faire autant.*'

représenter le pays des Anciens et des Modernes en plaçant Homère dans la citadelle de la prévention entouré d'un camp volant de préjugés.

Le marotisme est à la mode à l'époque. Parmi les aînés de Voltaire, Chaulieu, La Fare ou Rousseau ont imité le style et les procédés de leur illustre prédécesseur. Lerber analyse ainsi le poème: 'Sans avoir imité directement Marot dans cette pièce, Voltaire lui a emprunté son ton mi-plaisant, mi-ironique que l'on trouve dans certaines épîtres de Marot (dans celle à Sagon ou dans certains adieux aux Dames de Paris), car *Le Bourbier* n'a pas le ton enjoué des épîtres au roi; le trait est plus acéré.'[2] Voltaire lui-même définit ainsi le marotisme dans son *Mémoire sur la satire*: 'Ce style est la pierre sur laquelle on aiguise aisément le poignard de la médisance. Il n'est pas propre aux sujets sérieux, parce qu'étant privé d'articles, et étant hérissé de vieux mots, il n'a aucune dignité; mais par ces raisons-là même, il est très propre aux contes cyniques et à l'épigramme' (M.xxiii.54). Il est caractérisé ici par la présence d'archaïsmes comme *cettui*, *illec* ou *orde* par exemple, par des omissions comme celle de l'article ('Pour tous rimeurs', 'Sur même lit'), des inversions ('Au haut du mont sont fontaines d'eau pure') et des suppressions de pronoms sujets ('Là séjournez gentils faiseurs de vers').

Il s'agit d'une satire en décasyllabes à rimes plates que l'on présente sous l'un ou l'autre de deux titres: *Le Parnasse* car elle évoque la montagne sacrée de l'Antiquité, ou encore *Le Bourbier* car Voltaire s'attarde sur la zone marécageuse qu'il place en contre-bas et où il imagine que La Motte et d'autres contemporains sont englués, barbotant dans la boue, véritables crapauds du Parnasse, faute d'avoir les talents nécessaires pour s'élever sur les sommets où se tiennent les Anciens comme 'Anacréon, Virgile, Horace, Homère'. Il s'agit donc d'une nouvelle manifestation du choix qu'a fait Voltaire de rejoindre le camp des Anciens. En effet,

---

[2] Walther de Lerber, *L'Influence de Clément Marot aux XVIIe et XVIIIe siècles* (Lausanne 1920), p.108.

les Modernes peuplent le marécage dans cette allégorie de la
République des Lettres.[3]
Le *Bourbier* devait émouvoir le monde littéraire. Beuchot
(xiv.117-18) signale que Chaulieu adressa à Voltaire l'épître qui
commence ainsi:

> Que j'aime ta noble audace,
> Arouet, qui d'un plein saut
> Escalades le Parnasse,
> Et tout à coup, près d'Horace,
> Sur le sommet le plus haut
> Brigues la première place[.]

Mme du Noyer, dans ses *Lettres historiques et galantes* (1720) parle,
au nombre des connaissances de Châteauneuf, d'un 'jeune homme
qui fait ici grand bruit par ses poésies; [qui] sont même fort
recherchées, surtout par ceux qui aiment la satire, qui est le fort de
ce nouveau poète'. Elle le nomme et signale qu'il est fils d'un
trésorier de la chambre des comptes, avant de présenter *Le
Bourbier* par ces mots: 'Voici une pièce de sa façon, qu'il a, dit-
on, composée à dix-huit ans, et [qui] aurait beaucoup plus de
mérite chez moi, si Monsieur de la Motte n'y était point attaqué et
traité d'une manière que je ne crois pas lui convenir.' Elle se veut
porte-parole de la réaction générale en affirmant ceci: 'Bien des
gens trouvent que Monsieur Aroüet se donne par-là un fort grand
travers; car outre qu'il est bien jeune encore pour s'ériger en
censeur, sa censure pourrait bien être mal placée, et l'illustre
académicien auquel il s'en prend, a bien des partisans. Pour moi
qui ne me crois pas en droit de décider là-dessus, je vous en laisse
le soin, et vous envoie la pièce.'[4]

---

[3] En plus de l'épigramme contemporaine du *Bourbier*, Voltaire lança une nouvelle
attaque contre La Motte des années plus tard. L'exorde de *La Pucelle* contient en
effet une évocation de l'*Iliade* 'travestie' par La Motte.
[4] Nous citons d'après la nouvelle édition (Londres, Jean Nourse, 1739), iv.251-52
(lettre cv).

Barbier, quant à lui, cite une anecdote plaisante à propos d'une rencontre entre Voltaire et Piron probablement en 1722:

Piron, ayant à se plaindre de Voltaire, mit dans la bouche de son 'Arlequin Deucalion' ces deux vers de la tragédie d'*Eriphile*:

Oui, tous ces conquérants rassemblés sur ce bord,
Soldats sous Alexandre, et rois après sa mort.

A la fin de la première représentation, l'auteur, traversant le théâtre, fut arrêté par Voltaire, qui lui demanda ce qu'il lui avait fait pour le tourner ainsi en ridicule: 'Pas plus, répondit Piron, que La Motte à l'auteur du *Bourbier*.' A cette réponse, Voltaire baissa la tête et disparut en disant: 'Ah! je suis embourbé.'[5]

Vingt ans après, une allusion directe au *Bourbier* est faite dans un texte anonyme à l'époque où Voltaire espère être élu à l'Académie française, le *Discours prononcé à la porte de l'Académie française par Mr le Directeur à M*** 1743*:

Votre Satyre[6] s'est égarée sur nous plus d'une fois; vous nous avez maladroitement embourbés dans le limon du Parnasse. Quoiqu'il en soit nous reconnoissons que vous regnés sur le sommet de cette montagne, nous vous félicitons même d'avoir trouvé dans son sein une mine inconnue aux Corneilles, et que les libraires et les souscripteurs vous ont tant de fois reprochée.[7]

Voltaire avait pourtant tenté de faire amende honorable, écrivant en juin 1731 au *Nouvelliste du Parnasse* (D415) en regrettant ses travers de jeunesse:

Depuis l'âge de seize ans, où quelques vers un peu satiriques, et par conséquent très condamnables, avaient échappé à l'imprudence de mon âge, et au ressentiment d'une injustice, je me suis imposé la loi de ne jamais tomber dans ce détestable genre d'écrire [...] il n'y a personne en France qui puisse dire que je lui aie jamais fait voir, depuis que je suis hors de l'enfance, aucun écrit satirique en vers ou en prose.

---

[5] Barbier, col.1100-1101. Nous proposons pour l'anecdote la date de 1722, l'année de création d'*Arlequin Deucalion*.

[6] Cf. MSI: note marginale: 'Le Bourbier satire contre l'academie'.

[7] Anthologie personnelle d'Auguste Le Chevalier, BMR, ms. O31, VIII, 126.

Le poète se rajeunit comme pour rendre plus excusables ses errements passés et se donne une bonne conscience. Il est cependant certain qu'il garde de cette époque de sa vie une méfiance face à la pratique de la satire *ad hominem*. Son poème a beaucoup circulé car, comme tous les coups de colère, particulièrement dans le climat turbulent d'une République des Lettres encore agitée par les suites de la querelle d'Homère, il a dû conforter les uns et les autres dans leurs opinions. On comprend que Voltaire ait été peu fier de cette vive réaction qui le montre, tout autant que la *Lettre à monsieur D**** comme un mauvais perdant prêt à utiliser des coups bas contre ses adversaires littéraires.

Manuscrits[8] *et éditions*[9]

MS1

Rouen, Bibliothèque municipale ms. O31, viii.114, 'Le Bourbier ou le Parnasse contre l'Académie'.

MS2

Paris, Bibliothèque nationale, naf. 19296, f.16r.

MS3

Genève, IMV, ms.4 (Cayrol).

NL (1715)

Nouvelles littéraires (1715), i.151.[10]

---

[8] Fleischauer (p.71) indique encore les manuscrits suivants à la BnF: 12980 f.123r, fonds fr.12978 f.353r, et naf.25143 f.8r.

[9] Le texte se trouve également dans du Noyer, *Lettres historiques et galantes* (1720), iv.252 et suiv.; *Voltairiana*, p.270; *Mon petit portefeuille* (1774), ii.121; Luchet, *Histoire littéraire de Voltaire*, i.26.

[10] Nous suivons Fleischauer.

CARRA (?1716-1717)

'Le Parnasse', J.-L. Carra, *Mémoires historiques et authentiques sur la Bastille, dans une suite de près de trois cents emprisonnements, détaillés et constatés par des pièces, notes, lettres, rapports, procès-verbaux, trouvés dans cette Forteresse, et rangés par époques depuis 1475 jusqu'à nos jours*. Londres et Paris, Buisson, 1789.

Tome ii, p.174-76.

L24A

'Le Parnasse', *La Ligue ou Henry le Grand, poème épique, par M. de Voltaire, Avec des additions et un recueil de Pieces diverses du même Auteur.* A Amsterdam, chez Jean Frédéric Bernard [Evreux ou Rouen], 1724. 12°. p.94. Les 'Poésies diverses de Monsieur de Voltaire' occupent les p.157 à 196 du volume. Bengesco 363.

P.194-96.

W64R

Collection complette des œuvres de M. de Voltaire. Amsterdam, Compagnie [Rouen, Machuel?], 1764. 22 t. 12°. Bengesco 2136; Trapnell 64R; BnC 145-48.

Tome v, p.335-37.

BnF: Rés. Z Beuchot 26 (1, 2).

Principes de cette édition

Texte de base: *Nouvelles littéraires* (1715, i.151). Variantes tirées de L24A, MS1, MS2, et CARRA.

Traitement du texte de base

La ponctuation du texte de base, ainsi que l'orthographe des noms propres de personnes et de lieux, ont été respectées. Par ailleurs le texte de base a fait l'objet d'une modernisation portant sur la graphie, l'accentuation et l'emploi des majuscules. L'esperluette a été développée. Les traits d'union ont été harmonisés pour se conformer à l'usage moderne.

Nous avons modernisé les mots suivants: habitans, *oi->ai*, sonet, prez, republique, rains, ornez (pour ornés), revere, sejour, compassez (pour compassez), languissans, voïage, poëtique, desir, païs, diffamez (pour diffamés), tiret harmonisé, prétens, nommez (pour nommés), abbez, jettoniers, caffé, cazaniers, mal disans, voïant, polluër, thrône.

LE BOURBIER

Pour tous rimeurs, habitants du Parnasse,
De par Phœbus il est plus d'une place;
Les rangs n'y sont confondus comme ici,
Et c'est raison: ferait beau voir aussi,
Le fade auteur d'un sonnet ridicule   5
Sur même lit couché près de Catule:
Ou bien la Motte ayant l'honneur du pas
Sur le harpeur[1] ami de Mecenas:
Trop bien Phoebus sait de sa république
Régler les rangs, et l'ordre hiérarchique;   10
Et dispensant honneur et dignité,
Donne à chacun ce qu'il a mérité.
Au haut du mont sont fontaines d'eau pure,
Riants jardins, non tels qu'à Châtillon
En a planté l'ami de Crebillon;[2]   15

---

a-b   CARRA, L24A: Le Parnasse
      MSI: Le Bourbier ou le Parnasse contre l'Académie / Par Voltaire
5   L24A: auteur [*avec note*: Chapelle]
      CARRA: d'un roman ridicule
13-14   CARRA:
            Sous un ciel pur, au haut de la colline,
            On voit palais bâti de main divine,

---

[1] Voltaire désigne ici le protégé de Mécène, Horace.
[2] D'après Beuchot, Voltaire fait allusion à Joseph-Bernard Soyrot, contrôleur-général des finances de Bourgogne, né à Châtillon-sur-Seine en 1750, mort le 27 avril 1730. L'*Almanach des muses* pour 1793 indique qu'il s'agit du baron Hoguer, riche Suisse, identification reprise par Moland qui ajoute que, banquier, Hoguer (ou Hoguère) habitait le château de Châtillon près de Paris.

Et dont l'art seul a fourni la parure.
Ce sont jardins ornés par la nature,
Ce sont lauriers, orangers toujours verts.
Là séjournez gentils faiseurs de vers.
Anacreon, Virgile, Horace, Homere,   20
(Vous qu'à genoux le bon Dacier révère)[3]
D'un beau laurier y couronnent leur front.
Un peu plus bas sur le penchant du mont,[4]
Est le séjour de ces esprits timides,
De la raison partisans insipides,   25
Qui compassés dans leurs vers languissants,
A leur lecteur font haïr le bon sens.
A donc, amis, si quand ferez voyage
Vous abordez la poétique plage,
Et que la Motte ayez désir de voir,   30
Retenez bien, qu'illec est son manoir.
Là ses consorts ont leurs têtes ornées
De quelques fleurs presque en naissant fanées;
D'un sol aride incultes nourrissons,
Et digne prix de leurs maigres chansons;   35
Cettui pays n'est pays de Cocagne.
Il est enfin au pied de la montagne,

16 CARRA: a formé la
18 CARRA: Là sont
21 CARRA: bon Dieux révère
    L24A: Dieux qu'à genoux le bon Dacier revere
22 CARRA: y ceignez votre front
27 CARRA, L24A: leurs lecteurs
30 L24A: la M**
37 CARRA: aux pieds

[3] Voltaire évoque les Anciens révérés par André Dacier, à qui il s'adresse au moment d'entreprendre la traduction de l'*Œdipe* de Sophocle (voir D26).
[4] Les cinq vers qui suivent sont cités par Boissy au nombre des 'Modèles de vers neufs et frappés' et suivis de la remarque: 'Voilà la clique moderne assez bien désignée' (ii.45).

Un bourbier noir, d'infecte profondeur,
Qui fait sentir sa malplaisante odeur
A un chacun fors à la troupe impure   40
Qui va nageant dans ce fleuve d'ordure.
Et qui sont-ils ces rimeurs diffamés?
Pas ne prétends que par moi soient nommés.
Mais quand verrez, chansonniers, faiseurs d'odes, [5]
Rauques corneurs [6] de leurs vers incommodes,   45
Peintres, abbés, brocanteurs, jetonniers, [7]
D'un vil café superbes casaniers, [8]
Où tous les jours, contre Rome et la Grèce,
De maldisants se tient bureau d'adresse, [9]
Direz alors, en voyant tel gibier;   50
Ceci paraît citoyen du bourbier.
De ces grimauds la croupissante race
En cettui lac incessamment croasse
Contre tous ceux qui, d'un vol assuré

38   CARRA, L24A: D'un bourbier noir, l'infecte
51   CARRA: paraît habitant du
52   L24A: De tels grimauds

[5] Encore une attaque contre La Motte dont les *Odes* (1709) avaient fait grand bruit.

[6] Ceux qui cornent, c'est-à-dire 'qui publie[nt] avec importunité quelque nouvelle' (*Dictionnaire de l'Académie*).

[7] Peut-être une allusion maligne aux immortels qui touchent un jeton de présence lorsqu'ils assistent aux séances académiques.

[8] L'importance du café comme lieu d'échanges ou bureau d'esprit pendant la querelle d'Homère n'est plus à démontrer. Que l'on songe, pour un témoignage romanesque, à la lettre XXXVI des *Lettres persanes*. Ici comme là on peut déceler une allusion à la suite de la querelle des Anciens et des Modernes; Hepp (p.702-704) offre plusieurs citations d'ouvrages de l'époque dans lesquels l'association des Modernes et des cafés est mise en valeur.

[9] 'On appelle par plaisanterie, *Bureau d'adresse*, une personne qui s'informe de tout ce qui se passe dans la Ville, et qui va le débiter ensuite de côté et d'autre' (*Dictionnaire de l'Académie*).

Sont parvenus au haut du mont sacré. 55
En ce seul point cettui peuple s'accorde,
Et va cherchant la fange la plus orde,[10]
Pour en noircir les ménins[11] d'Helicon,
Et polluer le trône d'Apollon.
C'est vainement; car cet impur nuage 60
Que contre Homere, en son aveugle rage,
La gent moderne assemblait avec art,
A retombé sur le poëte Houdart:
Houdart, ami de la troupe aquatique,
Et de leurs vers approbateur unique, 65
Comme est aussi le tiers état auteur
Dudit Houdart unique admirateur:
Houdart enfin, qui dans un coin du Pinde,
Loin du sommet où Pindare se guinde,
Non loin du lac est assis, ce dit-on, 70
Tout au-dessus de l'abbé Terrasson.

63 CARRA, L24A, MS2: Est retombé
   L24A: le poëte H**
64 L24A: H**, ami
65 L24A: vers admirateur unique
67 L24A: Dudit H**
68 L24A: H** enfin
71 L24A: l'abbé T***

[10] Mot volontairement archaïsant signifiant vilain ou sale.
[11] 'C'est ainsi qu'on appelle quelques hommes de qualité attachés particulièrement à la personne du Dauphin' (*Dictionnaire de l'Académie*). Le terme paraît
également dans *A mademoiselle Duclos* (vers 58).

Poésies mêlées
1707-1722

éditions critiques

par

Nicholas Cronk, Nicole Masson
Ralph Nablow, Catriona Seth

TABLE DES MATIÈRES

TABLE DES MATIÈRES

ABRÉVIATIONS

AM *Almanach des Muses*

CL Friedrich Melchior Grimm, *Correspondance littéraire*, éd. Maurice Tourneux (Paris, Garnier, 1887-1882)

MPP *Mon petit portefeuille* (Londres 1774; édition Delange frères, Paris, Dalibon, 1824-1832)

EPF *Elite de poésies fugitives*. Londres [Paris] 1764-1770. 12°. Vols 1-3 éd. Blin de Sainmore, 1764-1770; vols 4-5 éd. Luneau de Boisjermain, 1770

FER *Pièces libres de M. Ferrand et poésies de quelques autres auteurs sur divers sujets* (Londres, Godwin Harald, 1744)

L24 *La Ligue* (Amsterdam, H. Desbordes, 1724)

MEM *Mémoires et anecdotes* (Amsterdam 1779)

ML68 *Mélanges de littérature* (s.l. 1768)

NAM *Nouveaux Amusements du cœur et de l'esprit* (Amsterdam et La Haye 1741-1742)

NM *Nouveau Mercure*

PF *Le Portefeuille trouvé ou les tablettes d'un curieux* (Genève 1757)

ÉDITIONS COLLECTIVES DE VOLTAIRE OU RECUEILS CITÉS

w32

Œuvres de M. de Voltaire. Amsterdam, Ledet [ou] Desbordes, 1732. 2 t. 8°. Bengesco 2118; Trapnell 32; BnC 2-6.

w37

Œuvres de monsieur de Voltaire. Basle, Brandmuller, 1737. 3 t. 8°. Bengesco iv.6n; Trapnell 37; BnC 15.

w38

Œuvres de M. de Voltaire. Amsterdam, Ledet [ou] Desbordes, 1738-1750. 8 t. 8°. Bengesco 2120; Trapnell 39A; BnC 7-11.

w39

Œuvres de M. de Voltaire. Amsterdam [Rouen], Compagnie, 1739. 3 t. 8°. Bengesco 2121; Trapnell 39R; BnC 16-17.

RP40

Receuil de pièces fugitives en prose et en vers. [Paris, Prault], 1740 [1739]. 1 t. 8°. Bengesco 2193; Bnc 369-370.

w40

Œuvres de M. de Voltaire. Amsterdam [Rouen?], Compagnie, 1740. 4 t. 12°. Bengesco 2122; Trapnell 40R; BnC 18.

RP41

Recueil de nouvelles pièces fugitives en prose et en vers. Londres [Rouen], Société, 1741. 1 t. 12°.

W41R

Œuvres de M. de Voltaire. Amsterdam [Rouen?], Compagnie, 1741. 4 t. 12°. Bengesco 2123; Trapnell 41R; BnC 19.

W41C

Œuvres de M. de Voltaire. Amsterdam [Paris, Didot, Barrois], Compagnie, 1741-1742. 5 t. 12°. Bengesco 2124; Trapnell 41C; BnC 20-21.

W42

Œuvres mêlées de M. de Voltaire. Genève, Bousquet, 1742. 5 t. 12°. Bengesco 2125; Trapnell 42G; BnC 22-24.

W46

Œuvres diverses de M. de Voltaire. Londres [Trévoux], Nourse, 1746. 6 t. 12°. Bengesco 2127; Trapnell 46; BnC 25-26.

W48D

Œuvres de M. de Voltaire. Dresde, Walther, 1748-1754. 10 t. 8°. Bengesco 2129; Trapnell 48D; BnC 28-35.

W50

La Henriade et autres ouvrages. Londres [Rouen], Société, 1750-1752. 10 t. 12°. Bengesco 2130; Trapnell 50R; BnC 39.

W51

Œuvres de M. de Voltaire. [Paris, Lambert], 1751. 11 t. 12°. Bengesco 2131; Trapnell 51P; BnC 40-41.

W52

Œuvres de M. de Voltaire. Dresde, Walther, 1752. 9 t. 8°. Bengesco 2132; Trapnell 52; BnC 36-38.

W56

Collection complette des œuvres de M. de Voltaire. [Genève, Cramer], 1756. 17 t. 8°. Bengesco 2133; Trapnell 56, 57G; BnC 55-66.

W57G

Collection complette des œuvres de M. de Voltaire. [Genève, Cramer], 1757. 10 t. 8°. Bengesco 2134; Trapnell 56, 57G; BnC 67-69.

W57P

Œuvres de M. de Voltaire. [Paris, Lambert], 1757. 22 t. 12°. Bengesco 2135; Trapnell 57P; BnC 45-54.

NV61

Nouveau volume pour joindre aux autres. [Paris, Prault], 1761. 2 t. 8°. Bengesco 1658, 2133, 2208; Trapnell 61L; BnC 70-78.

OC61

Œuvres choisies de M. de Voltaire. Avignon, Giroud, 1761. 1 t. 12°. Bengesco 2182, 2206; Trapnell 61A; BnC 430-433.

TS61

Troisième suite des mélanges de poésie, de littérature, d'histoire et de philosophie. Paris, [Prault], 1761. 1 t. 8°. Bengesco 2133, 2209; Trapnell 61G et/ou 61P; BnC 84-85.

w64G

Collection complette des œuvres de M. de Voltaire. [Genève, Cramer], 1764. 10 t. 8°. Bengesco 2133; Trapnell 64, 70G; BnC 89; Merton College, Oxford.

w64R

Collection complette des œuvres de M. de Voltaire. Amsterdam, Compagnie [Rouen, Machuel?], 1764. 22 en 18 t. 12°. Bengesco 2136; Trapnell 64R; BnC 145-148.

ML68

Mélanges de littérature, pour servir de supplément à la dernière édition des œuvres de M. de Voltaire. s.l. 1768. 1 t. 8° ou 12°. Bengesco 2219; BnC 136-137.

w68

Collection complette des œuvres de M. de Voltaire. [Genève, Cramer; Paris, Panckoucke], 1768-1777. 30 t. 4°. Bengesco 2137; Trapnell 68; BnC 141-144.

w70G

Collection complette des œuvres de M. de Voltaire. [Genève, Cramer], 1770. 10 t. 8°. Bengesco 2133; Trapnell 64, 70G; BnC 90-91.

w70L

Collection complette des œuvres de M. de Voltaire. Lausanne, Grasset, 1770-1781. 57 t. 8°. Bengesco 2138; Trapnell 70L; BnC 149-150.

ÉDITIONS COLLECTIVES DE VOLTAIRE OU RECEUILS CITÉS

MPLH

Mélanges philosophiques, littéraires, historiques, tome 1. Neuchâtel 1771.

W75G

La Henriade, divers autres poèmes et toutes les pièces relatives à l'épopée.
[Genève, Cramer et Bardin], 1775. 37 t. 8°. Edition dite 'encadrée'.
Bengesco 2141; Trapnell 75G; BnC 158-161.

RO (1778)

Romans et contes de M. de Voltaire. Bouillon 1778.

K

Œuvres complètes de Voltaire. [Kehl], Société littéraire-typographique,
1784-1789. 70 t. 8°. Bengesco 2142; BnC 164-193.

LEF

Œuvres complètes de Voltaire. Paris, Lefèvre et Déterville, 1817-1820. 42 t.
8°.

DEL

Œuvres complètes de Voltaire. Paris, Dalibon (Delangle frères), 1824-
1832. 95 t. 8°.

PI (1820)

Pièces inédites de Voltaire. Paris, Didot, 1820.

ÉPÎTRE À MONSIEUR LE DUC
D'ORLÉANS, RÉGENT

In early May 1716 Arouet was ordered by the regent to leave Paris for exile at Tulle. The reason was political: certain impolitic verses had been attributed to him, including the satirical *J'ai vu*, of which he was innocent,[1] and the epigram *Sur monsieur le duc d'Orléans et madame de Berry* ('Enfin votre esprit est guéri') (1716), which he did write.[2] At the request of his father, however, his place of exile was changed from Tulle to Sully-sur-Loire (see D29-D31). There, as guest of his Temple friend, the duc de Sully, he savoured the charm of this most pleasant of exiles, 'séjour du monde le plus aimable, si ne n'y étais point exilé, & dans lequel il ne me manque, pour être parfaitement heureux, que la liberté d'en pouvoir sortir'.[3] There too, his writing proceeded apace; 'je versifie beaucoup', he tells us, 'je rime tout ce que le hasard offre à mon imagination' (D42). Finally, by the expedient of the following poem, composed in July 1716, the young exile succeeded in having his order of banishment revoked, and in October, after six months of pleasurable punishment, he returned to the capital (D43).

This graceful verse-letter exemplifies the skill with which the fledgling poet was able to combine compliment and persuasion. This he does with ease in elegant Alexandrine couplets. He had certain advantages: he had probably met the regent by this time,[4] and could draw upon his natural gifts in the art of dialectics. His argument is cogent and urbane. He advises the regent to disregard

---

[1] Voltaire denies authorship of this poem in his *Lettres sur Œdipe*, 'Lettre première' (1719); see *OC*, vol.1A, p.325-31, and see also p.292-306.

[2] Below p.401-02. Voltaire explained his exile to the police spy Beauregard as follows: 'Il [the regent] m'a exilé par ce que j'avois fait voir au publique que sa Messaline de fillie étoit une putin' (D45). See R. Pomeau, *D'Arouet à Voltaire, Voltaire en son temps* 1 (Oxford 1985), p.93-97.

[3] D32. Arouet describes life at Sully-sur-Loire at some length in D40 and D42.

[4] See Pomeau, p.75-76, and Voltaire's note to the first chapter of the *Précis du siècle de Louis XV*, *OH*, p.1299. For a full account of Voltaire's relationship with the duc d'Orléans, see R. Waller, 'Voltaire and the regent', *SVEC* 127 (1974), p.7-39.

257

both calumniators and sycophants: Henri IV was great in spite of calumny; flattery made neither Cromwell nor Louis XIV a hero. The glory of Philippe d'Orléans does not depend upon his critics and flatterers, or upon his being extolled by various artists, but upon his many admirable qualities which will be recognised by his subjects and which the poet proceeds to enumerate. In conclusion Arouet plays the role of the humble petitioner, denying authorship of the above-mentioned verses, and complaining that he has been the victim of calumny. 'Vois ce que l'on m'impute, et vois ce que j'écris', he implores (line 114). Just as the obscure Vignon could not be confused with Michelangelo, neither surely could the regent, with his true sense of justice, believe that he whose thought and style are reflected in this epistle could be the infamous author of the poems in question. The quality of literary craftsmanship will speak for itself. [5]

Arouet took great pains to place himself in a positive light to the regent, and reflected this seriousness of purpose in his correspondence. On 20 July he sent his poem to the marquis d'Ussé for criticism (D34): 'elle ne verra le jour', he told him, 'qu'autant que vous l'en jugerez digne et si vous voulez bien avoir la bonté de me faire voir touttes les fautes que vous y trouverez je vous auray plus d'obligation que si vous me faisiez rappeler. Peut-être êtes vous occupé àprésent autour d'un alambic dans votre laboratoire, et que vous serez tenté d'allumer vos fournaux avec mes vers.' He went on to stress the exigency of the matter and the necessity for his poem to be kept from the public until it had been presented to the regent: 'Jettez donc monsieur un œil critique sur mon ouvrage et si vous avez quelque bonté pour moy renvoiez le moy par le premier ordinaire avec les notes dont vous voudrez bien l'acompagner. Vous voyez bien de quelle conséquence il est pour moy que cet ouvrage soit ignoré dans le public avant d'être présenté au régent.'

At around the same time Arouet also sent the poem to the duc de Brancas-Villars, a friend of the regent, imploring him to arrange to

---

[5] It is of interest to note that in a variant to his *Epître à madame de Gondrin* (below), also written during his exile at Sully-sur-Loire, Arouet again implores the regent to intercede on his behalf, comparing his exile to that of Ovid.

have it read to the latter at an opportune moment: 'Souffrez que je vous présente une épître en vers que j'ai composée pour monseigneur le régent', he remarked; 'si vous la trouvez digne de vous, elle le sera de lui, et je vous supplie de la lui faire lire dans un de ces moments qui sont toujours favorables aux malheureux, quand ce prince les passe avec vous' (c.20 July 1716; D36). This request was carried out successfully.

So far as we know, the most valuable criticism Arouet received came from the old poet of the Temple, the abbé de Chaulieu, to whom he had also sent the *épître*. Its style Chaulieu commended highly. 'Elle est parfaittement Escrite, pleine de traits bien Versifiéz, et Comme poête on ne peut rien vous reprocher', he told him (16 July 1716; D33). Chaulieu urged Arouet, however, to tone down certain passages pertaining to civil discontent, since the regent would not appreciate being reminded of such things.

Mais trouvés bons, que je vous fasse faire réflection qu'il ne faut pas laisser voir à mgr le régent, ny luy laisser entendre, en termes si forts, qu'il a en France quelques censeurs, et que son ministère quelque parfait qu'il soit, n'a pas le don de plaire à tout le monde. Comme l'attention de son a. r. au bien de la France, ses travaux infatigables, l'équité de son administration, et la droiture de ses intentions, le doivent mettre à l'abry de la censure, et des frondeurs dont vous parlés; il me paroit trop dur, de laisser sentir à ce prince bien faisant, le peu de recognoissance de la France; quoyque ses actions le mettent au dessus de la satyre; qui fait bien, se voit avec peine blasmé bien ou mal àpropos; ainsy ie croirois, qu'il faut adoucir les expressions, et les pensées mesme[.]

Arouet responded immediately, leaving no doubt of his intention to follow his mentor implicitly (20 July 1716; D35):

> Malgré le penchant de mon cœur
> A vos conseils je m'abandonne.
> Quoy, je vais devenir flatteur?
> Et c'est Chaulieu qui me l'ordonne!

The variants to the poem afford, however, no real evidence that Arouet made any attempt to soften the tone of his poem. He removes the reference to France as an 'empire ébranlé' (see variant to line 4), but he added the words 'ces jours ténébreux' (line 5). His attitude is best expressed in the above-mentioned letter to the duc de Brancas-Villars, in which he insists upon the veracity and spontaneity of his sentiments. 'J'ai tâché d'éviter dans cet ouvrage les flatteries trop outrées et les plaintes trop fortes, et d'y être libre sans hardiesse', he writes. 'Si j'avais l'honneur d'être plus connu de vous que je ne le suis, vous verriez que je parle dans cet écrit comme je pense; et si la poésie ne vous en plaît pas, vous en aimeriez du moins la vérité' (D36). That Arouet was not entirely truthful must be admitted. But what is important is the poem itself – an elaborate occasional piece conveying a moral lesson.

Editions: No manuscript of the *Epître* is known. The poem was first printed in w64R, vol. i, sect. 1, p.674-78. There are two readings of the text: (1) w64R; and (2) k84, xiii.22-27, which adds lines 51-66 and contains a few other slightly different readings given below as variants.

Base text: k84.

Editorial principles: The spelling of the base text has been modernised; the punctuation, however, has been retained, although a comma has been replaced by a semi-colon (line 38) and a comma deleted (line 132), both for the sake of sense.

The following aspects of orthography and grammar in the base text have been modified to conform to present-day usage:

1. Consonants: the consonant *t* was not used in the syllable endings *-ans* and *-ens*: extravagans, volans, serpens, fondemens, vivans, monumens, présens, talens; double consonants were used in: fidelle (but also: fidèle)
2. Vowels: *e* was used in place of *ai* in: Bienfesant[6]
3. Accents: The circumflex accent was not used in: ame, infame
4. Hyphenation: the hyphen was used in: long-temps, par-tout; the hyphen was missing in: Au devant
5. Capitalisation: an initial capital was attributed to: Dieux, Empire, Dieu des combats; an initial capital was not attributed to: académie (i.e. Académie française); full capitals were attributed to the title; and to proper names: HENRI, LOUIS, PHILIPPE
6. Points of grammar: the present participle was inflected: volans
7. Various: presqu'usé was elided.

RN

[6] The poetical form *encor* has been retained.

Epître à monsieur le duc d'Orléans, Régent

Prince chéri des dieux, toi qui sers aujourd'hui
De père à ton monarque,[7] à son peuple d'appui,
Toi qui de tout l'Etat portant le poids immense,
Immoles ton repos à celui de la France;
Philippe, ne crois point, dans ces jours ténébreux,   5
Plaire à tous les Français que tu veux rendre heureux:
Aux princes les plus grands, comme aux plus beaux ouvrages,
Dans leur gloire naissante il manque des suffrages.
Eh! qui de sa vertu reçut toujours le prix?

Il est chez les Français de ces sombres esprits,   10
Censeurs extravagants d'un sage ministère,
Incapables de tout, à qui rien ne peut plaire:
Dans leurs caprices vains tristement affermis,
Toujours du nouveau maître ils sont les ennemis;
Et n'ayant d'autre emploi que celui de médire,   15
L'objet le plus auguste irrite leur satire.
Ils voudraient de cet astre éteindre la clarté,
Et se venger sur lui de leur obscurité.

1-7 β *gives the following as a variant*:
      Philippe, ami des dieux, toi qui sers aujourd'hui
      De père à ton monarque, à son peuple d'appui,
      Quoique avec équité ton active prudence
      D'un empire ébranlé[8] porte le poids immense,
      Ne crois pas que d'abord des critiques vainqueurs
      Tes soins, tes sages soins entraînent tous les cœurs.
      Aux plus fameux héros, comme aux plus grands ouvrages,

[7] Philippe, duc d'Orléans, served as regent during the minority of Louis XV, from 1715 till 1723.
[8] The reign of Louis XIV left the French economy severely weakened.

Ne crains point leur poison: quand tes soins politiques
Auront réglé le cours des affaires publiques;   20
Quand tu verras nos cœurs justement enchantés,
Au-devant de tes pas volant de tous côtés,
Les cris de ces frondeurs à leurs chagrins en proie,
Ne seront point ouïs parmi nos cris de joie.

Mais dédaigne ainsi qu'eux les serviles flatteurs, 25
De la gloire d'un prince infâmes corrupteurs:
Que ta mâle vertu méprise et désavoue
Le méchant qui te blâme et le fat qui te loue.
Toujours indépendant du reste des humains,
Un prince tient sa gloire ou sa honte en ses mains; 30
Et, quoiqu'on veuille enfin le servir ou lui nuire,
Lui seul peut s'élever, lui seul peut se détruire.

En vain contre Henri la France a vu longtemps
La calomnie affreuse exciter ses serpents;
En vain de ses rivaux les fureurs catholiques   35
Armèrent contre lui des mains apostoliques;[9]
Et plus d'un monacal et servile écrivain
Vendit, pour l'outrager, sa haine et son venin;[10]

29-33 β *gives the following as a variant*:
  D'olive ou de lauriers tu peux seul te couvrir:
  Rien ne peut les donner, rien ne peut les flétrir.
  Les bons rois, en marchant à la gloire suprême,
  N'ont jamais eu d'appui ni d'obstacle qu'eux-mêmes.
  Contre le grand Henri la France a vu longtemps,

[9] These remarks anticipate the *Henriade*, which dates from 1716 (see *OC*, vol.2, p.21); on its hero and the hostilities between the Ligue and the Protestants, see the *Essai sur les mœurs*, ch.173-74; ed. R. Pomeau (Paris 1963), ii.514-58.

[10] In the *Essai sur les mœurs* Voltaire mentions several writers of this ilk, including Louis d'Orléans, Jean Guignard, and Joseph de Jouvency (ii.536-37, 552-53). On the latter two, see also Voltaire's *Notebooks* (*OC*, vol.81, p.157-58).

La gloire de Henri par eux n'est point flétrie:
Leurs noms sont détestés; sa mémoire est chérie.　　　　40
Nous admirons encor sa valeur, sa bonté;
Et longtemps dans la France il sera regretté.

　Cromwell, d'un joug terrible accablant sa patrie,
Vit bientôt à ses pieds ramper la flatterie;
Ce monstre politique au Parnasse adoré,　　　　45
Teint du sang de son roi,[11] fut aux dieux comparé;
Mais, malgré les succès de sa prudente audace,
L'univers indigné démentait le Parnasse;
Et de Waller enfin les écrits les plus beaux
D'un illustre tyran n'ont pu faire un héros.[12]　　　　50

　Louis fit sur son trône asseoir la flatterie;
Louis fut encensé jusqu'à l'idolâtrie:
En éloges enfin le Parnasse épuisé
Répète ses vertus sur un ton presque usé;[13]

39-50　β *gives the following as a variant*:
　　　Qu'ont produit tous leurs cris? Sa mémoire sacrée
　　　Parmi les nations n'est pas moins révérée.
　　　Nous admirons encor sa valeur, sa bonté,
　　　Et sans toi dans la France il serait regretté.

[11] As Lord Protector Cromwell was in large measure responsible for the execution of Charles I. Voltaire's attitude towards this 'illustre tyran' (line 50) was mainly negative: see *De Cromwell* (1747) (M.xviii.294-98), the article 'Cromwell' in the *Questions sur l'Encyclopédie*, and the *Essai sur les mœurs*, ch.180-81 (ed. Pomeau, ii.669-83). While not denying Cromwell a certain 'grandeur', Voltaire deplored his 'autorité cimentée de sang, et maintenue par la force et par l'artifice' (Pomeau, ii.669, 683). For a more sympathetic account of Cromwell, see *Notebooks* (*OC*, vol.81, p.62, 229).

[12] Edmund Waller (1606-1687) praises Cromwell in *A panegyric to my Lord Protector* ('While with a strong and yet a gentle hand') and in *Upon the late storm, and of the death of his Highness ensuing the same* ('We must resign! Heaven his great soul does claim'). Voltaire gives a free translation of the first ten lines of the latter poem in the *Lettres philosophiques*, no. XXI ('Sur le comte de Rochester et M. Waller').

[13] Cf. *Siècle de Louis XIV*, ch.29: 'Louis XIV fit plus de bien à sa nation que vingt de ses prédécesseurs ensemble' (*OH*, p.978).

Et, l'encens à la main, la docte Académie   55
L'endormit cinquante ans par sa monotonie.[14]
Rien ne nous a séduits: en vain, en plus d'un lieu,
Cent auteurs indiscrets l'ont traité comme un dieu:
De quelque nom sacré que l'opéra[15] le nomme,[16]
L'équitable Français ne voit en lui qu'un homme.   60
Pour élever sa gloire, on ne nous verra plus
Dégrader les Césars, abaisser les Titus;
Et, si d'un crayon vrai quelque main libre et sûre
Nous traçait de Louis la fidèle peinture,
Nos yeux trop dessillés pourraient dans ce héros   65
Avec bien des vertus trouver quelques défauts.[17]

Prince, ne crois donc point que ces hommes vulgaires
Qui prodiguent aux grands des écrits mercenaires,
Imposant par leurs vers à la postérité,
Soient les dispensateurs de l'immortalité.   70
Tu peux, sans qu'un auteur te critique ou t'encense,

71-76 β *gives the following as a variant*:
        Je ris de cet auteur dont la frivole audace,
        Dans les dizains pompeux d'une ode qui nous glace,
        Présente à son héros les séduisants appas
        D'un éternel laurier que tous deux n'auront pas.
        Oui, Philippe, tu peux, sans qu'un rimeur t'encense,
        Jeter les fondements du bonheur de la France;

[14] Louis XIV held the title of 'Protecteur de l'Académie française', where in 1671 Paul Pellisson delivered his *Panégyrique du roi Louis XIV*. On the king and the Academy, see Paul Pellisson and Pierre-Joseph Thoulier d'Olivet, *Histoire de l'Académie française*, 2nd ed. (Paris 1730), ii.i-26, 296.

[15] The spirit of Louis XIV is glorified in the prologues to the operas of Lulli and Quinault; see, for example, *Amadis* (1684) and *Armide* (1686).

[16] This line reappears in an altered form in the *Henriade* (ii.6): 'De quelque nom divin que leur parti les nomme' (*OC*, vol.2, p.391).

[17] An interesting reflection of the unpopularity of Louis XIV during the last years of his reign.

Jeter les fondements du bonheur de la France;
Et nous verrons un jour l'équitable univers
Peser tes actions sans consulter nos vers.
Je dis plus, un grand prince, un héros, sans l'histoire,   75
Peut même à l'avenir transmettre sa mémoire.

Taisez-vous, s'il se peut, illustres écrivains,
Inutiles appuis de ces honneurs certains:
Tombez, marbres vivants, que d'un ciseau fidèle
Anima sur ses traits la main d'un Praxitèle: 80
Que tous ces monuments soient partout renversés;
Il est grand, il est juste; on l'aime: c'est assez.
Mieux que dans nos écrits, et mieux que sur le cuivre,
Ce héros dans nos cœurs à jamais doit revivre.

Et, sans tous les écrits de Pellegrin, de Roi, [19]
Le sévère avenir saura juger de toi.
Je dis plus, un grand prince, artisan de sa gloire,
Dans la postérité peut vivre sans l'histoire.

[18] Lines 85-90, somewhat altered, were incorporated into the *Discours en vers sur les événements de l'année 1744* (lines 75-80). La Harpe (*Cours de littérature*, Paris 1880, ii.31) points to a parallelism of ideas between these lines from the *Discours* and a passage from Massillon's sermon for the day of the Incarnation, from his ten lenten sermons, known as the *Petit Carême*: 'Les pères raconteront à leurs enfants le bonheur qu'ils eurent de vivre sous un si bon maître; ceux-ci le rediront à leurs neveux; et dans chaque famille ce souvenir, conservé d'âge en âge, deviendra comme un monument domestique élevé dans l'enceinte des murs paternels, qui perpétuera la mémoire d'un si bon roi dans tous les siècles' ('Sur les caractères de la grandeur de Jésus-Christ', pt 2, *Œuvres de Massillon*, Paris 1877, i.582). The parallel does not bespeak an influence, however, since Massillon's sermons were preached in 1718 and not published until 1745.

[19] Simon-Joseph Pellegrin (1663-1745) and Pierre-Charles Roy (1683-1764) were no doubt looked upon by Arouet at this time as rivals. Roy also appears in the correspondence of 1716: 'Souvenez vous que vous écrivîtes à Roi, & que vous ne m'écrivîtes point', he reminds the marquise de Mimeure (D40); and he complains on

L'heureux vieillard, en paix dans son lit expirant,[18] 85
De ce prince à son fils fait l'éloge en pleurant:
Le fils encor tout plein de son règne adorable,
Le vante à ses neveux; et ce nom respectable,
Ce nom dont l'univers aime à s'entretenir,
Passe de bouche en bouche aux siècles à venir. 90

C'est ainsi qu'on dira chez la race future:[20]
Philippe eut un cœur noble; ami de la droiture,
Politique et sincère, habile et généreux,
Constant quand il fallait rendre un mortel heureux;
Irrésolu, changeant, quand le bien de l'empire 95
Au malheur d'un sujet le forçait à souscrire;
Affable avec noblesse, et grand avec bonté,
Il sépara l'orgueil d'avec la majesté;
Et le dieu des combats, et la docte Minerve,[21]
De leurs présents divins le comblaient sans réserve: 100
Capable également d'être avec dignité
Et dans l'éclat du trône, et dans l'obscurité.
Voilà ce que de toi mon esprit se présage.[22]

---

another occasion of the tedium ('l'ennui') of Roy's writings (D42) – remarks which help to explain Roy's inclusion here. Roy later became one of Voltaire's enemies: see the epigram *La Muse de Saint-Michel* (1744), and E. Polinger, *Pierre Charles Roy, playwright and satirist* (New York 1930), p.203-46.

[20] Lines 90-91 reappear in a conflated form in *La Henriade* (II, 306): 'Ira de bouche en bouche à la race future' (*OC*, vol.2, p.406).

[21] Mars, the Roman god of war; Minerva, the Roman goddess of wisdom.

[22] Cf. Saint-Simon's portrait of the regent, which reveals the latter's bad as well as good qualities: *Mémoires. Additions au Journal de Dangeau*, ed. Y. Coirault, 8 vols (Paris 1983-1988), v.232-51. The regent's demerits included libertinism, ignorance of finance, and extravagance. 'Ce bon régent, qui gâta tout en France', Voltaire remarks in his *Epître sur la calomnie* (1733) (*OC*, vol.9, p.300).

O toi, de qui ma plume a crayonné l'image,
Toi de qui j'attendais ma gloire et mon appui,　　　　105
Ne chanterai-je donc que le bonheur d'autrui?
En peignant ta vertu, plaindrai-je ma misère?
Bienfaisant envers tous, envers moi seul sévère,
D'un exil rigoureux tu m'imposes la loi;
Mais j'ose de toi-même en appeler à toi.　　　　110
Devant toi je ne veux d'appui que l'innocence;
J'implore ta justice, et non point ta clémence.
Lis seulement ces vers, et juge de leur prix;
Vois ce que l'on m'impute, et vois ce que j'écris.
La libre vérité qui règne en mon ouvrage　　　　115
D'une âme sans reproche est le noble partage;
Et de tes grands talents le sage estimateur
N'est point de ces couplets l'infâme et vil auteur.

Philippe, quelquefois sur une toile antique,
Si ton œil pénétrant jette un regard critique,　　　　120
Par l'injure du temps le portrait effacé
Ne cachera jamais la main qui l'a tracé:
D'un choix judicieux dispensant la louange,
Tu ne confondras point Vignon[23] et Michel-Ange.
Prince, il en est ainsi chez nous autres rimeurs:　　　　125
Et si tu connaissais mon esprit et mes mœurs,
D'un peuple de rivaux l'adroite calomnie
Me chargerait en vain de leur ignominie;
Tu les démentirais, et je ne verrais plus
Dans leurs crayons grossiers mes pinceaux confondus;　　　　130
Tu plaindrais par leurs cris ma jeunesse opprimée;

[23] The work of the painter Claude Vignon (1593-1670) was largely of religious inspiration.

267

A verser les bienfaits ta main accoutumée
Peut-être de mes maux voudrait me consoler,
Et me protégerait au lieu de m'accabler.

À M** LA C** DE **

Cette épître fut publiée pour la première fois en 1726, dans les pages préliminaires de l'*Histoire de la comtesse de Savoie*, roman publié anonymement par la comtesse de Fontaine. D'après le vers 30 du poème, il semble que l'auteur aurait lu le manuscrit de son roman à Voltaire. S'agit-il donc purement d'une épître personnelle dans laquelle Voltaire se serait montré galant homme en honorant ainsi le roman galant de la comtesse, ce qui voudrait dire que l'épître n'était pas à l'origine destinée à la publication? Ou est-ce que la comtesse lui aurait demandé un poème en guise de préface pour son roman? Impossible de le dire; mais quoi qu'il en soit, la composition du poème doit être bien antérieure à 1726, et semble remonter à 1718 ou à 1719.

Le dernier vers du poème fait allusion à une taxe sur les synagogues, il s'agit sans doute de la 'taxe Brancas'. La population juive de Metz s'était engagée vers 1710 à verser certaines sommes au duc de Brancas (gendre du président du Parlement) et à la comtesse de Fontaine (fille de M. de Givry, lieutenant du roi).[1] A la mort du président et de l'intendant du roi, ces paiements cessèrent, et les démarches auprès de Louis XIV pour rétablir ces dons volontaires sous forme de taxe obligatoire n'aboutirent pas. Tout changea avec l'arrivée au pouvoir du Régent, car le duc de Brancas était un de ses compagnons de débauche et appartenait à ce groupe que le Régent lui-même appelait ses 'roués';[2] leurs noms sont liés dans plusieurs poésies légères.[3] Le Régent pouvait difficilement refuser quoi que ce soit au duc de Brancas, ni d'ailleurs à Mme de Fontaine, qui semble avoir été la maîtresse du Régent aussi bien que de Brancas, et le Régent établit en leur faveur une taxe annuelle sur chaque famille juive de Metz. Les

---

[1] La population juive de Metz était importante: voir la référence au 'juif à Metz' dans le *Traité de métaphysique* (*OC*, t.14, p.475).

[2] Saint-Simon, *Mémoires*, éd. Y. Coirault, v.823, 827; comparer vii.604; voir aussi, dans ce volume, le poème *A S. A. S. M. le duc d'Orléans, Régent*.

[3] Voir *OC*, t.81, p.307, et, dans ce volume, *Au Régent*.

Juifs protestèrent, mais en vain, et les lettres patentes concernant cette taxe furent enregistrées au Parlement en mars 1716; la taxe fut confirmée définitivement par d'autres lettres patentes en juillet 1718.[4] Saint-Simon raconte la triste affaire avec une concision caractéristique: 'Le Régent fit un don au duc de Brancas de vingt mille livres de rente sur les juifs de Metz, qui crièrent miséricorde, et qui ne purent l'obtenir. Brancas, pauvre de lui-même et panier percé d'ailleurs, était un famélique qu'on ne pouvait rassasier.'[5] L'allusion à la taxe sur les synagogues suggère donc pour le poème un *terminus a quo* qui est 1716, au plus tôt, et plus probablement 1718. Dans un cas comme dans l'autre, la date de 1713 attribuée (sans explications) à l'épître par l'édition Kehl est certainement fausse.

Un autre témoignage important vient de la tragédie *Artémire*, qui tire son sujet du même roman de Mme de Fontaine. La première mention d'*Artémire* se trouve dans une lettre de juin 1719 (D81), où nous apprenons qu'à cette époque Voltaire se trouve à Sully et a déjà dressé le plan de sa nouvelle tragédie. David Jory cite une autre lettre de juillet 1719 qui confirme que le roman de Mme de Fontaine était de notoriété récente, et il en conclut que la composition de notre épître aussi bien que la genèse d'*Artémire* doivent remonter à une date qui se situe entre juillet 1718 et juin 1719.[6]

Le roman de Mme de Fontaine ne fut pas réimprimé en édition séparée au dix-huitième siècle,[7] et le poème avait donc été perdu de vue lorsque, trente ans plus tard, il fut réimprimé dans le *Mercure*. Les souvenirs de la personne de Mme de Fontaine, comme de l'histoire de la taxe Brancas, étaient maintenant

---

[4] Roger Clément, *La Condition des Juifs de Metz dans l'Ancien Régime* (Paris 1903), p.106-12. Voir aussi O. Terquem, 'Souvenirs historiques, concussions, avanies, dettes. Les ducs de Brancas et les Juifs de Metz', *Archives israélites* 5 (1844), p.547-74.

[5] Saint-Simon, *Mémoires*, v.744.

[6] Voir *Artémire*, éd. David Jory, *OC*, t.1A, p.389-93.

[7] Le roman fut réimprimé dans la *Bibliothèque de campagne*; voir S. Paul Jones, *A list of French prose fiction from 1700 to 1750* (New York 1939).

lointains, et le *Mercure* imprima à la suite de l'épître une longue note d'explication que Voltaire lui-même a dû fournir:

La dame à qui cette épître est adressée, se nommait Marie-Louise-Charlotte de Pelard de Givry, fille du marquis de Givry, commandant de Metz, qui avait favorisé l'établissement des Juifs dans cette ville, ceux-ci lui firent par reconnaissance une pension considérable, qui passa aux enfants, et dont jouissent encore aujourd'hui ses petits-enfants. L'un chevalier de Malte; l'autre, veuve du marquis de Fontanges, dame d'honneur de la princesse de Conti. Cette dame était alors veuve de Messire Nicolas de Fontaines, chevalier, seigneur d'Wniri, la Neuville-aux-Bois, et Véron, maréchal des camps et armées du Roi, et ancien mestre de camp de cavalerie, homme de la première distinction. Elle est morte le huit Septembre 1730, âgée de soixante-dix ans. Elle a enrichi la République des Lettres de quelques petits ouvrages ingénieux, en cachant avec soin qu'elle en fût l'auteur. [8]

L'idée que la communauté juive avait accordé cette soi-disant pension 'par reconnaissance', répétée dans toutes les éditions jusqu'à celle de Kehl, est évidemment loin de la vérité: les juifs de Metz avaient protesté longuement contre l'introduction de cette taxe, et en 1735, et encore en 1750, ils renouvelèrent leurs protestations, toujours sans succès: la taxe ne fut abolie qu'à la Révolution. La troublante ironie de la note dans le *Mercure* n'est peut-être pas involontaire. Après avoir été publiée dans ce journal, l'épître fut réimprimée dans divers recueils, comme *Le Portefeuille trouvé* en 1757, et *L'Ami des muses* en 1758; [9] elle est intégrée dans des 'Œuvres complètes' pour la première fois dans l'édition rouennaise de 1764, et on la retrouve par la suite dans d'autres recueils (voir la liste ci-dessous).

L'épître semble être à l'origine une simple pièce de circonstance. Les quelques pointes anti-religieuses (l'allusion à la lyre incrédule de Marot, le dernier coup de patte à propos des

[8] *Mercure de France* (octobre 1755), p.43-44. Cette note réapparaît, dans une version abrégée, dans toutes les éditions qui suivirent, jusqu'à K84; le MS semble avoir été corrigé sur K84.
[9] BnC 2013.

synagogues) sont bien caractéristiques de notre auteur, mais pour une fois, elles ne constituent pas l'essentiel du poème. On se demande même si la vraie raison d'être de l'épître n'ést pas l'allusion un tant soit peu perfide du dernier vers à ce beau cadeau que le Régent avait offert à sa maîtresse. Mais cela étant, pourquoi avoir redonné vie à l'épître trente ans plus tard, quand le roman qu'elle était censée célébrer était largement oublié? En quoi pouvait-elle intéresser les lecteurs du *Mercure* en 1755? En fait, si *La Comtesse de Savoie* était oubliée, *Zaïde*, elle, ne l'était pas, et l'épître reste intéressante pour ce qu'elle révèle du goût de Voltaire. On dit souvent, un peu trop rapidement peut-être, que Voltaire n'aima pas le roman.[10] En réalité il serait plus juste de dire qu'il détesta le roman 'moderne' tel qu'il s'épanouit au cours du dix-huitième siècle, et cette épître permit à Voltaire d'évoquer une autre esthétique romanesque qui lui convenait mieux, celle de Mme de La Fayette et du roman 'galant' du siècle précédent. On peut penser que le titre qui se serait imposé ici est celui de *La Princesse de Clèves*, mais, outre des contraintes métriques, il eût été bizarre de mettre une princesse... aux pieds d'une comtesse. *Zaïde*, en réalité, était tout aussi connu des lecteurs contemporains, et dès sa première édition avait paru avec, en guise d'introduction, le traité de Pierre-Daniel Huet, *De l'origine des romans*, que Voltaire estimait.[11] Déjà dans *Le Temple du goût* (il attribue alors le roman à Segrais uniquement) il déclare que '*Zaïde* est un roman purement écrit, et entre les mains de tout le monde'.[12] Il redouble ses éloges dans le 'Catalogue des écrivains français' du *Siècle de Louis XIV*: dans l'article 'La Fayette' (à qui le roman est maintenant attribué par Voltaire), il écrit que '*sa Princesse de Clèves* et sa *Zaïde* furent

---

[10] Sur cette question, voir Ahmad Gunny, 'Voltaire's thoughts on prose fiction', *SVEC* 140 (1975), p.7-20.

[11] *OC*, t.7, p.256 (*La Pucelle*) et M.xiv.81 (*Le Siècle de Louis XIV*). Sur la publication dans un seul volume de *Zaïde* et du traité de Huet, voir Faith E. Beasley, 'Un mariage critique: *Zayde* et *De l'origine des romans*', *XVIIe Siècle* 181 (1993), p.687-704.

[12] *OC*, t.9, p.157; comparer *OC*, t.3B, p.315, 513 (*Essai sur la poésie épique*).

les premiers romans où l'on vit les moeurs des honnêtes gens, et
des aventures naturelles décrites avec grâce. Avant elle on écrivait
d'un style ampoulé des choses peu vraisemblables.'[13] C'est
évidemment un coup de griffe qui a pour cible le roman moderne,
comme nous pouvons le constater dans l'article 'Villedieu': 'Ses
romans lui firent de la réputation. Au reste on est bien éloigné de
vouloir donner ici quelque prix à tous ces romans dont la France a
été et est encore inondée; ils ont presque tous été, excepté *Zaïde*,
des productions d'esprits faibles qui écrivent avec facilité des
choses indignes d'être lues par les esprits solides.'[14] La publication
de *Julie ou la Nouvelle Héloïse* en 1761 renouvelle et renforce la
nostalgie de Voltaire pour le roman du siècle précédent: '*La
Nouvelle Héloïse* et *Daira* m'ont fait relire *Zaïde*', écrit Voltaire à
Thiriot en 1761 (D9634),[15] et à un autre correspondant, 'Avez-
vous lu le roman de Rousseau Jean-Jacques? Cela ne me paraît ni
dans le goût de *Télémaque*, ni dans celui de *Zaïde*' (D9672). Il
revient sur son exemple dans ses *Lettres sur la Nouvelle Héloïse*:
'Jamais catin ne prêcha plus, et jamais valet suborneur de filles ne
fut plus philosophe. Jean-Jacques a trouvé l'heureux secret de
mettre dans ce beau roman de six tomes, trois à quatre pages de
faits, et environ mille de discours moraux. Ce n'est ni *Télémaque*,
ni la *Princesse de Clèves*, ni *Zaïde*: c'est Jean-Jacques tout pur.'[16]

Cette épître reste certes en marge de la production voltairienne:
elle n'est incluse ni dans l'édition in-quarto publiée par Cramer en
1768, ni dans l'édition encadrée de 1775. Mais Voltaire n'a peut-
être pas été mécontent de la voir publier ailleurs, car face à l'essor
du roman bourgeois moderne que Voltaire trouvait vulgaire, cette
pièce de circonstance rappelait l'esthétique d'un temps révolu,
celle du roman galant et aristocratique, et elle entrait ainsi dans une

---

[13] M.xiv.83.
[14] M.xiv.142.
[15] Il s'agit d'un roman de La Popelinière, *Daira, histoire orientale*, publié en 1760.
[16] M.xxiv.174; comparer M.xxvi.43 (*Notes sur la Lettre de M. de Voltaire à M. Hume*), et D16565.

stratégie plus large, qui visait à défendre le goût du siècle de Louis XIV à un moment où il semblait de plus en plus menacé.

Manuscrit: Bibliothèque historique de la ville de Paris, ms Rés 53 f.27r-v. Nous ne donnons pas les variantes de ce manuscrit (elles se trouvent dans Fleischauer). Le manuscrit, qui est mal présenté, n'est pas autographe; il porte la date de 1713, mais cette date semble avoir été ajoutée par une deuxième main, qui reprend apparemment la date donnée dans l'édition Kehl. La variante la plus remarquable se trouve au vers 24, où le nom de 'Rousseau' remplace celui de 'Marot': un non-sens qui confirme que les variantes n'ont pas l'autorité de Voltaire.

Editions (voir Bengesco 709): *Histoire de la comtesse de Savoye* (s.l. 1726), dans les pages préliminaires, non paginées (texte de base); *Mercure de France* (octobre 1755), p.42-44 (MF); *Le Portefeuille trouvé* (1757), i.296-97 (PF), BnC 389; W64R, V.355-56, BnC 145; *Elite de poésies fugitives*, iv.163-64, (EPF), BnC 443; *Mélanges philosophiques, littéraires, historiques*, tome 1 (Neuchâtel 1771), p.279-80, BnC 152 (MPL); Kehl (1784), xiii.

Texte de base: *Histoire de la comtesse de Savoye* (1726).

Principes de cette édition: Les variantes sont tirées des éditions citées dans la liste ci-dessus. L'orthographe du texte de base a été modernisée, mais la ponctuation d'origine est conservée. Le substantif 'Dieu' porte toujours une majuscule dans le texte: dans le vers 25, nous avons mis une minuscule, ce qui ne va pas sans changer le sens. Les fautes évidentes ont été corrigées (vers 5, 'viendroit-t-on'; vers 11 'Quel dieu, vous').

NEC

À M** LA C** DE **

A M** la C** de **

La Fayette et Segrais[17] couple sublime et tendre,
Le modèle avant vous de nos galants écrits[18]
Des champs élyséens sur les aîles des ris,
Vinrent depuis peu dans Paris.
D'où ne viendrait-on point, Sapho, pour vous entendre? 5
A vos genoux tous deux humiliés,
Tous deux vaincus et pourtant pleins de joie,
Ils mirent Zaïde[19] aux pieds

a   MF: Epître du même / A madame la comtesse de Fontaines, au- / teur d'un petit Roman intitulé: La Comtesse de Savoye, imprimé en 1722.
   w64R: Epître / a madame / fontaine.
   EPF: Epître / A madame la comtesse de Fontaine.
   MPL: Epître / A Madame la Comtesse de Fontaines, Auteur / d'un petit Roman intitulé, La comtesse / de Savoye; imprimé en 1722.//
   K: Epître / A Madame la Comtesse de FONTAINE, Sur son roman de la Comtesse de Savoye. / 1713.

   K: [absent]
2 EPF: Le Modèles
3 EPF: du ris
4 MF, PF, MPL, K: Vinrent l'autre jour dans
5 K: viendrait-on pas,
8 MF, PF, EPF, MPL, K: mirent leur Zaïde
   w64R: Ils y mirent

[17] Seul le nom de Jean Regnauld de Segrais figure sur la page de titre de la première édition de Zaïde. Ce roman apparut pour la première fois sous le nom de La Fayette seulement en 1780, mais l'idée d'une collaboration de Segrais avec Mme de La Fayette est un lieu commun de l'histoire littéraire du temps.

[18] Allusion au courant des nouvelles historiques et galantes que représentent au XVIIᵉ siècle Mme de Villedieu, Segrais et Mme de La Fayette, notamment; ainsi La Princesse de Clèves est désignée alors par ce nom de Nouvelle galante dans la polémique qui suivit sa parution, aussi bien par Valincour que par l'abbé de Charnes.

[19] Publié pour la première fois en 1670-1671, Zaïde fut réimprimé en 1705 et en 1715; suivirent des rééditions en 1719, en 1725, en 1764 et en 1780. Le roman est très apprécié au dix-huitième siècle; pour Sabatier de Castres, 'Zaïde est un de nos meilleurs romans. Le plan en est bien concerté, les passions en sont sages, les détails agréables, le dénouement très heureux' (Les Trois Siècles de notre littérature, 3 t., Amsterdam 1772, ii.10-11).

De la comtesse de Savoie.
Ils avaient bien raison, quel dieu, charmant auteur,   10
Quel dieu vous a donné ce langage enchanteur,
La force et la délicatesse,
La simplicité, la noblesse
Que Fénelon seul avait joint,[20]
Ce naturel aisé dont l'art n'approche point: 15
Sapho, qui ne croirait que l'amour vous inspire?
Mais vous vous contentez de vanter son empire;
De Mandoce amoureux vous peignez le beau feu,
Et la vertueuse faiblesse
D'une maîtresse,   20
Qui lui fait en fuyant un si charmant aveu:
Ah! pouvez-vous donner ces leçons de tendresse,
Vous qui les pratiquez si peu.
C'est ainsi que Marot sur sa lyre incrédule
Du dieu qu'il méconnut prouva la sainteté.   25
Vous avez pour l'amour aussi peu de scrupule,
Vous ne le servez point, et vous l'avez chanté;
Adieu, malgré mes épilogues,

12 MF, PF, EPF, MPL, K: force, la
15 MF, PF, MPL, K: naturel charmant dont
    w64R: Le naturel
18 MF, PF, w64R, EPF, MPL, K: Vous nous peignez Mendoce [70: Mendace]
en feu
19 EPF: la délicieuse faiblesse
20 MF, PF, w64R, MPL, K: De sa chancelante maîtresse,
25 MF, PF, MPL, K: prouve
    w64R, K: prôna
28 w64R: mes épisodes,

[20] Allusion à l'esthétique 'sublime' de Fénelon; dans l'*Essai sur la poésie épique*,
Voltaire salue en *Télémaque* 'un roman moral', même s'il lui refuse le statut de
poème en prose (*OC*, t.3B, p.493-94).

276

Puissiez-vous pourtant tous les ans
Me lire deux ou trois romans,   30
Et taxer quatre sinagogues.[21]

31   EPF: [ajout:] Madame la comtesse de Fontaine, morte en 1730, âgée de 70 ans, est auteur du roman de la comtesse de Savoie. Elle était fille du marquis de Givry, gouverneur de Mets, qui contribua beaucoup à l'établissement des Juifs en cette ville. Pour lui témoigner leur reconnaissance, les Juifs ont fait à ce seigneur une pension considérable, dont ses petits-enfants jouissent...

[21] En 1715, le Régent établit une taxe annuelle sur chaque famille juive de Metz, en faveur du duc de Brancas et de la comtesse de Fontaine (voir l'Introduction).

ÉPÎTRE À MADAME DE G***

Cette épître n'a pas été publiée du vivant de Voltaire; elle paraît pour la première fois après sa mort dans l'édition Kehl. Toutes les éditions des 'Œuvres complètes' ont par la suite repris le texte à cette source. Il faut supposer que les éditeurs de Kehl ont eu accès à un manuscrit fiable; leur jugement a été accepté par tous ceux qui les ont suivis, et nous ne voyons nulle raison de mettre ce jugement en question. Le thème et le ton du poème sont certes caractéristiques du jeune Arouet. Cependant nous n'avons strictement pas d'autres indications pour attribuer ce texte à Voltaire, et tout ce qui suivra doit donc être lu sans oublier que nous n'avons plus accès à la documentation sur laquelle est basée l'édition Kehl. La date aussi est une question de pure conjecture. Les éditeurs de Kehl ne donnent pas de date, mais ils placent le poème à la suite d'autres épîtres qui datent de 1716, et avant une autre, datée 1717; à partir de ces indications, l'édition Moland donne simplement la date de 1716. Le contenu ouvertement épicurien du poème confirmerait cette date, au moins de façon approximative.

Le poète s'adresse à une maîtresse qui l'aurait abandonné: poncif s'il en fut, mais à partir de ce topos littéraire, Voltaire crée un poème d'une considérable originalité. Première originalité: la dame en question a abandonné le poète, non pas pour un autre homme, mais pour son confesseur, afin de se consacrer à la religion. Il n'est pas possible de connaître l'identité de la dévote Mme de G***, si toutefois elle a jamais existé; l'allusion à 'Chloé' (vers 19) confirme notre impression qu'il s'agit plutôt d'un personnage fictif. Deuxième originalité: les arguments dont se sert le poète pour faire revenir vers lui sa maîtresse ne visent absolument pas à flatter la dame en question, mais plutôt à la convaincre au niveau philosophique de l'importance de l'hédonisme épicurien.

Le vocabulaire de l'épicurisme est très marqué dans le poème, à commencer par le terme 'volupté' (vers 12): 'le mot de volupté me

278

rappelle à Epicure,' dit Saint-Evremond.¹ Les vers 'Le plaisir est l'objet, le devoir et le but / De tous les êtres raisonnables' (vers 8-9) sont presque une citation directe de la 'Lettre à Ménécée' d'Epicure: 'Nous assurons donc que la volupté est le commencement et la fin de bien vivre; car nous la connaissons assez être le souverain bien des animaux, et qu'il faut commencer par elle à juger des choses que nous devons choisir ou éviter.'² Cette défense du plaisir, fréquente dans maint poème épicurien, prend sa force ici de ce qu'elle est opposée au devoir religieux. La Bible est décrite comme une 'chimérique histoire' (vers 4), les croyants comme des 'mystiques fous' (vers 5), des 'dévots fainéants, sots et pieux loups-garous' (vers 6): le vocabulaire est plus que sévère.

Ira O. Wade, l'un des rares critiques littéraires à s'être intéressé à ce poème, le considère dans le contexte de la genèse de l'*Epître à Uranie*.³ Pour lui, l'épître représente une tentative hésitante et incohérente de justifier l'épicurisme aux dépens de la Bible, et dans ce contexte il lit le poème comme une première esquisse de l'*Uranie*.⁴ Mais s'il trouve l'épître 'incohérente', c'est peut-être parce qu'il s'évertue à la placer dans une tradition de déisme naissant, ce qui pourrait sembler trop réducteur; car si l'épître ne semble guère anticiper l'*Epître à Uranie*, par ailleurs elle annonce l'épicurisme galant du *Mondain*, et même certaines des discussions du *Traité de métaphysique*.

En réalité notre poème est de loin plus radical que l'*Epître à*

---

¹ Saint-Evremond, *Œuvres en prose*, éd. R. Ternois (Paris 1962-1969), iii.426.

² Je citerai les écrits d'Epicure d'après la traduction française que Voltaire a pu connaître: *Les Six Livres de Lucrèce, De la nature des choses. Traduits par Michel de Marolles, abbé de Villeloin. Seconde édition. A quoy sont adjoustées [...] la Vie d'Epicure, contenant la doctrine de ce philosophe, tirée de Diogene de Laerce* (Paris 1659), p.380.

³ Ira O. Wade, 'The *Epître à Uranie*', *PMLA* 47 (1932), p.1066-112.

⁴ L'épître 'disclosed a weak attempt on the part of Voltaire to justify epicureanism at the expense of the Bible, superstition, the clergy and the Church. As such, it may be regarded as the first rough draft of the *Uranie* [...]. The solution is still hesitating and unconvincing' (p.1075-76).

Uranie, ce qui expliquerait pourquoi Voltaire n'a jamais voulu le publier; et si les manuscrits manquent aussi, cela pourrait suggérer que Voltaire, conscient de son contenu potentiellement explosif, contrôla de très près même les exemplaires qui circulaient. Le poème est fondé sur l'antithèse entre la religion et le plaisir, entre 'une fausse gloire' et les 'vrais plaisirs' (vers 7). Les croyantes sont 'des bégueules' (vers 11), 'victimes déplorables' d'un 'triste préjugé' (vers 22), et Dieu, s'il existe, est très loin de s'intéresser aux simples humains. L'expression choquante 'S'il est un Dieu' (vers 28) laisse planer la possibilité même de l'athéisme, ce qui fait que la 'loi de la nature', citée à la fin (vers 31), n'est point un principe déiste, mais plutôt une loi naturelle, antérieure au christianisme: 'Songez qu'il était des amants / Avant qu'il fût des chrétiens dans le monde' (vers 14-15).

Les épicuriens enseignaient que le vrai bonheur pour un être raisonnable consistait à fuir ce qui troublait sa tranquillité: 'Le terme de la grandeur des voluptés consiste à retrancher la chose qui fait douleur.'[5] La source de la douleur est ici double: au niveau le plus anodin, douleur du poète qui se lamente d'avoir perdu sa maîtresse; et à un niveau moins attendu, plus provocateur, douleur causée par 'la voix de vos prêtres' (vers 33). Voltaire évoque ainsi un épicurisme qui dépasse l'épicurisme mondain d'un Saint-Evremond, et qui va droit au cœur de la pensée du philosophe ancien:

Quand nous disons donc que la volupté est la fin à laquelle nous tendons, il ne faut pas entendre que nous pensions cela des voluptés des friands et des autres qui sont dans le luxe, pour se remplir le ventre, comme pensent quelques ignorants, faute d'avoir compris notre intention, qui est de se bien porter, et d'avoir l'esprit tranquille. Ce ne sont pas les belles assemblées, ni les festins, ni la fréquentation des femmes et des jeunes gens, ni la friandise aussi qu'on cherche aux poissons des tables somptueuses, qui nous font vivre allègrement; mais plutôt une sobriété raisonnable, en recherchant les causes pourquoi telle et telle chose doit

---

[5] Diogène Laërce, cité d'après la traduction de l'abbé de Villeloin (1659), p.386.

être choisie ou évitée, et à quelles opinions il se faut tenir pour garantir notre âme de l'assaut des passions. [6]

En intégrant cette discussion dans une simple épître d'amour, l'auteur en masque en partie l'agressivité, mais en partie seulement. L'emploi des termes 'plaisir' ou 'volupté' nous rappelle la sensualité facile d'un poème de Chaulieu, sauf que jamais l'abbé de Chaulieu n'aurait écrit 'Vous croyez servir Dieu, mais vous servez le diable' (vers 23). Le lecteur se trouve ainsi pris dans un va-et-vient entre deux registes épicuriens, car au cours du poème il passe de l'Epicure maître des libertins à l'Epicure maître de Lucrèce: changement de registres qui ne fait que renforcer l'argument de ce poème résolument anti-chrétien. Dans cette critique cinglante de l'Eglise, le mot-clé est peut-être celui de 'Superstition' (vers 25), mot qui garde une majuscule dans l'édition Kehl: c'est apparemment la première occurrence de ce mot dans les écrits de Voltaire. [7] Pour citer Epicure de nouveau:

D'ailleurs, il faut savoir que les passions se saisissent fort des âmes des hommes, qui ajoutent foi aux narrations fabuleuses, soit en ce qu'ils pensent que les causes de tout ceci soient immortelles, et que ces mêmes causes en jouissant d'une heureuse vie, leur préparent des supplices aux enfers, pour avoir fait des actions contraires à leur volonté, ou soit que la crainte d'être privés des sentiments en la mort, les trouble de telle sorte [...]. Mais pour en parler sainement, ce défaut ne vient point à leur jugement pour avoir cherché les secrets de la nature: mais pour avoir cru de léger aux vaines persuasions. [8]

Ce passage, dans la traduction de 1659, est signalé par une note en marge: 'Pour se guérir de la superstition'. Voltaire n'en aurait pas souhaité davantage.

Principes de l'édition: Nous reproduisons le texte de l'édition Kehl

---

[6] Diogène Laërce (1659), p.382.
[7] D'après le CD-Rom *Voltaire électronique* (Oxford 1998). Cette base de données contient tous les écrits de Voltaire sauf la correspondance. La première occurrence du mot 'superstition' dans la correspondance est en 1731 seulement (D407).
[8] Diogène Laërce (1659), p.353.

(xiii.21-22), en modernisant l'orthographe, mais en gardant la ponctuation d'origine. Dans le texte original, deux substantifs (Testament, Superstition) ont une majuscule; Couet s'écrit 'Couët'.

NEC

Épître
A madame de G***

Quel triomphe accablant, quelle indigne victoire
Cherchez-vous tristement à remporter sur vous?
Votre esprit éclairé pourra-t-il jamais croire
D'un double testament la chimérique histoire,
Et les songes sacrés de ces mystiques fous,   5
Qui, dévots fainéants, sots et pieux loups-garous, [9]
Quittent de vrais plaisirs pour une fausse gloire?
Le plaisir est l'objet, le devoir et le but
 De tous les êtres raisonnables; [10]
 L'amour est fait pour vos semblables;   10
 Les bégueules font leur salut.

 Que sur la volupté tout votre espoir se fonde;
 N'écoutez désormais que vos vrais sentiments;
  Songez qu'il était des amants
 Avant qu'il fût des chrétiens dans le monde.   15

---

[9] Comparer les remarques de Voltaire dans une épître adressée à Formont dans les années 1730: 'C'est dans ce commerce si doux, / Qu'est la bonne philosophie, / Que n'ont point ces mystiques fous, / Ni ces dévôts de loups garous' (*OC*, t.8, p.532; comparer D411).

[10] Expression militante d'un épicurisme mondain; cf. ci-dessous, vers 13, le mot 'volupté'.

Vous m'avez donc quitté pour votre directeur.
Ah! plus que moi cent fois Couet[11] est séducteur.
Je vous abusai moins, il est le seul coupable;
　　Chloé, s'il vous faut une erreur,
　　Choisissez une erreur aimable.　　　　　　　　　　20

　　Non, n'abandonnez point des cœurs où vous régnez.
D'un triste préjugé victime déplorable,
Vous croyez servir Dieu, mais vous servez le diable,
　　Et c'est lui seul que vous craignez.

　　La superstition,[12] fille de la faiblesse,　　　　　　25
Mère des vains remords, mère de la tristesse,
En vain veut de son souffle infecter vos beaux jours;
Allez, s'il est un Dieu, sa tranquille puissance
Ne s'abaissera point à troubler nos amours:
Vos baisers pourraient-ils déplaire à sa clémence?　　30
La loi de la nature est sa première loi;[13]
Elle seule autrefois conduisit vos ancêtres;
Elle parle plus haut que la voix de vos prêtres,
Pour vous, pour vos plaisirs, pour l'amour et pour moi.

---

[11] L'abbé Bernard Couet, chanoine de Notre-Dame et grand vicaire du cardinal de Noailles, était soupçonné d'être janséniste. Voltaire était en contact avec lui en 1725 (voir D246). Mort en 1736, Couet est l'un des personnages mis en scène dans *Le Dîner du comte de Boulainvilliers*; voir *OC*, t.63A, p.305-306.

[12] C'est la première occurrence de ce mot sous la plume de Voltaire; voir l'Introduction.

[13] Comparer 'Il [Dieu] grave en tous les cœurs la loi de la nature' (*La Henriade*, *OC*, t.2, p.516).

DEUX ÉPÎTRES
EN PROSE ET EN VERS

La *Lettre de monsieur Arouet à monsieur le Grand Prieur* paraît dans le *Nouveau Mercure galant* en octobre 1716, et sera suivie six mois plus tard de l'*Epître de monsieur Arouet à monsieur****, publiée dans *Le Nouveau Mercure* en avril 1717. Dans la première épître, Arouet s'adresse au grand-prieur de Vendôme (1655-1727), qui présidait la société libertine du Temple, société qui reprenait vie depuis que le Régent avait rappelé Vendôme d'exil dès 1715; la deuxième épître s'adresse à son ami, Guillaume Amfrye, abbé de Chaulieu (1639-1720), le poète en titre de cette société, et son doyen.

Les deux poèmes appartiennent tous les deux à un genre, l'épître en prose et en vers, qui était particulièrement prisé par les poètes épicuriens, et la première épître commence par un vers, 'De Sully, salut, et bon vin' qui rappelle une épître en prose et en vers adressée à La Fontaine par Saint-Evremond: 'Et dans les vers, jeu, musique et bon vin / Entretenir son innocente vie, / C'est le moyen d'en reculer la fin.' [1] Les 'vers badins' (vers 59) et les 'vaudevilles' (vers 55) sont également nommés ici: ils font partie intégrante des plaisirs épicuriens, symbolisés par l'évocation de la Tocane, jeune vin de Champagne (vers 47) et des 'petits soupers' (vers 53). L'épître évoque un épicurisme mondain, qui cultive 'les plaisirs et la liberté, / Quelquefois même la folie' (vers 51-52), sans être pour le moins du monde menaçant ou choquant. La seule allusion à la religion se trouve camouflée dans un emprunt littéraire, dans les références aux Papimanes et aux Papefigues dont l'histoire est racontée dans *Le Quart Livre* de Rabelais (chapitres 45-48); l'épisode était d'autant plus connu que Béroalde de Verville avait fait une description de la Papimanie dans *Le Moyen de parvenir* (1610)

---

[1] Cité dans La Fontaine, *Œuvres diverses*, éd. P. Clarac, Bibliothèque de la Pléiade (Paris 1958), p.1010.

(chapitres 48-49), et La Fontaine en avait fait un conte en vers avec *Le Diable de Papefiguière* (*Nouveaux Contes*, 1674): Arouet s'insère donc dans une tradition littéraire bien connue de ses lecteurs. [2] Et si à la fin de l'épître le jeune poète tire son chapeau à Chaulieu, acclamé comme le successeur de Marot, le topos de modestie est en partie démenti par la référence passagère à Horace (vers 61), et par l'envergure des vers eux-mêmes.

L'épître se présente comme une œuvre collective, car Arouet associe son nom à celui de l'abbé Courtin, bon vivant proche du Grand Prieur de Vendôme: 'Le commerce de tant d'hommes distingués, et surtout les vers que leur adressèrent les poètes de son temps, entre autres Rousseau, ont infiniment plus contribué à la réputation du joyeux abbé que ses propres élucubrations poétiques, fort médiocres du reste.' [3] Arouet est évidemment l'unique auteur, mais le nom de Courtin lui permet de proclamer son intimité avec les milieux du Temple, tout en donnant la preuve de sa propre supériorité comme poète. Le but double, et presque contradictoire, de l'épître est de confirmer les talents du jeune poète, mais en infirmant l'idée qu'il est un poète dangereux. L'épître contient ce qui est peut-être le premier portrait de l'auteur sorti de sa propre plume: il est 'un poète des plus minces' (vers 4), 'Maigre, long, sec et décharné / N'ayant eu croupe de sa vie' (vers 18-19). Cet auto-portrait est aussi une auto-justification: Arouet évoque le 'bizarre destin' (vers 5) qui l'a exilé en province, et fait allusion aussi au danger que courent les poètes, lorsqu'il feint de ne pas oser offusquer le 'censeur rigoureux' (vers 31), qu'il nomme, bien sûr, dans une note en bas de page. Avec beaucoup de sérieux Arouet affirme qu'il est 'Bien moins malin qu'on ne le dit [...] / Puisque toujours il versifie' (vers 20-22). A qui s'adressent ces paroles? Ce n'est pas tellement le Grand Prieur qui risquait de censurer le jeune Arouet.

---

[2] C'est aussi la toute première allusion à Rabelais dans les écrits de Voltaire. Cette référence est peut-être censée faire plaisir au Régent, qui un jour fit l'éloge de Rabelais devant un jeune Arouet étonné (D8533).

[3] Pierre Larousse, *Grand Dictionnaire universel du XIXe siècle*, article 'Abbé Courtin'.

La deuxième épître enchaîne sur la première, car l'abbé Chaulieu, évoqué dans une périphrase à la fin du premier poème devient le destinataire du second: là encore, Voltaire se situe dans une tradition littéraire épicurienne bien établie, car l'abbé Courtin avait déjà adressé plusieurs épîtres à Chaulieu.[4] Toujours à la recherche d'une filiation littéraire, Arouet évoque le maître de Chaulieu, Chapelle, qui, par un heureux hasard, avait lui aussi fait un séjour à Sully (dans des conditions différentes, il est vrai). Le nom de Chapelle était surtout lié au *Voyage* qu'il avait composé avec Bachaumont, et Arouet se sert de même d'un récit en vers et en prose pour narrer un épisode imaginé de son voyage en exil. L'artifice de la visite de l'ombre de Chapelle permet à Arouet de se présenter en termes intimes avec le poète vénéré, tout en faisant semblant d'être son humble successeur; et en prodiguant ainsi des louanges à Chapelle et à Chaulieu, le jeune poète s'établit en ligne directe de succession. Plus tard, dans *Le Temple du goût* et dans la *Vie de Molière*, Voltaire sera beaucoup moins indulgent envers Chapelle et même envers Chaulieu;[5] et lorsque, en 1732, une édition du *Voyage de messieurs Bachaumont et Chapelle* paraît avec une section intitulée 'Pièces fugitives où il est parlé de Chapelle ou qui sont composées dans le goût de ce poète', et qui contient, parmi d'autres poèmes, ces deux épîtres de Voltaire, il a peut-être regretté son indulgence envers un poète quand même mineur.[6] Toujours est-il que le jeune Arouet, à l'instant où il réclame sa place comme le 'nouveau' poète du Temple, reste, pour le moment du moins, très respectueux envers ses maîtres avoués.

Prises comme un ensemble, les deux épîtres constituent en quelque sorte un manifeste. Manifeste littéraire, d'abord, car le jeune poète ambitieux se plaît à se placer dans une tradition poétique qui dérive directement du grand siècle; manifeste politique également, car le jeune poète exilé a besoin de rentrer

[4] Voir Chaulieu, *Œuvres* (La Haye 1774), i.134, 143, ii.292, 294.
[5] Sur Chapelle, voir *Le Temple du goût*, *OC*, t.9, p.55-56, 123-24, 197, 393-94, 410; Voltaire est plus indulgent pour Chaulieu: voir *OC*, t.9, p.161-64.
[6] Voir *OC*, t.9, p.212, note 8.

en faveur auprès du Régent et donc de se défaire de son image de poète dangereux. Désigné comme 'le pauvre petit poète' par le journaliste du *Mercure* – si ce n'est par Voltaire lui-même – en octobre 1716, Arouet se présente comme un débutant ancré dans les traditions épicuriennes et anodines du siècle précédent: rien là pour choquer les autorités politiques de la Régence. Au même moment, le chansonnier Maurepas nous en apporte la preuve, Arouet fait circuler en manuscrit, de façon semi-clandestine, des poèmes bien plus audacieux; ces deux épîtres par contre, qu'il signe dans le *Mercure*, représentent, pourrait-on dire, sa face publique.

Editions: Ces deux épîtres figurent parmi les tout premiers poèmes publiés et signés par le jeune Arouet. Après avoir été publiées dans le *Mercure*, elles seront toutes les deux reprises dans diverses éditions collectives. La deuxième épître, celle adressée à Chaulieu, paraît seule dans w56, *Le Portefeuille trouvé* (PF) (vers 56-75), w57P et OC61. Les deux épîtres paraissent séparément dans l'édition w38 (t.i (1738), et t.vi (1745)), et ensuite elles figurent ensemble dans le même volume dans RP40, w41C, w42, et w46. Finalement, les deux épîtres paraissent l'une à la suite de l'autre pour la première fois dans w48D. Cela établit le modèle pour w51, w52, w68, w75G, et k84. Le fait que ces deux épîtres se succèdent dans ces éditions parues avec l'approbation de l'auteur semblerait confirmer que Voltaire les concevait comme un ensemble. Les deux épîtres mènent aussi une vie ailleurs, et elles paraissent, entre autres, dans une édition du *Voyage de messieurs Bachaumont et Chapelle* de 1732, et dans une édition des *Œuvres* de Chaulieu. [7] Dans l'édition encadrée, les deux épîtres paraissent dans les 'Mélanges de poésies'; [8] et les éditeurs de Kehl les rangèrent dans le volume dédié aux 'Lettres en vers et en prose'. [9] Par la suite, ces deux épîtres poétiques se trouvèrent confondues avec d'autres lettres, et traitées comme telles. C'est ainsi qu'elles finirent par se retrouver dans l'édition de la *Correspondance* établie par Th. Besterman (D37 et D32 respectivement). Il est à noter que le souci de chronologie dans l'édition de la *Correspondance* inverse l'ordre des deux épîtres telles qu'elles ont été publiées du vivant de Voltaire.

---

[7] Chaulieu, *Œuvres* (La Haye 1774), ii.6-14.
[8] Tome xii, p.327-30, et p.331-34, respectivement.
[9] Tome xv, p.7-10, et p.11-14.

Nous reproduisons ici le texte original des deux épîtres, comme elles ont paru dans le *Mercure* (avec, il faut le supposer, la pleine approbation de leur auteur).

Textes de base: *Lettre de monsieur Arouet à monsieur le Grand Prieur*: *Nouveau Mercure galant* (octobre 1716), p.95-103; les variantes sont tirées de w38, t.vi (1745), w75G et K.

Epître de monsieur Arouet à monsieur ***: *Le Nouveau Mercure* (avril 1717), p.51-56; les variantes sont tirées de PF, w75G, et K.

Principes de l'édition: Nous reproduisons le texte des éditions de base citées ci-dessus, en modernisant l'orthographe, mais en gardant la ponctuation d'origine.

NEC

Lettre de monsieur Arouet à monsieur le Grand Prieur[10]

De Sully, salut, et bon vin,
Au plus aimable de nos princes,

---

a   w75G, K: A Mr. [K: M.] Le prince de Vendome. [*avec note*: C'est le frère du duc de Vendôme. Il était grand-prieur de France. L'abbé Courtin était un de ses amis, fils d'un conseiller d'état, et homme de lettres. Il était tel qu'on le dépeint ici. [w75G:] Cette lettre est de 1716.]
1   K: salut et

[10] Dans le *Nouveau Mercure galant* l'épître est précédée par la notice suivante: 'Ennuyé à la fin de toutes les peines que je me donnais inutilement tous les mois pour vous trouver quelque jolie pièce de poésie, je commençais à renoncer au soin d'en chercher davantage, lorsque par bonheur le plus obligeant et le plus généreux ami que j'aie, me fit le plaisir de m'envoyer il y a quelques jours, avec les plus gracieuses circonstances du monde, la copie d'une lettre que M. Arouet a écrite à Monsieur le Grand Prieur. La réputation de M. Arouet répond suffisamment du mérite de ses ouvrages.' Cf. p.405, une autre épître écrite au Grand Prieur quelques mois plus tard.

De la part de l'abbé Courtin [11]
Et d'un poète des plus minces,
Qu'un assez bizarre destin   5
A confiné dans ces provinces.

Vous voyez, Monseigneur, que l'envie de faire quelque chose pour
Votre Altesse a réuni deux hommes bien différents.

L'un gras, gros, rond, court, séjourné, [12]
Citadin de Papimanie, [13]   10
Porte un teint de prédestiné
Avec la croupe rebondie.
Sur son front respecté du temps
Une fraîcheur toujours nouvelle,
Des premiers jours de son printemps   15
Entretient la fleur éternelle:
L'autre dans Papefigue [14] est né,
Maigre, long, sec et décharné,
N'ayant eu croupe de sa vie,

3   w75G, K: Courtin,
4   w38, w75G, K: d'un rimailleur des
5   w38, w75G, K: Que son bon ange et son lutin
6   w38, w75G, K: Ont envoyé dans
9   w75G, K: gras, rond, gros,
11   w75G, K: prédestiné,
13   w75G, K: temps,
15-16 w38, w75G, K:
          Au bon doyen de nos galants [w75G: galants,]
          Donne une jeunesse éternelle.

[11] L'abbé François Courtin; voir ci-dessous p.406.
[12] Comparer: 'Frère Thibault Séjourné, gros, et gras' (Marot, *Epigrammes*, Livre
I, 47). Le mot *séjourné* ('reposé') n'est plus en usage courant au XVIIIe siècle.
[13] Pays heureux, imaginé par Rabelais, où les habitants sont partisans du pape (*Le
Quart Livre*, ch.45-48).
[14] Allusion au même épisode du *Quart Livre*; les habitants de ce pays, devenus
pauvres et malheureux, étaient nommés ainsi pour avoir fait la figue au portrait du
pape.

Bien moins malin qu'on ne le dit,   20
Et sans doute de Dieu maudit,
Puisque toujours il versifie.

Notre premier dessein était de vous envoyer cet ouvrage dans les
formes moitié prose, et moitié vers.

L'abbé, comme il est paresseux,   25
Se retenait la prose à faire,

20   w38, w75G, K: Moins malin qu'on ne vous le dit,
21   w38, w75G, K: Mais peut-être de
22   w38: Puisqu'il aime il versifie.
     w75G, K: Puisqu'il aime et qu'il versifie.
23-32   w38, w75G, K: dessein était d'envoyer à votre altesse un ouvrage dans les
formes, moitié vers, moitié prose, comme en usaient les Chapelles [K: Chapelle], les
Des-Barreaux, les Hamiltons [K: Hamilton], contemporains de l'abbé, et nos maîtres.
J'aurais presque ajouté Voiture, si je ne craignais de fâcher mon confrère, qui prétend   5
[w75G, K: , je ne sais pourquoi,] n'être pas assez vieux pour l'avoir vu.
     K: L'abbé, comme il est paresseux,
         Se réservait la prose à faire,
         Abandonnant à son confrère
         L'emploi flatteur et dangereux   10
         De rimer quelques vers heureux,
         Qui peut-être auraient pu déplaire
         A certain censeur rigoureux
         Dont le nom doit ici se taire.
Comme il y a des choses assez hardies à dire par le temps qui court, le plus sage de   15
nous deux, qui n'est pas moi, ne voulait en parler qu'à condition qu'on n'en saurait
rien.
         Il alla [w38: allait] donc vers le dieu du mystère,
         Dieu des Normands, par moi très peu fêté,
         Qui parle bas, quand il ne peut se taire,   20
         Baisse les yeux et marche de côté.
         Il favorise, et certes c'est dommage,
         Force fripons; mais il conduit le sage.
         Il est au bal, à l'église, à la cour;
         Au temps jadis il a guidé l'amour.   25
Malheureusement ce dieu n'était pas à Sully; il était en tiers, dit-on, entre
[K: M. l'archevêque de; w38: l'archevêque] ... et madame de ... sans cela nous
eussions achevé notre ouvrage sous ses yeux. / Nous

Abandonnant à son confrère
L'emploi flatteur et dangereux
De rimer quelques vers heureux,
Qui peut-être auraient pu déplaire   30
A certain censeur rigoureux (*a*)
Dont le nom doit ici se taire.
Nous eussions peint les jeux voltigeants sur vos traces,
Et cet esprit charmant au sein d'un doux loisir,
Agréable dans le plaisir   35
Héroïque dans les disgrâces.
Nous vous eussions parlé de ces bienheureux jours
Consacrés à la tendresse,
Nous vous eussions avec adresse
Fait la peinture des amours,   40
Et des amours de toute espèce:
Vous en eussiez vu de Paphos,
Vous en eussiez vu de Florence,[15]
Mais avec tant de bienséance
Que le plus âpre des dévots   45
N'en eût point fait la différence;

(*a*) M. D'Argenson.

33   w75G: les yeux voltigeants
34   w75G, K: charmant, au
35   w75G, K: plaisir,
37   w75G, K: jours,
38   w75G, K: Jours consacrés
     w75G, K: tendresse.
39   w75G, K: eussions, avec adresse,
41   w75G, K: espèce.
44   w75G, K: bienséance,
46   w38, w75G, K: eût pas fait la différence.

[15] Le thème de l'homosexualité est récurrent dans la poésie de cette période. Comparer *A mademoiselle Duclos*, p.43. Ailleurs, Paphos est mis en contraste avec Potsdam (D4269).

Bacchus aurait paru de Tocane [16] échauffé,
D'un bonnet de pampres coiffé;
Célébrant avec vous mainte joyeuse orgie,
Ayant sans cesse à son côté   50
Les plaisirs et la liberté,
Quelquefois même la folie,
Petits soupers, jolis festins,
Ce fut parmi vous que naquirent
Mille vaudevilles malins,   55
Que les amours à rire enclins
Dans leur sottisier recueillirent,
Et que j'ai vus entre leurs mains.
Oh! que j'aime ces vers badins,
Ces riens charmants, et pleins de grâces,   60
Tels que l'ingénieux Horace
En eût fait l'âme d'un repas,
Lorsqu'à table il avait sa place
Avec Auguste et Mécénas.

47   w38, w75G, K: Bacchus y paraîtrait de
48   w75G, K: de pampre coiffé,
49   w38, w75G, K: vous sa plus joyeuse orgie.
50-52   w75G, K:
        L'imagination serait à son côté,
        De ses brillantes fleurs ornant la volupté [w75G: volupté,]
        Entre les bras de la folie.
57   w75G, K: leurs sottisiers
59   w38, w75G, K: Ah!
60   w38, w75G, K: riens naïfs et
     w75G, K: grâce,
63   w38, w75G, K: il tenait sa place,

[16] 'Terme de gourmets et de marchands de vin. La *tocane* se boit après les vendanges, et dure cinq ou six mois. C'est le vin nouveau de Champagne, principalement d'Ay, qui se boit dans la nouveauté, et qui ne peut se garder que six mois. La *tocane* est fort violente, et porte un goût de verdeur qui la fait estimer' (*Dictionnaire de Trévoux*, 1752).

Voilà un faible crayon du portrait que nous voulions faire.   65

> Il faut être inspiré pour de pareils écrits,
> Nous ne sommes pas beaux esprits,
> Et notre flageolet timide
> Doit céder cet honneur charmant
> Au luth aimable, au luth galant   70
> De ce successeur de Clément, [17]
> Qui dans votre Temple réside;
> Sachant donc que l'oisiveté
> Fait ici notre unique affaire;

65   w75G: faire. Mais ¶Il
     K: faire; mais ¶Il
     w38: faire; mais il faut être inspiré pour de pareils écrits. [*en prose, vers 73 absent*]
66   w75G, K: écrits;
67   w75G, K: sommes point beaux
     K: esprits:
72   w75G, K: temple réside. [*avec note*: L'abbé de Chaulieu demeurait au temple, qui appartient aux grands-prieurs de France. C'était autrefois la demeure des templiers.]
73   w75G, K: Sachez donc

[17] C'est Chaulieu, qui avait écrit plusieurs poèmes 'en vieux langage', qui est désigné comme successeur de Clément Marot. Comparer la 'Seconde épître de M. l'abbé Courtin à M. l'abbé de Chaulieu, en vieux langage': 'Vous possédez vieux et nouveau langage. / Veut-on parler comme au temps d'Amadis? / Qui mieux que vous en sait le badinage? / Maître Clément ne parlait mieux jadis' (Chaulieu, *Œuvres*, La Haye 1774, i.143).

Nous buvons à votre santé   75
Dans ce beau séjour enchanté,
Nous faisons excellente chère,
Et voilà tout en vérité,
Vous avez la mine d'en faire
Tout autant de votre côté.[18]   80

75-80 w75G, K:
    Jadis de la divinité
    C'était le partage ordinaire;
    C'est le vôtre, et vous m'avourez,
    Qu'après tant de jours consacrés   5
    A Mars, à la cour, à Cythère,
    Lorsque de tout on a tâté,
    Tout fait, ou du moins tout tenté,
    Il est bien doux de ne rien faire.

[18] L'épître est suivie dans le *Nouveau Mercure galant* du post-scriptum suivant: 'Comme on était prêt de fermer ce paquet, le pauvre petit poète vient de recevoir la permission de revenir à Paris, et demande à V. A. celle de venir l'assurer de son profond respect.' On peut supposer que ces mots, comme ceux dans la notice citée dans la note 9, sont de Voltaire lui-même.

Epître de monsieur Arouet à monsieur ***[19]

O vous l'Anacréon du Temple![20]
O vous le sage si vanté!
Qui nous prêchez la volupté
Par vos vers, et par votre exemple:
Vous, dont le luth délicieux,   5
Quand la goutte au lit vous condamne,[21]
Rend des sons aussi gracieux,

a-56 PF [*absent*]
a   W75G: A Mr. l'abbé de Chaulieu. [*avec note*: Cette lettre mêlée de prose et de
vers, est un des premiers ouvrages de notre auteur. Chapelle, dont il est ici question,
était un homme d'un génie facile et libertin; il avait beaucoup bu, ce qui était le vice
de son temps; ce vice fit beaucoup de tort à sa santé, et enfin à son esprit.] / De Sully le
5 Juillet 1717.
K: A M. l'abbé de Chaulieu / De Sully, le 15 juillet.
1   W75G: A vous,
    K: A Vous,
    W75G, K: temple;
2   W75G, K: A vous
    W75G, K: vanté,
3   W75G, K: volupté,
4   W75G, K: vers et
    W75G, K: exemple;

[19] Note de l'éditeur du *Nouveau Mercure*: 'Ayant reconnu que l'ordre que je me
suis prescrit dans le Mercure de mars, n'a point été improuvé; je continuerai
volontiers à m'y conformer dans celui-ci. C'est ce qui m'engage à faire succèder à
l'apologie que l'on vient de lire; les trois pièces de vers suivantes. La première qui est
de M. Arouet, a été écrite de Sully, où il avait été relégué par ordre de Monseigneur
le duc Régent. On ne s'aperçoit point du tout que la muse fleurie de ce jeune poète,
ait perdu dans la solitude aucune des grâces légères, qui le mettent à côté de MM. de
la Chapelle et de Bachaumont.' Cf. p.404, une autre épître écrite à Chaulieu.
[20] Surnom de l'abbé de Chaulieu.
[21] Allusion à 'Sur la première attaque de goutte' (Chaulieu, *Œuvres*, i.26-29).
Voltaire citera ce poème dans le *Siècle de Louis XIV* (M.xiv.53).

Que quand vous chantez la Tocane,[22]
Assis à la table des dieux.

Je vous écris, Monsieur, du séjour du monde le plus aimable, si je [10]
n'y étais point exilé, et dans lequel il ne me manque pour être
heureux, que d'en pouvoir sortir; c'est ici que Chapelle[23] a
demeuré deux ans de suite: mais il n'y était point par ordre du
Roi; je voudrais bien qu'il eût laissé dans ce château, un peu de son
génie; cela accommoderait fort un homme qui veut vous écrire; [15]
mais comme on assure qu'il vous l'a légué tout entier, j'ai été
obligé de recourir à lui-même.

Et dans une tour assez sombre
Du château qu'habita jadis
Le plus badin des beaux esprits, [20]

10-13 W75G: écris de Sully, où Chapelle a demeuré, c'est-à-dire, s'est enivré
deux ans de suite. Je voudrais bien, qu'il
11-14 K: manque, pour être parfaitement heureux, que la liberté d'en pouvoir
sortir. C'est ici que Chapelle a demeuré, c'est-à-dire, s'est enivré deux ans de suite.
[avec note: Chapelle, était un homme d'un génie facile et libertin; il avait beaucoup bu,
ce qui était le vice de son temps; ce vice fit beaucoup de tort à sa santé, et enfin à son
esprit.] Je voudrai
14-17 W75G, K: château un peu de son talent poétique; cela accommoderait fort
ceux qui veulent vous écrire. Mais comme on prétend qu'il vous l'a laissé tout entier,
j'ai été obligé d'avoir recours à la magie, dont vous m'avez tant parlé.//
20 W75G, K: plus léger des

---

[22] Allusion à 'La Tocane, A Mme D...' de Chaulieu (Œuvres, ii.112-13). C'est un
thème épicurien à la mode: en octobre 1717, Le Nouveau Mercure publie un autre
poème intitulé 'La Tocane'. Pour la définition de la Tocane, voir la note 39 de la
précédente épître.
[23] Claude-Emmanuel Lhuillier, connu sous le nom de Chapelle (1626-1686),
poète et libertin. Pour les contemporains de Voltaire, son nom est resté lié à celui de
Molière: 'C'est à lui qu'est due une grande partie de ce qu'ont de plus beau les
comédies de Molière, qui le consultait sur tout ce qu'il faisait, et qui avait une
déférence entière pour la justesse, et la délicatesse de son goût' ('Préface', Voyage de
Bachaumont et La Chapelle, dans Recueil de pièces choisies, tant en prose qu'en vers, La
Haye 1714, t.i). Voir aussi l'Histoire de la vie de Molière (Paris 1705).

Un beau soir j'évoquai son ombre.
Aux déités des sombres lieux
Je ne fis point de sacrifice,
Comme eût fait un prêtre des dieux,
Ou quelque vieille pythonisse.   25
Il n'y faut pas tant de façon
Pour une ombre aimable et légère,
C'est bien assez d'une chanson;
Et c'est tout ce que je puis faire.
En impromptu je lui dis donc,   30
Eh! de grâce, Monsieur Chapelle,
Quittez le manoir de Pluton,
Pour un rimeur qui vous appelle.
Mais non! sur la voûte éternelle
Les Dieux vous ont reçu, dit-on;   35

21   w75G: soir, j'évoquai
24-30 w75G, K:
          Comme ces fripons qui des dieux
          Chantaient autrefois le service;
          Où [K: Ou] la sorcière Pythonisse,
          Dont la grimace et l'artifice
          Avaient fait dresser les cheveux   5
          A ce sot prince des Hébreux,
          Qui crut bonnement que le diable [w75G: diable,]
          D'un prédicateur ennuyeux
          Lui montrait le spectre effroyable.
          Il n'y faut point tant de façon   10
          Pour une ombre aimable et légère:
          C'est bien assez d'une chanson,
          Et c'est tout ce que je puis faire.
          Je lui dis sur mon violon:
32   K: Pluton
33   w75G, K: Pour cet enfant qui
      w75G: appelle;
34   w75G, K: non, sur
      w75G: éternelle,
35   w75G, K: dit-on,

Et vous ont mis entre Apollon;
Et le fils joufflu de Sémélé.[24]
Du haut de ce divin canton
Descendez donc Monsieur Chapelle.
Cette familière oraison   40
Dans la demeure fortunée,
Reçut quelque approbation;
Car enfin, quoique mal tournée,
Elle fut faite en votre nom.
Chapelle en ce moment-là donc,   45
M'apparut par la cheminée,
Je fus bientôt, à son approche,
Saisi d'un mouvement divin,
Car il avait sa lyre en main,
Et son Gassendi[25] dans sa poche.   50

36   W75G, K: Apollon
38   W75G, K: canton,
39   W75G, K: Descendez, aimable Chapelle.
40   W75G: oraison,
41   K: fortunée
44   W75G, K: Elle était faite
45-46 W75G, K:
            Chapelle vint. A son approche,
            Je sentis un transport soudain;
50   W75G, K: Gassendi [*avec note*: Gassendi avait élevé la jeunesse de Chapelle,
qui devint grand partisan du système de philosophie de son précepteur. Toutes les
fois qu'il s'enivrait, il expliquait le système aux convives; et lorsqu'ils étaient sortis de
table, il continuait la leçon au maître-d'hôtel.]
      W75G, K: poche;

[24] Bacchus, dieu grec du vin et du délire extatique. Une explication possible de la
présence de cette périphrase se trouve dans le *Voyage de Chapelle et de Bachaumont*:
'Mais, pour rimer, Bacchus et Come / Sont des Dieux de peu de secours' (*Œuvres de
Chapelle et de Bachaumont*, nouv. éd., Paris 1854, p.73).
[25] Chapelle était le fils naturel de François Lhuillier: 'Ce fut à sa prière que
Gassendi son intime ami enseigna la philosophie à Chapelle, qui de son côté, pour
peu qu'il eût voulu s'appliquer, aurait pu se rendre digne disciple d'un tel maître'
('Préface', *Voyage de Bachaumont et La Chapelle*, dans *Recueil de pièces choisies*, t.i).

Il s'appuyait sur Bachaumont,[26]
Dont il se servit pour second
Dans le récit de ce voyage,
Qui du plus charmant badinage
Est la plus charmante leçon.   55

Je vous dirai pourtant en confidence, et si la poste ne me
pressait pas, je vous le rimerais; ce Bachaumont, n'est pas trop
content de Chapelle, il se plaint qu'après avoir travaillé tous
deux au même ouvrage; Chapelle lui a volé la moitié de la
réputation qui lui en revenait et prétend que c'est à tort, que le   60
nom de son compagnon a étouffé le sien;[27] car c'est moi, me

52   w75G, K: Qui lui servit de compagnon
55   w75G, K: Fut la
55-56   PF: [*ajoute:*] ADDITION / A la lettre écrite de Sully à l'Abbé de Chaulieu
par M. de V***, dans laquelle il feint une apparition de Chapelle et de Bachaumont.
56-79:   w75G, K: Je lui demandai, comme il s'y prenait autrefois dans le monde, /
Pour
57   K, PF: pressait,
58   K: Chapelle. Il
     PF: plaint de ce qu'après
58-59   K: avoir tous deux travaillé aux mêmes ouvrages, Chapelle
        PF: travaillé ensemble au
        PF: ouvrage, Chapelle
60   K: lui appartenait. Il prétend
     PF: lui en revient, et prétend
     K: tort que
61   PF: sien. Car
62   K: bas à l'oreille, qui
     PF: dit-il, qui

[26] François Le Coigneux, seigneur de Bachaumont (1624-1702), épicurien et
poète mineur, dont le nom survit grâce au *Voyage*.
[27] Nous ne savons pas quel est l'apport de chaque collaborateur à cette œuvre
commune. Voltaire s'appuie ici peut-être sur une remarque qu'il a pu lire dans une
édition du *Voyage* publié en 1714: 'Quoique dès le commencement de l'ouvrage ces
deux Messieurs déclarent y avoir travaillé en commun, Ménage néanmoins en 1666
le croyait uniquement de Bachaumont' ('Préface', *Voyage de Bachaumont et La
Chapelle*, dans *Recueil de pièces choisies*, t.i).

299

dit-il tout bas, qui ai fait les plus jolies choses du voyage; témoins ces vers:

> 'Sous ce berceau qu'amour exprès
> Fit pour toucher quelque inhumaine, 65
> L'un de nous deux un jour au frais,
> Assis près de cette fontaine,
> Le cœur percé de mille traits,
> D'une main qu'il portait à peine
> Grava ces vers sur un cyprès: 70
> Hélas que l'on serait heureux
> Dans ce beau lieu digne d'envie,
> Si toujours aimé de Sylvie,
> L'on pouvait toujours amoureux
> Avec elle passer la vie!' [28] 75

Mais il ne s'agit pas ici de rendre justice à ces deux messieurs: il suffit de vous dire que je m'adressais à Chapelle, pour lui demander comme il s'y prenait dans le monde autrefois.

62-63 K: voyage, et entre autres:
65-75 K: [absent]
69 PF: peine,
71 PF: heureux,
74 PF: pouvait, toujours amoureux,
75-76 PF: vie.
76-79 K: messieurs; il suffit de vous dire que je m'adressai à Chapelle pour lui demander comment il prenait autrefois dans le monde. / Pour
76-91 PF: [absent]
82 W75G, K: trouve rien à dire?
83 W75G: vin,

[28] Œuvres de Chapelle et de Bachaumont (1854), p.75-76; l'opinion selon laquelle ces vers sont de Bachaumont, opinion exprimée notamment par Lefèvre de Saint-Marc dans son édition du Voyage (1755), semble dériver d'une pure invention de Voltaire; voir Voyage d'Encausse faict par messieurs Chappelle et Bachaumont, éd. M. Souriau (Caen 1901), p.51-54.

Pour chanter toujours sur sa lyre
Ces vers aisés, ces vers coulants, 80
De la nature heureux enfants,
Où l'art ne trouva rien à dire.
L'amour, me dit-il, et le vin
Autrefois me firent connaître
Les grâces de cet art divin; 85
Puis à *** l'épicurien
Je servis quelque temps de maître, [29]
Il faut que Chaulieu soit le tien.

Vous voilà donc engagé, Monsieur, à avoir de la bonté pour moi,
en faveur d'une ombre dont la recommandation doit être 90
excellente auprès de vous.

85 w75G: divin:
86 w75G, K: à Chaulieu l'épicurien
87 K: maître:
89-91 w75G, K: [absent]

[29] Comparer: '[Chaulieu] avouait cependant Chapelle pour maître, et en effet il
avait appris de lui l'art des rimes redoublées; mais si à l'exemple de certains poètes de
nos jours, il n'avait pas eu ce beau fonds que donne une naissance heureuse, et que
l'étude du monde perfectionne, les leçons de Chapelle, et le commerce des grands
auraient été pour lui une pure perte' ('Avertissement', *Œuvres diverses de Chaulieu*,
2 t., Londres 1740).

ÉPÎTRE À MONSIEUR L'ABBÉ SERVIEN

Augustin, abbé Servien, fils du ministre Abel Servien qui avait négocié la paix de Westphalie, frère du marquis de Sablé et de la duchesse de Sully, était l'un des membres de la société du Temple, réunion de beaux-esprits et de versificateurs, comme Châteauneuf, le parrain de Voltaire, mort en 1708, ou encore La Fare et Chaulieu. Un des membres plus jeunes, le propre neveu de l'abbé, Sully, est un proche de Voltaire qu'il a reçu à plusieurs reprises et notamment lors de son premier exil.

Si tous les témoins le disent brillant, l'abbé Servien était surtout célèbre pour sa mauvaise conduite. Duclos raconte l'anecdote suivante à son propos: 'Avec des mœurs dépravées et un esprit de saillie, il aurait été fait pour briller dans les soupers du régent, s'il eût été moins vieux. C'était lui qui, voulant assister à une assemblée de l'Académie française, où l'on recevait un médiocre sujet, et ne pouvant percer la foule qui s'y trouve toujours, s'écria: Il est plus difficile d'entrer ici que d'y être reçu.'[1]

'Il ne paraissait jamais à la cour, et peu à Paris en compagnies honnêtes. Ses goûts ne l'étaient pas, quoique l'esprit fût orné et naturellement plaisant de la fine et naturelle plaisanterie, sans jamais avoir l'air d'y prétendre',[2] dit Saint-Simon après avoir affirmé ailleurs qu'il 'ne fut connu que par ses débauches, et le goût italien qui lui attira force disgrâces'. La conclusion s'impose au duc: 'Ainsi périssent en bref, et souvent avec honte, les familles de ces ministres si puissants et si riches, qui semblent dans leurs fortunes les établir pour l'éternité.'[3] L'abbé paraît ne rien avoir fait pour cacher son homosexualité à une époque où les châtiments étaient sévères.[4] Au grand dam de Vauxcelles, Duclos rapporte un

---

[1] Duclos, *Mémoires secrets sur le règne de Louis XIV, la Régence et le règne de Louis XV* (Paris 1864), i.300.

[2] *Mémoires*, éd. Yves Coirault, Bibliothèque de la Pléiade (Paris 1985), iv.517.

[3] *Ibid.*, ii.153.

bon mot quelque peu libre de Servien: 'au parterre de l'Opéra, un jeune homme, qu'il pressait vivement, lui dit: Que me veut donc ce b..... de prêtre? – Monsieur, répondit l'abbé avec le ton doux de ses pareils, je n'ai pas l'honneur d'être prêtre.'[5]

Saint-Simon rapporte que l'abbé a été exilé de Paris 'et envoyé je ne me souviens plus où en 1712'; Dangeau évoque une lettre de cachet en date du 3 septembre et les notes de Saint-Simon laissent entendre que la punition ferait suite à un manquement de respect public au souverain.[6] Voici ce qu'en disent les *Mémoires*:

L'Abbé était à l'Opéra, où on chantait au prologue un refrain de louange excessive du Roi, qui se répéta plusieurs fois. L'Abbé, impatienté de tant de servitude, retourna le refrain fort plaisamment à contresens, et se mit à le chanter tout haut d'un air fort ridicule, qui fit applaudir, et rire à imposer silence au spectacle. L'exil ne dura pas; il y fit le malade, et le mépris que faute de mieux, on voulut montrer, aida fort à la liberté de son retour.[7]

Sans parler de cet exil, René Pomeau indique que, le 10 janvier 1714, Servien est jeté en prison au château de Vincennes.[8] Nous ne connaissons pas la raison précise de l'incarcération. Si l'on avait voulu le punir pour sodomie, il se serait probablement retrouvé à Bicêtre.

Il s'agit peut-être de deux épisodes séparés. Ils montrent en tout

---

[4] Rappelons la strophe du 'Noël' qui figure dans les Carnets: 'L'abbé Servien s'avance / D'un air tout gracieux / Et fait la révérence / En clignotant des yeux. / Joseph qui s'en doute / Cria, vierge Marie / Otez moy la poupon, don don, / Je conois celuy là, la la, / Il en veut au messie!' (*Notebooks* 1, *OC*, t.81, p.277).

[5] L'édition contient en effet la note suivante de Vauxcelles: 'Il est honteux de prostituer l'histoire à rappeler les bons mots de libertins. L'éditeur aurait servi Duclos en supprimant cette anecdote infâme. Il ne m'a pas lu cet endroit; je l'en aurais fait rougir' (Duclos, *Mémoires secrets sur le règne de Louis XIV*, i.301).

[6] Saint-Simon, *Mémoires*, iv.517, 969.

[7] Saint-Simon, iv.517.

[8] R. Pomeau, *D'Arouet à Voltaire, Voltaire en son temps* 1 (Oxford 1985), p.77; R. A. Nablow, *A study of Voltaire's lighter verse*, *SVEC* 126 (1974), p.152-54, donne la date de 1715.

cas que le roi menait la vie dure aux anciens de la société du Temple. René Pomeau note que l'élargissement de Servien fut une des premières décisions du Régent qui l'aurait fait libérer dès le 2 septembre 1714.[9] Deux ans plus tard, le 6 octobre 1716, l'abbé meurt. Saint-Simon rapporte qu'il 'alla paraître fort subitement devant Dieu'[10] et les additions à Dangeau commentent laconiquement: 'On dira seulement que sa fin fut semblable à sa vie et qu'il mourut chez Marcel, danseur de l'Opéra et maître à danser, où il avait soupé et où il tomba en apoplexie.'[11]

Si Voltaire s'adresse à l'abbé, c'est que celui-ci représente pour lui l'une des figures tutélaires du cercle de ses débuts littéraires. Certes, un Chaulieu a plus compté dans la formation du poète, mais toute la société du Temple a applaudi aux débuts du jeune Arouet. C'est auprès de gens comme Servien qu'il a pu apprendre une certaine liberté d'esprit. Nous avons fait allusion aux mœurs de ce dernier. Affichées publiquement à une époque où la sodomie était passible de peines très lourdes, elles ne l'empêchaient pas de rester au mieux avec l'Eglise. On peut se demander s'il n'est pas l'abbé Augustin de Servien de Montigny qui recueille en 1694 les *Maximes spirituelles du R. Père Barré, religieux minime*; même Saint-Simon, affirmant qu'il était mort comme il avait vécu, 'd'une misérable façon', ajoute ceci: 'Il est pourtant vrai qu'avec cette vie il disait exactement son bréviaire, ainsi que le cardinal de Bouillon.'[12] La fidélité de Voltaire à Servien est un hommage rendu à un milieu qui lui a appris à célébrer la volupté. Il a en tête, de toute évidence, un exemple célèbre, celui qu'offrait La Fontaine avec ses *Nymphes de Vaux* destinées à réitérer à Fouquet disgracié une amitié constante. L'appel au destinataire à se voir en nouveau Fouquet est également une discrète allusion aux fonctions de Servien père qui a été surintendant.

Comme La Fontaine, Voltaire réussit à écrire à la fois un poème

---

[9] Pomeau, *D'Arouet à Voltaire*, p.77-78.
[10] Saint-Simon, *Mémoires*, vi.43.
[11] *Ibid.*, p.894.
[12] *Ibid.*, p.517.

de circonstance et un texte de portée plus générale. *Les Nymphes de Vaux* est une élégie, c'est-à-dire un poème de déploration; ici, les éditeurs ne se sont pas trompés, nous sommes plus proches de l'épître avec un poème dont le titre, dans sa version la plus développée, rappelle simplement le nom du dédicataire et les circonstances de composition. Le décasyllabe, l'un des mètres de prédilection de Voltaire, est manié avec souplesse et s'éloigne de l'utilisation narrative que nous trouvons par exemple dans certains contes. Les rimes sont suivies et d'une richesse variable. Le poème se déroule en deux temps, passant du rappel de souvenirs des jours heureux à une déploration qui ouvre sur une exhortation à la philosophie.

On observe dans le texte la présence d'allégories et d'allusions à des figures mythologiques mais elles restent discrètes. Dix vers sont cités par Boissy comme 'Modèles de vers poétiques ou modèles de véritable poésie' et insérés, coupés du reste du poème, dans le *Portefeuille trouvé* de 1757 sous le titre de 'Fragment'. Ils constituent probablement la partie la plus réussie du poème: la comparaison à l'antique dans laquelle nous voyons le marinier contempler du rivage la mer déchaînée. On peut y voir une amplification réussie de quelques vers de Lucrèce et donc le prolongement d'un exercice scolaire pour lequel le jeune Arouet était particulièrement doué. L'ouverture du chant II du *De natura rerum* offrait un modèle littéraire appréciable de l'éloge de l'attitude philosophique face à des revers de fortune comme l'emprisonnement à Vincennes de l'abbé. Nablow (p.153) identifie une autre source observant que les vers 11 à 24 ont des résonances cartésiennes. Le texte s'élève ainsi au-dessus d'un simple badinage spirituel à des considérations métaphysiques, certes peu approfondies, mais d'une expression gracieuse, et un vers-médaille paraît offrir une devise que le futur prisonnier de la Bastille a dû méditer à loisir: 'Le philosophe est libre dans les fers'.

Le poème a été remanié par Voltaire et il en existe des impressions incomplètes. Nous choisissons pour texte de base la première version publiée. Il s'agit de celle qui figure dans le

Nouveau Mercure pour juillet 1721. Elle a le mérite de présenter la quasi-intégralité du poème. Ne sont omis de notre texte que deux vers qui riment entre eux dont la suppression ne fausse pas le sens mais rompt l'alternance des rimes masculines et féminines. On peut supposer qu'en 1721 l'heure n'est pas au rappel des désaccords antérieurs entre Philippe d'Orléans et Louis XIV.

Manuscrits: Genève, IMV, ms. Cayrol 84; Paris, Arsenal, 3131, f.94-99; Bibliothèque historique de la ville de Paris, Rés 2025 f.28-30 et 31-32; BnF fr.12977 f.141r. Non autographes.

Editions: *Nouveau Mercure* (avril 1721), p.148; *La Ligue ou Henry le Grand, poème épique, par M. de Voltaire, avec des additions et un recueil de pieces diverses du même auteur* (Amsterdam, Jean-Frédéric Bernard [Evreux ou Rouen], 1724), p.180-83, texte identique dans l'édition de Henri Desbordes (Amsterdam 1724), p.37-42 (L24); W32, i.247-49; W36, I (part 2), p.355-57); W37, i.334-37; W39, ii.317-19; W64R, v.338-40, K, xiii.5-9.

Texte de base: *Nouveau Mercure galant*. Variantes tirées de L24, W32, W39 et K.

Principes de cette édition: Nous avons transformé, là où l'usage moderne l'exige, *-oi* en *-ai* et *-ez* en *-és*. Nous avons modernisé les mots suivants: epistre, loix, graces, enjoüées, long-tems, dévoüées, fuïant, liberales, enfans, devots, vû, desesperées, jetter, soûpirant, deffunt, colere, aujourd'huy, toy, mesme, desirs, anchre, arene, impetueuse, detesté, inquietude, oubly, desirable, indifference, inalterable, altiere, demarche, fiere, essain, defendent, confonduë, éperduë, vray, merite, apuy, heros, melancolie, meritant, sejour, presence, foy.

CJS

Epître à monsieur *** par monsieur de V***

Aimable abbé dans Paris autrefois,
La volupté daigna suivre tes lois,
Les ris badins, les grâces enjouées,
A te servir dès longtemps dévouées,
Te prodiguaient leurs faveurs libérales, 5
Et de leurs mains marquaient dans leurs annales,
En lettres d'or mots et contes joyeux;
De ton esprit enfants capricieux. [13]
O doux plaisirs, amis de l'innocence!
Plaisirs goûtés au sein de l'indolence, 10
Et cependant des dévots inconnus;
O! jours heureux qu'êtes-vous devenus!
Hélas! j'ai vu les grâces éplorées,
Le sein meurtri, pâles, désespérées.
J'ai vu les ris tristes et consternés, 15
Jeter les fleurs dont ils étaient ornés;
Les yeux en pleurs, et soupirant leurs peines,
Ils suivaient tous le chemin de Vincennes,
Et regardant ce château malheureux,
Aux beaux esprits, hélas! si dangereux, 20

a   L24, W32, W39: A M. l'abbé de Servien, Pendant sa prison de Vincennes
    K: A M. l'abbé Servien. Prisonnier au château de Vicennes. 1714.
2   L24-K: La volupté de toi reçut des lois
4-5 L24-K: [*entre ces vers ajoutent:*]
          Et dès longtemps fuyant les yeux du Roi,
          Marchaient souvent entre Philippe et toi,
9-12 W32, W39: [*absent*]
11   L24: Et des dévots cependant inconnus

[13] On trouve ailleurs chez Voltaire cette image des grâces et de la troupe des ris
suivant quelqu'un. Dans des vers à la fin d'une lettre de juin 1715 (vers le 25, D28),
c'est de Charlotte Madeleine de Carvoisin, marquise de Mimeure, qu'il s'agit.

Redemandaient aux destins en colère,
Défunt abbé qui leur servait de père.
N'imite point leur sombre désespoir,
Et puisqu'enfin tu ne peux plus revoir
Le Prince aimable, à qui tu plais, qui t'aime,[14]   25
Ose aujourd'hui te suffire à toi-même.
On ne vit point au donjon comme ici,
Le destin change, il faut changer aussi.
Au sel attique, au riant badinage,
Il faut mêler la force et le courage;   30
A son état mesurant ses désirs,
Selon les temps se faire des plaisirs,
Et suivre enfin, conduit par la nature,
Tantôt Socrate,[15] et tantôt Epicure.
[16]Tel dans son art un pilote assuré,   35
Maître des flots dont il est entouré,
Sous un ciel pur où brillent les étoiles,
Au vent propice abandonne ses voiles,
Mais quand la mer a soulevé ses flots,
Dans la tempête il trouve le repos.   40

22   L24: L'aimable abbé
23   L24, W32, W39: leur cruel désespoir
24   K: puisqu'enfin
25   L24, W32, W39: L'aimable prince
27   K: On ne vit pas [*partout ailleurs*: peut vivre]
39   K: Et quand la mer a
     L24, W32, W39: Et quand Neptune a soulevé les flots
40   W39: trouve son repos

[14] Servien était très lié avec Philippe d'Orléans, le futur régent qui l'aurait fait libérer dès le 2 septembre 1715.
[15] Socrate est cité comme modèle du philosophe mais au vu des mœurs notoires de Servien on peut supposer que Voltaire ne choisit pas au hasard sa référence. Voir l'allusion à Socrate dans *A mademoiselle Duclos*, vers 28.
[16] Ces dix vers sont cités par Boissy comme 'Modèles de vers poétiques ou modèles de véritable poésie' (*L'Elève de Terpsicore*, ii.101) et insérés dans le *Portefeuille trouvé* de 1757 (i.254) sous le titre de 'Fragment'.

D'une ancre sûre il fend la molle arène,
Trompe des vents l'impétueuse haleine,
Et du trident bravant les rudes coups,
Tranquille et fier rit des dieux en courroux. [17]
Tu peux, abbé, du sort jadis propice,   45
Par ta vertu corriger l'injustice:
[18]Tu peux changer ce donjon détesté
En un palais par Minerve habité.
Le froid ennui, la sombre inquiétude,
Monstres affreux nés dans la solitude,   50
De ta prison vont bientôt s'exiler.
Vois dans tes bras de toutes parts voler
L'oubli des maux, le sommeil désirable,

41   L24, W32, W39: un ancre sûr
51   L24: t'exiler

[17] Il y a peut-être ici un souvenir de Lucrèce (II.i-iv): 'Il est doux, quand sur la vaste mer les vents soulèvent les flots, d'assister de la terre aux rudes épreuves d'autrui. Non que la souffrance de personne nous soit un plaisir, mais voir à quels maux on échappe soi-même est chose douce'. Soulignons que les vers de Lucrèce dont le début, 'Suave mari magno', est resté célèbre, trouvent chez Cicéron (*Lettres à Atticus*, II, vii, 4) et saint Augustin (*De civitate dei*, XXII.xxiv.615) un écho que pouvait également connaître le jeune Arouet. Le même thème christianisé figure par exemple chez Gomberville: 'J'ai vogué sans péril sur ces mers infidèles, / Où se perdent tant de nochers; / Et ma barque cinglant par des routes nouvelles, / A triomphé des vents, des flots et des rochers; / Je ne me vante point d'avoir dompté l'orage, / Et fait le bonheur de mon sort: / Dieu seul, par son secours, m'a sauvé du naufrage, / Et par sa grâce seule, il m'a mis dans le port': voir P.-L. d'Aquin de Château-Lyon, *Les Muses chrétiennes* (Paris, Ruault, 1773), p.82. Sur l'interprétation selon laquelle les vents correspondraient, chez Voltaire, aux passions, nécessaires mais devant être contrôlées par la raison, voir l'article d'Ira O. Wade, 'A favourite metaphor of Voltaire', *Romanic review* 26 (1935), p.330-34; à propos des utilisations diverses de la métaphore du poète latin, consulter l'article de Michel Delon, 'Naufrages vus de loin: les développements narratifs d'un thème lucrétien', *Rivista di letteratura moderne e comparate* 2 (1988), p.91-119.

[18] Ces quatorze vers font partie chez Boissy des 'Modèles de vers poétiques ou modèles de véritable poésie' (ii.101) et sont insérés dans le *Portefeuille trouvé* de 1757 (i.254) au nombre des *Juvenilia* sous le titre 'Autre [fragment]'.

L'indifférence au cœur inaltérable,
Qui dédaignant les outrages du sort,   55
Voit d'un même œil et la vie et la mort.
La paix tranquille et la constance altière,
Au front d'airain, à la démarche fière,
A qui jamais ni les rois ni les dieux,
La foudre en main, n'ont fait baisser les yeux.   60
Divinité des sages adorée,
Que chez les grands vous êtes ignorée!
Le fol amour, l'orgueil présomptueux,
Des vains plaisirs l'essaim tumultueux,
Troupe volage à l'erreur consacrée,   65
De leurs palais vous défendent l'entrée:
Mais la retraite a pour vous des appas,
Dans nos malheurs vous nous tendez les bras.
Des passions la troupe confondue,
A votre aspect disparaît éperdue;   70
Par vous heureux au milieu des revers,
Le philosophe est libre dans les fers.
Ainsi Fouquet, dont Thémis fut le guide,
Du vrai mérite appui ferme et solide,
Tant regretté, tant pleuré des neuf Sœurs,   75
Le grand Fouquet au comble des malheurs,
Frappé des coups d'une main rigoureuse,
Fut plus content dans sa demeure affreuse,[19]

60   L24: fait baiser les
61   L24, W32, W39, K: Divinités, des sages adorées
62   L24AK: ignorées
72-112   W32, W39: [absent]
75   L24: Tant respecté,
77   L24: Main vigoureuse

[19] Voltaire fait référence à Pignerol, lieu d'exil de Fouquet dans *Le Siècle de Louis XIV*.

Accompagné de sa seule vertu,
Que quand jadis de splendeur revêtu   80
D'adulateurs une cour importune
Venait en foule adorer sa fortune.
Suis donc, abbé, ce héros malheureux,
Mais ne va point tristement vertueux,
Sous le beau nom de ta philosophie,   85
Sacrifier à la mélancolie,
Et par chagrin plus que par fermeté,
T'abandonner à la calamité.
Ne passons point les bornes raisonnables,
Dans tes beaux jours, quand les dieux favorables   90
Prenaient plaisir à combler tes souhaits,
Nous t'avons vu, méritant leurs bienfaits,
Voluptueux avec délicatesse,
Dans les plaisirs respecter la sagesse:
Par le destin aujourd'hui maltraité   95
Dans ta sagesse aime la volupté.
D'un esprit sain, d'un cœur toujours tranquille,
Attends qu'un jour de ton noir domicile
On te rappelle au séjour bienheureux,
Que les plaisirs, les grâces, et les jeux,   100
Quand dans Paris ils te verront paraître,
Puissent sans peine encor te reconnaître.
Sois tel alors que tu fus autrefois,

79   K: Environné de
84   [*Le texte de base donne*:] vas
     K: va pas
85   K: de la
88   L24-K: T'accoûtumer à
94   L24: le plaisir [*partout ailleurs*: tes plaisirs]
95   W32-K: les destins
96   L24-K: la sagesse
99   L24: bienheureux séjour

Et cependant que Sully[20] quelquefois
Dans ton château vienne par sa présence,   105
Contre le sort affermir ta constance.
Rien n'est plus doux, après la liberté
Qu'un tel ami dans la captivité.
Il est connu chez le dieu du Permesse,
Grand sans fierté, simple et doux sans bassesse,   110
Peu courtisan, partant homme de foi,
Et digne enfant d'un oncle tel que toi.[21]

105   L24: ta présence
108   L24: Qu'un bon ami
112   L24-K: digne enfin d'un

[20] Il s'agit de l'ami de Voltaire, Maximilien Henri de Béthune, mestre de camp,
duc de Sully à partir de 1712.
[21] Note des éditeurs de Kehl: 'L'abbé Servien ne fut jamais mêlé dans aucune
affaire d'Etat ou d'Eglise: c'était un homme de plaisir; et vraisemblablement quelque
aventure un peu trop bruyante avait été la cause de sa prison. La fin du règne de
Louis XIV est une des époques où la licence des mœurs s'est montrée avec le plus de
liberté. Le mépris et l'indignation qu'excitait l'hypocrisie de la cour faisaient presque
regarder cette licence comme une marque de noblesse d'ame et de courage. Cette
épître est precieuse: on y voit que, dès l'âge de vingt ans, M. de Voltaire avait déjà
une philosophie douce, vraie et sans exagération, telle qu'on la retrouve dans tous
ses ouvrages. On y voit aussi que l'on parlait encore de Fouquet avec éloge: la haine
pour son persécuteur Colbert n'était pas éteinte; ce ne fut que sous le gouvernement
du cardinal de Fleuri qu'on s'avisa de le croire un grand homme. L'abbé Servien
mourut en 1716' (K, xiii.9).

À MONSIEUR L'ABBÉ DE ***

Ce poème s'adresse selon toute probabilité à un familier du Temple. Traditionnellement, l'on a avancé les noms de Servien[1] et de Bussy[2] comme destinataires possibles. L'homosexualité notoire du premier (voir le texte précédent) nous semble l'exclure mais les mœurs assez libres du second correspondent bien à ce qu'esquisse le texte.[3]

Loin d'être une déploration sur la mort d'une amante, le poème, dont l'adresse directe à un destinataire permet de le classer au nombre des épîtres,[4] est un plaidoyer épicurien. Aucune place n'est laissée pour un quelconque sentiment de tristesse. Voltaire propose une espèce de *Carpe diem* en tentant de démontrer à l'abbé qu'il pleure des délices sensuelles perdues et gagnerait à les remplacer par d'autres plaisirs de même nature. Le jeune écrivain joue de l'hétérométrie avec une certaine virtuosité et le texte ne va pas sans rappeler certaines épîtres en prose et vers mêlés de la même époque. La tonalité familière, le tutoiement autorisent l'allusion au physique de l'abbé ainsi que des licences en matière de rimes.[5] Selon toute probabilité, ce texte n'est qu'un billet destiné à circuler parmi les intimes et dont la publication n'était pas prévue; il se situe ainsi à la jonction entre le genre de l'épître et la poésie fugitive.

---

[1] Voir Beuchot, *Œuvres de Voltaire* (Paris, Lefevre et Firmin Didot, 1838), xiii.18.

[2] Michel-Roger Celse de Bussy-Rabutin (?1669-1736), plus tard évêque de Luçon.

[3] S'il fallait proposer une identification autre que celle de l'abbé de Bussy, François Courtin 'qui prit le petit collet par paresse et par débauche' pourrait être un candidat. C'est, à l'époque, un proche de Voltaire et il est connu pour son goût de la bonne chère et des femmes. La citation se trouve à la p.156 du t.ii des *Mémoires* de Saint-Simon, éd. Coirault, Bibliothèque de la Pléiade (Paris 1983).

[4] Les éditeurs de Kehl incluent le poème au nombre des épîtres (Epître vi) et R. A. Nablow l'analyse au sein du groupe qu'il appelle 'Epicurean epistles' (*ibid.*).

[5] Il y a notamment deux cas de triples rimes (accabler, envoler, consoler; cesse, sagesse, tristesse).

Manuscrits: Paris BnF, naf 2778 f.179, papiers Wagnière (MS1); Genève, IMV, ms. 4 (Cayrol) (MS2). Bengesco n° 712.

Editions: Kehl (xiii.12-13); J.-L. Carra, *Mémoires historiques et authentiques sur la Bastille* (Londres et Paris, Buisson, 1789), ii.171-72.

Texte de base: K, la première édition. Les variantes sont tirées de MS1 et de Carra.

Principes de cette édition: Nous avons modernisé l'orthographe des mots suivants: fidelle, desire, eternité, mysteres.

CJS

A monsieur l'abbé de ***
qui pleurait la mort de sa maîtresse.

1715

Toi qui fus des plaisirs le délicat arbitre,
Tu languis, cher abbé; je vois, malgré tes soins,
Que ton triple menton, l'honneur de ton chapitre,
    Aura bientôt deux étages de moins.
Esclave malheureux du chagrin qui te dompte,   5
        Tu fuis un repas qui t'attend!
        Tu jeûnes comme un pénitent;
        Pour un chanoine, quelle honte!
Quels maux si rigoureux peuvent donc t'accabler?
Ta maîtresse n'est plus, et de ses yeux éprise   10
Ton âme avec la sienne est prête à s'envoler!
Que l'amour est constant dans un homme d'église,
Et qu'un mondain saurait bien mieux se consoler!

---

a-c MS1: Epitre VI / A M. l'abbé de *** qui pleurait la mort de sa maîtresse.
     CARRA: A un chanoine qui a perdu sa maîtresse
5-11 CARRA: [*absent*]
13   CARRA: bien mieux saurait

Je sais que ta fidèle amie
Te laissait prendre en liberté   15
De ces plaisirs qui font qu'en cette vie,
On désire assez peu ceux de l'éternité:
Mais suivre au tombeau ce qu'on aime,
Ami, crois-moi, c'est un abus;
Quoi! pour quelques plaisirs perdus,   20
Voudrais-tu te perdre toi-même?
Ce qu'on perd en ce monde-ci,
Le retrouvera-t-on dans une nuit profonde?
Des mystères de l'autre monde
On n'est que trop tôt éclairci.   25
Attends qu'à tes amis la mort te réunisse,
Et vis par amitié pour toi.
Mais vivre dans l'ennui, ne chanter qu'à l'office,
Ce n'est pas vivre, selon moi.
Quelques femmes toujours badines,   30
Quelques amis toujours joyeux,
Peu de vêpres, point de matines.
Une fille, en attendant mieux;
Voilà, comme l'on doit sans cesse
Faire tête au sort irrité;   35
Et la véritable sagesse
Est de savoir fuir la tristesse
Dans les bras de la volupté.

16   CARRA: cette courte vie
19   CARRA: Tu sais bien que c'est
20   CARRA: Car pour
21   CARRA: Pourquoi se perdre encor soi-même.
33   CARRA: [*les trois premières syllabes remplacées par des points de suspension*] 6
34   CARRA: Voilà de quoi pouvoir sans
36   CARRA: La véritable

6 On trouve dans certaines versions non collationnées ici des variantes comme 'Des catins' ou 'Une garce' et il est à supposer que Carra a supprimé ici un mot qui ne lui paraissait pas 'honnête'.

LE VRAI DIEU. ODE

Voltaire lui-même a dû être surpris de découvrir qu'un ouvrage de 1773 à vocation pédagogique et religieuse affirmée, 'qu[e les jeunes gens] p[ouvai]ent lire sans danger' contenait des vers de lui.[1] Pourtant c'est le cas, ainsi que le signale l'*Année littéraire* qui offre du recueil un compte-rendu dans lequel pointe le sarcasme: 'On y trouve des morceaux des meilleurs auteurs du siècle dernier et de celui-ci, de Boileau, de Corneille, de Racine, de Rousseau, du Cardinal de Bernis, de Moncrif, de Piron, et même de M. de Voltaire.'[2]

Le texte de ce dernier avait paru pour la première fois dans un recueil collectif en 1715, le *Nouveau choix de pièces de poésie, première partie*.[3] Nous le retrouvons en 1757 au sein de la section 'Juvenilia' du *Portefeuille trouvé ou tablettes d'un curieux*, puis dans la troisième suite des *Mélanges poétiques* en 1761 et dans la *Collection complète des Œuvres de M. de Voltaire* (1770-1775). Fleischauer signale encore l'édition d'Amsterdam de 1764 et *Le Trésor du Parnasse* (Londres 1762), p.295. Un manuscrit de la BnF, fonds fr.12973, f.45r donne également l'ode. Le texte n'est pas repris par Kehl.

La table des matières du *Nouveau choix* de 1715 est tout à fait claire dans son attribution indiquant ceci: 'Le vrai Dieu, Ode. Par Mr Arouet'. Cela dit, on comprend que Voltaire n'ait pas souhaité, à la fin de sa vie, se souvenir d'un poème de jeunesse dans lequel perce toute une tradition apologétique. Le vocabulaire se ressent

---

[1] *Les Muses chrétiennes, ou petit dictionnaire poëtique, contenant les meilleurs morceaux des auteurs les plus connus; à l'usage des séminaires, des communautés religieuses, des collèges & des pensions de jeunes messieurs et de jeunes demoiselles; ouvrage dédié à M. le curé de Sainte-Marguerite*, éd. P.-L. d'Aquin de Château-Lyon (Paris, Ruault, 1773). Le recueil cite le poème à partir de la troisième strophe.

[2] *Année littéraire* (1773), t.iv, lettre III, p.54-55.

[3] La Haye, Henry van Bulderen, 1715. Conlon 18076. Nous avons consulté l'exemplaire coté Ye 11935-11936 à la BnF. Bengesco (n° 539), signale qu'il s'agit d'une 'Ode imprimée sous le nom d'Arouet dans un *Nouveau choix de pièces de poésie*, Nancy et Paris, 1715, i, 141'. Ce sont des états différents de la même édition.

de lectures théologiques. Le syntagme nominal 'vrai dieu' se retrouve souvent dans la littérature chrétienne. Pascal s'en sert dans les *Provinciales* entre autres, Bossuet et Abbadie aussi, tout comme Corneille dans *Polyeucte* (II.vi). Il y a encore dans le poème des échos d'*Athalie*. Joad n'y dit-il pas 'Les temps sont accomplis' (I.ii)? Le vocabulaire prophétique montre l'influence de la doxa qui dépeint, à l'instar de Corneille dans l'*Imitation de Jésus-Christ* ou encore de Bossuet, un 'homme aveugle' qui ne sait reconnaître son dieu.

Voltaire fut particulièrement exaspéré en 1773 par l'analyse de son poème dans l'*Année littéraire* – un périodique avec lequel il était si souvent en désaccord. Le compte-rendu consacre au simple extrait de l'ode de Voltaire qui est reproduite une place démesurée. Voici ce que nous lisons après la citation d'un long passage d'une ode sacrée de Lefranc de Pompignan.

Quelle variété de nombre et d'harmonie! Quel style vraiment lyrique! Ce sont pourtant de telles poésies que M. de Voltaire a essayé de tourner en ridicule! Mais on remarque dans ce recueil un contraste bien propre à faire retomber les plaisanteries sur cet écrivain, qui dans le cours de sa vie a essayé de tout, même de la dévotion. Trois ou quatre pages après le morceau que vous venez de lire, se trouvent des strophes de ce même M. de Voltaire, extraites d'une mauvaise ode intitulée *le Vrai Dieu*. Ce sont bien les stances les plus communes, le ton le moins élevé, le style le plus froid, dont vous ayez jamais vu d'exemple. Vous savez comme le clinquant et le bel-esprit conviennent au genre lyrique: cette prétendue ode en est remplie. Je me contenterai de vous citer la dernière strophe. [vers 81-90] *Grâce aux fureurs humaines! Campagnes cruelles!* Quelles platitudes! Que dites-vous d'ailleurs, Monsieur, de la jolie antithèse qui finit cette ode sacrée et de ce concetto détestable, *l'homme est heureux d'être perfide?* Dans la suite, M. de Voltaire semble avoir reconnu son impuissance pour ce genre, qui ne peut être traité que par des hommes nés vraiment poètes. On a vu le parti qu'il a pris; il s'est mis à déprimer avec acharnement ceux qui parmi nous y ont eu le plus de succès. [4]

La réaction de Voltaire a été rapide. Dans la note 4 du *Dialogue de*

---

[4] *Année littéraire*, p.63-64.

Pégase et du Vieillard, il désavoue l'ode et, avec son obligeance habituelle en la matière, fournit un nom d'auteur: *Le Vrai Dieu* serait l'œuvre d'un jésuite nommé Lefèvre.[5] Il évoque 'je ne Sçais quelle ode intitulée le vrai dieu' dans un post-scriptum de 1776 à sa lettre de Tressan du 22 mars 1775 (D.app.408), et en rejette encore la paternité dans sa *Lettre de monsieur de La Visclède* (M.xxx.325). Dans le *Commentaire historique* (1776) il s'en plaint encore une fois (M.i.124):

on y fit, sous le nom de Londres, une édition appelée complète. Les éditeurs y ont inséré plus de cent petites pièces en prose et en vers qui ne peuvent être ni de lui, ni d'un homme de goût, ni d'un homme du monde [...] Telle est je ne sais quelle ode, qui semble être d'un cocher de Vertamon devenu capucin, intitulée *le vrai Dieu*.

Pomeau, qui juge l'ode 'certainement authentique',[6] en offre une interprétation un peu inattendue jugeant qu'il s'agit non d'un véritable poème chrétien centré sur un des mystères de la foi chrétienne: la rédemption humaine rachetée par le martyre du Christ, mais d'un aveu d'incroyance; 'Arouet se trompe: *Le Vrai Dieu* n'est pas une ode; c'est une satire des mystères chrétiens de l'Incarnation et de la Rédemption; c'est le premier texte déiste de Voltaire.'[7] Pour notre part, nous sommes plus tentée d'y reconnaître les marques de l'éducation jésuite et une influence, notamment pour le concetto sur lequel termine le poème, des cantiques baroques.

Manuscrit: Paris, BnF, fonds fr. 12973, f.45r.
Editions: *Nouveau choix de pièces de poésie, première partie* (La Haye

[5] M.x.200. Beuchot note que le *Mercure* de janvier 1773, t.i, p.5-10, contient une ode signée par M. l'abbé Lefèvre, et intitulée *Le Triomphe de la religion*. Par ailleurs, à l'époque de la rédaction du poème de Voltaire, Le Fèvre de Fontenay est rédacteur du *Mercure*, favorable dans l'ensemble aux Modernes. Ironiquement, c'est l'édition Lefèvre et Déterville de 1817 qui inclut la première ode au nombre des œuvres du poète.
[6] R. Pomeau, *La Religion de Voltaire*, 2e éd., p.79.
[7] *Ibid.*, p.80.

1715); *Portefeuille trouvé ou tablettes d'un curieux* (Genève 1757), i.246-50; *Troisième suite des Mélanges poétiques* (1761), xix.405; *Le Trésor du Parnasse* (Londres 1762), p.295; W64R, lii.667; W70L, xxiii.263-66.

Texte de base: la première version publiée, *Nouveau choix de pièces de poésie, première partie* (1715). Nos variantes sont tirées de W70L.

Principes de cette édition: nous avons modernisé l'orthographe des mots suivants: Blasphêmes, paroître, derobe, infidelle, voudrois, colere, méconnoitre, execute, voi, celeste, reconnois, cheris, grace, deïcide.

CJS

Le Vrai Dieu. Ode

Se peut-il que dans ses ouvrages
L'homme aveugle ait mis son appui,
Et qu'il prodigue ses hommages
A des Dieux moins divins que lui?[8]
Jusqu'à quand, par d'affreux blasphèmes,   5
Rendrons-nous des honneurs suprêmes
Aux métaux qu'ont formés nos mains?
Jusqu'à quand l'encens de la terre
Ira-t-il grossir le tonnerre
Prêt à tomber sur les humains?   10

Descends des demeures divines,[9]
Grand Dieu; les temps sont accomplis:

---

[8] Cf. les vers suivants dans l'un des *Cantiques spirituels* de Jean Racine: 'Malheureux l'homme qui fonde / Sur les hommes son appui' (Racine, *Œuvres complètes*, t.i, éd. G. Forestier, Bibliothèque de la Pléiade, Paris 1999, p.1098). L'inspiration commune aux deux textes est peut-être un passage des Lamentations de Jérémie: 'Voici ce que dit le Seigneur: Maudit est l'homme qui met sa confiance en l'homme' (Jérémie xvii.5).

[9] On trouve le syntagme 'demeures divines' (rimant avec 'ruines') chez Jean-Baptiste Rousseau dans l'*Ode sur la naissance du duc de Bretagne*. Il précède l'évocation d'un monde nouveau s'élevant sur la ruine de l'ancien monde.

L'Erreur enfin sur ses ruines
Va voir des temples rétablis. [10]
Un jour pur commence à paraître,   15
Sur la terre un Dieu vient de naître,
Pour nous arracher au tombeau;
De l'Enfer les monstres terribles,
Abaissant leurs têtes horribles,
Tremblent au pied de son berceau.   20

Mais l'homme constant dans sa rage,
S'oppose à sa félicité;
Amoureux de son esclavage, [11]
Il s'endort dans l'iniquité.
Je vois ses mains infortunées,   25
Aux palmes du Ciel destinées,
S'offrir à des fers odieux.
Il boit dans la coupe infernale;
Et l'épais venin qu'elle exhale
Dérobe le jour à ses yeux.   30

Ne peut-il des nuages sombres
Percer la longue obscurité?
Son Dieu porte à travers les ombres
Le flambeau de la vérité.
Ouvre les yeux, homme infidèle;   35
Suis le Dieu puissant qui t'appelle;
Mais tu te plais à l'ignorer.
Affermi dans l'ingratitude,

14 w70L: tes temples

[10] Il y a peut-être une allusion à l'une des paroles du Christ qui a été plusieurs fois retournée contre lui: voir notamment Matthieu xxvi.61, ou encore Marc xiv.58 et xvi.29-30.

[11] Dans *Mahomet* Omar évoque 'Un esprit amoureux de son propre esclavage' (acte II, scène vi), et dans le *Poème sur la loi naturelle* nous lisons: 'C'est que l'homme amoureux de son sot esclavage, / Fit dans ses préjugés dieu même à son image' (M.ix.453).

Tu voudrais que l'incertitude
Te dispensât de l'adorer.   40

   Mets le comble à tes injustices,
Il n'est plus temps de reculer;
Ses vertus condamnent tes vices,
Il faut le suivre ou l'immoler.
L'Erreur, la Colère, l'Envie,   45
Tout s'est armé contre sa vie:
Que tardes-tu? Perce son flanc. [12]
De ses jours il t'a rendu maître;
Et qui l'a bien pu méconnaître
Craindra-t-il de verser son sang?   50

   Ciel! déjà ta rage exécute
Ce qu'a présagé ma douleur.
Ton juge, à tous les maux en butte,
Va succomber sous ta fureur.
Je vous vois, Victime innocente,   55
Sous le faix d'une Croix pesante
Vous traîner jusqu'au triste lieu. [13]
Tout est prêt pour le sacrifice.
Vous semblez, de vos maux complice,
Oublier que vous êtes Dieu.   60

   O toi, dont la course céleste
Annonce aux hommes ton Auteur,
Soleil, en cet état funeste
Reconnais-tu ton Créateur?
C'est à toi de punir la terre.   65
Si le Ciel suspend son tonnerre,

---

[12] Dans la tradition évangélique, reprise par l'iconographie chrétienne, un soldat perce le flanc du Christ crucifié, voir Jean xix.34. Le détail est important car il accomplit une prédiction et permet la reconnaissance du ressuscité: voir Jean xix.37; au chapitre xx de l'Evangile selon saint Jean les disciples voient Jésus revenu d'entre les morts, sa plaie au flanc, et saint Thomas, celui qui doute, y met la main.

[13] Voir Jean xix.17.

Ta clarté doit s'évanouir.
Va te cacher au sein de l'onde.
Peux-tu donner le jour au monde,
Quand ton Dieu cesse d'en jouir?[14]   70

Mais quel prodige me découvre
Les flambeaux obscurs de la nuit?
Le voile du Temple s'entr'ouvre;
Le Ciel gronde, le jour s'enfuit.
La terre en abîmes ouverte,   75
Avec regret se voit couverte
Du sang d'un Dieu qui la forma;[15]
Et la nature consternée
Semble à jamais abandonnée
Du feu divin qui l'anima.[16]   80

Toi seul, insensible à tes peines,
Tu chéris l'instant de ta mort.
Grand Dieu! grâce aux fureurs humaines,
L'Univers a changé de sort.
Je vois des palmes éternelles   85
Croître en ces campagnes cruelles,
Qu'arrosa ton sang précieux.
L'homme est heureux d'être perfide;
Et, coupables d'un déicide,[17]
Tu nous fais devenir des Dieux.   90

77   w70L: du Dieu

[14] Voir Matthieu xxvii.45; Marc xv.33; Luc xxiii.44-45.

[15] L'imagerie est traditionnelle chez les apologistes: 'Jesus Christ souffre le supplice des esclaves: mais nous savons aussi, que dans le même temps qu'il souffre, il se montre le maître de la nature; puisque les sépulcres s'ouvrent à sa mort, que les pierres se fendent, que le jour se perd, que le voile du temple est déchiré' (J. Abbadie, *Traité de la véritable religion chrétienne*, 1684, p.176).

[16] Voir Matthieu xxvii.51-52; Marc xv.38; Luc xxiii.45.

[17] Dans *La Bible enfin expliquée* nous lisons: 'Vous faites un dieu de ce fripon scélérat, et, s'il est votre père ou votre frère, comme vous le supposez, si vous le tuez, vous commettez non seulement un parricide, mais un déicide' (M.xxx.117).

SUR LES MALHEURS DU TEMPS. ODE

Notre version de base est la première copie imprimée. Elle figure dans un périodique proche des Modernes dans la querelle d'Homère mais qui avait déjà accueilli des vers d'Arouet, le *Nouveau Mercure galant* (juillet 1716). La version manuscrite non autographe plus tardive qui figure au sein de ce qu'il est convenu d'appeler le recueil Cideville présente quelques variantes intéressantes. Le texte est daté 1712 par le copiste. La datation paraît surprenante. *Le Portefeuille trouvé* inclut le poème au nombre des 'Juvenilia' en le datant de 1713.[1] Plus probante, au vu d'indices internes au poème, nous paraît le titre 'Ode Par M. de Voltaire. 1715' de l'édition anglaise de 1734 évoquée ci-dessous. Pierre Coste, citant dans son commentaire sur les *Essais* de Montaigne le sizain 'Voyez cet beauté [...]' (vers 50 et suiv.), affirme: 'Cette Traduction est de M. de Volterre, telle qu'il la fit à l'âge de quinze ans. Ce n'est pas merveille, si depuis il a entrepris de marcher sur les traces de Virgile, après avoir osé disputer le prix de la Tragédie à Sophocle.'[2] Il est possible de supposer que ces quelques vers correspondaient à un travail scolaire ou para-scolaire et que le poète les aurait intégrés par la suite dans un texte original d'une plus grande ampleur.[3]

En termes de datation, la présentation qui accompagne la publication du poème dans le *Nouveau Mercure galant* est ambiguë:

D'autres s'y prenaient plus finement pour remplir les esprits de défiance et de frayeur: dans les retraites les plus clandestines de leurs maisons, ils

---

[1] *Le Portefeuille trouvé, ou tablettes d'un curieux* (Genève 1757), i.250-55.

[2] Montaigne, *Essais*, nouv. éd. par Pierre Coste (Londres, J. Tonson et J. Watts, 1724), p.82. Soulignons au passage que le texte de Coste ne fournit aucune variante (autre que d'orthographe ou de ponctuation) par rapport à celui que nous reproduisons.

[3] L'interprétation permettrait d'expliquer pourquoi Voltaire les aurait envoyés à Jean-Baptiste Rousseau nettement après la date de rédaction indiquée par certaines sources.

composaient prose outrageante et vers sanglants, et de là les semaient dans le monde. Leur probité connue, disaient-ils, leur conscience timorée, et l'intérêt des peuples et de la religion les forçaient de rompre le silence, *Ad majorem Dei gloriam.* D'autres plus retenus, quoiqu'ils ne le fussent certainement pas assez, faisaient des Odes à peu près de la nature de celle-ci. [4]

Le texte de Voltaire est précédé de cette observation mais est également suivi de quelques remarques laissant croire que les débuts de la Régence en ont été l'époque de composition:

Voilà le fondement imaginaire des plaintes des derniers; mais les plus sages et les plus éclairés de cette multitude innombrable de gens zélés pour la vérité, pour la justice, et pour la gloire de leur patrie, chantaient à la louange de leurs maîtres, des hymnes qu'après eux tout le monde a chanté[s]. Ces chants, ces concerts universels avoient pour principal objet les vertus de l'auguste prince, à qui le ciel a confié le soin d'élever le jeune monarque du plus riche et du plus florissant royaume du monde, et celui de gouverner ses états, jusqu'à ce qu'il puisse lui-même prendre les rênes de son empire. [5]

Il serait certes logique que fussent stigmatisées comme débauchées les mœurs de la société de la Régence. Si c'est en effet de cette époque-là que datent les vers du poète, certaines allusions paraissent s'éclairer. Car la troisième strophe pourrait se comprendre comme une référence à la mort de Louis XIV et au coup d'état de Philippe d'Orléans; et les tribunaux de la septième strophe pourraient alors désigner la chambre de justice que Voltaire fustige dans un autre poème de jeunesse. Il ne serait guère surprenant que ces vers-ci fussent à classer avec les critiques du régime et de son dirigeant, textes qui menèrent le jeune homme à la Bastille.

Sur le plan littéraire, le jeune Arouet se trouve ici à la confluence de deux traditions, la paraphrase des psaumes et l'amplification à partir de textes classiques. Très marqué par les exercices scolaires, il abuse encore des allégories, inclut des noms à

---

[4] *Nouveau Mercure galant,* p.7-8.
[5] *Ibid.,* p.18-19.

résonance exotique. Le sujet qu'il traite, banal en apparence, les malheurs du temps, lui offre néanmoins une première occasion de s'exprimer sur une question qui lui tient à cœur. On a souvent rappelé combien l'horreur de la guerre nourrit nombre de réflexions de l'auteur; on n'a pas suffisamment souligné que ses débuts dans la vie littéraire remontent à une époque où la France était réellement rendue exsangue par l'immense coût, en termes de vies humaines comme de fonds publics, de conflits comme la guerre de succession d'Espagne. Le jeune auteur ne remet pas ici en question la politique extérieure de son pays mais il refuse un fatalisme résigné. Celui dont les discours en vers, le *Poème sur le désastre de Lisbonne* et tant d'autres œuvres continueront d'interroger la destinée humaine et l'origine du mal tente ici d'apporter une réponse première à ses questions. Elève des Jésuites, lecteur de Fénelon, et en particulier ici du livre VIII du *Télémaque*, qui évoque Idoménée, Voltaire offre une explication première que l'Eglise continuait de faire sienne. Celui qui, notamment dans *Le Mondain*, chantera le luxe avec le bonheur que l'on sait, s'en fait ici le critique: le relâchement des mœurs serait responsable de la situation catastrophique et les malheurs du temps seraient une espèce de châtiment divin, avatars modernes des sept plaies d'Egypte. René Pomeau signale que certains sujets d'amplification pourraient avoir fourni le canevas de ce poème. Il cite en exemple un extrait de *L'Elève de rhétorique* de Jouvency: 'Vois les contrées où la guerre a exercé ses ravages, c'est le péché qui en est la cause; vois les pays complètement dépeuplés, décimés par la peste, c'est au péché qu'on le doit.'[6]

Un passage paraît également tenir de l'amplification, en l'occurrence il s'agit presque d'une traduction, d'un texte classique. Une ressemblance avec Horace est signalée explicitement dans le manuscrit rouennais.[7] Elle concerne l'Ode VI du livre III

[6] Voir la traduction de H. Ferté (Paris 1892), p.75; cité par R. Pomeau, *La Religion de Voltaire*, 2ᵉ éd., p.79n.

[7] Nous la trouvons également, indiquée par Coste, dans son commentaire sur les *Essais* de Montaigne: il ajoute: 'Horat. L. iii. Od. 6. vs. 21 &c.'

et porte surtout sur les vers concernant les mœurs des femmes. Il est intéressant de noter que le poème d'Horace avait été traduit par La Motte quelques années avant la date de composition du texte de Voltaire et figure en traduction parallèle, sous le titre 'Aux Romains. Sur le dérèglement de leurs mœurs', dans les *Odes* que se fait fort de critiquer la *Lettre à M. D****.[8] Voici la version donnée par La Motte des strophes que Voltaire nous paraît imiter:

> Nos filles, de séduire apprennent l'Art funeste,
> D'une étude lascive, elles font leurs plaisirs;
> Et leur cœur corrompu se prépare à l'inceste.
> Longtemps avant que l'âge ait mûri leurs désirs.
> L'hymen n'en fera point des épouses fidèles;
> Les plaisirs trop permis ne sont pas assez doux:
> Elles vont prodiguer leurs faveurs criminelles,
> Sans craindre ni le jour, ni les yeux d'un époux.
> De la femme souvent complice mercenaire,
> Un mari sert lui-même un coupable désir;
> Son silence la livre aux vœux d'un adultère,
> Prodigue enchérisseur d'un infâme plaisir.

Il n'est pas interdit de penser que le Voltaire d'une quarantaine d'années, envoyant à son vieux complice ses poèmes de jeunesse, ait choisi d'en réduire les marques de l'éducation jésuite tout en privilégiant les sources classiques. Le rappel d'Horace dès le titre et quelques révisions bien placées tendraient à expliquer pourquoi ce texte figure dans un recueil dont ont été exclus les poèmes de jeunesse les plus nettement marqués par l'influence chrétienne, à savoir la traduction du poème du Père Le Jay sur sainte Geneviève, l'ode *Sur le vœu de Louis XIII* ou encore *Le Vrai Dieu*.

La strophe choisie est un sizain hétérométrique composé de quatre alexandrins suivis de deux vers de six syllabes. En d'autres occasions, Voltaire se servira de vers hétérométriques. *L'Ode pour*

---

[8] La Motte, *Odes de M. D****, *avec un discours sur la poésie en général, et sur l'ode en particulier* (Paris, Grégoire Dupuis, 1707), p.169-71.

MM. de l'Académie des sciences, par exemple, est rédigée en quatrains de trois alexandrins suivis d'un hexamètre. Cela dit, les strophes d'alexandrins et d'hexamètres panachés rappellent les rythmes de certaines paraphrases de psaumes que nous trouvons chez Maleville,[9] Malherbe ou Lefranc de Pompignan. Voici une strophe de l'une des poésies sacrées de ce dernier dont le thème n'est pas sans rappeler certains passages du texte de Voltaire:

> Le ciel enfin sur toi se venge avec usure,
> Epouse criminelle, et courtisane impure,
> Qui te vendais sans cesse à tes adorateurs;
> Et qui par tes attraits, ou par tes artifices
> Du poison de tes vices
> Infectais tous les cœurs.

Luchet, qui les croit issues du poème sur le vœu de Louis XIII, cite les trois premières strophes de l'ode *Sur les malheurs du temps* en assurant qu'elles sont restées dans les mémoires.[10] La Harpe, quant à lui, se montre très critique: 'On ne peut parler des odes de Voltaire, qui en a pourtant fait un grand nombre, que pour remarquer que c'est un des genres qu'il n'aurait pas dû essayer, puisqu'il y a été à peu près nul. Nous avons vu combien dans ses opéras il était loin du rythme lyrique: c'est la même chose ici, et son style est encore moins celui de l'ode. Partout la négligence et la faiblesse; souvent même le prosaïsme va jusqu'au familier, et dans les sujets les plus nobles.'[11]

---

[9] Par exemple la 'Paraphrase du psaume 113', citée dans *Les Muses chrétiennes* (Paris, Ruault, 1773), p.255; pour ce volume voir ci-dessus, *Le Vrai Dieu*.

[10] Luchet, *Histoire littéraire de M. de Voltaire* (Canel 1781), i.24: 'En faisant les premiers pas dans la carriere des Lettres, Monsieur de Voltaire s'y annonça par une ode, non sur la construction du chœur de l'église de Notre-Dame, comme on l'a prétendu, mais sur Sainte Genevieve, dont le sujet avait été donné par le Pere Lejay, Régent de rhétorique de Louis-le-Grand, conjointement avec le Pere Porée. L'abbé du Jarry en composa une sur le même sujet. Elle fut préférée à celle de M. de Voltaire, et même couronnée par l'Académie française. La pièce de l'abbé du Jarry n'est plus connue, et on a conservé de l'ode du jeune Arouët les trois strophes suivantes.'

[11] *Lycée ou cours de littérature* (Paris, Agasse, an XII), xiii.289.

Ce texte-ci ne paraît pas avoir beaucoup circulé. Bengesco (no. 538) en signale des éditions dans le *Portefeuille trouvé*, au nombre des 'Juvenilia' (i.250-55), dans la Troisième suite des *Mélanges de poésie* 1761, dans la *Collection complète* (Amsterdam 1764). En revanche, une version dont l'existence semble avoir été inconnue des savants bibliographes de Voltaire figure au sein d'un recueil anglais, *The Humours of New Tunbridge Wells at Islington. Lyric poem*.[12] Il s'agit de la première publication de l'ode dûment attribuée à Voltaire et l'anthologue, grand admirateur du poète français auquel il dédie son ouvrage, affirme l'avoir recopiée sur un manuscrit de l'auteur: 'A manuscript ode of Mr. de Voltaire having fallen accidentally into my hands, I thought proper to communicate it to the Publick.'[13]

Soulignons au passage que Fleischauer rattache à l'ode, selon toute probabilité pour des raisons de similarité métrique, un fragment cité dans le *Portefeuille trouvé* de 1757 (p.255), dans l'*Elève de Terpsicore* de Boissy (1718, ii.87) et dans le manuscrit BHVP Rés. 2025, f.152v:

> Minerve vous conduit; cette immortelle guide
> A quitté pour jamais son casque et son égide:
> Le sang n'arrose plus ses paisibles lauriers.
> Et mon œil enchanté voit marcher sur ses traces
>   Les muses et les grâces
>   A côté des guerriers.[14]

Manuscrit: MS1: Rouen, Bibliothèque municipale, Recueil Cideville, Archives de l'Académie C38bis, 26v-31r. Non autographe.

Editions: *Nouveau Mercure galant* (juillet 1716), p.17-18; *The Humours*

---

[12] *The Humours of New Tunbridge Wells at Islington. Lyric poem, with songs, epigrams, &c, also imitations from French, Gascoon, Italian, Latin and Chinese poets: and an ode, from a manuscript of Mr. De Voltaire* (London, J. Roberts, 1734), p.89-96. Sur ce volume voir J. Patrick Lee, 'Voltaire, John Lockman and the myth of the *English letters*', *SVEC* 2001:10, p.240-70.

[13] Dernière page de la préface (non paginée).

[14] p.45. Nous modernisons.

of New Tunbridge Wells at Islington (London 1734), p.89-96; *Le Portefeuille trouvé, ou tablettes d'un curieux* (Genève 1757); *Troisième suite des Mélanges de poésie, de littérature, d'histoire et de philosophie* ([Paris, Prault] 1761), p.408-11; w64R, iii, Pt 2, p.90-93; w70L xxiii (72) 267-71, Kehl, xiii.335-38.

Texte de base: *Nouveau Mercure galant*, juillet 1716, p.8-18. Variantes tirées de MS1 et w70L.

Principes de cette édition: Nous avons modernisé en rétablissant les accents (par exemple sur plongèrent), en accordant le participe passé le cas échéant (notamment dans le cas où un verbe du premier groupe voit la terminaison -*é(e)(s)* remplacée par -*ez* (soulevez pour soulevés, etc.), en remplaçant -*oi* par -*ai* dans les terminaisons des verbes (remplissoit devient ainsi remplissait), en écrivant au long *et* lorsque le texte d'origine emploie l'esperluette. Pour ce qui est de la graphie pure, nous avons adopté la forme moderne pour vangeurs, frapez, echapez, arrest, couroux, estre, azile, enfans, quoy, insolens, pupiles, foible, languissans, bientost, naistre, deffenseurs, scavoit, fidelle, beautez, maistresse, sappe, naistre.

CJS

Sur les malheurs du temps. Ode

Aux maux les plus affreux le ciel nous abandonne:
La discorde, la faim, la mort nous environne;
Et les dieux, contre nous soulevés tant de fois,
Equitables vengeurs des crimes de la terre,[15]

a   MS1: Ode à l'imitation d'horace faitte en 1712
    w70L: Ode Composée en 1713, sur les maux de l'humanité.
2   MS1, w70L: Le désespoir, la mort, la faim nous
    MS1: [*ajout après ce vers:*]
        Siècle ingrat, temps afreux, malheureuses victimes,
        mortels, vos chatiments ont egalé vos crimes,
3   MS1: contre vous soulevez
4   MS1: des forfaits de

[15] Le groupe nominal 'crimes de la terre' revient souvent dans la littérature apologétique ou les paraphrases de psaumes, par exemple chez Racan ou Colletet, au moment où il s'agit de montrer Dieu châtiant les mortels. On le trouve également

Ont frappé du tonnerre   5
Les peuples et les rois. [16]

[17]Des rivages de l'Ebre aux bords du Boristêne [18]
Mars a conduit son char, attelé par la Haine:
Les vents contagieux ont volé sur ses pas;
Et, soufflant de la mort les semences funestes, [19]   10
Ont dévoré les restes
Echappés aux combats.

D'un monarque puissant la race fortunée

---

7   MSI, W70L: Des plaines de [W70L: du] Tortose aux
      MSI, W70L: Boristhene
11   MSI: les fenestes
13   W70L: race infortunée

---

chez J. de Coras sous la forme 'le vengeur souverain des crimes de la terre' dans le livre I de *Jonas, ou Ninive pénitente* (1663), i.4 et, plus familier au lecteur moderne, La Fontaine voit, dans 'Les animaux malades de la peste' la pathologie comme une punition envoyée par le ciel courroucé pour punir 'les crimes de la terre'.

[16] L'expression 'Les peuples et les rois' figure dans des paraphrases de psaumes comme celle du psaume 147 due à Bertaut (*Les Œuvres poétiques*, 1620, p.31). On la trouve également, chez Voltaire, dans le chant XI de *La Pucelle*: 'Quand dans la mer suspendue et soumise / Il engloutit les peuples et les rois' (*OC*, t.7, p.444).

[17] Strophe faisant partie chez Boissy des 'Modèles de vers poétiques ou modèles de véritable poésie', *L'Elève de Terpsicore*, ii.101.

[18] L'*Histoire de l'Empire de Russie sous Pierre le Grand* (1re partie, ch.1) évoque à nouveau ces lieux: 'Que d'autres examinent si des Huns, des Slaves et des Tartars ont conduit autrefois des familles errantes et affamées vers la source du Boristhène. Mon dessein est de faire voir ce que le czar Pierre a créé, plutôt que de débrouiller inutilement l'ancien chaos' (*OC*, t.46-47, p.424). Boristhène est le nom grec du fleuve Dniepr.

[19] Voltaire utilise l'image des semences de la mort dans *Œdipe*: 'Que ne puis-je, sur moi détournant leurs vengeances, / De la mort qui vous suit étouffer les semences' (I.iii), mais également dans quelques vers du *Poème sur la loi naturelle* dont le thème est proche de celui qu'il aborde ici: 'Quand des vents du midi, les funestes haleines, / De semences de mort ont inondé nos plaines, / Direz-vous que jamais le ciel en son courroux, / Ne laissa la santé séjourner parmi nous?' (M.ix.448).

Remplissait de leur nom l'Europe consternée: [20]
J'ai passé sur la terre, ils étaient disparus; [21]   15
Et le peuple abattu [22], que sa misère étonne,
  Les cherche auprès du trône,
  Et ne les trouve plus. [23]

Peuples, reconnaissez la main qui vous accable;
Ce n'est point des destins l'arrêt irrévocable,   20
C'est le courroux des dieux, mais facile à calmer:
Méritez d'être heureux, osez quitter le vice;
  C'est par ce sacrifice
  Qu'on les peut désarmer.

Rome, en sages héros autrefois si fertile;   25
Qui fut des plus grands Rois la terreur ou l'asile;

14   MS1, W70L: de son nom
15   MS1: passé de la
16   W70L: ce malheur
20   MS1, W70L: point [W70L: pas] du destin
21   MS1: faciles
23   MS1: Voilà le sacrifice
24   W70L: peut les
26   W70L: des premiers rois

[20] Le monarque puissant est bien entendu Louis XIV; grâce aux alliances et aux guerres les Bourbons se trouvaient associés à un certain nombre de monarchies européennes.

[21] Ainsi que l'indique Beuchot, le vers 'J'ai passé de la terre ils étaient disparus' figure dans l'*Epître à monsieur le marquis de Villette*. *Les adieux du vieillard* (M.x.457-58) et Racine avait mis dans la bouche d'une Israélite à l'acte III, scène ix d'*Esther*: 'Je n'ai fait que passer, il n'était déjà plus.'

[22] Le groupe nominal 'peuple abattu' figure chez Corneille (prologue de *La Toison d'or*), mais aussi et surtout dans l'*Athalie* de Racine dans la bouche d'Abner.

[23] Les Enfants de France sont, à l'exception du petit duc d'Anjou, futur Louis XV, morts en un laps de temps très bref. D'aucuns ont soupçonné Philippe d'Orléans de les avoir assassinés.

331

Rome fut vertueuse et dompta l'univers: [24]
Mais l'orgueil et le luxe, enfants de la Victoire,
  Du comble de la gloire
  La plongèrent aux fers.   3(

Quoi! verra-t-on toujours de ces tyrans serviles, [25]
Oppresseurs insolents des veuves, des pupilles,
Elever des palais dans nos champs désolés?
Verrons-nous cimenter leurs portiques durables
  Du sang des misérables   3!
  Devant eux immolés?

Elevés dans le sein d'une infâme avarice,
Leurs enfants ont sucé le lait de l'injustice,
Et dans nos tribunaux vont juger les humains:
Malheur à qui, fondé sur la faible innocence,   4(
  A mis son espérance
  Dans leurs indignes mains! [26]

30   w70L: L'ont mise dans les fers
31   MSI: ton
33   MSI: palais de nos
34   MSI: verraie
37   MSI: de l'infâme
38   MSI: linjustice
39   w70L: dans les tribunaux
40   MSI: sur sa foible innocence
     [ailleurs:] la seule innocence
42   w70L: En leurs

[24] Il n'est pas impossible qu'il y ait ici une réminiscence de la quadruple anaphore de 'Rome...' en initiale que nous trouvons dans la célèbre tirade de Camille à la scène vi de l'acte IV de l'*Horace* de Corneille.
[25] Cette strophe est dans Boissy (ii.11) au nombre des 'Modèles de vers simples et sublimes'.
[26] Les résonances bibliques de ces vers rappellent le sixième *Cantique spirituel* de Racine: 'Malheureux l'homme qui fonde / Sur les hommes son appui' (Racine, *Œuvres complètes*, éd. G. Forestier, Bibliothèque de la Pléiade, t.i, Paris 1999, p.1098).

Des nobles cependant l'ambition captive
S'endort entre les bras de la Mollesse oisive,
Et ne porte aux combats que des corps languissants. 45
Cessez, abandonnez à des mains plus vaillantes
    Ces piques trop pesantes
    Pour vos bras impuissants.

Voyez cette beauté sous les yeux de sa mère; [27]
Elle apprend en naissant l'art dangereux de plaire, 50
Et d'irriter en nous de funestes penchants;
Son enfance prévient le temps d'être coupable:
    Le Vice trop aimable
    Instruit ses premiers ans.

Bientôt, bravant les yeux de l'époux qu'elle outrage, 55
Elle abandonne aux mains d'un courtisan volage
De ses trompeurs appas le charme empoisonneur:
Que dis-je! cet époux, à qui l'hymen la lie,
    Trafiquant l'infamie,
    La livre au déshonneur. 60

44   MSI: s'en dort
45   W70L: des coups languissants
46   W70L: Cédez,
47   MSI: Ces armes trop
49   MSI: bauté
50   MSI: aprend
51   W70L: Et exciter en
      MSI: funestes penchant
55   MSI: quelle
57   MSI: apas le charme empoisoneur
58   MSI: bientost cet epoux meme a qui lhimen

[27] Pour les trois strophes qui suivent et offrent un parallèle avec une ode d'Horace, voir l'introduction.

Ainsi vous outragez les dieux et la nature!
Oh! que ce n'était point de cette source impure
Qu'on vit naître des Francs, des Scithes successeurs,
Qui, du char d'Attila détachant la Fortune,
    De la cause commune   65
    Furent les défenseurs!

Le citoyen alors savait porter les armes;[28]
Sa fidèle moitié, qui négligeait ses charmes,
Pour son retour heureux préparait des lauriers,
Recevait dans ses mains sa cuirasse sanglante,   70
    Et sa hache fumante
    Du trépas des guerriers.

Au travail endurcis leur superbe courage
Ne prodigua jamais un imbécile hommage
A de vaines beautés, qui ne les touchaient pas;   75
Et d'un sexe timide et né pour la mollesse
    Ils plaignaient la faiblesse,
    Et ne l'adoraient pas.

De ces sauvages temps l'héroïque rudesse
Leur refusait encor la délicate adresse   80
D'excuser les forfaits par un subtil détour;

61   MS1: ainsy vous outragés
62   W70L: n'était pas de
63   MS1: naitre ces Francs
70   W70L: Recevait de ses
       MS1: la cuirasse [repentir]
71   MS1: a
73-78   MS1: [absent]
75   W70L: à leurs yeux sans appas
80   MS1: Leur laissait ignorer la
81   MS1: Dexcuser les
       W70L: leurs forfaits

[28] Strophe citée par Boissy (ii.86-87) parmi les 'Modèles des vers purs et harmonieux'.

Jamais on n'entendit leur bouche peu sincère
   Donner à l'adultère
   Le tendre nom d'amour.

Mais insensiblement l'adroite Politesse,   85
Des cœurs efféminés souveraine maîtresse,
Corrompit de nos mœurs l'austère dureté,
Et, du subtil Mensonge empruntant l'artifice,
   Bientôt à l'injustice
   Donna l'air d'équité.   90

Le Luxe à ses côtés marche avec arrogance;
L'or qui naît sous ses pas s'écoule en sa présence:
Le fol Orgueil les suit: compagnon de l'Erreur,
Il sape des Etats la grandeur souveraine,
   De leur chute prochaine   95
   Brillant avant-coureur.

82 MS1: peu severe
87 MS1, W70L: l'austère pureté,
92 MS1: n'ait
93 MS1, W70L: le suit
95 W70L: chute certaine

LA CHAMBRE DE JUSTICE
ÉTABLIE AU COMMENCEMENT DE LA
RÉGENCE, EN 1715. ODE

La première publication connue de ce poème, dûment attribué à Voltaire, figure au sein d'un recueil dont le parlementaire et poète léger Antoine Ferrand est l'auteur principal en 1738.[1] Sa composition est évidemment bien antérieure. C'est peut-être sur la foi de cette édition que repose le témoignage cité par Beuchot et repris par Moland:

P.-A. de Laplace, né à Calais en 1707, mort à Paris en 1793, avait, sur un exemplaire de cette pièce, écrit: 'M. de Querlon m'a assuré que cette ode était de M. de Voltaire.' C'est sur cette seule autorité que, depuis 1817, *La Chambre de Justice* a été imprimée dans les *Œuvres de Voltaire*. L'édition Lefèvre et Déterville est la première des *Œuvres de Voltaire* qui contienne *La Chambre de Justice.*[2]

Le titre habituel du poème, celui qui figure dans le recueil de Ferrand, est une erreur, la chambre de justice ayant été inaugurée par l'édit du 12 mars 1716.

Les chambres de justice, parfois appelées chambres ardentes, sont des commissions extraordinaires créées pour résoudre des questions spécifiques et exceptionnelles. Des chambres ardentes ont par exemple condamné Fouquet ou encore La Voisin.[3] Les prévenus ne sont pas toujours aussi célèbres que ceux dont nous venons de citer le nom. La juridiction peut par exemple être convoquée pour juger et punir ceux qui se seraient enrichis à la suite de malversations. Si un édit de 1635 en prévoyait la tenue tous

---

[1] *Pièces libres de M. Ferrand, et poésies de quelques autres auteurs sur divers sujets* (Londres 1738), recueil notamment réimprimé en 1744, 1760 et 1762.

[2] M.viii.419.

[3] *Le Siècle de Louis XIV* évoque (ch.26) la chambre ardente convoquée à la Bastille en 1680 pour juger La Voisin entre autres et à laquelle furent cités des grands du royaume dont deux nièces de Mazarin, la duchesse de Bouillon et la comtesse de Soissons.

les dix ans, de fait elle resta irrégulière. Il ne s'en tint pas entre 1661 et 1716, c'est à dire que Voltaire réagit à un événement pour le moins nouveau. La chambre de justice de 1716, 'le tribunal infâme / Qui met le comble à nos malheurs', comprenait douze membres du parlement de Paris, neuf de la cour des comptes, quatre de la cour des aides, six maîtres des requêtes. Ces chambres, souvent imprévisibles ou ouvertes du moins aux influences extérieures, ont toujours été mal vues par l'opinion. Elles semblaient servir de moyen d'extorquer aux condamnés des fonds pour le Trésor public, voire pour les juges eux-mêmes. L'édit de mars 1717 supprimant la juridiction affirme

qu'on ne peut punir un si grand nombre de coupables sans [...] causer une espèce d'ébranlement général dans tout le corps de l'Etat [...] et suspendre la circulation de l'argent qui fait que toutes les parties de l'Etat se prêtent un secours mutuel pour le bien général et particulier [...]. Nous croyons qu'il est temps de faire cesser l'usage d'un remède extraordinaire que les vœux de toute la France avaient demandé et dont il semble également qu'elle désire la fin. [4]

Si le poème n'arrive pas à se défaire d'un certain appareil mythologique, il faut y voir une vigueur comparable à celle de *Sur les malheurs du temps*. Au sein de la quatrième strophe, par exemple, la présence d'allégories, l'hypotypose dans laquelle nous voyons une Furie conforme aux descriptions des emblèmes, ne manque pas d'efficacité.

Les strophes d'octosyllabes ont une structure parallèle à celle des dizains du *Vrai Dieu* (ABABCCDEED); elles respectent pareillement l'alternance des rimes masculines et féminines.

Comme dans d'autres poèmes de jeunesse, Arouet se montre polémique et peu respectueux des institutions. Il se donne pour modèle le poète grec Alcée et son appel à la Muse est une inversion

[4] Nous nous sommes appuyée sur l'article 'Chambres de justice, chambres ardentes', p.79-80 du *Dictionnaire des institutions de la France aux XVIIe et XVIIIe siècles* par Marcel Marion (Paris 1923; réimpr. 1993); nous en extrayons la citation.

337

des invocations habituelles. Il ne s'agit pas ici de louer mais bien de stigmatiser. Voltaire semble répondre à ce que demandait Lagrange-Chancel au début de la deuxième philippique:

> C'est à vous, belliqueuses fées,
> D'inspirer à tous nos Orphées
> Des chants mâles et pénétrants,
> Dignes de verser dans nos âmes
> L'esprit d'intrigues et de trames
> Qui fait la chute des Tyrans.[5]

La proximité thématique de *La Chambre de justice* et de l'ode *Sur les malheurs du temps* tendrait à confirmer que les deux pièces datent de la même époque. Nous savons que Jean-Baptiste Rousseau a reçu *La Chambre de justice* de Brossette entre le 19 mars et le 19 avril 1717. Sa composition pourrait remonter à l'année précédente. Au sein de l'ode, la Régence est comparée aux époques les plus débauchées de Rome, 'Les temps de Claude et de Néron'. Le parallèle est habituel à l'époque. Nous le trouvons par exemple dans les *Philippiques* de Lagrange-Chancel.[6] Voltaire est révulsé à l'idée que l'on vive une ère de suspicion dans laquelle chacun est invité à se faire délateur aux dépens de son voisin. L'écrivain fustige le Régent dans l'évocation du 'renversement des lois', allusion claire au coup d'état. Le 'pays de franchise' devient 'Une immense et vaste prison'.

Manuscrits: Il existe plusieurs copies manuscrites de ce poème: Genève, IMV, ms.5, f.137v; Paris, BnF, fonds fr. 25650, p.45; Mazarine 4035 (3300) 27; Arsenal, 3128, f.182v et 3329, f54v; Rouen, Bibliothèque municipale, O31, vii.246.

---

[5] Lagrange-Chancel, *Les Philippiques*, éd. Labessade (Paris 1876), p.284. Ecrites sous la Régence, *Les Philippiques* ne furent imprimées en recueil qu'en 1795.

[6] 'Tels furent Néron et Tibère, / Tel fut le frère de Titus; / Le bruit du passé se dissipe; / Déjà l'on transporte à Philippe / Tous les noms donnés à Trajan' (*Ode première*, VIII; Lagrange-Chancel, *Les Philippiques*, p.249) ou encore 'Rome n'eut jamais tant à craindre / Des fureurs de Caligula; / Jamais tant de têtes proscrites / Ne lassèrent les satellites / De Marius et de Sylla' (*ibid.*, p.286).

Edition: *Pièces libres de Mr. Ferrand, et poésies de quelques autres auteurs sur divers sujets* (Londres 1738; réimpr. 1744, 1760, 1762).

Les manuscrits ne présentent pas des leçons d'une valeur irréfutable n'étant a priori que des copies contemporaines de la main de tiers dont la fiabilité ne nous paraît pas garantie. Nous avons préféré nous appuyer pour texte de base sur l'édition de 1744 de Ferrand (celle de 1738 ne se trouve pas à la BnF mais à la BL). Nous avons par ailleurs également consulté à la Bodleian Library d'Oxford une édition des *Pièces libres de Mr. Ferrand, et poésies de quelques autres auteurs sur divers sujets* (Londres 1760).

Principes de cette édition: L'esperluette a été développée. L'accent grave a été rétabli sur 'a' lorsqu'il ne s'agissait pas du verbe 'avoir' ainsi que sur 'déja'. Nous avons modernisé l'orthographe du texte de base et notamment des mots suivants: nourir, enflame, infame, tirannique, tems, envain, criminéle, revéle, oprobres, païs, meurtriére, sanglans, loix, aziles impuissans, cede, enflâmé, envelope, Boëte, Cachoit, parallele, rencontrés (pour rencontrez), couroux, foible, abatus, joye, proye, triomphans, piece, enfans, affligeans, etrangere, deshonorer, chimerique, létargique, flâme, s'aprête, voi, prophete, desirable.

CJS

————————

La Chambre de justice
Etablie au commencement de la Régence, en 1715.
Ode

Toi, dont le redoutable Alcée
Suivait les transports et la voix
Muse, viens peindre à ma pensée
La France réduite aux abois.
Je me livre à ta violence;
C'est trop, dans un lâche silence,
Nourrir d'inutiles douleurs.
Je vais, dans l'ardeur qui m'enflamme,
Flétrir le tribunal infâme

5

Qui met le comble à nos malheurs. 10

Une tyrannique industrie
Epuise aujourd'hui son savoir;
Son implacable barbarie
Se mesure sur son pouvoir.
Le délateur, monstre exécrable, 15
Est orné d'un titre honorable,[7]
A la honte de notre nom,
L'esclave fait trembler son maître,
Enfin nous allons voir renaître,
Les temps de Claude et de Néron. 20

En vain l'Auteur de la nature
S'est réservé le fond des cœurs,
Si l'orgueilleuse créature
Ose en sonder les profondeurs.
Une ordonnance criminelle 25
Veut qu'en public chacun révèle
Les opprobres de sa maison,
Et, pour couronner l'entreprise,
On fait d'un Pays de franchise[8]
Une immense et vaste prison. 30

Quel gouffre sous mes pas s'entr'ouvre!
Quels spectres me glacent d'effroi?
L'enfer ténébreux se découvre,
C'est Tisiphone;[9] je la vois.

[7] Il s'agit peut-être d'une référence à Marc-René de Voyer, marquis d'Argenson, lieutenant de police et plus tard Garde des Sceaux, qui avait disculpé Philippe d'Orléans lorsqu'il était menacé, sous Louis XIV, d'un procès déshonorant. Sinon, le texte pourrait viser Jérôme Phélypeaux, comte de Maurepas puis de Pontchartrain qui délivrait les lettres de cachet.

[8] L'étymologie permet de rapprocher le nom du royaume et le substantif 'franchise'.

[9] L'une des Furies. Elle joue le rôle de forgeron de la première ceinture de chasteté dans certaines versions du *Cadenas*.

La Terreur, l'Envie, et la Rage,   35
Guident son funeste passage,
Des foudres partent de ses yeux;
Elle tient dans ses mains perfides
Un tas de glaives homicides,
Dont elle arme des furieux.   40

Déjà la troupe meurtrière
Commence ses sanglants exploits;
Elle ouvre l'affreuse carrière
Par le renversement des Lois.
Contre la force et l'imposture,   45
La foi, la candeur, la droiture,
Sont des asiles impuissants:
Tout cède à l'horrible tempête,
S'il tombe une coupable tête,
On égorge mille innocents.   50

Tel sortant du mont de Sicile,
Un torrent de soufre enflammé
Engloutit un terroir fertile,
Et son habitant alarmé.
Tel un loup, fumant de carnage,   55
Enveloppe dans son ravage
Les bergers avec les troupeaux.
Telle était moins terrible encore
La fatale Boîte où Pandore
Cachait à nos yeux tous les maux.   60

Dans cet odieux parallèle
Ne rencontrez-vous pas vos traits,
Magistrats d'un nouveau modèle,
Que l'enfer en courroux a faits;
Vils partisans de la Fortune,   65
Que les cris du faible importune,
Par qui les bons sont abattus,

Chez qui la Cruauté farouche,
Les Préjugés au regard louche
Tiennent la place de vertus?   70

Nous périssons, tout se dérange,
Tous les états sont confondus,
Partout règne un désordre étrange,
On ne voit qu'hommes éperdus,
Leurs cœurs sont fermés à la joie,   75
Leurs biens vont devenir la proie
De leurs ennemis triomphants,
O désespoir! notre patrie
N'est plus qu'une mère en furie,
Qui met en pièces ses enfants.   80

Je sens que ma crainte redouble,
Le ciel s'obstine à nous punir;
Que d'objets affligeants me troublent!
Je lis dans le sombre avenir.
Bientôt les guerres intestines,   85
Les massacres et les rapines,
Deviendront les jeux des mortels,
On souillera le sanctuaire,
Les dieux d'une terre étrangère,
Vont déshonorer nos autels.   90

Vieille erreur, respect chimérique,
Sortez de nos cœurs mutinés.
Chassons le sommeil léthargique,
Qui nous a tenus enchaînés.
Peuples pendant que la flamme s'apprête;[10]   95

___

[10] Le vers semble faux dans le contexte: il s'agit d'un décasyllabe alors que le reste
du poème est en octosyllabes. Le plus logique serait de supprimer le mot 'Peuples'.
Ailleurs (par exemple dans ms. Arsenal 3128, f.128v et dans l'édition de 1738) nous
trouvons, avec la ponctuation revue à dessein, la leçon suivante: 'Peuple[s]! que la
flamme s'apprête' qui a le mérite d'être recevable en termes de sens et de mètre.

J'ai, déjà semblable au prophète,
Percé le mur d'iniquité,
Volez, détruisez l'Injustice,
Saisissez au bout de la lice,
La désirable Liberté.   100

POUR MADAME DE NOINTEL

Desnoiresterres indique[1] que la destinatrice de ce poème est la madame de Nointel dont d'Argenson raconte la mort prématurée en 1724:

elle s'appelait Maupeou; elle était sœur de Mme d'Angervilliers. Son mari était Nointel Turménies, garde du trésor royal, surnommé *Court collet*. Il avait été intendant de Moulins et avait quitté pour prendre la charge de finance de son père, effectivement pour jouir d'un plus gros revenu et sous prétexte d'avoir à finir des comptes embarrassants.[2]

La description faite par d'Argenson du caractère de la dame ne contredit pas ce qu'affirme le quatrain de Voltaire, lui-même construit sur une antithèse: 'Mme de Nointel avait été coquette étant jolie, assez p..., ne l'étant plus; elle avait de l'esprit et passait pour méchante.' Desnoiresterres suppose Voltaire assez lié avec la famille pour être le 'M. A...' auquel fait allusion le mémorialiste dans sa narration de la maladie fatale de la jeune femme.[3]

Le nom Nointel qui est celui d'une terre entre Beauvais et Compiègne ne figure ni dans l'index de la correspondance, ni dans celle de *Voltaire en son temps* si ce n'est sous la version patronymique Béchameil, bien plus tardivement, et sans aucun rapport avec la jeune femme.

Si nous pouvons suivre l'identification proposée par Des-

---

[1] *La Jeunesse de Voltaire*, i.288-89.

[2] *Journal et mémoires* (Paris, Vve Jules Renouard, 1859), i.50-52.

[3] D'Argenson raconte (*ibid.*) qu'à deux mois de ses quarante ans Mme de Nointel se serait souvenue, au sortir d'un dîner, des prédictions de Boulainvilliers et Colonne que: 'tout près de l'âge de quarante ans, elle était menacée d'un grand malheur et que, si elle l'évitait, elle vivrait vieille et heureuse'. Se sentant fiévreuse, elle aurait fait appeler Gendron, le médecin en qui elle avait confiance. 'M. A.... se moqua de cela; le lendemain au soir, il rencontra Gendron qu'on avait trouvé; il lui demanda des nouvelles de Mme de Nointel; Gendron lui répondit qu'il l'avait vue le matin et que c'était une femme morte; qu'il n'y comprenait rien, mais qu'il l'avait trouvée avec une fièvre de cette espèce qu'on n'arrête jamais, qu'elle avait gagné le genre nerveux, etc. En effet, elle mourut le jeudi.'

noiresterres, le poème est forcément antérieur à 1724. Il nous semble que sa présence au sein des pièces citées par Carra permet de faire remonter la rédaction à 1717 au plus tard. Bengesco donne au poème, appelé madrigal dans certaines versions, le n° 889.

Manuscrits: Rouen, Bibliothèque municipale, Archives de l'Académie C38 bis (Recueil Cideville), f.33r (MS1);[4] Paris, BnF, naf.2778, f.264v; Arsenal 9153, p.475, et BHVP Rés. 2025, f.132v.

Editions: J.-L. Carra, *Mémoires historiques et authentiques sur la Bastille* (Londres et Paris, Buisson, 1789), ii.173; *Elite des poésies fugitives* (1764), iii.15; la *Nouvelle anthologie française* (1769); Kehl, xiv.301.

Texte de base: MS1. Variantes de Carra.

CJS

Pour Me de Nointel

Nointel a ses ecarts allie,
l'esprit du vray, le gout du bon.
en verité, c'est la raison
sous le masque de la folie.

a CARRA: Portrait de Mme de N...
1-2 CARRA:
      A ses écarts N... allie
      L'amour du vrai, le goût du bon;

[4] Ce manuscrit fut préparé sous la direction de Voltaire: voir Meyer, 'Variantes aux *Poésies mêlées* de Voltaire envoyé par l'auteur à M. de Cideville en 1735', *RHLF* 39 (1932), p.400-23.

LA BASTILLE

Nous ne connaissons pas la date de composition du poème. L'*incipit* suggère qu'il a été écrit pendant le séjour de Voltaire à la Bastille (onze mois du 16 mai 1717 au 14 avril 1718[1]), peut-être juste après le début de son incarcération. Le ton guilleret correspond à ce que nous savons des circonstances de l'arrestation de l'écrivain qui avait nargué les officiers venus l'arrêter. La référence dans les éditions publiées à l'infidélité de Mlle de Livry laisse entendre que le texte n'a pu être rédigé au lendemain de son emprisonnement. Or dans notre texte de base, l'auteur se dit simplement privé de sa maîtresse. Cela dit, on peut imaginer que si le poème était ultérieur à l'élargissement du poète, ce dernier n'aurait manqué de jouer sur le fait que sa libération est intervenue le jeudi saint, moment où l'Eglise commémore l'entrée du Christ dans sa passion.

La Bastille paraît dans la *Correspondance littéraire* du 15 avril 1761 avec l'indication suivante: 'Voici des vers qui ne sont pas nouveaux, mais qui n'ont jamais été imprimés.' Notre texte de base est une copie manuscrite non autographe de la main d'un secrétaire, Céran, incluse dans le Recueil Cideville, un ensemble de poésies en cahier adressé par Voltaire à son ami en mars 1735 et conservé dans les fonds de l'Académie à la Bibliothèque municipale de Rouen.[2]

Voltaire avait déjà eu maille à partir avec la justice. Un premier exil l'avait conduit à Tulle puis à Sully. La presse de l'époque indiquait qu'il était connu pour être un 'petit poète qui ne faisait qu'éclore, mais fort satirique' et même, d'après Dangeau, 'poète fort satirique et fort imprudent'.[3] Il s'était

---

[1] Voir D56 et D57 sur la mise en liberté de Voltaire, exilé à Châtenay.

[2] BMR Acad. C38bis: f.16r-20r; une note manuscrite de Cideville en tête du cahier indique ceci: 'ce recüeil charmant m'a eté envoyé par L'autheur au Commencement de Mars 1735'.

[3] *Gazette de la régence*, éd. E. de Barthélemy (Paris 1887), p.89, 18 mai 1716; *Mémoires de Dangeau*, xvi.378, 13 mai 1716; cités dans le Commentary de D29.

déjà rebellé contre les accusations dont il était l'objet. S'adressant au duc de Brancas-Villars en demandant son intercession auprès du régent, Voltaire écrit ceci (vers le 20 juillet 1716): 'Je ne me plains point d'être exilé, mais d'être soupçonné de vers infâmes, également indignes, j'ose le dire, de la façon dont je pense et de celle dont j'écris' (D36). Or, le 16 mai 1717,[4] le jeune Arouet est arrêté

accusé d'avoir composé des pièces de poésie et vers insolents contre M. le Régent et Mme la D. de Berry, entre autres une pièce qui a pour inscription *Puero regnante.*[5] Accusé aussi d'avoir dit que, puisqu'il ne pouvait se vanger de M. le duc d'Orléans d'une certaine façon, il ne l'épargneroit pas dans ses satires,[6] sur quoy quelqu'un lui ayant demandé ce que S. A. R. lui avoit fait, il se leva comme un furieux, et répondit:

---

[4] M.ix.353: 'Les *Mémoires de la Bastille* disent que Voltaire fut mis à la Bastille le 17 mai 1717: c'était le lendemain de la Pentecôte. Les *Mémoires de Dangeau* parlent de cet événement, à la date du 19 mai 1717, comme d'un fait récent, mais dont ils ne donnent pas le jour. Un registre manuscrit que j'ai vu, et qu'on m'a dit être l'original, porte au 16 mai l'entrée de Voltaire à la Bastille; ce qui est d'accord avec le texte même de sa pièce. Ces témoignages ne laissent aucun doute sur l'année. Voltaire indique lui-même, dans sa pièce, le jour où l'on vint l'arrêter. (B)'

[5] Luchet, *Histoire littéraire*, pense que les *Philippiques* de Lagrange-Chancel ont également été imputées à Voltaire (errata à propos de la page 28): 'M. *de Voltaire* a dit plusieurs fois à M. *Dupont*, Avocat au Conseil Souverain de Colmar, que la cause de sa détention fut le soupçon d'avoir fait les *Philippiques*, que le Régent lui imputa, et quelques plaisanteries sur l'espèce des amours de ce Prince.' Labessade dans les notes de son édition des *Philippiques* (p.276) affirme que Voltaire fut exilé 'soupçonné d'avoir fait les couplets de *la Cour dévoilée*, et ceux intitulés: *les Accouchemens de Madame la Duchesse de Berry*'.

[6] D33, de Chaulieu à Voltaire, évoque l'*Epître à monseigneur le duc d'Orléans, Régent*: 'il ne faut pas laisser voir à mgr le regent, ny luy laisser entendre, en termes si fort, qu'il a en France quelques censeurs, et que son ministère quelque parfait qu'il soit, n'a pas le don de plaire à tout le monde. Comme l'attention de son a. r. au bien de la France, ses travaux infatigables, l'équité de son administration, et la droiture de ses intentions, le doivent mettre à l'abry de la censure, et des frondeurs dont vous parlés; il me paroit trop dur, de laisser sentir à ce prince bien faisant, le peu de recognoissance de la France; quoyque ses actions le mettent au dessus de la satyre; qui fait bien, se voit avec peine blasmé bien ou mal àpropos; ainsy ie croirois, qu'il faut adoucir les expressions, et les pensées mesme.'

Comment, vous ne savez pas ce que ce B. m'a fait? il m'a exilé parce que j'avois fait voir en public que sa Messaline de fille étoit une P. [7]

Voltaire a revendiqué la paternité de certaines des pièces satiriques:

Je luy dit, comment mon cher amy vous vous ventés d'avoir fait le puero regnante pendant que je viens de sçavoir d'un bon endroit que c'est un professeur des jésuistes qui l'a fait. Il prit son sérieux là dessus et qu'il ne s'embaroisoit point sy je le croiois ou sy je ne le croiois pas et que les jésuistes faisoient comme le geay de la fable, qu'ils empruntoient les plumes du pand pour se parés. [8]

La lettre D45 indique que les vers incriminés circulent à Paris. Voltaire, qui n'est encore qu'Arouet, a une rancune personnelle contre le pouvoir à la suite de son bannissement en 1716, [9] de plus il fréquente des milieux comme la Cour de Sceaux, qui militent contre le Régent. A Paris, ainsi que le rappelle René Pomeau, [10] logeant à l'hôtel, Voltaire sera trahi par deux indicateurs de police, Beauregard et le faux comte d'Argenteuil. [11] Le Régent signe l'ordre d'arrestation par lettre de cachet le 15 mai (D46 et D47) et c'est le 16 ou 17, [12] 'en beau printemps, un jour de Pentecôte' qu'elle a lieu. Une lettre du lieutenant Bazin, exempt de police, au marquis d'Argenson dont il est question à la fin du poème,

---

[7] D.app.5. Voir aussi le rapport que fait Beauregard dans sa lettre à d'Argenson (D45).

[8] D45; voir aussi D52. A propos de l'inscription *Regnante puero*, voir l'appendice.

[9] On se souvient que ce premier exil avait été tempéré à la requête d'Arouet père ainsi qu'en témoigne une lettre recueillie par Besterman (D29): 'Son altesse royale a bien voulu accorder au père qu'au lieu de la ville de Tulle son fils soit exilé dans celle de Sully-sur-Loire, où il a quelques parents dont les instructions et les exemples pourront corriger son imprudence et tempérer sa vivacité.'

[10] *D'Arouet à Voltaire, Voltaire en son temps*, i.108.

[11] Besterman l'identifie comme Marie Dagobert Ysabeau (voir D52 et 53), ce que Pomeau contredit (*D'Arouet à Voltaire*, p.108).

[12] Voir D49, la lettre de Louis XV à Charles Le Fournière de Bernaville ainsi que le commentaire de Besterman à D50.

rapporte que le jeune Arouet a 'beaucoup goguenardé En disant qu'il ne croyet pas que l'on dus travailler les jours de festes'.[13]

Douze pièces de vers saisies, semble-t-il, lors de l'arrestation de Voltaire ont été publiées par J.-L. Carra.[14] Certaines sont indubitablement de Voltaire, d'autres posent des problèmes d'attribution. En voici les titres ou les incipit:

— *A la Diète de Pologne, pour l'élection du Roi* (p.150-51)[15]

— 'Heureux Chamillard...' (p.151 [*sic* pour 152]-53)

— *Julii Maʒarini Epitaphium* (p.153-55)[16]

— 'C'est Cupidon qui m'inspire...' (air: *De mon lan la*, p.156-58)

— *Les Souhaits ridicules, conte. A Mademoiselle* (p.159-64) [de Perrault]

— *Le Cadenas* (p.164-67); voir ci-dessus

— *Le Cocuage* (p.168-70); voir ci-dessus

— *Le Janséniste et le Moliniste* (p.170-71); voir ci-dessus

— *A un chanoine qui a perdu sa maîtresse* (p.171-72); voir ci-dessus *A monsieur l'abbé de* ***

— 'Il n'est mortel qui ne forme des vœux...' (p.173)[17]

— *Portrait de madame de N...* (p.173); voir ci-dessus

— *Le Parnasse* (p.174-76); voir ci-dessus *Le Bourbier.*

Voltaire se retrouve donc en prison pour avoir composé des vers

---

[13] Manuscrit conservé à la Bibliothèque de l'Arsenal, ms.10633, f.453-54. Il a été exhibé à la Monnaie lors de l'exposition *Voltaire et l'Europe* en 1994. D48.

[14] *Mémoires historiques et authentiques sur la Bastille* (Londres et Paris 1789), ii.150-76.

[15] Conlon signale l'existence d'un texte anonyme *A la diète de Pologne assemblée pour l'élection d'un roy*, Permission du 14 juillet 1697 (Cote BnF: Ye 5110).

[16] Ne correspond pas à *Iulii Maʒarini Epitaphium*, Mazarinade de 1649 (Cote BnF: Ye 2223).

[17] Nablow rapporte que ce sonnet (*Les Souhaits*) est 'trite and questionable in taste'; il ajoute par ailleurs: 'in spite of Voltaire's statement to the contrary [it] may date from his youth' (voir M.x.524, n.4). Figure pour la première fois dans l'édition d'Amsterdam [Rouen], 1764 (w64R). Absent de Kehl. Compris dans les *Œuvres* de 1828 (Delangle). Bengesco 977 renvoie à une note de MM. Clogenson et Avenel dans l'éd. Garnier, x.524; voir p.371.

dont il nie être l'auteur. Lagrange-Chancel se fait, dans sa première *Philippique*, l'écho de la situation:

> De cette crainte imaginaire,
> Arouet ressent les effets;
> On punit les vers qu'il peut faire,
> Plutôt que les vers qu'il a faits.[18]

A l'époque, de nombreux textes circulent sur le Régent et on peut se demander pourquoi cet acharnement contre le jeune Arouet. Nous avons déjà eu l'occasion de rappeler qu'il avait été exilé. Il n'aurait pas dû se trouver à Paris. Surtout, c'était à bien des égards un mauvais sujet. Ecrivant à la *Bibliothèque française* en mai 1736 avec, il est vrai, une rancœur accumulée depuis près de vingt ans, Jean-Baptiste Rousseau le rappelle: 'C'est par les lettres de ce seigneur [Breteuil] que je conserve encore écrites la plupart de sa main, que j'ai su une partie des premiers malheurs de ce poète fougueux,[19] dont un seul aurait dû suffire pour le corriger, s'il était susceptible de correction: l'insulte qu'il s'attira de la main du vieux Poisson dans les foyers de la Comédie, la balafre dont il fut marqué au pont de Séve par un officier qu'il avait calomnié, son emprisonnement à la Bastille pour des vers satiriques et scandaleux' (D1078). Quant à Saint-Simon, avec sa morgue de grand seigneur, il rappelle que sa famille connaissait les Arouet et surtout que le jeune François-Marie donnait à son père bien du fil à retordre:

Je ne dirais pas ici qu'Arouet fut mis à la Bastille pour avoir fait des vers très effrontés, sans le nom que ses poésies, ses aventures et la fantaisie du monde lui ont fait. Il était fils du notaire de mon père, que j'ai vu bien des fois lui apporter des actes à signer. Il n'avait jamais pu rien faire de ce fils libertin, dont le libertinage a fait enfin la fortune sous le nom de Voltaire, qu'il a pris pour déguiser le sien.[20]

---

[18] *Philippiques*, Ode I, XXVIII, p.257.
[19] Besterman donne 'fougueux'.
[20] Saint-Simon, *Mémoires*, éd. Coirault, Bibliothèque de la Pléiade (Paris 1983-1988), vi.343.

L'emprisonnement devait donc arranger aussi bien les censeurs que les parents. Il pouvait également servir d'avertissement au cercle fréquenté par le jeune Arouet. En effet, le milieu de la cour de Sceaux et en particulier la duchesse du Maine elle-même, militait pour que fussent reconnus les droits des enfants légitimés que Philippe d'Orléans bafouait tour à tour. De la révocation du titre de prince du sang à l'exclusion du duc du Maine de la succession potentielle, le Régent supprimait les privilèges concédés par feu Louis XIV. De leur côté, la duchesse et ses alliés complotaient au sein de ce qui allait devenir la conspiration de Cellamare pour obtenir l'appui de l'Espagne contre le Régent. Si la conjuration ne fut découverte qu'en décembre 1718, donc bien après le relâchement de Voltaire, l'emprisonner à la Pentecôte 1717 pouvait être une façon d'indiquer aux proches de la duchesse du Maine que leurs mouvements étaient surveillés.

La Bastille avait une réputation assez terrible. C'est une prison qui a reçu des hôtes célèbres comme Fouquet ou l'homme au masque de fer et un lieu d'incarcération plus honorable que d'autres comme Bicêtre. Souvent l'on y est enfermé pour des motifs politiques. A sa façon, pour Voltaire, c'est un rite de passage, une espèce de consécration: il peut mesurer son importance ou sa capacité de nuisance au fait qu'il se retrouve derrière les hauts murs de la forteresse.

La nature particulière des célébrations du jour de son arrestation offre à Voltaire l'un des aspects comiques anticléricaux de son poème: la Pentecôte commémore l'arrivée du saint Esprit qui apporte aux disciples le don des langues pour les aider dans leur tâche d'évangélisation. Les deux premières interventions au style direct, celle du valet et celle du narrateur, tournent autour de la présence de celui que Voltaire qualifie de 'pigeon' dans sa *Pucelle*. Le bruit des huissiers est plaisamment comparé à celui qui annonce l'arrivée de l'esprit divin.

Jean-Baptiste Rousseau s'inquiétait, bien avant l'embastillement du jeune Arouet, de la pente qu'il suivait. Nous lisons ceci dans une lettre écrite de Soleure à Boutet le 8 avril 1715 (D27):

il n'est pas assez en garde contre ce qui peut donner prise aux Ennemis que son mérite pourra lui attirer dans la suitte. J'ai peur qu'il ne se trouve un jour dans le cas où Je me suis trouvé par mes Epigrammes qui ont servi de prétexte à m'attribuer les sottises d'autrui, et Je voudrois que quelqu'un fût assez de ses amis pour l'avertir de profiter de mon exemple, car ce seroit un meurtre qu'un jeune homme qui donne de si belles espérances se perdit par des imprudences innocentes à son âge, mais dangereuses pour la suite dans un siècle comme celui où nous vivons.

Ecrivant à la fin du siècle, Luchet indique implicitement combien ce châtiment était prévisible: 'Le Gouvernement, qui ne fournissait alors que trop de sujets à la censure, exerça le talent funeste de ce jeune poète; et la Bastille, retraite ordinaire des écrivains inconsidérés, le renferma près d'une année.'[21]

L'anticléricalisme de Voltaire se lit en filigrane avec les allusions au sermon, 'prêcher' ou 'mes frères' ainsi que le détournement de la référence à la fête du jour de l'arrestation du poète.[22] Voltaire, dans sa réplique au style direct, use du vocabulaire théologique consacré. La périphrase désignant l'Esprit Saint, 'puîné de l'essence suprême', fait référence aux dogmes de l'Eglise. Troisième élément constitutif de la sainte Trinité, le Saint Esprit est donc le cadet; c'est aussi, dans le vocabulaire théologique, le paraclet. La formule d'accueil murmurée 'entre les dents' montre que le poète n'est pas dupe, à la différence de son crédule valet. L'évocation de l'amour dispensé par le souffle divin sert d'annonce aux antiphrases qui deviendront typiques de l'ironie voltairienne particulièrement lorsque le poète prend pour cible l'Eglise. Le poème est aussi une démonstration de la virtuosité du jeune homme dans le style marotique à la mode: la référence à l'approche des corbeaux

[21] Luchet, i.30.
[22] Mme de Staal de Launay rapporte que la condition spirituelle des prisonniers n'entrait guère en ligne de compte pour les autorités (*La Bastille sous la Régence. Mémoires*, Paris s.d., p.102): 'on ne s'embarrasse guère de faire pratiquer aux prisonniers les devoirs de la religion. Ce fut une distinction qu'on m'accorda, de me faire entendre la messe les fêtes et les dimanches.'

rappelle *L'Enfer* de Marot, la réflexion à part soi: 'O gens de bien...' est un tour habituel de l'auteur de l'*Adolescence clémentine* ainsi que de La Fontaine.[23] Le style archaïsant est présent avec les ellipses de pronoms, voire de l'article, la tournure 'un mien valet', des mots comme 'iceux'. Sur un plan technique, le poème frappe par sa souplesse. Le schéma des rimes est complexe et permet de mettre à la rime 'livre', désignant la Bible, comme écho à 'ivre'. Voltaire choisit ici l'un de ses mètres de prédilection, le décasyllabe, dont il se sert habituellement pour ses textes à tonalité satirique. Les deux étapes du poème se distinguent nettement, l'arrestation du poète cède le pas à son emprisonnement. Ici, Voltaire joue les ingénus (le mot est dans le poème et on se souvient que son *Ingénu* fictif se retrouvera lui aussi à la Bastille). Le vocabulaire simple voire populaire (claquemurer, croquant, chandeau), les tournures marotiques, la présence de chevilles, l'élision de 'gard' pour le mètre, contribuent à rendre vivant ce poème qui passe, tel un texte médiéval, de l'anecdote à l'envoi destiné à l'un des puissants de ce monde.

Voltaire est détenu sans faire l'objet de poursuites. Cela peut expliquer l'envoi à d'Argenson, le lieutenant de police, comparé ironiquement au modèle de la justice antique, Caton le Censeur.[24] Loin d'être un plaidoyer, cette invocation à celui qui serait susceptible de faire relâcher un prisonnier détenu selon le bon plaisir de la couronne, est un impertinent appel à vengeance; comme il a nargué les officiers qui ont procédé à son arrestation, le poète nargue leur supérieur.

Les bruits les plus divers ont circulé pendant l'incarcération de Voltaire. Plusieurs personnes l'ont dit transféré à Pierre-Encise

[23] 'Une de ses plus jolies satires'; 'Cette satire rappelle Marot dans ses épîtres les plus connu[es], son ton badin et plaisant quoique naturel' (Walther de Lerber, *L'Influence de Clément Marot aux XVIIe et XVIIIe siècles*, Lausanne et Paris 1920, p.108-109).

[24] Voltaire évoque plus favorablement ailleurs d'Argenson, père de camarades du Collège, notamment dans *Le Siècle de Louis XIV* (ch.29).

près de Lyon, [25] d'autres sont allés jusqu'à rapporter la nouvelle de son exécution. L'un des témoignages les plus sympathiques émane d'un homme qui connaissait bien le problème de la poésie satirique: l'exilé Jean-Baptiste Rousseau. Il dit à Mme de Feriol espérer 'pour l'amour de lui [le jeune Arouet] que sa muse ait le temps qu'il faut pour mûrir à la Bastille'. [26] De fait, ce sera le cas. Arouet est entré prisonnier dans la forteresse mais c'est l'homme libre, Voltaire, qui en ressortira, écrivant dès son élargissement les mots suivants: 'j'ose vous assurer que je n'ay pas moins d'obligation à Monseigneur le Régent de ma prison que de ma liberté' (D58, à Louis Charles de Machaut) et les répétant à Louis Phélypeaux, marquis de La Vrillière: 'l'unique grâce que j'ose vous demander, c'est de vouloir bien assurer s. a. r. que je lui ai autant d'obligation de ma prison que de ma liberté, et que j'ai beaucoup profité de l'une et que je n'abuserai jamais de l'autre' (D59, 2 mai 1718). Luchet rapporte que le pardon du Régent fut accompagné d'une 'gratification de cinquante louis pour le consoler de cette punition'. [27] C'est à la Bastille que Voltaire aurait commencé à composer *La Henriade*. C'est du moins ce qu'en indique une des notes du poème – en le rajeunissant au passage, il faut le dire:

Ce poème fut commencé en l'année 1717. M. de Voltaire n'avait alors que dix-neuf ans; et quoiqu'il eût fait déjà la tragédie d'*Œdipe* (qui n'avait pas encore été représentée) il était très incapable de faire un poème épique à cet âge. Aussi ne commença-t-il la *Henriade* que dans le dessein de se procurer un simple amusement dans un temps et dans un lieu où il ne pouvait guère faire que des vers. Il avait alors le malheur d'être prisonnier par lettre de cachet dans la Bastille. Il n'est pas inutile de dire que la calomnie qui lui avait attiré cette disgrâce, ayant été reconnue, lui valut des bienfaits de la cour, ce qui sert également à la justification de l'auteur

---

[25] Nous lisons par exemple ceci dans le *Journal de la Régence* de Jean Buvat, i.277-78: 'Le sieur Arouet fut condamné à être transféré à Lyon pour être renfermé le reste de ses jours dans le château de Pierre-Encise', cité dans Coirault, p.1196.

[26] Voir D50, Commentary.

[27] Luchet, errata concernant la p.28.

et du gouvernement. Il n'y a point dans le monde de ministre qui ne soit exposé à faire d'extrêmes injustices. Le plus juste est celui qui répare les siennes. L'auteur ayant été près d'un an dans cette très dure prison, sans papier et sans livres, y composa plusieurs ouvrages, et les retint de mémoire. Mais la *Henriade* fut le seul qu'il écrivit au sortir de la Bastille. [28]

Il faut sans doute nuancer les affirmations à propos des mauvaises conditions de détention de Voltaire. Les *Lettres philosophiques* indiquent que Vanbrugh a fait une comédie à la Bastille et Voltaire a pu demander au début de son emprisonnement des affaires personnelles comme les volumes d'Homère et l'essence de girofle (voir D53). Cela dit, il n'est pas impossible qu'il ait été privé de matériel d'écriture. D'autres cas nous sont en effet connus. Mme de Staal de Launay, proche de la duchesse du Maine, n'était pas soupçonnée d'avoir rédigé des textes satiriques. On lui laissa des livres mais elle ne put obtenir de quoi écrire qu'après un certain temps et à la suite d'une requête particulière accordée gracieusement mais à titre exceptionnel. [29]

A-t-il obtenu la permission d'écrire? Le choix du sujet de *La Henriade* aurait pu être dicté par la prudence face à ses geôliers. Quoi qu'il en soit, l'image de Voltaire à la Bastille, victime d'un pouvoir abusif, intellectuel persécuté, connut une fortune à laquelle la brève pièce de vers, qui circula sans être imprimée, contribua sans aucun doute. Les deux séjours successifs, celui de 1717 à l'occasion duquel *La Bastille* fut composé et le second passage de l'auteur entre le 28 mars et le 29 avril 1726 à la suite de son différend avec le chevalier de Rohan-Chabot ont suscité des commentaires et illustrations hagiographiques. On connaît l'es-

---

[28] *OC*, t.2, p.298.

[29] 'J'eus une faveur particulière dont je fus plus touchée. Notre lieutenant demanda à M. Leblanc la permission de me donner de l'encre et du papier, simplement pour le barbouiller de mes idées. Il y consentit, à condition que les feuilles seraient cotées, et que je les rendrais par compte. Cela m'assujettit dans le choix des matières que j'aurais pu traiter. J'en pris une fort grave, pour qu'on n'y trouvât rien à redire. Ce furent des réflexions morales sur quelques passages de l'*Ecclésiaste*' (Rose de Staal de Launay, *Mémoires*, p.110).

tampe du comte de Caylus dépeignant un jeune Voltaire écrivant sous l'inspiration d'un génie ailé qui serait celui de la poésie épique.[30] Après la prise de la Bastille, représenter le héros Voltaire comme martyr de la tyrannie, emprisonné injustement dans une forteresse, vue comme le symbole de l'absolutisme monarchique, devient un topos littéraire[31] et iconographique.[32]

Manuscrits: Rouen, Bibliothèque municipale, Acad. C38bis, f.16r-20r (MS1); Paris, BHVP Rés. 2025, f.30v; BnF fr.25656 f.342; naf. 22819, f.177r (collection Valton) (MS2); naf. 24344, f.64r; naf. 2778, f.184r, copie d'une partie des vers d'une main de secrétaire qui pourrait être celle de Wagnière.

Editions: Kehl (xii.375); Luchet, *Histoire de M. de Voltaire* (v.259). *CL*, 15 avril 1761. Bengesco 595.

Texte de base: MS1; variantes tirées de K.

CJS

---

[30] Voir l'exemplaire conservé à la BnF, Est. Aa 16 Fol. ainsi que le commentaire proposé par Marc Fumaroli dans le catalogue de l'exposition *Voltaire et l'Europe* (Paris, BnF/Editions complexe, 1994), p.54.

[31] Roucher, prisonnier sous la Révolution, oppose ainsi, pour sa fille Eulalie, les conditions d'incarcération de Voltaire aux siennes. 'Voltaire commença, dit-on, sa *Henriade* à la Bastille; mais la Bastille était un cloître de chartreux et Sainte-Pélagie est une tabagie anglaise où, à l'odeur des baquets, de la bière, du cidre et de la fumée des pipes, se mêlent les cris discordants de la raison en délire, de l'ignorance à prétentions et de la politique des rues.' Cité par Antoine Guillois, *Pendant la Terreur le poète Roucher 1745-1794* (Paris 1890), p.237.

[32] Voir par exemple l'estampe gravée par Charon d'après Bouchot reproduite à la p.54 de *Voltaire en Europe*.

La Bastille

Or ce fut donc par un matin, sans faute
Au beau printemps un jour de pentecote,
qu'un bruit etrange en sursaut m'eveilla.
un mien valet, qui du soir etoit yvre:
maître dit-il, le saint esprit est la.   5
c'est luy sans doute, et jay lu dans mon livre,[33]
qu'avec vacarme il entre chez les gens.
et moy de dire alors entre mes dents,
gentil puiné de l'escence supreme,
Beau Paraclet soyez le bien venu,   10
n'êtes-vous pas celuy qui fait qu'on aime?
    en achevant ce discours ingenu.
je vois paroitre aupres de ma ruelle,
non un pigeon non une colombelle,[34]
de lesprit saint oiseau tendre et fidèle,   15
mais vingt corbeaux[35] de rapine affamez,
monstres crochus que l'enfer a formez.
l'un près de moy s'aproche en sicophante,[36]
un maintien doux une démarche lente,
un ton caffard, un compliment flateur,   20

a K: Il parut en 1714 des vers satiriques, intitulés les *J'ai vu*. M. de *Voltaire* ayant été soupçonné d'en être l'auteur, fut renfermé à la Bastille. On trouvera les *J'ai vu* dans la vie de M. de *Voltaire*.
2 K: En beau

[33] La Bible. Nous lisons dans les Actes des Apôtres (ii.1) que l'arrivée de l'Esprit saint le jour de la Pentecôte est précédée par un grand bruit.
[34] Version hypocoristique qui n'est pas attestée par les lexicographes.
[35] Le corbeau, carnassier noir qui se nourrit de charognes, s'oppose à la blanche colombe du saint Esprit. Le nom de corbeau était par ailleurs donné à ceux qui se chargeaient, lors des épidémies, d'emporter les pestiférés.
[36] Le *Dictionnaire de l'Académie* indique que ce mot emprunté du grec signifie 'Fourbe, menteur, fripon, délateur, coquin'.

cachent le fiel qui lui ronge le cœur,
mon fils dit-il la Cour sçait vos mérites,
on prise fort les bons mots que vous dites,
vos petits vers, et vos galants écrits[37]
et comme icy tout travail vaut son prix,   25
le Roy, mon fils, plein de reconnaissance
veut de vos soins vous donner Recompense,
et vous accorde en dépit des rivaux,
un logement dans l'un de ses chataux.
ces gens de bien qui sont à votre porte,   30
benoistement vous servirons d'escorte;
et moy mon fils je viens de par le Roy![38]
pour m'acquiter de mon petit employ.[39]
– tricaud,[40] luy dis-je, a moy point ne s'adresse
ce beau début c'est me jouer d'un tour.   35
je ne suis point Rimeur suivant la cour,
je ne connois Roy, prince n'y princesse,[41]
et si tout bas je forme des souhaits,
c'est que d'iceux ne soit connu jamais,
je les respecte, ils sont dieux sur la terre;   40

25 MS2, K: travail a son
29 MS2, K: dans un
30 MS2, K: Les gens
31 MS2, K: Avec respect vous
34 MS2, K: Trigaud.

[37] Les 'petits vers' et les 'galants écrits' sont les épigrammes et accusations d'inceste portés contre le Régent.

[38] Toute lettre de cachet était lancée 'De par le roi'.

[39] Voltaire se souvient ici d'une réplique des *Plaideurs* de Racine (acte II, sc. iv) prononcée par *l'intimé*: 'Je m'acquitte assez bien de mon petit emploi.'

[40] Celui 'qui n'agit pas franchement, mais se sert de détours, de mauvaises finesses' (*Dictionnaire de l'Académie*).

[41] Voltaire ne se targue pas d'être un proche de la Cour rivale, celle de la duchesse du Maine. Par ailleurs il laisse entendre ici qu'il n'est pas l'auteur des poèmes contre le Régent.

mais je ne les veux de trop près regarder.
sage mortel doit toujours s'en garder
de ces gens la qui portent le tonnerre.
partant vilain retournez vers le Roy
dites-lui fort que je le remercie   45
de son logis, c'est trop d'honneur pour moy
il ne me faut tant de ceremonie.
je suis content de mon bouge, et les dieux
dans mon taudis m'ont fait un sort tranquile,
mes biens sont purs, mon sommeil est facile,   50
j'ai le repos les Rois n'ont rien de mieux:
    j'eus beau precher, et j'eus bau m'en défendre
tous ces messieurs d'un air doux et bénin
obligeament me prenant par la main, [42]
allons mon fils, marchons. Fallut me rendre   55
fallut partir Je fus bientot conduit,
en coche clos vers le Royal réduit
que pres Saint Paul [43] on[t] vu batir nos pères,
par charles cinq. [44] o gens de bien mes freres,
que Dieu vous gard'de pareil logement   60
j'arrive enfin dans mon apartement,

41 MS2, K: mais ne les faut de [*le vers du* MS1 *est faux*]
42 MS2, K: se garder
55 MS2: Allons marchons mon fils
    MS2: ce rendre
    K: se rendre
60 MS2, K: d'un pareil

[42] Walther de Lerber rapproche ces vers d'un extrait du poème de Marot 'Au Roy pour avoir été dérobé': 'Je ne sceu tant prescher / Que ces paillards me voulsissent lascher / Sur mes deux bras ils ont la main posée' (*L'Influence de Clément Marot aux XVIIe et XVIIIe siècles*, p.109).

[43] L'église Saint-Paul-Saint-Louis dans l'actuelle rue de Rivoli à l'entrée du faubourg Saint-Antoine.

[44] Au chapitre IX de *L'Ingénu*, la Bastille est décrite comme: 'le château que fit construire le roi Charles V, fils de Jean II, auprès de la rue St Antoine, à la porte des Tournelles'.

certain croquant avec douce maniere
du nouveau gite exaltoit les bautez
perfections, aises, commoditez
jamais phebus dit-il dans sa cariere,   65
n'y fit briller sa trop vive lumiere:
voyez ces murs de dix pieds d'epaisseur,
vous y serez avec plus de fraîcheur. [45]
puis me faisant admirer la cloture
triple la porte et double la serrure,   70
grilles, verroux, barreaux de tous côtés, [46]
c'est, me dit-il, pour votre seureté.
midy sonnant un chaundeau [47] l'on maporte
la chere n'est délicate n'y forte,
mais il me dit: *C'est pour votre santé;*   75
me voicy donc en ce lieu de detresse,
embastillé [48] niché fort à l'étroit

66   MS2, K: De ses rayons n'y porta la trop
71   MS2: verrouïls,
74-75   K: [*entre ces deux vers:*] De ce beau mets je n'étais point tenté
75-76   K: [*entre ces deux vers:*] Mangez en paix, ici rien ne vous presse
77   MS2, K: En Bastille logé fort

[45] Dans les cachots de l'Inquisition, Candide et Pangloss se retrouvent 'dans des appartements d'une extrême fraîcheur, dans lesquels on n'était jamais incommodé du soleil' (*OC*, t.48, p.139).
[46] Le Huron, héros de *L'Ingénu*, est jeté à la Bastille par lettre de cachet. 'On referma les énormes verrous de la porte épaisse, revêtue de larges barres.' Le Janséniste évoque plus loin dans le conte les 'quatre verrous' qui retiennent les prisonniers. Rose de Staal de Launay rapporte que, prisonnière à la Bastille peu de temps après Arouet: 'J'entendis fermer sur moi cinq ou six serrures et le double de verrous' (*Mémoires*, p.100) et, plus loin (p.101): 'Nous entendîmes rouvrir nos portes avec fracas: cela ne se peut faire autrement.'
[47] Bouillon chaud que l'on porte parfois aux mariés au lendemain des noces.
[48] Si Voltaire n'est pas l'inventeur du mot (le TLF signale un *embastilles* de 1428), il en a étendu le sens; traditionnellement, 'embastiller' désignait le fait de loger des troupes dans une forteresse pour la défendre. Voltaire songe peut-être à cette signification existante à partir de laquelle il ironiserait. De fait, l'acception d'"embastiller' au sens de retenir à la Bastille puis, par extension, d'emprisonner, a connu une fortune à laquelle Voltaire n'est pas étranger.

ne dormant point, buvant chaud, mangeant froid
sans passe-temps, sans ami sans maistresse. [49]
o marc René [50] que caton Le censeur 80
jadis dans rome eût pris pour successeur,
o marc René, de qui la faveur grande
fait icy bas gens de bien murmurer,
vos beaux avis mon fait claquemurer,
que quelque jour le bon dieu vous le rende. 85

79 MS2, K: Trahi de tous, sans ami
83 MS2, K: icy tant de gens

[49] Suzanne de Livry ne resta pas fidèle à son amant pendant son incarcération.
Elle eut notamment une liaison avec leur ami commun Génonville (voir 'Aux mânes
de monsieur de Genonville, conseiller au Parlement et intime ami de l'auteur', *OC*,
t.5, p.598-601).
[50] Note de Kehl: 'Marc René de Voyer d'Argenson, alors lieutenant de police. M.
de Voltaire ne parle point ici de M. d'Argenson du même ton que dans le siècle de
Louis XIV, ou dans le petit poème sur la Police. Mais M. d'Argenson fut plus haï
qu'estimé tant qu'il vécut. Après sa mort, on lui a rendu justice, et même plus que
justice.'

ÉTRENNES À FEU MONSEIGNEUR
LE DAUPHIN

Cette pièce est une des plus anciennes attribuées à Voltaire. Selon J.-P.-L. Luchet, *Histoire littéraire de M. de Voltaire* (Cassel 1780), i.8-9, un soldat invalide se présenta au Collège Louis-le-Grand où étudiait le jeune Arouet et demanda au Père Porée de lui composer un placet pour le Dauphin. Porée s'adressa à Arouet, qui en une demi-heure rédigea, dit-on, une vingtaine de vers. D'après le *Commentaire historique* (M.i.71-72), cette petite pièce de vers aurait circulé à Paris et à Versailles, valant déjà une belle réputation à son jeune auteur. L'anecdote est sans doute amplifiée et enjolivée. La pièce date des années 1709-1710 sans qu'on puisse la dater plus précisément.

Manuscrit: MS1: Pierpont Morgan Library, New York, MA 634 non folioté.

Editions: *Nouveaux amusements du cœur et de l'esprit*, i.68-69; *Le Portefeuille trouvé ou les tablettes d'un curieux*, i.243; OC61, p.195-96; TS61, p.402; W64R, xii.1-2; K, xiii.3-4.

Texte de base: OC61. La leçon du texte de base est semblable, à quelques rares différences près, à celle de TS61, et à celle du manuscrit conservé à la Pierpont Morgan Library. W64R, NAM et PF présentent un texte assez proche. En revanche, le *Commentaire* et les *Mémoires et anecdotes pour servir à l'histoire de M. de Voltaire* de Charles de Villette (Amsterdam 1779) offrent une leçon différente et beaucoup plus courte (14 vers).

NM

Etrennes à feu monseigneur le dauphin

Noble sang du plus grand des rois,
Son amour et notre espérance,
Vous qui, sans régner sur la France,
Régnez sur le cœur des Français,
Pourrez-vous souffrir que ma veine,   5
Par un effort ambitieux,
Ose vous donner une étrenne
Vous qui n'en recevez que de la main des dieux?
La nature en vous faisant naître
Vous étrenna de ses plus beaux attraits,   10
Et fit voir dans vos premiers traits
Que le fils de Louis était digne de l'être.
Tous les dieux à l'envi vous firent leur présent:
Mars vous donna la force et le courage;
Minerve, dès vos jeunes ans,   15
Ajouta la sagesse au feu bouillant de l'âge;
L'immortel Apollon vous donna la beauté:
Mais un dieu plus puissant, que j'implore en mes peines,
Voulut aussi me donner mes étrennes
En vous donnant la libéralité.   20

Note: Ces vers lui furent présentés par un soldat des Invalides.
L'auteur n'avait alors qu'une quinzaine d'années.

a MS1: Etrennes d'un officier invalide à feu Monseigneur le Dauphin en 1709.
   K: Epitre à Monseigneur fils unique de Louis XIV (1706 ou 1707)
4 W64R: sur les cœurs des
10 K: plus doux attraits
13 MS1, K: firent leurs présents
18 NAM, W64R, PF: implore à mes
19 W64R: donner des étrennes

ÉPIGRAMME

Ce sixain fut composé très tôt par le jeune Arouet. Beuchot croit même qu'il n'avait alors que douze ans (voir M.x.467). L'identité du destinataire de cette pièce reste assez douteuse. S'agit-il de Duché, auteur dramatique? C'est peu probable, car il meurt en 1704. Peut-être Louis-Sébastien Bernin de Valentiné, marquis d'Ussé, avec lequel Voltaire est très tôt en relation (voir D34)? Bengesco (n° 845) opte pour cette hypothèse. On ne sait rien des vers que d'Ussé aurait écrits sur le jeune Arouet. Par ailleurs, R. Pomeau pense que Voltaire fait allusion dans cette pièce aux mœurs légères de sa mère et peut-être aux mystères de sa propre naissance. Le ton du sixain invite en effet à le croire (*D'Arouet à Voltaire*, p.29).

Editions: Ces vers figurent pour la première fois dans w64R, v.417. Il est repris, à une variante près, dans K, xiv.283. Il est adressé, dans cette dernière édition, à M. Duché. Texte de base: w64R.

NM

Epigramme

Dans tes vers, Dussé, je te prie,
Ne compare pas au Messie
Un pauvre diable comme moi
Je n'ai de lui que sa misère,
Et suis bien éloigné, ma foi,   5
D'avoir une vierge pour mère.

---

a   K: A Monsieur Duché.
1   K: vers, Duché, je
2   K: Ne compare point au

IMPROMPTU SUR UNE TABATIÈRE
CONFISQUÉE

Cette pièce et les deux qui suivent sont tout à fait révélatrices de la pratique quotidienne de la versification dans les collèges. Qu'il s'agisse d'une punition, comme l'exercice sur la tabatière, d'un sujet historique imposé comme Néron, ou encore – bien que d'un ton déjà très personnel et hardi – de la composition d'une fable selon les modèles en vigueur, la poésie est largement utilisée à des fins pédagogigues. On consultera avec profit sur cette question le premier chapitre de l'ouvrage de Sylvain Menant, *La Chute d'Icare* (Genève 1981), p.7-45. Dans une lettre à Voltaire datée du 20 juin 1739 (D2032), d'Argenson authentifie l'attribution de certaines de ces pièces. Il évoque en effet 'le loup moraliste, la tabatière saisie', 'anciennetés' qu'il a rangées dans un portefeuille. 'Nous étions bien petits alors', écrit-il non sans émotion. Dans le *Commentaire historique* (w68, xxx.68), l'impromptu est renié par Voltaire.

Editions: *Impromptu sur une tabatière confisquée* figure pour la première fois dans les *Nouveaux amusements du cœur et de l'esprit*, i.71. Le texte est repris sans changement par *Le Portefeuille trouvé ou les tablettes d'un curieux*, i.246, TS61 (p.404-405), w64R (xii.28-29). Au dix-neuvième siècle, les *Pièces inédites de Voltaire* (Paris 1820), p.73-74, ajoutent des notes et présentent une version différente du texte. Ces variantes ne sont pas à négliger, cette édition ayant utilisé certains papiers de Thiriot. Texte de base: NAM.

NM

Impromptu sur une tabatière confisquée

Adieu, ma pauvre tabatière;
Adieu, je ne te verrai plus;
Ni soins, ni larmes, ni prière,
Ne te rendront à moi; mes efforts sont perdus.
Adieu, ma pauvre tabatière;   5
Adieu, doux fruit de mes écus!
S'il faut à prix d'argent te racheter encore,
J'irai plutôt vider les trésors de Plutus.
Mais ce n'est pas ce dieu que l'on veut que j'implore:
Pour te revoir, hélas! il faut prier Phébus...   10
Qu'on oppose entre nous une forte barrière!
Me demander des vers, hélas! je n'en puis plus.
Adieu, ma pauvre tabatière;
Adieu, je ne te verrai plus.

a   PI: Vers sur une tabatière confisquée au collège [*avec note*: Le jeune Arouet
s'amusait un jour pendant la classe à jeter sa tabatière en l'air. Le régent à qui ce jeu ne
plaisait pas se fit apporter la boîte. Après la classe, le jeune Arouet ayant été solliciter
la restitution de sa tabatière chez son régent, celui-ci lui répondit qu'il ne la lui
rendrait qu'en échange de bons vers sur ce sujet. L'écolier au bout d'un quart d'heure
apporta les vers ci-dessus.]
   3   w64R: ni prières,
   4-14   PI:

           moi; tous mes pas sont perdus.
J'irais plutôt vider les coffres de Plutus:
Mais ce n'est point en lui que l'on veut que j'espère:
Pour te ravoir, hélas! il faut prier Phébus,   5
Et de Phébus à moi si forte est la barrière
Que je m'épuiserais en efforts superflus.
C'en est donc fait: adieu, ma pauvre tabatière;
           Adieu, je ne te verrai plus.

[*avec note*: 'ces vers sont autrement rapportés dans quelques recueils, mais d'une
manière fort inexacte; on y lit [*citation des vers 4, 5 et 6 de la leçon de* NAM]']

VERS SUR NÉRON

Le poème est cité dans le cours du texte de Luchet et présenté par ces quelques lignes: 'Un jour le demi-quart avant la fin de la classe étant sonné, et le Père Porée, son professeur, n'ayant pas le temps de donner aux écoliers une matière pour le devoir du lendemain, leur dit de faire des vers sur Néron, qui se tue lui-même. Le jeune Arouët (c'est ainsi qu'il s'appelait alors) donna les quatre vers que voici'. Suit ce quatrain.

Editions: Ces vers figurent pour la première fois dans l'*Histoire littéraire de M. de Voltaire*, de Luchet, i.7. Les *Pièces inédites*, p.74, l'ont repris avec une variante et en ajoutant un titre. Texte de base: Luchet, i.7.

NM

———————

De la mort d'une mère exécrable complice,
Si je meurs de ma main, je l'ai bien mérité;
Et n'ayant jamais fait qu'actes de cruauté,
J'ai voulu, me tuant, en faire un de justice.

a   PI: [*avec titre*:] Sur Néron. [*avec note*: Ces vers du jeune Arouet furent faits à l'occasion d'un thème sur Néron, donné par le Père Porée à ses écoliers.]
3   PI: Car, n'ayant

LE LOUP MORALISTE

Cette pièce, comme les deux précédentes, date des années de collège de Voltaire. Editions: Le poème figure pour la première fois dans les *Nouveaux amusements du cœur et de l'esprit* (Amsterdam, La Haye 1741-1742), i.69-70. Le texte est repris sans variante par w64R (xii.3-5). Les autres éditions (*Le Portefeuille trouvé*, i.244-45; TS61, p.403-404; *Romans et contes*, p.235-36; les *Pièces inédites*, p.75-76) présentent quelques variantes assez minimes. Il est à noter que dans le *Commentaire historique* (w68, xxx.68), le poème est renié par Voltaire. Texte de base: NAM.

NM

Le Loup moraliste.

Fable

Un loup, (à ce que dit l'histoire),
Voulut donner un jour des leçons à son fils,
Et lui graver dans la mémoire,
Pour être honnête loup, de beaux et bons avis.
'Mon fils, lui disait-il, dans ce désert sauvage,   5
A l'ombre des forêts vous passerez vos jours;
Vous pourrez cependant avec les petits ours
Goûter les doux plaisirs qu'on permet à votre âge.
Contentez-vous du peu que j'amasse pour vous,
Point de larcin; menez une innocente vie;   10
          Point de mauvaise compagnie;
Choisissez pour amis les plus honnêtes loups;
Ne vous démentez point, soyez toujours le même;

b   RO: [*absent*]
1   Toutes éd.: [*sans parenthèses*]
4   PF: de bons et beaux avis

Ne satisfaites point vos appétits gloutons:
Mon fils, jeûnez plutôt l'avent et le carême,   15
Que de sucer le sang des malheureux moutons;
    Car enfin quelle barbarie!
Quels crimes ont-ils commis ces innocents agneaux?
Au reste, vous savez qu'il y va de la vie:
D'énormes chiens défendent les troupeaux.   20
Hélas! je m'en souviens, un jour votre grand-père
Pour apaiser sa faim entra dans un hameau.
Dès qu'on s'en aperçut: 'O bête carnassière!
'Au loup!' s'écria-t-on; l'un s'arme d'un hoyau,
L'autre prend une fourche; et mon père eut beau faire,   25
    Hélas! il y laissa sa peau:
De sa témérité ce fut là le salaire.
Sois sage à ses dépens, ne suis que la vertu,
Et ne sois point battant, de peur d'être battu.[1]
Si tu m'aimes, déteste un crime que j'abhorre.'   30
Le petit vit alors dans la gueule du loup
De la laine, et du sang qui dégouttait encore:
    Il se mit à rire à ce coup.
'Comment, petit fripon, dit le loup en colère,
Comment, vous vous riez des avis   35
    Que vous donne ici votre père!
Tu seras un vaurien, va, je te le prédis:
Quoi! se moquer déjà d'un conseil salutaire!'
    L'autre répondit en riant:

18   PF, TS61, RO, PI: crimes ont commis ces
29   PI: [*vers entre guillemets*]
     W64R: [*avec note*: Molière]
35   PF, TS61, RO, PI: Comment, vous riez

[1] Ce vers est une réminiscence de Molière: dans *Sganarelle ou le cocu imaginaire*, on peut lire, scène xvii, au dix-septième vers du monologue de Sganarelle: 'Je ne suis point battant, de peur d'être battu.'

'Mon père, je ferai ce que je vous vois faire;   40
Votre exemple est un bon garant.'

Tel un prédicateur sortant d'un bon repas
Monte dévotement en chaire,
Et vient, bien fourré, gros, et gras,
Prêcher contre la bonne chère.   45

LES SOUHAITS

Nous pensons que ce sonnet date des jeunes années de Voltaire, vers 1710-1715. Les personnages évoqués connaissent leur heure de gloire durant la première décennie du dix-huitième siècle, qu'il s'agisse, à des titres divers, de Voysin, de du Bousset ou du duc de Gesvre. Voltaire ne composa guère de poèmes à forme fixe: deux sonnets seulement, semble-t-il, celui-ci et celui pour Algarotti en 1736 (voir D1037).

Editions: Ce poème figure pour la première fois dans w64R (v.420), donc notre texte de base.

NM

Les Souhaits
Sonnet

Il n'est mortel qui ne forme des vœux:
L'un de Voisin[1] convoite la puissance:
L'autre voudrait engloutir la finance
Qu'accumula le beau-père d'Evreux.[2]
Vers les quinze ans, un mignon de couchette   5
Demande à Dieu ce visage imposteur,
Minois friand, cuisse ronde et douillette
Du beau de Gesvre, ami du promoteur.[3]

---

[1] Daniel-François Voysin, poussé par Mme de Maintenon, devint chancelier de France. Il fut démis par le Régent en 1716.

[2] Il s'agit du financier Crozat, dont la fille Marie-Anne épousa en 1707 Henri-Louis de La Tour d'Auvergne, comte d'Evreux.

[3] Voltaire fait là allusion au procès pour impuissance intenté par sa femme au duc de Gesvres pour obtenir l'annulation de leur mariage. Besenval note que 'le duc de Gesvres dont l'impuissance avait fait tant de bruit, était un de ces êtres rares qui paraissent de temps en temps dans le monde. Il avait publiquement toutes les façons des femmes; il mettait du rouge; on le trouvait chez lui, ou dans son lit, jouant de l'éventail, ou à son métier, faisant de la tapisserie' (Pierre-Joseph-Victor de Besenval, *Mémoires*, Paris 1805, i.178).

Roy[4] versifie, et veut suivre Pindare;
Du Bousset chante, et veut passer Lambert.[5]   10
En de tels vœux mon esprit ne s'égare:
Je ne demande au grand dieu Jupiter
Que l'estomac du marquis de La Fare,
Et la vigueur du fameux d'Aremberg.[6]

[4] Pierre Roy, auteur d'opéras, de ballets et d'intermèdes, dont les titres ont souvent des consonances grecques, comme *Philomèle*, ou *Callirhoé*.

[5] Michel Lambert fut le plus célèbre chanteur et compositeur d'airs vocaux français du dix-septième siècle. Jean-Baptiste Drouart du Bousset connut un succès plus modeste avec ses *Airs sérieux et à boire*.

[6] Nous n'avons pas plus de renseignements sur les capacités digestives du marquis de La Fare, si ce n'est qu'il fut atteint d'une obésité précoce... Quant à la vigueur du duc d'Aremberg, ses 'exploits lubriques' sont aussi évoqués dans l'épître qui lui est adressée (ci-dessous, p.433-35, vers 11).

ÉPIGRAMME CONTRE D**

Il nous reste bien peu de lettres écrites par le jeune poète entre 1711 et 1715. L'épigramme contre Danchet, élu en 1712 à l'Académie française, faisait partie d'une lettre, aujourd'hui perdue, adressée à l'abbé de Chaulieu. Antoine Danchet (1671-1748) était un médiocre auteur de tragédies.[1] Les quelques vers datent donc de l'année 1712. Le texte que nous proposons est celui de TS61, repris ensuite sans modification par les éditions postérieures.

Editions: Le poème a paru pour la première fois dans TS61. Les éditions qui ont suivi n'apportent pas de variantes. TS61, p.426; W64R, t.iii, section 2, p.106; K, xiv.274. Texte de base: TS61.

NM

---

*Epigramme contre D***

Danc*, si méprisé jadis,
Fait voir aux pauvres de génie
Qu'on peut gagner l'Académie
Comme on gagne le paradis.

---

[1] Sur Danchet, voir la notice du Catalogue du *Siècle de Louis XIV*.

a K: Epigramme.
1 K: Danchet, si

ÉPIGRAMME SUR MONSIEUR DE LA MOTTE

Beuchot doutait finalement que Voltaire fût l'auteur de cette pièce et l'attribuait plutôt à Gacon (M.x.470). Cependant Voltaire avait de bien bonnes raisons pour composer cette épigramme contre La Motte. En 1712, cherchant à se faire connaître dans un grand genre, il décida de participer au concours de poésie de l'Académie française. Louis XIV avait réalisé le vœu de son père, de faire édifier un chœur à Notre-Dame: tel était le sujet proposé aux candidats. Ce n'est qu'à la séance du 25 août 1714, pour la Saint Louis, qu'Houdar de La Motte lit le palmarès. L'abbé du Jarry, sexagénaire, fut couronné. C'était un protégé de La Motte. Le jeune Arouet en fut rendu furieux. Il ironisa dans une lettre en prose (*Lettre à monsieur D****, *1714*, ci-dessus p.211-30). On comprend qu'on ait pu attribuer cette épigramme à Voltaire: sans pitié, il ne laisse pas passer une erreur échappée à La Motte dans son discours. Il semble que l'académicien ait confondu les différents types de couronnes attribuées dans l'Antiquité.

Editions: Le poème n'a paru au dix-huitième siècle que dans l'édition w64r (xii.380). Nous y avons corrigé une erreur dans le titre (MDCCLXIV pour MDCCXIV). Cependant, les éditions du dix-neuvième siècle ont rectifié les inexactitudes de cette édition (par exemple: *Poésies de Voltaire*, Paris, Didot l'aîné, 1823, i.5), en restituant la date exacte et en remplaçant au vers 3 l'adjectif 'lyriques' par 'civiques', ce qui est plus conforme au sens de la remarque de Voltaire. Texte de base: w64r.

NM

Epigramme sur monsieur de La Motte
faite en MDCCXIV, au sujet du poème de l'abbé du Jarry,
concernant le vœu de Louis XIII, qui a remporté le prix de
l'Académie, au préjudice de l'ode de monsieur de Voltaire.

Lamotte, présidant aux prix
Qu'on distribue aux beaux esprits,
Ceignit de couronnes lyriques,
Les vainqueurs des jeux olympiques:
Il fit un vrai pas d'écolier,   5
Et prit, aveugle agonothète,[1]
Un chêne pour un olivier,[2]
Et du Jarry pour un poète.

[1] Magistrat grec chargé de présider aux jeux et de juger les concurrents.
[2] Les couronnes de chêne récompensaient les actions civiques glorieuses chez les Romains; les couronnes d'olivier, arbre d'Athéna, revenaient aux vainqueurs des Jeux Olympiques.

BELLE DUCLOS

Mlle Duclos (Marie-Anne de Châteauneuf) débuta en 1693 et se retira du théâtre en 1733. Elle était bien plus âgée que Voltaire, et les compliments qu'il lui adresse dans *A Mlle Duclos* (ci-dessus) sont, c'est le moins qu'on puisse dire, ambigus. Le poème est perfide dans ses allusions, mais reste d'un ton plaisant. Une lettre à la marquise de Mimeure du 25 juin 1715 est beaucoup moins aimable pour l'actrice (D28). Ce poème date à peu près du même moment. Il ne rompra pas pour autant toute relation avec l'actrice: en 1724, elle interprétera le rôle de Salomé dans *Mariamne*. Le poème a paru pour la première fois dans la *Correspondance littéraire* de Grimm, à la date de décembre 1755. Il fut repris sans variante par les éditions du dix-neuvième siècle, comme celle de Lefèvre et Déterville (Paris 1817-1820), vii.620.

Edition et texte de base: *CL*, i.449.

NM

Belle Duclos,
Vous charmez toute la nature!
Belle Duclos,
Vous avez les dieux pour rivaux;
Et Mars tenterait l'aventure,   5
S'il ne craignait le dieu Mercure,[1]
Belle Duclos.

[1] Le mercure était la thérapeutique la plus utilisée à l'époque contre la syphilis.

À MADEMOISELLE DE M***

Charmé par Mlle de Montbrun-Villefranche qui 'récite très joliment des pièces comiques', et qu'il a entendu 'déclamer des rôles du *Misanthrope* avec beaucoup d'art et beaucoup de naturel' (D28), Voltaire met en garde sa jeunesse contre les charmes de l'amour et de la cour réunis. L'allusion aux infidélités de la Duclos permet de dater cette pièce de l'année 1715 (voir la pièce précédente). Mlle de Montbrun épousera par la suite le marquis de Saint-Auban, guère apprécié de Voltaire (D1669).

Manuscrit: MS1: issu des papiers de Wagnière, BnF, n.a.f., 24342, f.393*v*-394*r*.

Editions: *Nouveau Mercure*, juin 1717, p.62-64; *La Ligue* (Amsterdam, J.-F. Bernard, 1724, p.169, et Amsterdam, H. Desbordes, 1724, p.20-21 (L24)); *Nouveau choix de pièces tirées des anciens Mercures, et des autres journaux*, éd. Marmontel (Paris 1758), xvii.68; w64R, v.353-54; *Elite de poésies fugitives*, t.ii, éd. Blin de Sainmore (Londres 1764-1770), p.211-12; K, xiii.10-11.

Texte de base: NM. Nous signalons la présence de ce poème dans le *Choix des anciens Mercures*, mais nous n'avons pas collationné le texte, repris, à quelques rares modifications près (ponctuation notamment), sur celui du NM.

NM

---

*A mademoiselle de M*** par monsieur A**** [a]

    M.... par l'Amour adoptée, [1]
    Digne du cœur d'un demi-dieu,

a EPF: Vers à Mlle de M***
    w64R: Epître à Mme de Montbrun
    K: Epître à Mme de Montbrun-Villefranche (1714)
    MS1, L24: A Mlle de M***
1 EPF: Iris, par
    w64R, K: Montbrun, par

Et, pour dire encor plus, digne d'être chantée
Ou par Ferrand, ou par Chaulieu;[1]
Minerve et l'enfant de Cythère   5
Vous ornent à l'envi d'un charme séducteur;
Je vois briller en vous l'esprit de votre mère
Et la beauté de votre sœur:[2]
C'est beaucoup pour une mortelle.
Je n'en dirai pas plus: songez bien seulement   10
A vivre, s'il se peut, heureuse autant que belle;
Libre des préjugés que la raison dément,
Aux plaisirs où le monde en foule vous appelle
Abandonnez-vous prudemment.
Vous aurez des amants, vous aimerez sans doute: 15
Je vous verrai soumise à la commune loi,
Des beautés de la cour suivre l'aimable route,
Donner, reprendre votre foi.
Pour moi, je vous louerai; ce sera mon emploi.
Je sais que c'est souvent un partage stérile,   20
Et que La Fontaine et Virgile
Recueillaient rarement le fruit de leurs chansons.
D'un inutile dieu malheureux nourrissons,
Nous semons pour autrui. J'ose bien vous le dire,
Mon cœur de la Duclos fut quelque temps charmé;   25
L'amour en sa faveur avait formé ma lyre:

3   MSI: Ou pour
18   EPF: [*absent*]
24   EPF: autrui, j'ose bien vous le dire.
26   W64R, EPF, K: avait monté ma

[1] Antoine Ferrand (1678-1719) et Guillaume Amfrye de Chaulieu (1639-1720),
tous deux auteurs de poèmes légers et volontiers galants, sont en bonne place dans le
'Catalogue des écrivains français' du *Siècle de Louis XIV*. Voltaire les fréquente.
[2] Nous n'avons trouvé dans aucune chronique du temps d'allusions aux qualités
de ces dames. Marais indique simplement que sa sœur est Mlle de Villefranche
(*Journal et mémoires sur la Régence et le règne de Louis XV (1715-1737)*, Paris 1863-
1868, iii.267).

Je chantais la Duclos; D'... en fut aimé:
C'était bien la peine d'écrire![3]
Je vous louerai pourtant; il me sera trop doux
De vous chanter, et même sans vous plaire;   30
   Mes chansons seront mon salaire:
   N'est-ce rien de parler de vous?

27 EPF: Duclos; Damis en
   K: Duclos; d'Uzès en
   w64R: Duclos; d'Usez en
   MSI, L24: Duclos; un autre en
30 EPF: Iris, de vous chanter,

[3] Allusion à *A mademoiselle Duclos*, où Voltaire 'chante' l'actrice de façon parodique; Mlle Duclos eut une liaison avec Jean-Charles de Crussol, duc d'Uzès.

ÉPIGRAMME

A travers cette épigramme contre l'abbé Jean Terrasson, Voltaire prend en réalité position dans les derniers rebondissements de la Querelle des Anciens et des Modernes à propos d'Homère. Terrasson en 1715 avait fait paraître une *Dissertation critique sur l'Iliade d'Homère*. C'est aux positions 'modernes' de l'abbé – qu'il n'apprécia jamais beaucoup – que Voltaire répond par cette pièce.

L'épigramme circula sous forme manuscrite dès 1715, mais ne fut recueillie et imprimée qu'en 1788, dans les *Poésies satiriques du XVIIIe siècle* (Londres 1788), i.7. Nous avons collationné la leçon qui apparaît dans une lettre de Brossette à Jean-Baptiste Rousseau, datée du 26 juin 1715: Brossette signale à son correspondant que 'l'ouvrage de l'abbé Terrasson commence, dit-on, à paraître', mais qu'il ne l'a pas vu imprimé. Cependant l'épigramme circule déjà et lui a été envoyée de Paris: il en reproduit le texte pour son destinataire. La lettre figure dans les *Lettres de Brossette à Jean-Baptiste Rousseau*, éd. Paul Bonnefon (Paris 1910), i.10. Texte de base: *Poésies satiriques du XVIIIe siècle*.

NM

Epigramme

Terrasson, par lignes obliques
Et par règles géométriques,[1]
Prétend démontrer avec art,

3 BROSS: Prétend nous prouver avec

---

[1] Dans une lettre à Formont d'octobre 1731 (D435), Voltaire range Terrasson dans la classe des 'géomètres'. Est-ce une métaphore pour ses prises de position parmi les 'modernes', ou bien une allusion à ses connaissances en matière de finances, qui lui feront écrire un traité et des lettres sur le système de Law?

Qu'Homère prend toujours l'écart;
Que ses images poétiques,   5
Que tant de richesses antiques,
Ne nous charment que par hasard;
Il s'en avise sur le tard:
Mais quoi que ce Docteur décide,
D'un ton à gagner son procès,   10
Gacon, [2] avec même succès,
Peut faire un rondeau contre Euclide.

4   BROSS: prend souvent l'écart
5-6 BROSS:
        Que les fictions poétiques
        Et les autres beautés antiques
7   BROSS: nous plaisent que
9   BROSS: Et quoique ce

[2] Gacon, auteur satirique, n'est guère apprécié de Voltaire qui le déprécie dans le
'Catalogue des écrivains français' du *Siècle de Louis XIV*. L'allusion à Gacon se
justifie par la publication qu'il venait de faire d'un *Homère vengé*.

ÉPÎTRE AU PRINCE EUGÈNE

Cette pièce, vraisemblablement écrite après la victoire de Peter-waradin remportée sur les Turcs le 5 août 1716, en félicite un des principaux artisans, le Prince Eugène. (Voltaire évoque cette victoire sur les Turcs dans le *Précis du siècle de Louis XV*, ch. 1). Voltaire poursuivra par la suite les ouvertures en direction du prince: envoi d'un exemplaire d'*Œdipe*, en mars 1719 (D72); projet d'une entrevue par l'intermédiaire de Jean-Baptiste Rousseau vers mars 1722 (D106); mention du prince dans *La Henriade*.

Editions: w41c, v.221-23; rp41, p.13-15 du supplément; w42, v.221-23, annexe 'Pièces fugitives'; w51, iii.243-45; w57p, vi.384-85; w64r, t.iii, sect.2, p.84-85; w64r, v.310-12; ml68, p.177-78; k, xiii.16-17.

Texte de base: w42, repris de w41c à une variante minime près. Cette édition a été revue par Voltaire. Les autres éditions présentent parfois quelques variantes, mais limitées.

NM

Epître au prince Eugène

Grand prince, qui, dans cette cour
Où la justice était éteinte,
Sûtes inspirer de l'amour,
Même en nous donnant de la crainte;
Toi que Rousseau si dignement   5
A, dit-on, chanté sur sa lyre,[1]

a   k: Epître à m. le prince Eugène (1716)
5   w64r t.v, me, k: Vous que
6   ml68: sur la lyre

[1] Jean-Baptiste Rousseau a consacré une ode au Prince Eugène (*Œuvres*, Amsterdam, Changuion, 1734; i.149-60). L'allusion à la 'lyre' est claire; elle reprend deux vers de cette ode: 'Mais ici ma lyre impuissante / N'ose seconder mes efforts'. Voltaire, quant à lui, n'offre pas une ode 'lyrique' au prince Eugène, mais une épître plus que familière.

Eugène, je ne sais comment
Je m'y prendrai pour vous écrire.
Oh! que nos Français sont contents
De votre dernière victoire!   10
Et qu'ils chérissent votre gloire,
Quand ce n'est point à leurs dépens![2]
 Poursuivez; des musulmans
 Rompez bientôt la barrière;
 Faites mordre la poussière   15
 Aux circoncis insolents;
 Et, plein d'une ardeur guerrière,
 Foulant aux pieds les turbans,
 Achevez cette carrière
 Au sérail des Ottomans: 20
Vénus et le dieu des combats
 Vont vous en ouvrir la porte;
Les Grâces leur servent d'escorte,
 Et l'Amour vous tend les bras.
 Voyez-vous déjà paraître   25
 Tout ce peuple de beautés,
 Esclave des voluptés
 D'un amant qui parle en maître?

10 K: [*avec note*: La bataille de Petervaradin, gagnée contre les Turcs, en 1716.]
12 ML68, K: n'est pas à
19-20 ML: [*interversion des deux vers*]
21-22 K: [*insert deux vers:*]
   Des chrétiens et des amants
   Arborez-y la bannière,
22 w64R t.v: vous ouvrir
23 K: Grâces vous servent
  ML68: Grâces leurs servent
27 RP41, w64R t.iii et v: voluptés.
28 RP41, w64R t.iii et v: maître,

[2] Le prince Eugène avait combattu les armées de Louis XIV à Malplaquet (1709)
et à Denain (1712) notamment.

Faites vite du mouchoir[3]
La faveur impérieuse   30
A la beauté la plus heureuse,
Qui saura délasser le soir
Votre Altesse victorieuse.
Du séminaire des Amours,
A la France votre patrie,   35
Daignez envoyer pour secours
Quelques belles de Circassie.
Le saint-père, de son côté,
Attend beaucoup de votre zèle,
Et prétend qu'avec charité   40
Sous le joug de la vérité
Vous rangiez un peuple infidèle.[4]
Par vous mis dans le bon chemin,
On verra bientot ces infâmes,
Ainsi que vous, boire du vin,   45
Et ne plus renfermer les femmes.
Adieu, grand prince, heureux guerrier!
Paré de myrthe et de laurier,
Allez asservir le Bosphore:
Déjà le Grand Turc est vaincu;   50
Mais vous n'avez rien fait encore
Si vous ne le faites cocu.

[3] Jeter le mouchoir à une femme signifie jeter son dévolu sur elle, par allusion à la pratique des sultans qui désignaient ainsi dans le harem, la femme de leurs désirs.

[4] Voltaire évoque ici l'action énergique du Pape Clément XI. La déclaration de guerre des Turcs à Venise en décembre 1714 le poussa à reconstituer une ligue chrétienne, et il obtint du roi d'Espagne un pacte de non-agression envers l'empereur pendant la guerre turque. Durant les opérations militaires, il multiplia subsides et prières. Il fut l'un des artisans de la victoire chrétienne affirmée au traité de Passarowitz.

À MADAME DE GONDRIN

Cette épître parut pour la première fois en mars 1717, mais le texte semble avoir été composé durant l'exil de Voltaire à Sully, l'année précédente. Dans les versions les plus anciennes, l'épître se termine par une sorte de placet adressé au Régent pour implorer sa clémence. Le poème a donc été vraisemblablement composé entre mai et octobre 1716. Voltaire fait allusion dans ce texte au 'péril' qu'avait couru Mme de Gondrin en traversant la Loire. Malheureusement, ce fait ne nous permet pas de dater précisément le texte, car le débit de la Loire, lié à la pluviosité, se caractérise par son irrégularité et ne dépend guère des périodes de basses et hautes eaux. En raison de sa publication en 1717, on peut imaginer que le poème date plutôt de la fin de l'exil de Voltaire. Mme de Gondrin, en 1716, est une jeune veuve d'une trentaine d'années. Marie-Sophie de Noailles a épousé Louis de Pardaillan, marquis de Gondrin, en 1707, mais celui-ci est mort en 1712. A cette époque, bien qu'issue d'une puissante famille, elle n'a guère fait parler d'elle. Ce n'est qu'après son remariage en 1723 avec Louis-Alexandre de Bourbon, comte de Toulouse, tenu secret jusqu'à la mort du Régent, qu'on la verra à la cour, accompagnant même le roi à Rambouillet. D'après Barbier, en 1727 'il n'y a qu'elle qui ait du pouvoir sur lui' (i.260). Cette épître est pour nous l'occasion de découvrir l'entourage du duc de Sully. Beaucoup de noms sont cités, pas tous très connus. Nous avons ici une sorte d'échappée sur ce que pouvait être la vie de château à l'époque, et l'exil doré du jeune Voltaire.

Le texte a d'abord paru dans le *Nouveau Mercure* de mars 1717, p.48-50, ce qui invalide la date de 1719, avancée comme date de composition du poème par bon nombre d'éditions. Les variantes de détail (notamment sur les noms des personnages de l'entourage du duc de Sully cités) sont assez nombreuses. Il faut surtout noter que la première version du poème dans le *Nouveau Mercure* comprenait 27 vers supplémentaires (leçon reprise par L24, RP41,

W41C, W42A, PF, TS61, W64R t.iii, W68). Les 18 derniers de ces vers formaient une sorte de placet adressé au Régent, d'ailleurs imprimé à part dans quelques éditions (OC61, TS61(b), W64R t.xvii). Jugeant sans doute ce morceau trop flatteur pour Philippe d'Orléans, et la démarche elle-même peu honorable pour son auteur, Voltaire a supprimé ce morceau par la suite.

Editions: NM, mars 1717, p.48-50; *La Ligue* (Amsterdam, J.-F. Bernard 1724, p.166-67, Amsterdam, Henri Desbordes, 1724, p.16-18 (L24)); W32, i.231-32; W37, i.319-20; W38, vi.197-98; W39, ii.303-304; RP41, p.30-32; W41C, v.239-41; W42, appendice 'Pièces fugitives', v.239-41 (W42A) et v.248-50 (W42B); W46, v.132-33; W48D, iii.76-77; W51, iii.84-85; W52, iii.211-12; W56, ii.282-83; PF, i.263-65; W57G, ii.282-83; W57P, vi.260-61; OC61, p.187 (placet); TS61, p.414-16 (a) et p.391 (b) (placet); W64R, iii, sect.2, p.92-93, v.199-200, et xvii, sect.2, p.590 (placet); W68, xviii.375-77; W70G, ii.301-302; W72P (1771), iii.270-71; W72P (1773), xiv.291-93; W75G, xii.378-79; K, xiii.36-38. Texte de base: W75G.

NM

A madame de Gondrin

Savez-vous, gentille douairière,[1]
Ce que dans Sully l'on faisait
Lorsqu'Eole vous conduisait
D'une si terrible manière?
Le malin Périgny[2] riait,   5
Et pour vous déjà préparait
Une épitaphe familière,
Disant qu'on vous repêcherait
Incessamment dans la rivière,
Et qu'alors il observerait   10

a   W37, W38, W42B, W46, W48D, W64R t.v: Lettre à Mme de Gondrin
    L24, RP41, W41C, W42A: Epître à Mme de Gondrin
    PF, TS61(a), W64R t.iii: Epître à Mme de *
    NM: A Mme de Gondrin. Epître de M. Arouet
1   W41C, RP41, W42A, PF, TS61(a), W64R t.iii: vous, belle douairière
5   NM: Certain esprit malin riait,
    L24, W41C, RP41, W42A, PF, TS61(a), W64R t.iii: Certain malin esprit riait,
7-15   W32, W37, W39:
       Quelqu'épitaphe familière,
       Du Palais ses grands yeux ouvrait,
       Sully tendrement soupirait,
       En s'appuyant sur La Vallière.
       Roussy comme un diable jurait
10-12   NM, L24, W41C, RP41, W42A, W52, W56, W57G, W57P, TS61(a), W64R t.iii,
W70G, W72P(71): [absent]

---

[1] L'adjectif 'gentille' qui est ici accolé à 'douairière' fait allusion au jeune âge de la veuve du marquis de Gondrin et à son heureux caractère, peu conforme à sa dignité de 'douairière', que Saint-Simon précise en ces termes: 'jeune, gaie, et fort Noailles, la gorge fort belle, un visage agréable' (*Mémoires*, éd. Coirault, viii.561).

[2] 'Ancien sous-lieutenant au régiment des gardes françaises, qui faisait de très jolies chansons, fils du président Périgny, précepteur du Dauphin' (Desnoiresterres, *Les Cours galantes*, Paris 1860-1864, iii.272-73). Périgny était un ami de Sonning, lié à la société du Temple. Desnoiresterres cite aussi un couplet que Chaulieu avait fait sur lui en 1703. On le voit, l'entourage du duc de Sully est aussi composé d'épicuriens.

Ce que votre humeur un peu fière
Sans ce hasard lui cacherait,
Cependant L'Espar[3], la Vallière[4],
Guiche,[5] Sully, tout soupirait;
Roussy[6] parlait peu, mais jurait;   15
Et l'abbé Courtin,[7] qui pleurait
En voyant votre heure dernière,
Adressait à Dieu sa prière,

13 W41C, RP41, W42A, PF, TS61, W64R t.iii: la Vrillière
15 NM, L24, W41C, RP41, W42A, PF, TS61, W64R t.iii: Roussy comme un diable
jurait

[3] Louis, comte de Lesparre, puis de Grammont, avait en 1716 une trentaine d'années; il était apparenté au duc de Guiche; il mourra à Fontenoy en conduisant les gardes françaises.

[4] Louis César de La Baume Le Blanc, duc de La Vallière, bibliophile célèbre, dont c'est ici la première apparition dans la biographie de Voltaire. A moins qu'il ne s'agisse du marquis de La Vallière, Charles-François, époux d'une fille du duc de Noailles, Marie-Thérèse. La variante propose Mme de La Vrillière, venue en visite à Sully pendant l'été 1716 avec sa sœur Mme de Listenay (voir *Nuit blanche de Sully*), ou bien, ce qui est moins probable, son époux, secrétaire d'Etat en 1722.

[5] Le duc de Guiche, d'après Saint-Simon (v.280 notamment) était 'un homme sans consistance, sans esprit'. Buvat explique qu'en 1716 deux partis s'affrontent à la cour: le plus fort se rassemble autour du duc de Noailles, du maréchal de Villars (dont le fils épousera une Noailles) et du duc de Guiche, colonel des gardes françaises (Buvat, *Gazette de la Régence*, éd. E. de Barthélémy, Paris 1887, p.117). Tous ces détails biographiques, anecdotiques par eux-mêmes, permettent cependant de voir comment Voltaire évolue toujours parmi le même petit groupe de nobles, très liés entre eux, par des intérêts communs ou des relations de parenté.

[6] S'agit-il de François de La Rochefoucauld, comte de Roucy (1660-1721)? Ou bien de Roussi, duc de Brissac?

[7] Sur François Courtin, voir *Lettre de M. Arouet à Mgr le Grand Prieur* ci-dessous (vers 3 et note 1).

Et pour vous tout bas murmurait
Quelque oraison de son bréviaire,   20
Qu'alors, contre son ordinaire,
Dévotement il fredonnait,
Dont à peine il se souvenait,
Et que même il n'entendait guère.
Mais quel spectacle! j'envisage   25
Les Amours qui, de tous côtés,
S'opposent à l'affreuse rage
Des vents contre vous irrités.
Je les vois; ils sont à la nage,
Et plongés jusqu'au cou dans l'eau;   30
Ils conduisent votre bateau,
Et vous voilà sur le rivage.
Gondrin, songez à faire usage
Des jours qu'Amour a conservés;
C'est pour lui qu'il les a sauvés: 35

19 NM: Et tout bas pour vous marmottait
     L24, W41C, RP41, W42A, PF, TS61, W64R t.iii: pour vous marmottait
19-21 W32, W37, W39:
         Et déjà pour vous bégayait
         Une antienne de son bréviaire
21-24 NM: [*absent*]
22 L24, W41C, RP41, W42A, PF, TS61, W64R t.iii: il récitait,
23-24 L24: [*absent*]
24 NM, L24, W42B, W51, PF, K: [*à la suite de ce vers, ajout de:*] Chacun déjà vous
regrettait.
26 NM [*à la suite de ce vers, ajout de:*] Ministres de vos volontés,
27 NM: S'opposaient à
     W32, W37, W39: Viennent s'opposer à la rage
33 TS61, W64R t.iii: Daphné, songez

Il a des droits sur son ouvrage. [8]

36 NM, RP41, W41C, W42A, PF, TS61, W64R t.iii, W68:
En faut-il dire davantage?//

    NM, L24, RP41, W41C, W42A, PF, TS61, W64R t.iii, W68 [*ajout*]:
Daignez pour moi vous employer
Près de ce duc [9] aimable et sage,
Qui fit avec vous ce voyage
Où vous pensâtes vous noyer;
Et que votre bonté l'engage   5
A conjurer un peu l'orage
Qui sur moi gronde maintenant;
Et qu'enfin au prince régent
Il tienne à peu près ce langage:
  'Prince dont la vertu va changer nos destins,   10
  Toi qui par tes bienfaits signales ta puissance,
  Toi qui fais ton plaisir du bonheur des humains,
  Philippe, il est pourtant un malheureux en France.
Du dieu des vers un fils infortuné
Depuis un temps fut par toi condamné   15
  A fuir loin de ces bords qu'embellit ta présence:
  Songe que d'Apollon souvent les favoris
D'un prince assurent la mémoire:
Philippe, quand tu les bannis,
Souviens-toi que tu te ravis   20
Autant de témoins de ta gloire.
  Jadis le tendre Ovide eut un pareil destin;
  Auguste l'exila dans l'affreuse Scythie:
  Auguste est un héros; mais ce n'est pas enfin
Le plus bel endroit de sa vie.   25
  Grand prince, puisses-tu devenir aujourd'hui
  Et plus clément qu'Auguste, et plus heureux que lui.'

---

[8] Les vers 10 à 27 de l'ajout ont été édités à part sous le titre: 'Placet de l'auteur à monseigneur le régent, pour obtenir son rappel' dans OC61, TS61(b), W64R t.xvii. W68, W72P(73) et K signalent la variante dans une note. W42B refuse dans une note l'attribution à Voltaire de cette variante: 'Gens très bien instruits nous ont assuré que cette copie est conforme à l'original de la lettre; et que tout ce qu'on y avait ajouté dans d'autres éditions n'est certainement pas de l'auteur.'

[9] L'identité du duc qui a accompagnée Mme de Gondrin dans sa traversée de la Loire reste mystérieuse. Ce ne peut être un des hommes cités dans l'épître, puisque chacun s'inquiète pour elle, et n'est donc pas à ses côtés.

ÉPÎTRE À MADAME DE ***

Le jeune Arouet vit, de mai à octobre 1716, un exil heureux à Sully, 'campagne délicieuse' sur les bords de la Loire, où ne manquent ni les plaisirs culinaires ni les visites (D42): la destinataire de cette épître, qui nous est restée inconnue, fait partie des hôtes passagers de ce château. C'est donc à la fois à une femme d'esprit et à une gourmande que Voltaire rend hommage. Sur ce sujet, voir Christiane Mervaud, *Voltaire à table* (Paris 1998).

Edition: Ce poème ne figure que dans κ, xiii.18-19.

NM

Epître à madame de ***.
1716

De cet agréable rivage
Où ces jours passés on vous vit
Faire, hélas! un trop court voyage,
Je vous envoie un manuscrit
Qui d'un écrivain bel esprit   5
N'est point assurément l'ouvrage,
Mais qui vous plaira davantage
Que le livre le mieux écrit:
C'est la recette d'un potage.
Je sais que le dieu que je sers,   10
Apollon, souvent vous demande
Votre avis sur ses nouveaux airs;
Vous êtes connaisseuse en vers;
Mais vous n'êtes pas moins gourmande.
Vous ne pouvez donc trop payer   15
Cette appétissante recette
Que je viens de vous envoyer.

Ma muse timide et discrète
N'ose encor pour vous s'employer.
Je ne suis pas votre poète;   20
Mais je suis votre cuisinier.
Mais quoi! le destin dont la haine
M'accable aujourd'hui de ses coups, [1]
Sera-t-il jamais assez doux
Pour me rassembler avec vous   25
Entre Comus [2] et Melpomène, [3]
Et que cet hiver me ramène
Versifiant à vos genoux?
O des soupers charmante reine,
Fassent les dieux que les Guerbois [4]   30
Vous donnent perdrix à douzaine,
Poules de Caux, chapons du Maine!
Et pensez à moi quelquefois,
Quand vous mangerez sur la Seine
Des potages à la Brunois.   35

---

[1] Pour plus de renseignements sur les conditions de cet exil à Sully, voir Pomeau, *D'Arouet à Voltaire*, *Voltaire en son temps*, t.i (Oxford 1985), p.93 et suiv.
[2] Le dieu des festins.
[3] La muse de la tragédie.
[4] Il s'agit de cuisiniers réputés.

LETTRE SUR LA TRACASSERIE À MONSIEUR DE BUSSI

Ce poème n'était initialement qu'une partie d'une lettre en vers et prose adressée par Voltaire à Michel-Celse de Rabutin, comte de Bussy, durant l'été 1716 (D41). Ce personnage, fils du célèbre Rabutin, auteur de l'*Histoire amoureuse des Gaules*, ne sera sacré évêque de Luçon qu'en 1723. Il fut surnommé 'le dieu de la bonne compagnie', et entra à l'Académie française. Marais trace son portrait: 'Cet abbé [...] ne croit pas en Dieu. Homme de beaucoup d'esprit, mais dont il abuse; il est musicien, poète, connaisseur dans les arts, et ne peut être qu'un mauvais évêque' (*Journal et mémoires*, iii.37). L'abbé de Bussy était donc fait pour s'entendre avec Voltaire. Les éditions de ce texte se sont tout de suite démarquées de la lettre originelle, en éliminant toute la prose, en pratiquant des coupures dans les parties versifiées, et en harmonisant en une sorte de 'collage' les morceaux restants.

Manuscrits: MS1: St Petersburg, Saltykov-Shchedrin State Public Library, Aut 288; MS2: Rouen, Bibliothèque municipale, Archives de l'Académie C38 bis, Papiers Cideville, f.9*r*-12*v*.

Editions: W41C, v.149-51; RP41, p.210-12; W42, v.149-51; W38, vi.167-69; W46, v.158-60; W48D, iii.233-35; W51, iii.177-79; W52, iii.120-21; W56, ii.154-56; W57G, ii.154-56; W57P, vi.142-43; W64R, v.138-40; W68, xviii.311-12; W70G, ii.169-71; W72P(71), iii.385-86; W72P(73), xiv.309-10; W75G, xii.309-11; K, xv.3-6.

Texte de base: W75G, xii.309-11, qui donne l'état définitif du poème, mais introduit en sous-titre la date fausse de 1724 (supprimée ici). Les autres éditions présentent assez peu de variantes. Nous n'avons pas collationné le texte de la lettre (D41) qui diffère assez sensiblement de la version retenue ensuite par Voltaire pour les éditions: le poème est entrecoupé de prose, selon l'usage qu'affectionne Voltaire pour sa correspondance. Nous avons par contre collationné la leçon du manuscrit conservé à Saint-Pétersbourg, fragment de minute autographe saisi sur Voltaire quand il fut arrêté en 1717, ainsi que la leçon qui figure dans le recueil manuscrit envoyé par Voltaire à Cideville en 1735. Ce recueil donne une version intermédiaire entre la lettre et le poème définitif: on trouve le poème qui ouvrait la lettre (que nous n'avons pas collationné), un peu de prose, mais déjà quelques coupures.

NM

Lettre sur la tracasserie à monsieur de Bussi
évêque de Luçon

Ornement de la bergerie
Et de l'Eglise, et de l'amour,
Aussitôt que Flore à son tour
Peindra la campagne fleurie,
Revoyez la ville chérie   5
Est-il pour vous d'autre patrie?
Et serait-il dans l'autre vie
Un plus beau ciel, un plus beau jour,
Si l'on pouvait de ce séjour
Exiler la Tracasserie?[1]   10
Evitons ce monstre odieux,
Monstre femelle dont les yeux
Portent un poison gracieux,

a   MS2: Lettre à M. l'abbé de Bussy depuis évêque de Luçon écrite en 1719
    W64R: A M. de Bussy, évêque de Luçon sur la Tracasserie
    MS1, RP41, W41C, W42, W38, W46, W72P(71) (73): [absent]
1-2 MS2: [absent]
3   MS2: Abbé, lorsque Flore
5   MS2: [après ce vers, ajout:] Elle est l'asile de l'amour,
6   MS2: Avons-nous donc d'autre

[1] Pour comprendre l'allusion, il faut se reporter au passage de prose qui précède ces vers dans la lettre d'origine (D41). Voltaire parle alors de 'faire marcher d'un pas égal les tracasseries des femmes et celles des poètes'. Rappelons la définition que le *Dictionnaire* de Richelet donne du mot 'tracasserie': 'l'action de personne qui agit sans cesse et qui est dans un empressement continuel et inutile'.

Et que le ciel en sa furie,
De notre bonheur envieux,   15
A fait naître dans ces beaux lieux
Au sein de la galanterie.
Voyez-vous comme un miel flatteur
Distille de sa bouche impure?
Voyez-vous comme l'Imposture   20
Lui prête un secours séducteur?
Le Courroux étourdi la guide,
L'Embarras, le Soupçon timide,
En chancelant suivent ses pas.
Des faux rapports l'Erreur avide   25
Court au-devant de la perfide,
Et la caresse dans ses bras.
Que l'Amour, secouant ses ailes,
De ces commerces infidèles
Puisse s'envoler à jamais!   30
Qu'il cesse de forger des traits
Pour tant de beautés criminelles!
Je hais bien tout mauvais railleur
De qui le bel esprit baptise
Du nom d'ennui la paix du cœur,   35
Et la constance de sottise.
Heureux qui voit couler ses jours
Dans la mollesse et l'incurie,
Sans intrigues, sans faux détours,

22   MS2: La sourde vengeance la
23   MS1: La Crainte, le Soupçon
25   MS2: De faux
31   MS1: forger ses traits
32   MS1: [*après ce vers, insert:*]
         Chez Devaux, au fond du Marais
         Qu'il vienne de l'aimable paix
         Goûter les douceurs éternelles!
33-36   MS1, MS2: [*absent*]

Près de l'objet de ses amours,   4⁰
Et loin de la coquetterie!
Que chaque jour rapidement
Pour de pareils amants s'écoule!
Ils ont tous les plaisirs en foule,
Hors ceux du raccommodement.   4⁵
Rendez-nous donc votre présence,
Galant prieur de Frigolet,²
Très aimable et très frivolet:
Venez voir votre humble valet
Dans le palais de la Constance.   5⁰
Les Grâces avec complaisance
Vous suivront en petit collet;
Et moi leur serviteur follet,
J'ébaudirai Votre Excellence
Par des airs de mon flageolet,   5⁵
Dont l'Amour marque la cadence
En faisant des pas de ballet.

46 MS2: [absent]
47 MS2: Charmant prieur
49-50 MS1, MS2: [absent]
55 MS2: De quelques airs de flageolet
   MS1: <De> Par quelques airs de flageolet
57 MS2, W52, W56, W57G, W57P, W70G, W72P(71): [absent]

² 'Beau couvent d'Augustins-Réformés, situé dans une contrée agréable [...] au diocèse d'Avignon. A quelque distance de ce couvent est une belle maison de campagne, dont jouit le [...] prieur de Frigolet: [...] son revenu est fort considérable, puisqu'il se monte à plus de douze mille livres' (*Dictionnaire géographique, historique et politique des Gaules et de la France*, de l'abbé Expilly, Amsterdam et Paris 1764, article 'Frigolet'). L'abbé de Bussy jouissait donc, avant même d'être évêque de Luçon, d'une situation confortable.

NUIT BLANCHE DE SULLY

Les deux jeunes femmes célébrées par ces vers sont deux des filles de la comtesse de Mailly. Mme de La Vrillière, l'aînée, 'beauté de tous les pays et de tous les temps' selon Marais (*Journal et mémoires*, iv.128), 'jolie comme les Amours' selon Saint-Simon (*Mémoires*, ii.517), était surnommée 'le Moineau'. Elle connut d'orageuses amours avec Nangis. Mme de Listenay en 1716 n'avait pas encore fait scandale: ce n'est qu'en avril 1730 qu'elle sera arrêtée par lettre de cachet à la demande de sa mère en raison de sa liaison avec Mme de Lambert (Marais, iv.116 et suiv.). Elle mourut dans un couvent en 1769. Si ce poème s'intitule 'Nuit blanche', c'est par allusion aux fameuses 'nuits blanches' que la duchesse du Maine organisait à Sceaux. Voltaire en avait été un des participants enthousiastes en 1714-1715. Ces grandes festivités s'imposent comme références en la matière. Voltaire, pendant l'été 1716, écrit de Sully où il est en exil (D40): 'Nous avons des nuits blanches comme à Sceaux!' Il raconte la fête magnifique donnée en l'honneur des jeunes femmes: collation en pleine nuit dans une clairière d'ormes éclairée de lampions, musique et bal masqué. Il avait déposé dans leurs assiettes des vers qu'on attribua à l'abbé Courtin, mais qu'il revendique dans cette lettre. Ce sont ces madrigaux qui forment le poème qu'on appelle *Nuit blanche de Sully*.

Editions: Ce poème paraît pour la première fois en 1776 dans l'*Almanach des muses*, p.39. La version qu'en donnent les éditeurs de Kehl (xiv.271-73) est un peu différente: l'ordre des madrigaux qui composent cette 'nuit blanche' est altéré. Nous avons préféré comme texte de base la première leçon, qui nous a semblé plus satisfaisante et dans laquelle l'allusion au poème de La Fontaine est plus claire (voir note). Texte de base: *Almanach des muses* (1776), p.39.

NM

397

Nuit blanche de Sully
pour madame de La Vrillière

A madame de La Vrillière

Quelle beauté, dans cette nuit profonde,
Vient éclairer nos rivages heureux?
Serait-ce point la nymphe de cette onde,
Qu'amène ici le satyre amoureux?
Je vois s'enfuir la jalouse driade,   5
Je vois venir le faune dangereux;
Non, ce n'est point une simple naïade;[1]
A tant d'attraits dont nos cœurs sont frappés,
A tant de grâce, à cet art de nous plaire,
A ces Amours autour d'elle attroupés,   10
Je reconnais Vénus, ou La Vrillière.
O déité! qui que ce soit des deux,
Vous qui venez prendre un rhume en ces lieux,
Heureux cent fois, heureux l'aimable asile
Qui vers minuit possède vos appas!   15
Et plus heureux les rimeurs qu'on exile
Dans ces beaux lieux honorés par vos pas![2]

b   K: (1716). A madame de La Vrillière.
17   K: ces jardins honorés

[1] Voltaire se livre ici à une fantaisie mythologique très prisée à l'époque.
L'évocation des nymphes, naïades et dryades, s'explique par la proximité des
bords de Loire et des forêts aux environs de Sully.
[2] Ce vers rappelle la fable de La Fontaine, intitulée *Les Deux Pigeons*, vers 73-75:
'Changé les bois, changé les lieux, / Honorés par les pas, éclairés par les yeux, / De
l'aimable et jeune bergère.'

A la même

Venez, charmant moineau,[3] venez dans ce bocage:
    Tous les oiseaux, surpris et confondus,
        Admireront votre plumage;   20
    Les pigeons du char de Vénus
    Viendront même vous rendre hommage.
Joli moineau, que vous dire de plus?
Heureux qui peut vous plaire, et qui peut vous entendre!
Vous plaisez par la voix, vous charmez par les yeux;   25
Mais le nom de moineau vous siérait un peu mieux,
    Si vous étiez un peu plus tendre.

Pour madame de Listenay

Aimable Listenay, notre fête grotesque
    Ne doit point déplaire à vos yeux:
Les Amours, en chiants-lit[4] déguisés en ces lieux,   30
Sont toujours les Amours, et l'habit romanesque
Dont ils sont revêtus ne les a pas changés:
Vous les voyez encore autour de vous rangés;

18-37   K: [*les deux strophes suivantes sont interverties et portent les sous-titres
suivants*: 'A madame de Listenay' et 'A madame de La Vrillière']
19   K: Tous nos oiseaux
24   K: peut vous voir et qui
30   K: déguisés dans ces

---

[3] 'Moineau' était le surnom de Mme de La Vrillière pour les habitués du château
de Sully.
[4] Ce n'est qu'en 1740 que l'Académie acceptera le terme de chienlit dans le sens de
'masque de carnaval'. Le *Trésor de la langue française* (Paris 1977) indique que
l'orthographe 'chiant-lit', propre à Voltaire, bien que conforme à la prononciation,
est fautive et ne correspond pas à l'étymologie (chie-en-lit).

Ces guenillons [5] brillants, ces masques, ce mystère,
Ces méchants violons dont on vous étourdit,   35
    Ce bal, et ce sabbat maudit,
Tout cela dit pourtant que l'on voudrait vous plaire.

[5] Le terme est de formation assez récente quand Voltaire l'emploie, puisqu'il n'est apparu que vers 1650.

SUR MONSIEUR LE DUC D'ORLÉANS ET MADAME DE BERRI

R. Pomeau (*D'Arouet à Voltaire*, p.95-97), reconstitue la chronologie des quelques poèmes satiriques qu'écrivit Voltaire contre le Régent et sa fille. Une première série date du début de 1716, avant l'exil à Sully début mai 1716; une autre, du carême de 1717, écrite à Saint-Ange. Ce sont ces pièces et leur démenti que nous présentons dans l'ordre chronologique. Ces vers concernent les relations incestueuses présumées entre le Régent et la duchesse de Berry. Les chroniqueurs du temps colportent tous ces bruits, en y accordant plus ou moins de crédit (Saint-Simon, *Mémoires*, iii.881-82; iv.291-92; Buvat, *Gazette de la Régence*, p.74 par exemple).

Editions: Ce poème ne figure que dans l'édition Delangle (Paris 1824-1832), xviii.223-24.

NM

Sur monsieur le duc d'Orléans et madame de Berri

> Enfin votre esprit est guéri
> Des craintes du vulgaire;
> Belle duchesse de Berri,
> Achevez le mystère.
> Un nouveau Loth vous sert d'époux,   5
> Mère des Moabites:
> Puisse bientôt naître de vous
> Un peuple d'Ammonites![1]

---

[1] Selon la Genèse, les Moabites et les Ammonites sont deux peuples issus des relations incestueuses de Loth avec ses filles.

SUR MONSIEUR LE DUC D'ORLÉANS ET MADAME DE BERRI. 1716

Le détail concernant la maladie des yeux du Régent (vers 5) permet de dater la pièce: la princesse Palatine dans sa *Correspondance*, i.361, fait remonter le début de ces maux au milieu de 1716, date à laquelle Voltaire est déjà à Sully. Le mal s'aggrave sans doute en 1717, ce qui justifie l'allusion perfide à *Œdipe*. R. Pomeau identifie cette pièce comme une de celles que Voltaire, devant Beauregard, avoue avoir composées à Saint-Ange pendant le carême de 1717 (*D'Arouet à Voltaire*, p.96).

Edition: Ce poème ne figure que dans l'édition Delangle (Paris 1824-1832), xviii.223.

NM

Sur monsieur le duc d'Orléans et madame de Berri.
1716

Ce n'est point le fils, c'est le père;
C'est la fille et non pas la mère;
A cela près tout va des mieux.
Ils ont déjà fait Etéocle;[1]
S'il vient à perdre les deux yeux,   5
C'est le vrai sujet de Sophocle.

---

[1] Etéocle fut le fils d'Œdipe et de sa mère Jocaste.

VERS DE MONSIEUR DE VOLTAIRE À MONSIEUR LE RÉGENT

Selon un écho recueilli par les éditeurs de Kehl, et que R. Pomeau juge 'incertain' (*D'Arouet à Voltaire*, p.102), c'est à son retour d'exil, automne 1716, que Voltaire aurait donné ces vers au Régent qui voyait toujours en lui l'auteur du couplet contre la duchesse de Berry.

Editions: La première édition est dans le recueil *Mon petit portefeuille* (Londres 1774), ii.35.

NM

Vers de monsieur de Voltaire à monsieur le Régent

> Non, monseigneur, en vérité,
> Ma muse n'a jamais chanté
> Ammonites ni Moabites.
> Brancas[1] vous répondra de moi.
> Un rimeur sorti des jésuites   5
> Des peuples de l'ancienne loi
> Ne connaît que les So***.

[1] Dès l'été 1716, Voltaire entreprend des démarches pour obtenir son rappel d'exil. Il consulte des amis, comme Chaulieu (D33, D35), mais il cherche aussi des appuis dans l'entourage même du Régent. Ainsi il s'adresse à l'un des 'roués', le duc de Brancas, en implorant sa 'protection' sans ménager les flatteries (D36). Ce poème est donc postérieur à cette lettre et date vraisemblablement de l'automne 1716.

À MONSIEUR L'ABBÉ DE CHAULIEU

Voltaire rend ici hommage à son vieux maître, dont l'influence fut déterminante sur ses poésies de jeunesse, et en profite pour décocher quelques flèches contre l'Académie, La Motte et Danchet.

La seule édition où le poème figure est celle de Delangle (Paris 1824-1832), xviii.224-25. Voir ci-dessus, p.295-301, une autre épître écrite à l'abbé de Chaulieu.

NM

A monsieur l'abbé de Chaulieu.
1716

Cher abbé, je vous remercie
Des vers que vous m'avez prêtés:
A leurs ennuyeuses beautés
J'ai reconnu l'Académie.
La Motte n'écrit pas fort bien.   5
Vos vers m'ont servi d'antidote
Contre ce froid rhétoricien;[1]
Danchet[2] écrit comme La Motte:
Mais surtout n'en dites rien.

---

[1] Rappelons que Voltaire n'appréciait qu'assez peu La Motte. Lorsque ce dernier, vers 1730, se déclara hostile aux vers et surtout aux rimes, il s'attira les foudres de notre auteur.

[2] Danchet avait déjà été l'objet d'une épigramme de Voltaire peu aimable, à l'occasion de son entrée à l'Académie en 1712. Voir aussi l'Introduction à l'Epigramme sur La Motte, p.374.

LETTRE DE MONSIEUR AROUET
À MONSEIGNEUR LE GRAND PRIEUR

Voltaire, craignant les poursuites après la mise en circulation de vers satiriques (*Regnante puero*) qu'on lui attribue, s'est réfugié auprès de M. de Caumartin, au château Saint-Ange. Il y passe tout le carême de 1717. Soucieux de rester en contact avec la société épicurienne du Temple qu'il fréquente à Paris, il donne de ses nouvelles par cette épître au maître des lieux, le Grand Prieur de Vendôme. Voir également ci-dessus p.288-94, une autre lettre au Grand Prieur écrite quelques mois auparavant.

Manuscrits: MS1: St Pétersbourg, Saltykov-Shchedrin State Public Library, Aut 288, f.24r-26r, autographe, 32 x 21 cm.

MS2: copie de MS1 conservée à Paris, BnF, F 12943, f.9-10. Le plus intéressant des deux manuscrits est celui de Saint-Pétersbourg, autographe, l'autre n'en étant qu'une copie faite pour Beuchot par A. Degouroff, ancien recteur de l'Université de Saint-Pétersbourg. Nous avons cependant collationné les deux textes qui présentent quelques différences.

Editions: La première édition du poème figure dans les *Œuvres* de Chaulieu (La Haye [Paris] 1774), ii.202-206. Le poème figure dans K, xiii.28-31. Texte de base: *Œuvres* de Chaulieu.

NM

Lettre de monsieur Arouet à monseigneur le Grand Prieur

Je voulais par quelque huitain,
Sonnet, ou lettre familière,
Réveiller l'enjouement badin

a   MS1, MS2: [*absent*]
    K: Epître à M. le prince de Vendôme, grand prieur de France.
1   MS1: <J'aurais voulu> Je voulais

De Votre Altesse chansonnière;
Mais ce n'est pas petite affaire
A qui n'a plus l'abbé Courtin[1]
Pour directeur et pour confrère.

Tout simplement donc je vous dis
Que dans ces jours, de Dieu bénis,
Où tout moine et tout cagot mange
Harengs saurets et salsifis,
Ma muse qui toujours se range
Dans les bons et sages partis,
Fait avec faisans et perdrix
Son carême au château Saint-Ange.

Au reste, ce château divin,
Ce n'est pas celui du saint-père,
Mais bien celui de Caumartin,
Homme sage, esprit juste et fin,
Que de tout mon cœur je préfère
Au plus grand pontife romain,
Malgré leur pouvoir souverain
Et leur indulgence plénière.
Caumartin porte en son cerveau
De son temps l'histoire vivante;

5

10

15

20

25

11 MS1: Harans, sorets et cerlifits[2]
     MS2: Harengs saurets et cercifits
13 MS1, MS2: les sages et bons partis
14 MS1, MS2: avec canards et
22 K: Malgré son pouvoir
23 K: Et son indulgence

[1] François Courtin (1659-1739), abbé, apparenté à la maréchale de Villars, était un des hôtes joviaux du Grand Prieur au Temple. Saint-Simon ne l'estime guère et dit qu'il 'prit le petit collet par paresse et par débauche' (*Mémoires*, ii.156). Il mourut en 1739, âgé d'environ quatre-vingts ans.

[2] D'après le *Dictionnaire étymologique de la langue française* de Bloch et Wartburg (Paris 1975), le mot 'salsifis' est apparu en 1600 environ sous la forme 'sercifi', mais connaissait bien d'autres variantes.

Caumartin est toujours nouveau
A mon oreille qu'il enchante;
Car dans sa tête sont écrits
Et tous les faits et tous les dits
Des grands hommes, des beaux esprits;   30
Mille charmantes bagatelles,
Des chansons vieilles et nouvelles,
Et les annales immortelles
Des ridicules de Paris. [3]
Château Saint-Ange, aimable asile, [4]   35
Heureux qui dans ton sein tranquille
D'un carême passe le cours!
Château que jadis les Amours
Bâtirent d'une main habile
Pour un prince qui fut toujours   40
A leur voix un peu trop docile,
Et dont ils filèrent les jours!
C'est chez toi que François Premier
Entendait quelquefois la messe,
Et quelquefois par le grenier   45
Rendait visite à sa maîtresse.

42   K: [*après ce vers, ajout*:] Des courtisans fuyant la presse
46   MS1, MS2: Allait visiter sa

[3] Le portrait que Saint-Simon dresse de Louis-Urbain Lefèvre de Caumartin confirme les compliments que lui adresse Voltaire: 'C'était un grand homme, beau et très bien fait, fort capable dans son métier de robe et de finances, qui savait tout en histoires, en généalogies, en anecdotes de cour, avec une mémoire qui n'oubliait rien de ce qu'il avait vu ou lu, jusqu'à en citer les pages sur le champ dans la conversation' (*Mémoires*, i.355). De fait, Caumartin était un fervent admirateur d'Henri IV et c'est sous l'impulsion de sa conversation que Voltaire commença à Saint-Ange ce qui devait devenir *La Henriade*.

[4] Voltaire avait déjà fait un séjour dans ce château près de Fontainebleau en 1714. Caumartin y avait dépensé une fortune et avait ainsi compromis sa situation financière. Notons que ce château porte le même nom que la citadelle papale située à Rome, ce qui explique l'allusion des vers 16-18.

De ce pays les citadins
Disent tous que dans les jardins
On voit encore son ombre fière
Deviser sous des marronniers   50
Avec Diane de Poitiers,
Ou bien la belle Ferronière.
Moi chétif, cette nuit dernière,
Je l'ai vu couvert de lauriers;
Car les héros les plus insignes   55
Se laissent voir très volontiers
A nous, faiseurs de vers indignes.
Il ne traînait point après lui
L'or et l'argent de cent provinces,
Superbe et tyrannique appui   60
De la vanité des grands princes;
Point de ces escadrons nombreux
De tambours et de hallebardes,
Point de capitaine des gardes,
Ni de courtisans ennuyeux;   65
Quelques lauriers sur sa personne,
Deux brins de myrte dans ses mains,
Etaient ses atours les plus vains;
Et de *** quelques grains
Composaient toute sa couronne.   70
'Je sais que vous avez l'honneur,
Me dit-il, d'être des orgies
De certain aimable prieur,

48   MS2: dans tes jardins [*surcharge sur*: les]
50   MS1: Deviser <sous des peupliers> auprès des figuiers
     MS2: Deviser auprès des figuiers
54   MS1, MS2: [*absent avec espace blanc*]
61   MS2: vanité de nos princes
62   MS1: ces <remparts fastueux> escadrons pompeux
     MS2: escadrons pompeux
69   MS1, MS2: de vérole quelques
     K: de v..... quelques

Dont les chansons sont si jolies
Que Marot les retient par cœur,   75
Et que l'on m'en fait des copies.
Je suis bien aise, en vérité,
De cette honorable accointance;
Car avec lui, sans vanité,
J'ai quelque peu de ressemblance: 80
Ainsi que moi, Minerve et Mars
L'ont cultivé dès son enfance;
Il aime comme moi les arts,
Et les beaux vers par préférence;
Il sait de la dévote engeance,   85
Comme moi, faire peu de cas;
Hors en amour, en tous les cas
Il tient, comme moi, sa parole;
Mais enfin, ce qu'il ne sait pas,
Il a, comme moi, la ***;   90
J'étais encore dans mon été
Quand cette noire déité,
De l'Amour fille dangereuse,
Me fit du fleuve de Léthé
Passer la rive malheureuse.   95

84   MS2: [*après ce vers, ajout:*]
          Ainsi que moi loin de la France
          Il essuya quelques hasards.
89   MS1: Mais ce qu'enfin il
90   MS1, MS2: moi la vérole
      K: moi la v.....
93   MS1, MS2: fille malheureuse
94-95   MS1:
          <me fit de l'onde du Léthé
          Passer la rive malheureuse>
          Me fit de l'onde du Léthé
          Boire à longs traits l'onde oublieuse.
        MS2:
          Me fit de l'onde du Léthé
          Boire à longs traits l'onde oublieuse.

Plaise aux dieux que votre héros
Pousse plus loin ses destinées,
Et qu'après quelque trente années
Il vienne goûter le repos
Parmi nos ombres fortunées!   100
En attendant, si de Caron
Il ne veut emplir la voiture,
Et s'il veut enfin tout de bon
Terminer la grande aventure,
Dites-lui de troquer Chambon⁵   105
Contre quelque once de mercure.'⁶

101-106   MS1, MS2: [absent]
102   K: veut remplir la

⁵ Une des propriétés du Grand Prieur.
⁶ Le traitement à base de mercure était, à cette époque, le plus pratiqué contre la vérole.

À S. A. S. MONSEIGNEUR LE PRINCE DE CONTI

Voltaire n'a qu'un an de plus que Louis-Armand de Bourbon, prince de Conti (1695-1727), et pourtant, dans cette épître, le poète se pose en moraliste et rappelle au jeune prince les devoirs qu'impose son rang. Le prince de Conti appréciait beaucoup Voltaire. Il avait été enthousiasmé par *Œdipe*, et avait composé à cette occasion en 1718 un poème où il le comparait à Corneille et Racine (M.i.302-303). Si on croit les témoignages de l'époque, les remontrances – certes discrètes – de Voltaire étaient loin d'être sans objet. Dans leur ouvrage *Vie privée du prince de Conty* (Paris 1907), G. Capon et R. Yve-Plessis se font l'écho des bruits qui circulent sur son compte: bossu, laid, plein de tics nerveux, jouisseur, il était surnommé à la cour le 'Singe Vert'. Mme de Caylus disait de lui qu'il était 'le mari de bien des femmes et la femme de bien des hommes', il séquestrait sa femme pourtant charmante et avait de peu en 1714 évité le scandale à propos du meurtre d'une prostituée. L'épître de Voltaire, du coup, semble bien timide.

Edition: Ce poème ne figure que dans les *Pièces inédites* (Paris 1820), p.35-37.

NM

A S. A. S. monseigneur le prince de Conti.

1718

Conti, digne héritier des vertus de ton père,[1]
Toi que l'honneur conduit, que la justice éclaire,

---

[1] Le père de Louis-Armand était François-Louis, prince de Conti (1664-1709), élu roi de Pologne en 1697.

Qui veux être à la fois et prince et citoyen,
Et peux de ta patrie être un jour le soutien,
Reçois de ta vertu la juste récompense,   5
Entends mêler ton nom dans les vœux de la France.
Vois nos cœurs aujourd'hui justement enchantés,
Au devant de tes pas voler de tous côtés;
Connais bien tout le prix d'un si rare avantage;
Des princes vertueux c'est le plus beau partage;   10
Mais c'est un bien fragile, et qu'il faut conserver:
Le moindre égarement peut souvent en priver.
Le public est sévère, et sa juste tendresse
Est semblable aux bontés d'une fière maîtresse,
Dont il faut par des soins solliciter l'amour;   15
Et quand on la néglige, on la perd sans retour.
Alexandre, vainqueur des climats de l'aurore,
A de nouveaux exploits se préparait encore;
Le bout de l'univers arrêta ses efforts.
Et l'Océan surpris l'admira sur ses bords.   20
Sais-tu bien quel était le but de tant de peines?
Il voulait seulement être estimé d'Athènes;
Il soumettait la terre afin qu'un orateur
Fît aux Grecs assemblés admirer sa valeur.
Il est un prix plus noble, une gloire plus belle,   25
Que la vertu mérite, et qui marche après elle:
Un cœur juste et sincère est plus grand, à nos yeux,
Que tous ces conquérants que l'on prit pour des dieux.
Eh! que sont en effet le rang et la naissance,
La gloire des lauriers, l'éclat de la puissance,   30
Sans le flatteur plaisir de se voir estimé,
De sentir qu'on est juste et que l'on est aimé;
De se plaire à soi-même, en forçant nos suffrages:
D'être chéri des bons, d'être approuvé des sages?
Ce sont là les vrais biens, seuls dignes de ton choix,   35
Indépendants du sort, indépendants des rois.
Un grand, bouffi d'orgueil, enivré de délices,

Croit que le monde entier doit honorer ses vices.
Parmi les vains plaisirs l'un à l'autre enchaînés,
Et d'un remords secret sans cesse empoisonnés,   40
Il voit d'adulateurs une foule empressée
Lui porter de leurs soins l'offrande intéressée.
Quelquefois au mérite amené devant lui,
Sa voix, par vanité, daigne offrir un appui:
De cette cour nombreuse il fait en vain parade: 45
Il ne voit point chez lui Villars ni La Feuillade,
Pour lui de Liancour l'accès n'est point permis,
Sully ni Villeroy[2] ne sont point ses amis.
C'est à de tels esprits qu'il importe de plaire,
Ce sont eux dont les yeux éclairent le vulgaire;   50
Quiconque a le cœur juste est par eux approuvé,
Et peut aux yeux de tous marcher le front levé;
Chacun dans leur vertu se propose un modèle;
Le vice la respecte et tremble devant elle.
La cour, toujours fertile en fourbes ténébreux,   55
Porte aussi dans son sein de ces cœurs généreux.
Tout n'est pas infecté de la rouille des vices:
Rome avait des Burrhus ainsi que des Narcisses;
Du temps des Concinis la France eut des de Thous.
Mais pourquoi vais-je ici, de ton honneur jaloux,   60
A tes yeux éclairés retracer la peinture
Des vertus qu'à ton cœur inspira la nature?
Elles vont chaque jour chez toi se dévoiler:
Plein de tes sentiments, c'est à toi d'en parler;
Ou plutôt c'est à toi, que tout Paris contemple,   65
A nous en parler moins qu'à nous donner l'exemple.

---

[2] Henri-Roger de La Rochefoucauld, marquis de Liancourt (1665-1749), jouissait d'une excellente réputation (voir Saint-Simon, *Mémoires*, iv.730). Les autres personnages cités, plus connus et tout aussi estimés, étaient en outre des amis de Voltaire.

À MONSIEUR LE DUC DE LA FEUILLADE

Louis d'Aubusson, duc de La Feuillade (1673-1725), est un des hôtes habituels de Voltaire qui fait de fréquents séjours dans son château du Bruel. Ce poème se trouve à l'origine inséré dans une lettre adressée au duc écrite dans la maison du duc de Richelieu (D69). L'ironie du propos montre bien le degré de familiarité qui règne entre le poète et son correspondant. La signature de la lettre, Arouet de Voltaire, permet de la dater: ce n'est plus Arouet et pas encore Voltaire. F. Deloffre, dans l'édition de La Pléiade (i.54), propose comme date 'vers le 3 octobre 1718'.

Manuscrits: MS1: BnF ms. Arsenal 3329, f.30 (copie contemporaine, le texte de D69); MS2: Rouen, Bibliothèque municipale, Archives de l'Académie C38 bis, recueil Cideville, f.7*v*-8*v*.

Editions: w38, vi.p.172-73; RP40 (Paris), p.215-16; w41C, v.152-53; w42, v.152-53; w46, v.163; w48D, iii.71-72; w51, iii.80-81; w52, iii.208; w56, ii.253-54; w57P, vi.236; w57G, ii.253-54; w64R, v.143-44; w68, xviii.348; w70G, ii.271-72; w72P (1771), iii.278; w72P (1773), xiv.297; w75G, xii.350; K, xiii.11-12.

Texte de base: w75G, en l'absence de variantes importantes. Toutes les éditions présentent le même texte si on excepte un point de divergence, de peu d'importance, au vers 15. Nous avons également collationné le texte de D69, qui présente des différences plus significatives, dont celle du vers 8.

NM

A monsieur le duc de La Feuillade

Conservez précieusement
L'imagination fleurie
Et la bonne plaisanterie

---

a w38: Lettre à monsieur de La Feuillade.
  K: Epître à monsieur le duc de La Feuillade. 1714.

Dont vous possédez l'agrément,
A défaut du tempérament   5
Dont vous vous vantez hardiment,
Et que tout le monde vous nie.[1]
La dame qui depuis longtemps
Connaît à fond votre personne
A dit: 'Hélas! je lui pardonne   10
D'en vouloir imposer aux gens;
Son esprit est dans son printemps,
Mais son corps est dans son automne.'[2]
Adieu, monsieur le gouverneur,
Non plus de province frontière,   15
Mais d'une beauté singulière
Qui, par son esprit, par son cœur,
Et par son humeur libertine,
De jour en jour fait grand honneur
Au gouverneur qui l'endoctrine.   20
Priez le Seigneur seulement
Qu'il empêche que Cythérée
Ne substitue incessamment
Quelque jeune et frais lieutenant,
Qui ferait sans vous son entrée   25
Dans un si beau gouvernement.

6   D69: vantez hautement
8   D69, MS2: Villeroy qui
13 D69: Mais le reste est
    MS2: Mais son vit est [*les deux lettres 'i' et 't' ont été rayées par Cideville*]
15 D69: Non pas de provinces frontières
    W46, RP40: Non, plus de provinces frontières
21 D69: Mais priez

[1] Maurepas nous dit que le duc avait 'épousé deux femmes dont il n'a jamais eu d'enfants, n'ayant point couché avec elles' (*Mémoires*, ii.60).
[2] La version de la correspondance est plus scabreuse. Maurepas (*Mémoires*, ii.61) lui connaît deux maîtresses successives: la Chambonneau, puis Mme de Seignelay. C'est sans doute à cette dernière que la version plus décente fait allusion.

[AU DUC DE LORRAINE]

Ce quatrain est un exemple de la cour assidue que le jeune Arouet fait à tous les Grands d'Europe (voir l'*Epître au roi d'Angleterre* ci-dessous). A l'occasion de la première édition d'*Œdipe*, il organise une véritable promotion de ses talents et n'oublie pas d'offrir un exemplaire au duc de Lorraine, associé à son épouse dans ce poème très flatteur. N'oublions pas qu'elle est la sœur du Régent. Ce poème nous est parvenu par l'intermédiaire de Palissot, dans son *Eloge de M. de Voltaire* (Londres et Paris, J.-F. Bastien, 1778), p.51, qui lui-même, dit-il, le tenait de son père 'qui avait eu l'honneur d'être du conseil du duc Léopold'. Il cite ces vers dans les 'Notes et pièces justificatives de l'*Eloge*', p.51, sans leur donner de titre.

Editions: Ce poème paraît pour la première fois dans l'éloge de Palissot. Les éditeurs de Kehl l'ont repris sans la moindre variante, en lui donnant un titre (xiv.273). Texte de base: Palissot, *Eloge de M. de Voltaire*, p.51.

NM

O vous, de vos sujets l'exemple et les délices!
Vous qui régnez sur eux en les comblant de biens,
De mes faibles talents acceptez les prémices:
C'est aux dieux qu'on les doit, et vous êtes les miens.

a K: [*avec titre*:] Au duc de Lorraine Léopold, et à madame la duchesse, son épouse, en leur présentant la tragédie d'*Œdipe*. 1718.

ÉPÎTRE AU ROI D'ANGLETERRE
GEORGE Ier

George Ier, monarque plutôt terne, est ici porté aux nues. On sait que, flatté, le roi fera parvenir au poète une montre en or à répétition par l'intermédiaire de son ambassadeur, John Dalrymple, le comte de Stair. Cet envoi date du printemps 1719 (D80). On ne peut, par ailleurs, que constater une coïncidence: dans le même temps, Dubois pratiquait une politique d'ouverture en direction de l'Angleterre. Voltaire faisait peut-être d'une pierre deux coups et pensait aussi s'attirer les bonnes grâces du Régent.

Edition: Ce poème ne figure que dans K, xiii.35-36.

NM

Epître au roi d'Angleterre George Ier
en lui envoyant la tragédie d'Œdipe. 1719

Toi que la France admire autant que l'Angleterre,
Qui de l'Europe en feu balances les destins;
Toi qui chéris la paix dans le sein de la guerre,
    Et qui n'es armé du tonnerre
    Que pour le bonheur des humains;   5
    Grand roi, des rives de la Seine
J'ose te présenter ces tragiques essais:
Rien ne t'est étranger; les fils de Melpomène
    Partout deviennent tes sujets.
Un véritable roi sait porter sa puissance   10
Plus loin que ses Etats enfermés par les mers:
Tu règnes sur l'Anglais par le droit de naissance;
    Par tes vertus, sur l'univers.

Daigne donc de ma muse accepter cet hommage

Parmi tant de tributs plus pompeux et plus grands;   15
Ce n'est point au roi, c'est au sage,
C'est au héros que je le rends.

ÉPÎTRE À MADAME LA MARÉCHALE
DE VILLARS

Pendant l'hiver 1718, la maréchale de Villars, assistant à une représentation d'*Œdipe*, fit venir l'auteur dans sa loge et chercha à s'attacher ce poète à la mode. Voltaire s'éprit d'elle, bien qu'elle fût d'une vingtaine d'années son aînée. Mais il fut éconduit, et à l'été 1719, il annonçait à Mme de Mimeure (D82) que sa passion était éteinte. Ces deux poèmes datent sans doute du début de l'année 1719.

Edition: La première épître ne figure que dans Kehl (xiii.39-40).

Le quatrain ne se trouve que dans les *Pièces inédites* (Paris, Didot, 1820), p.77.

NM

Epître à madame la maréchale de Villars

Divinité que le ciel fit pour plaire,
Vous qu'il orna des charmes les plus doux,
Vous que l'Amour prend toujours pour sa mère,
Quoiqu'il sait[1] bien que Mars[2] est votre époux;
Qu'avec regret je me vois loin de vous!   5
Et quand Sully quittera ce rivage,
Où je devrais, solitaire et sauvage,
Loin de vos yeux vivre jusqu'au cercueil,
Qu'avec plaisir, peut-être trop peu sage,
J'irai chez vous, sur les bords de l'Arcueil,[3]   10

---

[1] L'indicatif dans les propositions concessives est attesté depuis longtemps. L'hésitation entre indicatif et subjonctif est très ancienne dans la langue et était encore courante au dix-huitième siècle.

[2] Le maréchal de Villars était un vrai militaire, réputé pour ses faits d'armes, en particulier à Denain en 1712.

[3] Il s'agit sans doute d'une erreur d'impression, reprise par les éditions postérieures. L'Ancueil, ou Anqueuil, est le nom de la petite rivière qui coule à Vaux-Villars.

Vous adresser mes vœux et mon hommage!
C'est là que je dirai tout ce que vos beautés
Inspirent de tendresse à ma muse éperdue:
Les arbres de Villars en seront enchantés,
    Mais vous n'en serez point émue.   15
N'importe: c'est assez pour moi de votre vue,
Et je suis trop heureux si jamais l'univers
    Peut apprendre un jour dans mes vers
Combien pour vos amis vous êtes adorable,
Combien vous haïssez les manèges des cours,[4]   20
Vos bontés, vos vertus, ce charme inexprimable
Qui, comme dans vos yeux, règne en tous vos discours.
L'avenir quelque jour, en lisant cet ouvrage,
Puisqu'il est fait pour vous, en chérira les traits:
Cet auteur, dira-t-on, qui peignit tant d'attraits   25
    N'eut jamais d'eux pour son partage
Que de petits soupers où l'on buvait très frais;
    Mais il mérita davantage.

A madame la maréchale de Villars

On fait des nœuds[5] avec indifférence;
Le tendre amour en forme de plus doux: 30
Ceux dont mon cœur se sent joint avec vous
Ont plus de force avec plus de constance.

---

[4] Saint-Simon ne partage pas tout à fait l'opinion de Voltaire sur ce point. Dans le chapitre 38 de ses *Mémoires*, il fait le portrait de la maréchale: 'C'était une femme qui, à travers les galanteries, s'était mise en considération personnelle par les grâces et l'application avec lesquelles elle tâchait d'émousser la jalousie de la fortune de son mari' (iii.649).

[5] Voltaire joue sur les mots. 'Faire des nœuds' c'est façonner une sorte de dentelle au moyen d'une navette – activité féminine trompant l'ennui – mais 'former des nœuds' c'est créer des liens d'amitié ou d'affection entre des personnes.

À MONSIEUR DE LA FALUÈRE DE GÉNONVILLE

Nicolas-Anne Le Fèvre de La Faluère était le fils d'un président à mortier du parlement de Bretagne; Génonville était le nom de sa mère. Voltaire appréciait beaucoup ce compagnon: dans l'*Epître à monsieur de Gervasi* (M.x.256-59), il l'appelle 'l'aimable Génonville', dans celle au duc de Sully (ci-dessous), 'le petit Génonville'. Il loue partout son esprit 'enjoué' et son bon caractère. Cependant, Voltaire aurait pu garder contre lui quelque grief. Du temps de l'exil à Sully, pendant l'été 1716, Génonville a partagé les loisirs d'Arouet et de sa jeune maîtresse, Suzanne de Livry. Mais, lorsque ensuite Voltaire passa onze mois à la Bastille, en 1717-1718, Génonville s'empressa de consoler la jolie Suzanne. Voltaire y fait souvent allusion, y compris dans ce poème. Aucune véritable brouille ne s'en suivit. Génonville évoluait dans le même monde, lettré et épicurien, que Voltaire. Il rimait lui aussi des petits vers (D63). Leurs relations se refroidiront quelque peu en décembre 1722 (D136, D139, D140). Mais Voltaire sera profondément affecté par la mort brutale de Génonville, en septembre 1723, causée par la petite vérole. Dans ce poème, Voltaire, une fois encore, se plaint de sa mauvaise santé, tout comme dans l'épître *A Mlle de L[ivry]* qui date de la même époque, du printemps 1719.

Editions: w37, i.298-300; w38, iv.67-69; w39, ii.284-85; w41R, iv.67-69; w41C, v.135-38; RP40, p.194-96; w42, v.135-38; w46, v.144-46; w48D, iii.78-80; w51, iii.86-88; w52, iii.213-14; w56, ii.258-60; w57G, ii.258-60; w57P, vi.239-40; w64R, iv.64-66; w68, xviii.351-52; w70G, ii.276-78; w72P(71), iii.268-69; w72P(73), xiv.204-206; w75G, xii.353-54; κ, xiii.33-35.

Texte de base: w75G, xii.353-54. Les autres éditions de ce poème diffèrent assez peu de cette leçon. On peut noter cependant que les derniers vers, qui constituent une sorte de profession de foi, ne figuraient pas dans les éditions issues de w38 (w41R, w64R).

NM

A monsieur de La Faluère de Genonville,
conseiller au Parlement et intime ami de l'auteur.
Sur une maladie
(1719)

Ne me soupçonne point de cette vanité
Qu'a notre ami Chaulieu de parler de lui-même,
Et laisse-moi jouir de la douceur extrême
De t'ouvrir avec liberté
Un cœur qui te plaît et qui t'aime.　　　　　5
De ma muse, en mes premiers ans,
Tu vis les tendres fruits imprudemment éclore;
Tu vis la calomnie avec ses noirs serpents
Des plus beaux jours de mon printemps
Obscurcir la naissante aurore.　　　　　10
Je vis que l'injustice accable tout auteur;
Mais au moins de mon malheur
Je sus tirer quelque avantage:
J'appris à m'endurcir contre l'adversité,
Et je me vis un courage　　　　　15
Que je n'attendais pas de la légèreté
Et des erreurs de mon jeune âge.[1]

a-d　w56, w57G, w57P, w70G: A M. de Genonville sur une maladie
　　w38, w64R: Epître à M. de Genonville
7　w38, w41R, w64R: [*avec note*: Mr de La Faluère de Genonville était l'ami intime de Mr de Voltaire; ils avaient été élevés ensemble.]
8　w41R: avec ces noirs
11　Toutes éd. sauf w75G: D'une injuste prison je subis la rigueur
　　w38, w41R, w64R: [*avec note*: L'auteur avait été mis à la Bastille à l'âge de dix-neuf ans sur le faux rapport d'un espion.]
12　w51: Mais tout au
15　w51: un grand courage

[1] On reconnaît là des allusions à l'exil à Sully, à l'enfermement à la Bastille et aux divers déboires du jeune Arouet, après la mise en circulation de petits vers contre le Régent et sa fille.

Dieux! que n'ai-je eu depuis la même fermeté!
    Mais à de moindres alarmes
    Mon cœur n'a point résisté.   20
Tu sais combien l'amour m'a fait verser de larmes;
    Fripon, tu le sais trop bien,
    Toi dont l'amoureuse adresse
    M'ôta mon unique bien;[2]
    Toi dont la délicatesse,   25
  Par un sentiment fort humain,
  Aima mieux ravir ma maîtresse
  Que de la tenir de ma main.
Mais je t'aimai toujours tout ingrat et vaurien;
Je te pardonnai tout avec un cœur chrétien,   30
Et ma facilité fit grâce à ta faiblesse.
Hélas! pourquoi parler encor de mes amours?
Quelquefois ils ont fait le charme de ma vie:
    Aujourd'hui la maladie
En éteint le flambeau peut-être pour toujours.   35
De mes ans passagers la trame est raccourcie;
Mes organes lassés sont morts pour les plaisirs;
Mon cœur est étonné de se voir sans désirs.
    Dans cet état il ne me reste
Qu'un assemblage vain de sentiments confus,   40
Un présent douloureux, un avenir funeste,
Et l'affreux souvenir d'un bonheur qui n'est plus.
Pour comble de malheur, je sens de ma pensée
    Se déranger les ressorts;
Mon esprit m'abandonne, et mon âme éclipsée   45
Perd en moi de son être, et meurt avant mon corps.
Est-ce là ce rayon de l'essence suprême

29 w72p(71): je t'aime toujours
40 w46: vain des sentiments

[2] Suzanne Gravet de Livry.

Qu'on nous peint si lumineux?
Est-ce là cet esprit survivant à nous-mêmes?
Il naît avec nos sens, croît, s'affaiblit comme eux:
Hélas! périrait-il de même?[3]   50
  Je ne sais; mais j'ose espérer
Que, de la mort, du temps, et des destins le maître,
Dieu conserve pour lui le plus pur de notre être,
Et n'anéantit point ce qu'il daigne éclairer.   55

---

48   w70G: nous a peint
49   K: à lui-même
52   w41C, w42: Non, sans doute, et j'ose
52-55 w38, w41R, w64R: [absent]

---

[3] Tout ce passage est librement inspiré du chœur de la fin du second acte de *La Troade* de Sénèque: le mouvement interrogatif, la métaphore même du 'rayon' sont repris de ce texte.

À MADEMOISELLE DE L.

Si ces vers sont bien adressés à Suzanne Gravet de Livry (voir M.xxxii.399n), ils datent vraisemblablement du printemps 1719, époque où Voltaire renoue avec elle, malgré ses infidélités avec Génonville; voir la pièce précédente, où Voltaire se plaint également de sa mauvaise santé. Pour plus de détails sur cette idylle, consulter G. Bengesco, *Les Comédiennes de Voltaire* (Paris 1912), p.289 et suiv.

Edition: On ne trouve ce poème que dans les *Pièces inédites* (Paris, Didot, 1820), p.77.

NM

A mademoiselle de L.
pendant une maladie de l'auteur

Sors de mon sein, fatale maladie.
Dieux des enfers, impitoyables dieux,
N'attentez pas aux beaux jours de ma vie:
Ils sont sacrés, ils sont pour Aspasie.
Je vis pour elle, et je vis pour ses yeux;   5
Mais si jamais son amour infidèle
Vient à s'éteindre ou commence à languir,
Ah! c'est alors qu'il me faudra mourir;
De mon trépas reposez-vous sur elle.

SUR LE BIRIBI

Voltaire évoque un jeu très à la mode dans les salons: le biribi ou le hocca. Jeu de hasard s'apparentant au loto, et surtout jeu d'argent, il est la cause de bien de ruines, et, comme tel, interdit par des arrêts du parlement. Voltaire lui-même confie en 1719 (D86) qu'il y joue beaucoup chez le maréchal de Villars et qu'il y perd '[son] bonnet'. Ces vers doivent dater du début de l'été 1719, car il les envoie à John Dalrymple, comte de Stair, le 20 juin (D80). Voltaire veut ainsi le remercier: en sa qualité d'ambassadeur d'Angleterre, le comte a remis à Voltaire de la part de son monarque une montre de grand prix.

Manuscrit: BnF, mss fr. n.a. 24342, f.393r et v. Manuscrit issu des papiers de Wagnière, nous ne l'avons pas retenu comme texte de base en raison de deux vers faux de 9 pieds qu'il présente aux vers 1 et 3.

Editions: Le poème a été imprimé dans le volume de *La Ligue* (Amsterdam, Desbordes, 1724), p.168. w64R (i, section 2, p.688-89) reprend le texte sans changements. K (xiii.45) offre quelques divergences. Texte de base: L24.

NM

Sur le Biribi
A madame de ***

Il est au monde une aveugle déesse
Dont la police a brisé les autels;
C'est du hocca[1] la fille enchanteresse,

a-b   K: Epître à Madame de ***.
1   MS1: est une monde
3   MS1: C'est d'Hoca la

[1] Le hocca fut sans doute introduit en France par les Italiens de la suite de Mazarin. C'est un jeu très avantageux pour la banque: on mise sur un grand tableau où figurent trente numéros, puis on tire d'un sac une boule parmi trente, la banque paie vingt-huit fois leurs mises aux gagnants.

Qui, sous l'appas d'une feinte caresse,
Va séduisant tous les cœurs des mortels.　　　　5
De cent couleurs bizarrement ornée,
L'argent en main, elle marche la nuit;
Au fond d'un sac elle a la destinée
De ses suivants, que l'intérêt séduit.
Monconseil[2] en riant par la main la conduit;　　10
La froide crainte et l'espérance avide
A ses côtés marchent d'un pas timide;
Le repentir à chaque instant la suit,
Mordant ses doigts et grondant la perfide.
Belle Philis, que votre aimable cœur　　　　15
A nos regards offre de différence!
Les vrais plaisirs brillent dans ce séjour;
Et, pour jamais bannissant l'espérance,
Toujours vos yeux y font régner l'amour.
Du biribi la déesse infidèle　　　　　　　20
Sur mon esprit n'aura plus de pouvoir;
J'aime encor mieux vous aimer sans espoir,
Que d'espérer nuit et jour avec elle.

4　MS1, K: sous l'appât d'une
10　K: Guiche, en
15　K: aimable cour
23　MS1, K: d'espérer jour et nuit avec

[2] Montconseil est un original souvent cité dans les mémoires du temps. Ancien page de Louis XIV, il a fait fortune par le jeu. Il a épousé la fille de Mme de Cursé chez qui la cour jouait toute la nuit. Le *Journal des nouvelles de Paris*, édité par Barthélémy (Paris 1879) à la date du 12 février 1735, dit même qu''on appelait son régiment le régiment de Biriby, parce que l'on prétend qu'il l'a gagné à ce jeu-là' (p.14). Montconseil était lui-même souvent appelé 'Royal-Biribi'.

LETTRE AU NOM DE MADAME
LA MARÉCHALE DE VILLARS À
MADAME DE SAINT-GERMAIN

Voltaire fait ici fonction de secrétaire auprès de la maréchale de Villars. Cette lettre donne des nouvelles des différents membres de la famille de Villars. Ils résident pour la plupart à Sully. Cela ne doit pas nous étonner: on se reçoit beaucoup entre châtelains. Cette même année 1719, une lettre de Voltaire à la marquise de Mimeure fait d'ailleurs mention d'un séjour inverse, du duc et de la duchesse de Sully à Villars (D82). Anne-Bonne Doublet de Persan, à qui est adressée cette missive, avait fait un beau mariage en épousant en 1711 Armand-Louis Foucault, chevalier de Saint-Germain-Beaupré, fils d'un maréchal de France. Saint-Simon relate les origines obscures de sa famille et ne semble guère l'apprécier elle-même (*Mémoires*, vii.377): 'elle trouva le moyen de percer partout et d'être du plus grand monde', écrit-il. Elle parvint surtout à s'introduire dans le proche entourage de la duchesse de Berry. C'est une dame riche, en vue, aimant le jeu et la société, belle-fille d'un maréchal. Il est très logique que la maréchale de Villars entretienne avec elle des rapports d'amitié. Voltaire en profite pour mettre en valeur sa modeste personne sans en avoir l'air.

Le château de Sully fut à l'origine un château médiéval, bâti au quatorzième siècle. Il fut seulement aménagé, modifié, agrandi par Sully au dix-septième siècle. Il appartenait à la famille depuis l'origine.

Manuscrit: Institut et musée Voltaire, Genève, dont nous reproduisons les variantes. [1]

Edition: On ne trouve ce poème que dans les *Pièces inédites* (Paris, Didot, 1820), p.38-41. Il a été reproduit en annexe dans les *Mémoires du*

---

[1] Nous remercions fort vivement M. Charles Wirz de nous avoir communiqué une copie de ce manuscrit.

maréchal de Villars, p.213, publiés par le marquis de Vogüé (Paris 1904), t.vi.

NM

———————

Lettre au nom de madame la maréchale de Villars
à madame de Saint-Germain.
Du château de Sully, 1719

A vous de qui les sentiments,
L'esprit, la probité, la douceur et les charmes,
Font que tous les mortels, en vous rendant les armes,
Sont vos amis ou vos amants,

Nous vous avions promis un récit très fidèle   5
De ce qu'on fait dans ce séjour
Bâti par un ministre adoré de la cour,
Et qui sera la demeure éternelle
Et de la gloire et de l'amour.
Monsieur le maréchal est allé dans la ville,   10
Dont sûrement il reviendra
Tout aussitôt qu'il le pourra;
Car, hélas! des vertus elle n'est plus l'asile.
Pour la dame du château,
A qui les dieux devraient porter envie,   15
S'ils pouvaient envier ce qu'ils font de plus beau,
Elle a très peu de compagnie.
Vous savez que ses agréments
Lui tiennent lieu de tout le monde:
Elle sait égayer par cent amusements   20
Cette solitude profonde.

a-b   MSI: A Mme de XXX
7   MSI: adoré dans la
12   MSI: tout le plutot qu'il pourra

Nous qui voyons tous les jours ses beaux yeux,
Nous la trouvons toujours nouvelle;
Et si nous désirons quelque chose en ces lieux,
Nos désirs ne sont que pour elle.   25

Pour le jeune marquis, j'avouerai franchement
Que le long du jour il s'ennuie,
Et qu'il bâille très fréquemment.
Vous en êtes la cause, encor qu'innocemment:
C'est vous qui lui donnez cette mélancolie.   30
Votre absence est souvent la cause de l'ennui;
Et son bonheur serait extrême
S'il se pouvait que, loin de lui,
Vous vous ennuyassiez de même. [2]

Madame de Vogüé vient tout en ce moment   35
De faire une parodie,
Que l'on trouve très jolie,
Et qui mérite assurément
Que dans le *Mercure Galant*
Au mois prochain on la publie,   40
Avec un petit compliment. [3]

22-25 MS1: [*absent*]
31   MS1: la source de
35   MS1: Vaugé
40   MS1: au prochain mois

[2] Simple badinage galant? Ou bien le jeune marquis était-il amoureux de Mme de Saint-Germain? Aucune chronique n'infirme ni ne confirme l'hypothèse. Né en 1702, il est alors bien jeune et ne se mariera qu'en 1721.

[3] Mme de Vogüé était la sœur du maréchal. Ce que révèle Saint-Simon est assez étonnant (*Mémoires*, iv.582): 'il en avait fait la duègne et l'Argus de sa femme. Il la logeait et la nourrissait pour cela; mais d'ailleurs il ne donnait pas un sou à elle ni à ses enfants, qui mouraient de faim.' Elle était née en 1664. Nous n'avons pas trouvé trace de sa parodie.

Boissieux,[4] doux, poli, complaisant,
Et que vous devriez connaître,
A l'esprit d'autant plus plaisant
Qu'il semble moins songer à l'être;   45
Il est d'un aimable entretien,
Badinant parfois sur un rien
Avec un air simple et sincère.

A l'égard du pauvre Voltaire,
On ne vous en écrira rien: 50
Il est comme à son ordinaire;
Passant un peu pour un vaurien,
Et ne s'en embarrassant guère,
Car il est très homme de bien,
Et très occupé de vous plaire.   55

Les Muses partagent son temps;
Seulement tout ce qui l'étonne,
C'est qu'il passa toujours parmi les médisants
Pour avoir chansonné les gens,
Et que c'est lui que l'on chansonne.   60

Adieu. La dame de céans
Souhaiterait qu'il se pût faire
Que Germaine troquât Persans[5]
Pour son beau château solitaire,
Car vous êtes bien son affaire,   65
Et surtout celle de l'enfant

56 MS1: [*absent*]
62 MS1: souhaite fort qu'il
64 MS1: pour ce beau

[4] Le maréchal avait deux neveux de ce nom, fils de sa sœur Thérèse et de Jean de Frétat, marquis de Boissieux. L'aîné, Louis, devint lieutenant général des armées en 1738, un an avant sa mort à cinquante-et-un ans. Le cadet, Jean, fut, en 1727, envoyé auprès de l'électeur de Cologne.
[5] La terre de Persan, ou Persang, est située à trente-sept kilomètres de Paris, non loin de Beauvais.

Dont cette Vénus est la mère.
Chacun vous fait son compliment.

Signé VILLARS.
Plus bas,
VOLTAIRE.

70

---

68   MS1: On vous fait bien des compliments
69   MS1: [*absent*]

ÉPÎTRE À MONSIEUR D'AREMBERG

Cette épître est adressée à 'l'un des plus grands seigneurs de Flandres', comme le dit Saint-Simon (*Mémoires*, vii.496), Léopold duc d'Aremberg et d'Arschoot (1690-1754). Ce grand personnage avait une réputation amoureuse solidement établie, comme l'atteste en particulier *Les Souhaits* (ci-dessus, vers 15), ce qui explique le ton plutôt grivois de l'épître. Les multiples allusions que recèle cette pièce permettent de la dater approximativement. Le dénommé Rothelin qui est évoqué ici n'est pas l'académicien bien connu, mais Philippe d'Orléans, marquis de Rothelin, mort le 25 août 1715. Courcillon ne mourra que le 9 septembre 1720. On peut donc prendre ces deux dates comme fourchette de datation 1715-1720. Par ailleurs, le duc d'Aremberg fut nommé gouverneur militaire du Hainaut et de la ville de Mons le 13 novembre 1718. Est-ce à cette nomination que Voltaire fait allusion au vers 10? La pièce daterait donc vraisemblablement de 1719-1720.

Manuscrit: BnF, n.a.f. 24342, f.394v-395r.

Editions: w41c, t.iii, appendice 'Pièces fugitives', p.13; w42, t.v, annexe 'Pièces fugitives', p.13-14; w64r, t.v, p.351-52.

Texte de base: BnF, n.a.f. 24342. Le texte des éditions nous a semblé moins sûr que celui du manuscrit: w64r présente un vers faux au premier vers (13 pieds); w41c et w42 ont une faute d'orthographe au vers 6 ('à commis') et présentent un vers douteux de 10 pieds au milieu des alexandrins (vers 18). L'édition Moland propose une version assez nettement distincte (M.x.223-25). Malheureusement, ni dans le manuscrit, ni dans les éditions plus anciennes, nous n'avons trouvé de trace de cette leçon du texte.

NM

Epître à monsieur d'Aremberg

D'Aremberg, où vas-tu? peux-tu nous échapper?
Quoi! tandis qu'à Paris on t'attend pour souper,
Tu pars, et je te vois, loin de ce doux rivage,
Voler en un clin d'œil au lieu de ton baillage![1]
Que fais-tu cependant dans ces climats amis   5
Qu'à tes soins vigilants l'empereur a commis?
Vas-tu, de tes désirs portant partout l'offrande,
Séduire la pudeur d'une jeune Flamande,
Qui, tout en rougissant, acceptera l'honneur
Des amours indiscrets de son cher gouverneur?   10
La paix offre un champ libre à tes exploits lubriques
Et remplit de cocus les campagnes belgiques,
Et fais-moi des bâtards où tes vaillantes mains
Dans nos derniers combats firent tant d'orphelins.
Mais quitte aussi bientôt, si la France te tente,   15
Des tétons du Brabant la chair flasque et tremblante,
Et conduit par Momus et porté par les Ris,
Pars, vole et reviens t'en pour jouir à Paris.
Ton salon est tout prêt, tes amis te demandent;
Du défunt Rothelin[2] les pénates t'attendent.   20

1   w64r: vas-tu? penses-tu
6   w41c, w42: l'empereur à commis
12 w41c, w42, w64r: Va remplir de
18 w41c, w42: Pars, vole, et viens t'en jouer à Paris
    w64r: Pars, vole, et viens t'enivrer à Paris

[1] Alors qu'il servait dans l'armée impériale, le duc d'Aremberg fut blessé lors de la bataille de Malplaquet le 11 septembre 1709. En récompense il reçut le gouvernement de Mons et la charge du grand bailli du Hainaut le 3 décembre 1709.

[2] Philippe d'Orléans, marquis de Rothelin, mourut le 25 août 1715, dans sa trente-septième année.

Viens voir le doux La Faye[3] aussi fin que courtois,
Le conteur La Serré,[4] Matignon[5] le sournois,
Courcillon dont ma plume a fait l'apothéose,[6]
Courcillon que l'on vante en vers tout comme en prose,
Courcillon qui se gâte, et qui, si je m'en crois,   25
Pourrait bien quelque jour être indigne de toi.
Ah! s'il allait quitter la débauche et la table,
S'il était assez fou pour être raisonnable,
Il se perdrait, grands dieux! Ah! cher duc, aujourd'hui
Si tu ne viens pour toi, viens par pitié pour lui!   30
Viens le sauver: dis-lui qu'il s'égare et s'oublie,
Qu'il ne peut être bon qu'à force de folies,
Et, pour tout dire enfin, remets-le dans tes fers.
Pour toi, près l'Auxerrois, pendant quarante hivers,
Bois, parmi les douceurs d'une agréable vie,   35
Un peu plus d'hypocras, un peu moins d'eau-de-vie.

---

21   w41c, w42: le Doux, la Faye
22   w41c, w42: conteur de Serées
      w64r: conteur de la Sérés
23   w64r: dont la plume
24   w41c, w42, w64r: [absent]
32   w41c, w42, w64r: de folie

---

[3] Jean-François Leriget de La Faye est au moins depuis 1716 un ami de Voltaire (D39). A sa mort en 1731, Voltaire fera paraître dans le *Mercure* une épitaphe en vers.

[4] Le 17 avril 1733, le *Journal de la Cour* confirme que M. de 'Lassérée' est toujours ami du duc d'Aremberg qu'il a accompagné à Bruxelles (*Journal de la Cour et de Paris*, 1732-1733, BnF, ms. fonds français 25000, éd. H. Duranton, Université de Saint-Etienne, 1981, p.77).

[5] Marie-Thomas-Auguste Goyon de Matignon, né en 1684, était l'amant de la princesse de Conti et passait pour très débauché. Des chansons ont circulé sur son compte (BnF, mss fr. 12628, f.375).

[6] Allusion à *A mademoiselle Duclos, ou la Courcillonade*, ci-dessus p.41-45.

À MONSIEUR LE DUC DE SULLY

Cette épître est tout ce qu'on a conservé d'une lettre, sans doute en prose et vers mêlés, adressée par Voltaire à Maximilien-Henri de Béthune, duc de Sully. Elle est datée du 18 août 1720 (D91). Comme le rappelle R. Pomeau, la famille de Sully était 'de longue date en relation d'affaires avec l'ancien notaire Arouet' (*D'Arouet à Voltaire*, p.98). Par ailleurs, le duc régnant, âgé d'une cinquantaine d'années, est un familier du Temple; il a accueilli Voltaire durant son exil de 1716-1717. En 1720, leurs relations sont excellentes, Voltaire est souvent invité, à Sully comme à Paris. Ce n'est qu'en 1728, après la trahison du duc de Sully dans l'affaire du chevalier de Rohan, que Voltaire se brouillera avec le duc et remplacera par Mornay toutes les mentions élogieuses du nom de Sully qu'il avait glissées dans *La Henriade*.

Editions: w32, i.207-209; w37, i.295-98; w38, iv.63-66; w39, ii.281-83; w40, p.63-66; rp40 (Paris), p.185-88; w41c, v.129-31; w41r, iv.63-66; w42, v.129-31; w46, v.137-39; w48d, iii.68-70; w51, iii.77-80; w52, iii.205-207; w56, ii.250-252; w57g, ii.250-52; w57p, vi.216-18; oc61, p.123-25; w64r, iv.61-63; w68, xviii.345-47; w70g, ii.267-70; w72p(71), iii.275-77; w72p(73), xiv.294-96; w75g, xii.347-49; k, xiii.40-42. On peut distinguer deux groupes majeurs d'éditions: w32, repris par w37, w38, w39, w40, w41r, w64r, et les autres éditions conformes au texte de base choisi, c'est-à-dire à l'édition encadrée w75g. Le texte de base est plus long et présente quelques points de divergence avec w32. Nous n'avons pas collationné le leçon de D91, très proche de w32. L'édition oc61 présente une leçon abrégée. On peut noter le peu de correction des deux éditions w41c et w42, qui présentent nombre de variantes fautives. Nous signalons aussi que Brossette transcrit deux fragments de ce poème (vers 22-31 et 41-50) dans une lettre qu'il adresse à Jean-Baptiste Rousseau, de Lyon, le 15 avril 1721 (*Lettres de Rousseau sur différents sujets*, Genève 1749, t.i, 2ᵉ partie, p.327). Nous n'avons pas collationné ce texte qui ne présente pas de variantes significatives. Texte de base: w75g.

NM

A monsieur le duc de Sully.
A Paris, le 18 août 1720

J'irai chez vous, duc adorable,
Vous dont le goût, la vérité,
L'esprit, la candeur, la bonté,
Et la douceur inaltérable,
Font respecter la volupté,   5
Et rendent la sagesse aimable.
Que dans ce champêtre séjour[1]
Je me fais un plaisir extrême
De parler, sur la fin du jour,
De vers, de musique, et d'amour,   10
Et pas un seul mot du système,[2]
De ce système tant vanté,
Par qui nos héros de finance
Emboursent l'argent de la France,
Et le tout par pure bonté!   15
Pareils à la vieille sibylle
Dont il est parlé dans Virgile,[3]
Qui, possédant pour tout trésor

a   w38, w40, w41R, oc61, w64R: Epître à M. le duc de Sully
    w32, w41C, w42: Lettre à M. le duc de Sully
b   w48D, w51, w52, w56, w57G, w57P, w70G, w72P(71): [*absent*]
7   w32, w37, w38, w39, w40, w41R, w64R: dans votre charmant séjour
10 w37, w38, w39, w40, RP40, w41R, w42, w64R: musique, d'amour
    w46: [*absent*]
12-21 w32, w37, w38, w39, w40, w41R, w64R: [*absent*]

[1] Château de Sully.
[2] Voltaire fait allusion au système de Law, comme au vers 68. Beaucoup d'éditions le précisent en note, à partir de w37.
[3] Allusion à l'épisode du rameau d'or dans l'*Enéide*, au début du chant VI. Voltaire en donne une version pour le moins raccourcie et burlesque.

Des recettes d'énergumène,[4]
Prend du Troyen le rameau d'or,   20
Et lui rend des feuilles de chêne.
   Peut-être, les larmes aux yeux,
Je vous apprendrai pour nouvelle
Le trépas de ce vieux goutteux
Qu'anima l'esprit de Chapelle: 25
L'éternel abbé de Chaulieu[5]
Paraîtra bientôt devant Dieu;
Et si d'une muse féconde
Les vers aimables et polis
Sauvent une âme en l'autre monde,   30
Il ira droit en paradis.
L'autre jour, à son agonie,
Son curé vint de grand matin
Lui donner en cérémonie,
Avec son huile et son latin,   35
Un passeport pour l'autre vie.
Il vit tous ses péchés lavés
D'un petit mot de pénitence,
Et reçut ce que vous savez
Avec beaucoup de bienséance.   40
   Il fit même un très beau sermon,
Qui satisfit tout l'auditoire.
Tout haut il demanda pardon

19   OC61: Des richesses d'énergumène
22   W37: les armes aux
26   W46, W48D: de Chaudieu
33-40 OC61: [absent]
35   W41C, W42: huile, son

---

[4] Terme usité parmi les théologiens pour désigner une personne possédée du diable.
[5] L'abbé de Chaulieu est mort le 27 juin 1720 (voir Marais, *Journal et mémoires*, i.303-304). Son admiration pour Chapelle permet à Voltaire un jeu de mots.

D'avoir eu trop de vaine gloire.
C'était là, dit-il, le péché   45
Dont il fut le plus entiché;
Car on sait qu'il était poète,
Et que sur ce point tout auteur,
Ainsi que tout prédicateur,
N'a jamais eu l'âme bien nette.   50
Il sera pourtant regretté
Comme s'il eût été modeste.
Sa perte au Parnasse est funeste:
Presque seul il était resté
D'un siècle plein de politesse.   55
On dit qu'aujourd'hui la jeunesse
A fait à la délicatesse
Succéder la grossièreté,
La débauche à la volupté,
Et la vaine et lâche paresse   60
A cette sage oisiveté
Que l'étude occupait sans cesse.
Pour notre petit Genonville, [6]
Si digne du siècle passé,
Et des faiseurs de vaudeville,   65
Il me paraît très empressé
D'abandonner pour vous la ville.
Le système n'a point gâté
Son esprit aimable et facile;
Il a toujours le même style,   70
Et toujours la même gaieté.

56   w32, w37, w38, w39, w40, w41R, w64R: Hélas! aujourd'hui
59   oc61: [absent]
62-63   k: [entre ces vers, insert:] Loin de l'envieux irrité.
68   w41c, w42: point gaîeté
71   oc61: gaîté.//

[6] Voir ci-dessus, *A M. de La Faluère de Genonville.*

Je sais que, par déloyauté,
Le fripon naguère a tâté
De la maîtresse tant jolie
Dont j'étais si fort entêté.
Il rit de cette perfidie, [7]
Et j'aurais pu m'en courroucer:
Mais je sais qu'il faut se passer
Des bagatelles dans la vie.

75

---

73 w48D: fripon n'a guère tâté
    RP40, w41C, w42, w46: fripon n'a guère à tâter
76 w32, w37, w38, w39, w40, w41R, w64R: [*absent*]
77 w32, w37, w38, w39, w40, w41R, w64R: Un autre eût pu s'en courroucer
79 w41C, w42: bagatelles de la

---

[7] Dans un volume ayant appartenu au président Hénault (BnF, Rés. Beuchot 4,
t.iv) le vers est inséré à la main suivant de probables instructions de Voltaire.

À MONSIEUR LE DUC DE RICHELIEU

A la fin de l'année 1720, Louis-François-Armand, duc de Richelieu posa sa candidature à l'Académie française, pour succéder au marquis de Dangeau, auteur d'importants mémoires. Comme nous l'apprend Marcel Pollitzer, dans son livre *Le Maréchal galant* (Paris 1952), p.94-95, le duc n'avait pas de titres littéraires à faire valoir, mais ayant profité de l'influence de nombreuses femmes, il fut élu à l'unanimité le 12 décembre, en l'absence de tout autre concurrent. La cérémonie de sa réception fut l'occasion de grandes mondanités. Le duc paradait, très beau, frisé, pomponné, très richement habillé, devant les académiciens, fiers d'accueillir l'héritier du nom de leur illustre fondateur, devant un parterre de ducs et de marquis, et surtout devant une assistance féminine ravie. Voltaire ne pouvait pas ne pas célébrer à sa façon le triomphe du duc son ami, avec une certaine ironie. Certains crurent même que Voltaire était l'auteur du petit discours que prononça le duc en cette solennelle circonstance.

Edition: Ce poème ne figure que dans l'édition Delangle, xviii.230-31.

NM

A monsieur le duc de Richelieu
sur sa réception à l'Académie. Décembre 1720

Vous que l'on envie et qu'on aime,
Entrez dans la savante cour;
L'on vous prend pour Apollon même,
Sous la figure de l'Amour.
Déjà vers vous l'Académie   5

A députe l'abbé Gedoin,[1]
Directeur de la compagnie,
Pour avoir en son nom le soin
De ... votre seigneurie.
Heureux ceux qu'en pareil besoin   10
On traite avec cérémonie.

[1] R. Pomeau (*D'Arouet à Voltaire*, p.32), nous apprend que Nicolas Gédoin ou Gedoyn, chanoine de la Sainte Chapelle, né en 1667, élu à l'Académie des belles-lettres en 1711 et à l'Académie française en 1719, traducteur de Quintilien, était un ami du père de Voltaire.

ÉPÎTRE AU CARDINAL DUBOIS

Voltaire par cette épître flagorneuse veut se ménager les bonnes grâces de Guillaume, cardinal Dubois (1656-1723), ministre du Régent. La fin de la guerre avec l'Espagne est marquée par plusieurs événements: la France obtient d'abord le renvoi d'Alberoni, ministre espagnol aux desseins politiques aventureux, en décembre 1719. Pour consolider la nouvelle alliance entre la France et l'Espagne deux mariages sont envisagés: le premier entre le jeune Louis XV et l'infante, fille de Philippe V; le second entre don Louis, héritier du trône d'Espagne et Mlle de Montpensier, quatrième fille du Régent. Seul ce dernier aura effectivement lieu. Ce rapprochement avec l'Espagne est en grande partie l'œuvre de Dubois. Aussi Voltaire l'en félicite; il semble nourrir quelques ambitions politiques et espère se voir ainsi confier des tâches diplomatiques. Les éditeurs de Kehl avancent 1719 comme date pour ce poème. En raison des événements politiques auxquels il est fait allusion, la date de 1720-1721 semble plus juste. En 1722, Voltaire cherchera encore à se faire valoir auprès du cardinal Dubois (cf. D106).

Manuscrit: Une copie manuscrite est classée dans le 'rebut' de l'édition Beuchot, BnF, mss fr. 14292, f.131-32.

Edition: Cette épître ne figure que dans κ, xiii.31-33. Nous ne savons pas pourquoi Beuchot n'a pas retenu le texte du manuscrit. Nous avons cependant noté l'unique variante. Texte de base: Kehl.

NM

Epître au cardinal Dubois

Quand du sommet des Pyrénées,
S'élançant au milieu des airs,
La Renommée à l'univers

Annonça ces deux hyménées
Par qui la Discorde est aux fers,   5
Et qui changent les destinées,
L'âme de Richelieu descendit à sa voix
Du haut de l'empyrée au sein de sa patrie.
Ce redoutable génie
Qui faisait trembler les rois,   10
Celui qui donnait des lois
A l'Europe assujettie,
A vu le sage Dubois,
Et pour la première fois
A connu la jalousie.   15
Poursuis: de Richelieu mérite encor l'envie.
Par des chemins écartés,
Ta sublime intelligence,
A pas toujours concertés,
Conduit le sort de la France;   20
La fortune et la prudence
Sont sans cesse à tes côtés.
Alberon pour un temps nous éblouit la vue;[1]
De ses vastes projets l'orgueilleuse étendue
Occupait l'univers saisi d'étonnement: 25
Ton génie et le sien disputaient la victoire.
Mais tu parus, et sa gloire
S'éclipsa dans un moment.
Telle, aux bords du firmament,
Dans sa course irrégulière,   30
Une comète affreuse éclate de lumière;

8 MS: de la patrie

[1] Duclos, dans ses *Mémoires* (Paris 1846), retrace la carrière fulgurante du
cardinal Alberoni, fils d'un simple jardinier, devenu l'ecclésiastique le plus influent
de la cour d'Espagne (p.143 et suiv).

Ses feux portent la crainte au terrestre séjour:
Dans la nuit ils éblouissent,
Et soudain s'évanouissent
Aux premiers rayons du jour.   35

À S. A. S. MONSEIGNEUR LE DUC D'ORLÉANS, RÉGENT, AU NOM DE MADAME D'AVERNE.
AOÛT 1721

Les chroniqueurs du temps (Barbier, *Journal historique*, i.90, Marais, *Journal et mémoires*, ii.157-59) datent du 10 juin 1721 la 'chute' de Mme d'Averne dans les bras du Régent. Elle était la femme d'un lieutenant aux gardes, M. Ferrand d'Averne, et la maîtresse du jeune marquis d'Alincourt. D'après Marais, la belle montra quelques réticences d'usage, mais elle céda au Régent après quatre jours de cadeaux et d'attentions pressantes. Le 30 juillet 1721, le Régent donna une fête somptueuse avec feu d'artifice, dans la maison qu'il louait pour elle à Saint-Cloud. A cette date, Marais signale (ii.181-82) qu'"il a paru des vers que l'on a mis dans la bouche de Mme d'Averne en donnant un ceinturon à son amant'. Il reproduit alors le poème. Nous signalons les variantes qu'il en donne. L'éditeur de Marais, Lescure, signale que ces vers furent attribués à Voltaire. Il est fort probable qu'ils soient de sa main, car il peut avoir été présenté à Mme d'Averne par Mme du Deffand, une amie commune.

Edition: Le poème est cité par Marais, *Journal et mémoires*, ii.181-82. Il a été imprimé parmi les *Pièces inédites*, p.42, dans une version très proche. Texte de base: PI.

NM

A S. A. S. monseigneur le duc d'Orléans, Régent,
au nom de madame d'Averne
au sujet d'une ceinture qu'elle avait donnée à ce prince.
Août 1721

Pour la mère des Amours
Les Grâces autrefois firent une ceinture;
Un certain charme était caché dans sa tissure:
Avec ce talisman la déesse était sûre
De se faire aimer toujours.   5
Eh! pourquoi n'est-il plus de semblable parure?
De la même manufacture
Sortit un ceinturon pour l'amant de Vénus.
Mars en sentit d'abord mille effets inconnus:
Vénus, qui fit ce don, ne se vit pas trompée;   10
Aussi depuis ce temps le sexe est pour l'épée.
Les Grâces, qui pour vous travaillent de leur mieux,
Ont fait un ceinturon sur le même modèle.
Que ne puis-je obtenir des dieux
La ceinture qui rend si belle,   15
Pour l'être toujours à vos yeux!

6 MARAIS: Ah! pourquoi
8 MARAIS: Sortit une ceinture / Pour.

ÉCHANGE ENTRE LE DUC D'ORLÉANS ET LE DUC DE BRANCAS

Le Régent s'était entouré de tout un groupe de compagnons de débauche qu'il appelait ses 'roués' et que Saint-Simon évoque à de nombreuses reprises (voir notamment *Mémoires*, v.823). Le duc de Brancas était du nombre. Cependant, pris de remords soudains, le duc accomplissait parfois des retraites. C'est ainsi qu'en 1721, en pleine faveur, il se rendit à l'abbaye du Bec. L'échange de poèmes qui suit date sans doute de ce moment. Saint-Simon y fait allusion (vii.828). Le Régent, fâché de son absence, tente de le remettre dans le mauvais chemin. Voltaire, à cette occasion, semble bien introduit dans l'entourage du Régent, puisqu'il est l'auteur de ces deux pièces. Rappelons que lors de son exil en 1716, le duc était intervenu en sa faveur auprès du Régent (voir D36). Notons aussi qu'en février 1729 l'ami Thiriot est secrétaire chez Nocé, un autre des 'roués' (voir D344).

Edition: Ces deux pièces, dont les allusions ne nous sont plus très claires, ne figurent que dans l'édition des *Pièces inédites* de 1820, p.43-47.

NM

A S. A. S. monsieur le duc d'Orléans, Régent.
Epithalame de Daphnis et Chloé par
monsieur le duc de Brancas

Tandis que le héros qui gouverne la France,
De l'Etat et du roi défenseur généreux,
Dans Paris étonné rappelle l'abondance,
     Et par ses soins, par sa prudence,
     Fait en quatre mois plus d'heureux   5
Que jamais les rigueurs, la fourbe et l'ignorance,
     N'ont pu faire de malheureux;

Joachim Prépucier[1] aux champs de La Jonchère[2]
A voulu rendre aussi deux jeunes cœurs contents:
L'hymen, par Joachim peu fêté d'ordinaire,   10
Appelé par sa voix, vient unir deux amants
De Daphnis, de Chloé l'agréable aventure,
Dans ces paisibles lieux chéris de la nature,
    Va bientôt se renouveler.
Ces apprêts ont surpris le dieu du mariage: 15
Prépucier n'est point fait pour unir un ménage,
    Mais bien plutôt pour le troubler.
Jadis on l'aurait vu plein d'une ardeur extrême
    Oter à Daphnis ce qu'il aime,
    Ravir à Chloé son amant;   20
    Mais tout change, et Prépucier même,
    Ainsi que le gouvernement,
    Vient de prendre un nouveau système.[3]
O vous, belle Chloé; vous, aimable Daphnis,
Puisque l'hymen est fait, votre ardeur doit s'éteindre;   25
D'amants que vous étiez, soyez toujours amis:
C'est l'unique moyen de ne vous jamais plaindre
Du maître dangereux qui vous a réunis.

---

[1] On pourrait s'étonner du choix de ce pseudonyme pour Louis de Brancas. Le nom de Prépucier est assez clair; son sens est même précisé par les allusions grivoises des vers 18-20. Le prénom juif Joachim s'explique sans doute par un fait bien connu de tous les contemporains: le duc de Brancas, 'pauvre et panier percé', comme le dit Saint-Simon (*Mémoires*, v.744), avait obtenu du Régent une rente sur les juifs de Metz en 1715. Saint-Simon en parle dans ce même passage. Une lettre de Mme d'Argenson à la marquise de Balleroy du 2 novembre 1715 évoque elle aussi 'les juifs de Metz à M. de Brancas'.

[2] Les *Pièces inédites*, en note, prennent La Jonchère pour un nom d'homme, et croient qu'il s'agit d'un 'trésorier général des guerres' et non d'un 'écrivain famélique' que Voltaire connaissait. Tout cela n'a aucun sens dans le contexte. L'explication est plus simple: une note des *Mémoires* de Saint-Simon (vii.1448) explique les difficultés du marquis d'Oise, fils de Louis de Brancas, à propos des droits seigneuriaux de la terre de La Jonchère. Il s'agit donc d'une propriété du duc.

[3] Le duc fait allusion bien entendu au système de Law. A noter que l'un des 'roués', Nocé, fera fortune grâce à lui.

Réponse de monseigneur le duc d'Orléans
à monsieur le duc de Brancas

Vous voulez devenir poète,
Et les vers qu'on vous a dictés,
Et votre prose et vos pâtés,
Par nous ont été fort goûtés:
Notre cour est très satisfaite   5
De tant de rares qualités;
Elle vous boude et vous regrette.
Venez donc recevoir le prix
De ces aimables bagatelles;
Quittez Chloé, quittez Daphnis;   10
Leurs amours sont trop naturelles
Pour un Socrate à cheveux gris.
Votre femme [4] ici vous rappelle;
Et l'amour qui vole autour d'elle,
En souriant vous tend les bras;   15
Faut-il que votre amour légère
Ait abandonné tant d'appas
Pour le sérail de La Jonchère?
Ne craignez point de Macao; [5]
Vous devez aimer sa morsure.   20

---

[4] Né en 1663, le duc de Brancas avait à peine dix-sept ans quand il épousa à Fontainebleau, le 5 juillet 1680, Maire de Brancas, fille de son oncle paternel. Elle mourra en 1731. Il se remariera en 1738 avec une Clermont-Gallerande, mais entrera néanmoins à l'Oratoire et y mourra le 24 janvier 1739. Des allusions en 1721, aux 'appas' de Mme de Brancas semblent un peu forcées: elle est âgée au moins d'une cinquantaine d'années.

[5] Qui est ce Macao? Toutes les suppositions sont possibles. Macao est le nom d'un grand perroquet du Brésil et de la Jamaïque. On comprend dès lors l'allusion à la morsure: s'agirait-il d'un perroquet appartenant à la duchesse, avec lequel le duc aurait déjà eu quelques prises de bec? Ou du pseudonyme de quelque personnage médisant?

450

Envoyez votre Broglio:[6]
Il sait tant la sainte Ecriture.
Et le philosophe Nocé[7]
A vous critiquer empressé,
Et tous les savants d'Epicure.   25
Enfin venez en liberté
Dans le séjour de l'abondance,
Revoir le tuteur de la France
Et le vôtre sans vanité;
Surtout soyez en assurance   30
Sur le chevalier de Grancé.[8]

[6] Charles-Guillaume, marquis de Broglie ou Broglio, un des 'roués', fut d'abord destiné à l'Eglise et reçu bachelier de théologie. Saint-Simon nous le dépeint 'horriblement débauché et impie; il se piquait de n'avoir point de religion, en faisait des leçons' (*Mémoires*, vi.629).

[7] Charles de Nocé, longtemps attaché sans aucun titre au Régent, devint maître de sa garde-robe en 1717, puis, en 1719, premier gentilhomme de sa chambre. Saint-Simon nous explique 'qu'il lui avait plu par la haine de toute contrainte, par sa philosophie toute épicurienne' (*Mémoires*, v.370).

[8] Sous le nom du 'chevalier de Grancé', il est sans doute fait allusion à Jacques-Léonor Rouxel, comte de Médavy et de Grancey, né le 31 mai 1655, chevalier des ordres en 1706, nommé plus tard maréchal de France le 22 février 1724. Pourquoi le duc ne doit-il plus s'en inquiéter? Le mystère reste entier.

ÉPÎTRE À MONSIEUR LE MARÉCHAL DE VILLARS PAR MONSIEUR DE VOLTAIRE

Le maréchal de Villars, à qui s'adresse cette épître, fut un des plus célèbres protecteurs du jeune Voltaire. Ce fut d'abord la maréchale qui remarqua l'auteur d'*Œdipe* à la fin de 1718. Voltaire s'éprit d'elle, lui adressa quelques poèmes et devint un familier du château de Vaux. Bien que très jaloux de sa femme selon Saint-Simon et Buvat (*Gazette de la Régence*, p.65), le maréchal ne sembla pas prendre ombrage de cette passion du jeune poète – qui resta d'ailleurs sans réponse. Cette épître décline une invitation du maréchal. Le poème parut pour la première fois dans le *Mercure de France*, juillet 1722, p.18-20. Il date du mois de mai 1722, le maréchal y répondit par une lettre en prose datée du 28 mai 1722 (D107). Les éditions en général indiquent par un sous-titre ou une note rattachée au titre la date erronée de 1721. A noter l'extrait très court cité dans les *Mémoires et anecdotes* (Amsterdam 1779) (MEM).

Editions: *Mercure de France*, juillet 1722, p.18-20; *La Ligue* (Amsterdam, J.-F. Bernard 1724, p.162-63, Amsterdam, Henri Desbordes, 1724, p.11-13 (L24)); w32, i.233; w37, i.320-23; w38, iv.71-73; w39, ii.304-305; w40, iv.70-72; RP40, p.197-99; w41R, iv.70-72; w41C, v.138-40; w42, v.138-40; w46, v.147-48; w48D, iii.73-75; w51, iii.81-83; w52, iii.209-10; w56, ii.255-57; w57G, ii.255-57; w57P, vi.237-38; OC61, p.126-28; w64R, iv.67-69; w68, xviii.349-50; w70G, ii.273-75; w72P (1771), iii.285-86; w72P (1773), xiv.305-306; w75G, xii.351-52; MEM, p.8; K, xiii.43-44.

Texte de base: MF. Nous avons préféré adopter la version parue dans le *Mercure de France*, en juillet 1722, étant donné le caractère familier de cette pièce de circonstance. Le texte a été reproduit dans deux éditions de *La Ligue* de 1724, avec cinq vers supplémentaires. Les éditions qui ont suivi n'ont pas repris cet ajout et ont apporté quelques modifications de détail.

NM

Epître à monsieur le maréchal de Villars
par monsieur de Voltaire

Je me flattais de l'espérance
D'aller goûter quelque repos
Dans votre maison de plaisance;
Mais Vinache[1] a ma confiance,
Je prends pour guérir de mes maux,   5
De la ptisane,[2] à toute outrance,
Et j'ai donné la préférence
Sur le plus grand de nos héros[3]
Au plus grand charlatan de France.
Ce discours vous déplaira fort;   10
Et je confesse que j'ai tort
De parler du soin de ma vie
A celui qui n'eut d'autre envie
Que de chercher partout la mort.
Mais souffrez que je vous réponde,   15

a   MEM: [absent]
    autres éd. sauf L24, W40, W41R, OC61: A M. le maréchal de Villars
5-6   Toutes éd. sauf L24: [absent]
6   L24: De la tisane, à tout outrance
8   W41C, W42, W46, W48D, W57G, OC61, W68, W72P: grand des héros
9   MEM: de France.//

[1] Voltaire, d'une santé fragile, évoque souvent le nom des médecins qui le soignent, dans ses poèmes comme dans sa correspondance. Ce ne sont pas vraiment des sommités médicales, mais plutôt des médecins de cour, à la mode. Ici, il s'agit de Vinache, dont Voltaire parle aussi à la marquise de Bernières dans une lettre de la même époque (D104). Plus tard, ce sera Gervasi.

[2] On est en présence d'une ancienne graphie, rendant compte de l'étymologie (*tisana* en latin de basse époque, *ptisana* en latin classique).

[3] Voltaire saisit toujours l'occasion de rappeler que le maréchal de Villars est un homme de guerre (voir ci-dessus). Son principal titre de gloire, c'est Denain, le 24 juillet 1712. En 1732, pourtant âgé de près de quatre-vingts ans, il n'hésitera pas à repartir en campagne en Italie, voulant prouver par là qu'il est plus un soldat qu'un courtisan.

Sans m'attirer votre courroux,
Que j'ai plus de raison que vous
De vouloir rester dans le monde;
Car si quelque coup de canon,
Dans vos beaux jours brillants de gloire,   20
Vous eût emporté chez Pluton,
N'auriez-vous pas dans la nuit noire
Beaucoup de consolation,
Lorsque vous sauriez la façon
Dont vous aurait traité l'histoire!   25
   Paris vous eût premièrement
Fait un service fort célèbre,
En présence du parlement;
Et quelque prélat ignorant
Aurait prononcé hardiment   30
Une longue oraison funèbre,
Qu'il n'eût pas faite assurément.
Puis, en vertueux capitaine,
On vous aurait proprement mis
Dans l'église de Saint-Denis,   35
Entre du Guesclin et Turenne.
   Mais si quelque jour, moi chétif,
Je passais sur le noir esquif,
Je n'aurais qu'une vile bière;
Deux prêtres s'en iraient gaiement   40

17   Toutes éd. sauf L24, W41R: de raisons que
18   Toutes éd. sauf L24: dans ce monde;
21   Toutes éd. sauf L24: eût envoyé chez
22-23   Toutes éd. sauf L24:
      Voyez la consolation,
      Que vous auriez dans la nuit noire,
25   W38, W64R: L'histoire.
     RP40, W51, W52: L'histoire?
32   RP40, W41C, W42, W46, W48D, W52, W56, W57P, W70G: pas fait assurément
38   W39: passais sous le
     autres éd. sauf LL, W32, W37, W40: J'allais passer le

Porter ma figure légère, [4]
Et la loger mesquinement
Dans un recoin du cimetière.
Mes nièces, au lieu de prières,
Et mon janséniste de frère,   45
Riraient à mon enterrement;
Et j'aurais l'honneur seulement
Que quelque muse médisante
M'affublerait, pour monument,
D'une épitaphe impertinente.   50
Vous voyez donc par conséquent
Qu'il est bon que je me conserve,
Pour être encor témoin longtemps
De tous les exploits éclatants
Que votre destin vous réserve.   55

43   W37, W39, W40: recoin de cimetière
44   Toutes éd.: de prière,
49   W41C, W42, W48D: pour un moment
      L24: Affublerait mon monument
51   Toutes éd. sauf LL: donc très clairement
53   RP40: encor témoins longtemps
55   Toutes éd. sauf LL: Que le Seigneur Dieu vous
      LL: [après ce vers, ajout:]
            Et sans doute qu'un jour Minerve,
            Votre compagne et mon appui,
            Après que ma bouillante verve
            Aura chanté le grand Henri,
            Me fera vous chanter aussi.

[4] 'Un curé s'en allait gaiement, / Enterrer ce mort au plus vite' (La Fontaine, livre VII, fable x, *Le Curé et le Mort*).

ÉPIGRAMME

A la fin du mois d'août 1722, Voltaire entreprit un voyage vers la Hollande, afin de rencontrer Jean-Baptiste Rousseau en exil et de prendre contact avec un libraire pour la publication en Hollande de *La Henriade*. Au même moment, Mme de Rupelmonde, veuve depuis dix ans environ, âgée de trente-quatre ans, fort belle au demeurant, avait, elle aussi, des affaires à régler dans ce pays. Ils allaient donc voyager ensemble. Marie-Marguerite de Rupelmonde était, semble-t-il, une sorte d'intrigante. Saint-Simon (ii.570), avec assez de malveillance, fait ainsi état du sobriquet de 'Vaque-à-tout' qu'on lui appliquait 'parce qu'elle était de toutes les foires et de tous les marchés'. Son précoce veuvage lui donnait toute latitude pour se pousser dans le grand monde, et jusqu'à la cour, où elle devint dame du palais de la Reine en 1725. Voltaire fut sans doute son amant. Ce poème célèbre les charmes de cette dame. Saint-Simon la dit 'rousse comme une vache' (*ibid.*). Son portrait par Larguillière représente plutôt une belle femme blonde, très vive.

Editions: Ce poème parut d'abord dans les *Pièces libres de M. Ferrand* (1744), p.8. Ce qui fit dire aux éditeurs de Kehl que 'ces vers ont été attribués mal à propos à Ferrand'. La pièce, dans ce volume, est anonyme et sans titre. Les fautes d'impression sont nombreuses. Le poème ne fut repris que dans w64R, v, p.418, qui – première édition en tant que pièce de Voltaire – est notre texte de base. L'édition de Kehl (xiv.275) reproduira le texte en en rectifiant le vers faux (dernier vers). Texte de base: w64R.

NM

Épigramme

Quand Apollon, avec le dieu de l'onde,
Vint autrefois habiter ces bas lieux,
L'un sut si bien cacher sa tresse blonde,
L'autre ses traits, qu'on méconnut les dieux;
Mais c'est en vain qu'abandonnant les cieux, 5
Vénus comme eux veut se cacher au monde:
On la connaît au pouvoir de ses yeux,
Lorsque l'on voit paraître Rupellemonde.

a   FER: [absent]
    K: A la marquise de Rupelmonde
6   FER: au Cieux
8   FER: Rupelmonde.
    K: Dès que l'on voit paraître Rupelmonde.

AU COMTE DE WINDISCHGRÄTZ

Cette pièce et celle qui la suit se rapportent à un épisode particulier du voyage de Voltaire et de Mme de Rupelmonde (voir la pièce précédente). Leur première étape fut Cambrai. Un congrès diplomatique s'y tenait, qui était bien entendu le théâtre de nombreuses réjouissances. Les deux voyageurs furent de tous les soupers et de toutes les fêtes. Une lettre anonyme (D122), envoyée de Cambrai aux auteurs du *Mercure de France*, datée du 13 septembre 1722, et parue ce même mois dans le journal (p.110), raconte un souper chez le plénipotentiaire français, Claude Barberie, marquis de Saint-Contest. L'ambassadeur d'Autriche, le comte de 'Vindisgrats' (ou plutôt Windischgrätz), devait faire représenter le lendemain *Les Plaideurs* de Racine. On jugea qu'il serait plus amusant de jouer la tragédie de Voltaire, *Œdipe*, en présence de son auteur. Voltaire, à la demande de l'assistance, rédigea donc un impromptu pour demander la pièce.

On accéda à sa demande, et une réponse de huit vers fut ajoutée en bas du billet. On ne sait si cette apostille était de Voltaire lui-même; il est très possible qu'on lui ait demandé de la versifier.

Editions: *Mercure de France*, septembre 1722, p.110; w64R, t.i, 2ᵉ partie, p.713-14; κ, xiv.279-80. Texte de base: MF, qui d'ailleurs ne subit aucune modification par la suite.

NM

[*Au comte de Windischgrätz*]

Seigneur, le congrès vous supplie
D'ordonner tout présentement
Qu'on nous donne une tragédie

a   κ: Impromptu à M. le comte de Vindisgratz.

Demain pour divertissement;
Nous vous le demandons au nom de Rupelmonde: 5
Rien ne résiste à ses désirs;
Et votre prudence profonde
Doit commencer par nos plaisirs
A travailler pour le bonheur du monde.

[*A la marquise de Rupelmonde*]

L'Amour vous fit, aimable Rupelmonde,
    Pour décider de nos plaisirs:
Je n'en sais pas de plus parfait au monde
    Que de répondre à vos désirs.
Sitôt que vous parlez, on n'a point de réplique: 5
Vous aurez donc *Œdipe*, et même sa critique. [1]
    L'ordre est donné pour qu'en votre faveur
    Demain l'on joue et la pièce et l'auteur.

a   K: Apostille

[1] La parodie, *Œdipe travesti*, conçue par 'Dominique', c'est-à-dire par Biancolelli,
Riccoboni et Le Grand, et présentée à la Comédie-Italienne en 1719.

RÉPONSE DE MONSIEUR DE VOLTAIRE
À MONSIEUR RACINE

Quelques billets échangés autour de 1720 entre Voltaire et Louis Racine, le plus jeune des deux fils du dramaturge, permettent d'imaginer leurs relations assez cordiales. Dîners, sorties au théâtre, échanges de vue entre jeunes littérateurs du même âge espérant tous deux entrer à l'Académie: ce sont les quelques bribes que l'on peut saisir (D68, D78, D79, D90, D101).

Cependant, Louis Racine affiche un jansénisme militant qui ne trouve guère écho chez Voltaire. La parution du poème de Racine intitulé *La Grâce* donne à Voltaire l'occasion d'exprimer ses propres convictions déistes dans une réponse véhémente.

Manuscrit: MS1, *Poème sur La Grâce par Louis Racine*, 1722, copie manuscrite sur deux feuillets non numérotés insérés après la dernière page (p.94) d'un exemplaire conservé à la BnF, cote Ye 30922. Une copie de ce poème conservé dans le Chansonnier Maurepas montre également qu'il circulait en 1722.[1]

Editions: *La Ligue* (Amsterdam, J.-F. Bernard, 1724), p.196; La Ligue (Amsterdam, H. Desbordes, 1724), p.63-64; TS61, p.422; W64R, i, partie 2, p.653, ii, partie 2, p.102-103; *Le Secrétaire du Parnasse* (1771) (SEC), p.265; K, xiv.290.

Texte de base: L24 (édition Bernard), p.196, première édition du poème, la plus proche de la date de la parution de *La Grâce*.

NM

---

[1] A la suite de la copie manuscrite de ce poème, figure dans le même exemplaire de *La Grâce* une réponse de Racine à Voltaire, notée de la même main. Assez longue (36 vers), d'un ton plutôt vif, elle commence par ces mots: 'De quoi t'avises-tu, présomptueux Voltaire, / De critiquer Racine, est-ce là ton affaire? / A des comédiens, va forger de l'emploi, / Et laisse aux vrais chrétiens à parler de la foi.'

Réponse de monsieur de Voltaire à monsieur Racine
sur son poème de La Grâce

Cher Racine, j'ai lu dans tes vers didactiques
De ton Jansénius les dogmes fanatiques.
Quelquefois je t'admire, et ne te crois en rien.
Si ton style me plaît, ton Dieu n'est pas le mien:
Tu m'en fais un tyran; je veux qu'il soit mon père;   5
Ton hommage est forcé, mon culte est volontaire;
De son sang mieux que toi je reconnais le prix:
Tu le sers en esclave et je l'adore en fils.
Crois-moi, n'affecte plus une inutile audace:
Il faut comprendre Dieu pour comprendre sa grâce.   10
Soumettons nos esprits, présentons-lui nos cœurs,
Et soyons des chrétiens, et non pas des docteurs.

a-b MSI Vers à M. Racine sur le poème de la Grâce
    W61P, w64R t.iii: Vers à M. Racine sur son poème de la Grâce
    SEC: Lettre de M. Aroüet de Voltaire à M. Racine sur son poème de la Grâce
    K: A M. Louis Racine
1 W61P, w64R t.iii: j'ai vu dans
2 W61P, w64R t.iii: De ton J... les leçons fanatiques
    SEC: Jansénius, les erreurs fanatiques
    MSI, K: les leçons fanatiques
3 W61P, w64R t.iii: je te loue, et ne
5 W61P, w64R t.iii: Tu t'en fais
    K: soit un père
6 W61P, w64R t.iii, SEC: forcé, le mien est
7 L24: j'en reconnais
    K: Mieux que toi de son sang je
8 MSI, SEC: esclave, et je le sers en
9 MSI: n'affecte point une
    SEC: n'affecte pas une
10 MSI: comprendre la grâce
11 W61P, w64R t.iii: esprits, soumettons-lui

Epître à Uranie

critical edition

by

H. T. Mason

To the memory of Ira O. Wade

INTRODUCTION[1]

History of the poem

The first apparent reference to the *Epître à Uranie* occurs in a letter from Voltaire to Thiriot in October 1722. Writing from The Hague, the poet confidentially alludes to a newly completed work: 'Je viens d'achever un ouvrage d'un autre genre que je vous montrerai à mon retour et dont je ne peux vous rien dire àpresent. Les caffez ne verront pas celui là sur ma parole' (D125, 2 October [1722]). Six days later he urges caution upon Thiriot: 'Ne dittes de mes vers à personne' (D129). This must surely be the 'ouvrage' mentioned so secretively in the preceding letter to his friend.

Nearly nine years were to pass, in the extant correspondence, before the *Epître* is explicitly named, in yet another letter to Thiriot. This time Voltaire promises the latter a copy of the poem: 'vous n'avez pas l'Uranie, et puisque vous êtes un homme discret vous l'aurez' (D417, 30 June [1731]). Even if Voltaire had kept his promise to show Thiriot the poem in 1722, he had evidently not allowed the latter to keep it. But now the poem no longer seems to constitute so much of a danger. At any rate, a copy had been confiscated by the authorities when Voltaire was detained at the Bastille in 1726.[2]

It is possible, however, that the *Epître* became publicly known, in manuscript form, through Thiriot. In any event, a mere six months later (18 December 1731), Bouhier writes to Marais about it, attributing the poem to Voltaire, and Marais refers to it in his

---

[1] As will become apparent, this edition owes a large debt of gratitude to its forerunner by Ira O. Wade, 'The *Epître à Uranie*', *PMLA* 47 (1932), p.1066-112. It is a remarkable tribute to Wade's scholarship that, seventy years later, his work requires relatively little by way of revision.

[2] See below, Manuscripts, StP. The *Epître* is not printed in J.-L. Carra, *Mémoires historiques et authentiques sur la Bastille* (London and Paris 1789).

reply (though neither has yet seen it); and by March and April 1732 it has attracted responses in the *Mercure* of that year.[3] In October 1732 the abbé Leblanc tells Bouhier that the poem had first appeared almost one year previously. (This coheres quite well with the date of 15 February 1732 given on the title-page of the manuscript version F.fr.10476 in the Bibliothèque nationale). He offers to send it to his correspondent, while describing it as 'l'ouvrage le plus scandaleux que j'aie encore vu', and adding that Voltaire (referred to disparagingly as 'notre prétendu Sophocle') had tried to pass it off as Chaulieu's work.[4] For his part, Voltaire denies authorship in due course.[5] A printed version appears in 1738 (BnC 3705-707). But we must wait another half-century for an edition authorised by Voltaire, in vol.xii (1772) of the *Nouveaux mélanges* (BnC 127-29).

Since there is no overt reference to the *Epître à Uranie* in 1722, what reason do we have to assign it to that time? The essential evidence is provided by Jean-Baptiste Rousseau who, in an open letter to the *Bibliothèque française* in 1736, gives an account of meeting Voltaire during the latter's visit to the Netherlands in the autumn of 1722:

un jour m'ayant invité à le mener à une promenade hors de la ville [Bruxelles], il s'avisa de me réciter une pièce en vers de sa façon, portant le titre d'*Epître à Julie*, si remplie d'horreurs contre ce que nous avons de plus saint dans la religion, & contre la personne même de Jésus Christ, qui y était qualifié partout d'une épithète, dont je ne puis me souvenir sans frémir, enfin si marquée au coin de l'impiété la plus noire, que je croirais manquer à la religion & au public même si je m'étendais davantage sur un ouvrage si affreux, que j'interrompis enfin en prenant tout à fait mon sérieux & lui disant, que je ne comprenais pas comment il pouvait s'adresser à moi pour une confidence si détestable. Il voulut alors entrer en raisonnement & venir à la preuve de ses principes. Je l'interrompis

---

[3] Bouhier, BnF, F.fr.25541, f.475; Marais, *Journal et mémoires sur la Régence et le règne de Louis XV (1715-1737)* (Paris 1863-1868), iv.327; see Wade, p.1085.

[4] BnF, F.fr.24412, p.407; see Wade, p.1086.

[5] D649, to the abbé de Sade, 29 August 1733.

encore & je lui dis, que j'allais descendre de carosse s'il ne changeait de propos. Il se tut alors & me pria seulement de ne point parler de cette pièce, je le lui promis & je lui tins parole: mais d'autres personnes avec qui vraisemblablement il n'avait pas pris la même précaution m'en parlèrent dans la suite & entr'autres une dame de la première considération en France, & un prince dont il devinera aisément le nom & dont le témoignage n'est pas moins respectable que sa naissance & ses grandes qualités. Je dirai plus bas à quelle occasion il a changé le titre & mitigé les expressions de cette infâme poésie, qui, en l'état où il l'a mise, ne laisse pas de faire encore horreur aux libertins même. [...] Mais l'avis charitable que je lui avais donné dans mon billet le fit à son retour en France songer à ses affaires, & ce fut apparemment ce qui l'engagea à changer le titre de son Epître à Julie en celui d'Epître à Uranie & d'en convertir les blasphèmes en ceux qu'il y a substitués, où il se contente d'avouer qu'il n'est pas chrétien & de soutenir qu'il est ridicule de l'être, ce qui n'en parut pas pour cela moins digne des attentions de la police où il fut cité & où il se tira d'affaire en disant que cet ouvrage n'était pas de lui, mais du feu abbé de Chaulieu. [6]

Rousseau's original account of meeting Voltaire, written just after the event (20 September 1722), had been wholly favourable. Clearly, the passage cited above recalls Voltaire with a virulence inspired by later events. [7] Nevertheless, there appears to be little reason to believe that this wealth of circumstantial detail is a pure fabrication. [8] It all fits with Voltaire's visit in 1722, and also with his disclosure to Thiriot at that time of the existence of a radical work by him in verse. Possibly, Voltaire had not at first realised how dangerous the *Epître* could be, and Rousseau's warning would have alerted him. Such a belated recognition of the sulphurous

[6] D1078, 22 May 1736. This is the only recorded instance of the title *Epître à Julie*. Wade (p.1093-95) offers several hypotheses to explain the original name. Although unlikely, it is also not beyond the bounds of possibility that with the lapse of time Rousseau had mistakenly remembered Julie for Uranie.

[7] The incident referred to in D1078 must have happened on Voltaire's return journey from Holland via Brussels in late October 1722.

[8] The publisher of D1078 in the *Bibliothèque française* confirms Rousseau's account. But, as Wade points out (p.1069n), we cannot be sure that this is an entirely independent authentication, for Rousseau might well have written the introduction to his own letter.

quality latent in his writings would also be present in later years, with such works as *Le Mondain*. Furthermore, we know that the *Epître* was composed at the latest by early 1726, when Voltaire was incarcerated in the Bastille. There can, consequently, no longer be any doubt that Voltaire composed this poem before his visit to England. The need which Ira Wade justifiably felt in his edition to demonstrate Voltaire's budding *philosophie* before 1726 has long since evaporated in the light of more recent research, most notably by René Pomeau in his *Religion de Voltaire*. One might, finally, note that resemblances with *La Henriade* (in its 1723 version) exist in both theme and textual phraseology.[9] Voltaire's critical deism was well under way by 1722.

However, we do not know precisely the text which was read to Rousseau. Voltaire's letter of 30 June 1731 to Thiriot suggests that he may have made a number of amendments. Whatever the truth of that, the 1726 version, which may plausibly be assumed to represent an 'unimproved' text when seized by the police, does not substantially differ from other later manuscript versions, and there is no good reason to suppose that we are far removed from the original verses of 1722.[10]

Nonetheless, much has been made of the 'épithète' heard by Rousseau, 'dont je ne puis me souvenir sans frémir'. A legend has survived that the horrendous expression might have been 'le pendu de Judée'.[11] For all its piquancy, this story should not necessarily be taken at face value. It is not easy to see where 'le pendu de Judée' might fit in to the text as we have it, so one would have to posit substantial changes, for which we have no evidence. Besides, Rousseau refers to the epithet as being found 'partout'.[12]

---

[9] O. R. Taylor (ed.), *La Henriade* (*OC*, vol.2, p.513-16).

[10] This hypothesis is supported by the Rouen manuscript (see below).

[11] Pomeau (*La Religion de Voltaire*, p.112, n.198) cites the Jesuit Père Sennemaud to this effect: *Pensées philosophiques d'un citoyen de Montmartre* (The Hague 1756), p.94.

[12] One possible thesis is that it could have replaced 'le fils d'un charpentier'. While that is metrically possible, the replacement would seem to make no sense, leading instead to a self-contradictory verse.

Furthermore, the poem is not lacking in other phrases which might have appalled Rousseau, such as 'vil ouvrier' (line 66) or 'lâche exercice' (line 67). The anecdote adds nothing to our knowledge of the history of the text.

We may therefore reasonably conclude that the version which Voltaire himself published for the first time in 1772 does not differ fundamentally from what he had read to Rousseau in Brussels and sent to Cideville.[13] But the climate had changed; the poem no longer seemed so scandalous.

Nevertheless, in the following three years the *Epître à Uranie* was to undergo changes more radical than any to be found in the extant manuscripts and pre-1772 printed versions. In 1775 it appears for a second time in the *Nouveaux mélanges* (vol.xvii), where had occurred its first authorised publication (vol.xii) – but under a new title: *Le Pour et le contre*.[14] A footnote is appended:

On a attribué cet ouvrage à l'abbé de Chaulieu, parce qu'il y a en effet quelque ressemblance entre cette pièce et celle du déiste qui commence par ces mots:

> J'ai vu de près le Styx, j'ai vu les euménides,
> Les affreux cris du chien de l'empire des morts.

The change of title is significant. This is no longer just one of many Voltairean *épîtres*; the poem has taken on a descriptive quality, which is announced as being even-handed. Some important textual changes have also been made, notably at verses 14-49, where the new version is reduced by twelve lines.[15] But the essential idea expressed in this section, that God made man in his image only to punish and then redeem him in a quite incomprehensible fashion, remains unchanged. The abridged passage seems

[13] See below, p.481.
[14] This title is, however, already to be found in the manuscript version of 1735 sent by Voltaire to Cideville; see below.
[15] Wade lists a number of other minor changes (p.1098-102) but, as the critical apparatus to this edition will show, the large majority of these had already appeared in earlier versions.

to gain nothing stylistically and represents on the whole a loss of rhetorical force. While certain of the transitional points are rendered more clearly in the 1775 version, some of the original fire seems to have disappeared. The vigorous description of the Flood, for instance, in the 1772 edition (lines 37-42):

> Bientôt sa fureur meurtrière
> Du monde épouvanté sape les fondements,
> Dans un déluge d'eau détruit en même temps
> Les sacrilèges habitants
> Qui remplissaient la terre entière
> De leurs honteux dérèglements

is reduced to the rather prosaic statement:

> Il ordonne à la mer de submerger le monde;
> Ce monde qu'en six jours il forma du néant

The 1772 text, in keeping with the earlier manuscripts and edited copies, affirms the rôle of reason in opposition to the nonsensical theology of cruel priests. This overtly anti-clerical rationalism has been edulcorated three years later. Reason is no longer mentioned, and the 'prêtres de ce Temple, avec un front sévère' (line 23) have been pared down to a simple 'on'. It may be that Voltaire wished to play down the polemical tone, although the essential attack on the meaningless paradoxicality of the Christian teachings is retained as clearly as ever.

Replies to the poem

The first published response to the *Epître* appeared in the *Mercure* of March 1732, which contained an anonymous poem entitled 'Contre les impies', parodying the *Epître* and using many of the original verses. The following month the *Mercure* printed another poem, by Tanevot, bearing the title 'A l'auteur de l'*Epître à Uranie*'. This work opens with imprecations of horror:

Quelle audace effrénée! ô Ciel qu'ai-je entendu?
Qui que tu sois, dont le système impie,
Insulte à la foi d'Uranie [...]

Tanevot goes on to argue the need for a 'Dieu vengeur', since otherwise no sanction for vice would exist nor reward for virtue. The author piously invokes the joys of the Incarnation, with its promise of salvation for the human race, and accuses Voltaire of being 'De Lucrèce aujourd'hui dangereux nourrisson'.

This poem was probably known before publication, since a congratulatory letter from the abbé Bignon was written to Tanevot on 8 March 1732, praising the poet for being 'le premier à prendre les armes' while others shamefully keep silent when confronted with the 'indigne pièce' which 'méritait le soulèvement de tous ceux qui font profession de la foi'.[16]

We have already noted the scathing comments of the abbé Leblanc in October of that year. Similar reactions were to come from the *Journal littéraire* which, in announcing the publication of Deschamps's *La Religion défendue: Poème contre l'Epître à Uranie* (1733) maintained that the poem contained 'tout le poison du Déisme le plus impie et le plus marqué, assaisonné des grâces de la Poésie'.[17]

When the poem appears in print for the first time in 1738 (BnC 3705), Voltaire disowns it in a letter to the Chief of Police Hérault, ascribing it once again to Chaulieu and asking for Hérault's protection against any trouble which might arise from its publication (D1461). A similar note of concern emanates from letters to Thiriot (D1462) and Moussinot (D1467). Writing to both from Cirey, Voltaire is keen to know who is selling the *Epître* and whether it has caused any scandal. A few months later, Desfontaines adds to his vendetta against the *philosophe* by denouncing him as its author.[18]

---

[16] *Poésies diverses par M. Tanevot* (Paris 1766).

[17] *Journal littéraire* 20 (1733), p.222.

[18] Desfontaines refers to 'la scandaleuse & abominable *Epître à Uranie*', *La Voltairomanie*, ed. M. H. Waddicor (Exeter 1983), p.23.

Voltaire had good cause to fear denunciation, as we have already seen from the inflammatory comments which the *Epître* had aroused when first appearing in manuscript form. In the following thirty years the work was often cited, sometimes calumniously.[19] For the orthodox Christian believer, it constituted an exemplary instance of Voltaire's scandalous free-thinking. Denounced in 1746 to no less a figure than the pope by Louzeau, who cites lines 1-9, 70-105 and 130 to the end (D3464), it is referred to as an impious writing by Le Petit in 1755 (D6567), Bonnet in 1759 (D8159) and Julie von Bondeli in 1762 (D10565, Commentary). As late as 1769 Biord, bishop of Geneva, includes it in a brief list of Voltaire's signal attacks on religion, along with such notorious works as *La Pucelle*.

But the *Epître* will also acquire renown for its liberal views amongst those of a more *philosophique* persuasion. Frederick of Prussia refers to it admiringly in 1738 (D1711), his namesake the Landgrave of Hesse-Cassel in 1766 (D13642). The Prussian king returns to it in 1769 when, praising Voltaire's work in the cause of philosophic progress, he writes to D'Alembert: 'il a dégrossi le bloc auquel travaillent ces ministres [sc., de la religion], et qui deviendra une belle statue d'Uranie' (D15725). In 1772 Saurin quotes from the poem in one of his own *Epîtres* (D17559). We should also note the appearance of an anonymous Italian translation at the end of the century,[20] and of a German version in the following century (BnC 2024). The reverberations from such a relatively brief poem were remarkably long-lasting. The *Epître à Uranie* had manifestly taken its place as one of the most characteristic of Voltaire's sallies against Christianity.

---

[19] See Wade, p.1091-92, for a comprehensive list of replies.

[20] Cited by G. A. Brunelli in 'Voltaire, un manoscritto siracusano e altre testimonianze su Voltaire in Italia', *Studi in onore di Carlo Pellegrini* (Turin 1963); see BnC 2472.

Sources and orientation

The poem is, in the first instance, an answer to the 'charmante Uranie' who, as the opening lines make clear, wishes the author to tear away the 'bandeau' from religion and, by showing her the 'mensonges sacrés' which it contains, teach her to scorn the fear of death and the after-life. This lady is evidently Voltaire's travelling-companion to the Low Countries, Mme de Rupelmonde. [21] Mme Marie-Marguerite de Rupelmonde, a widow in her thirties, had business of her own to transact in the Low Countries. The affectionate tone of the *Epître* suggests, however, a more intimate relationship than being only a travelling-companion. But as she was a practising Catholic, taking Mass during their stay in Brussels, her free way of life doubtless troubled her about her personal salvation. This is surely the *point de départ* of the poem.

But the *Epître* serves a wider purpose; for it is, in Pomeau's words, 'une mise au point', bringing to bear upon 'une quinzaine d'années [...] de réflexions'. [22] Wade convincingly argues that an *Epître à madame de G**** dated 1716 by Moland (M.x.231-32) 'may be regarded as the first rough draft of the *Uranie*' in that it is an 'attempt on the part of Voltaire to justify epicureanism at the expense of the Bible, superstition, the clergy, and the Church'. [23] In that poem also the addressee is urged to prefer natural religion and not to fear God. The phraseology is often similar; for example, the 'songes sacrés de ces mystiques fous' parallel the 'mensonges sacrés' (line 6) of the *Uranie*. Likewise, Voltaire is concerned with his own religious problems. The free-thinking stance which he adopts shows the influence of his involvement with the Société du

---

[21] R. Pomeau, *D'Arouet à Voltaire, Voltaire en son temps* I (Oxford 1985), p.151-53.
[22] *La Religion de Voltaire*, p.77.
[23] Wade, p.1075. Unfortunately, there is no conclusive evidence that this *Epître* was written in 1716, although there is good reason for believing on internal grounds that this original date is correct. Cf. above, p.278-83.

Temple and more particularly with the abbé de Chaulieu, to whom he will attribute the authorship of the *Epître à Uranie*.

Given this long gestation, it is not easy to pinpoint specific sources of inspiration. Voltaire could draw upon a whole range of contemporary literature, much of it clandestine, circulating at the time. Analogies exist with the marquis de Lassay's 'Pensées diverses' (1715-1720) and even more so with the anonymous *Pensées sur la religion*. [24] Another source to consider is Lucretius, all the more so since Voltaire announces himself as a 'Lucrèce nouveau' (line 2), his earliest reference of any substance to the Latin poet. [25] Lucretius too makes a distinction between religion and philosophy, to the detriment of the former, and similarly denouncing the power of the priests and fear of death. One may also detect textual parallels, though they are not totally conclusive.

But a closer connection, as one might expect, can be made with Chaulieu, in view of Voltaire's ready association of the abbé's name with the work and the footnote in the 1775 edition explicitly making the link. The latter's poem, *Les Trois Façons de penser sur la mort*, sometimes anticipates the *Epître* in striking fashion. The themes are similar: fear of the after-life and the wish to mitigate that fear; faith in reason, while rejecting any suggestion of libertinism; the awful paradox of God's forming us in his image, only to punish us eternally thereafter.

The resemblances extend also to the wording of the texts. On his sick-bed Chaulieu hears his confessor invoke the threatening voice of a vengeful God; but this is not the God he knows:

> Mon cœur à ce portrait ne connaît pas encore
> Le Dieu que je chéris, ni celui que j'adore,
> Ai-je dit: Eh! mon Dieu n'est point un Dieu cruel
> [...]
> C'est un Dieu bienfaisant, c'est un Dieu pitoyable. [26]

---

[24] Published in A.-L. de Madaillon de Lesparre, Marquis de Lassay, *Recueil de différentes choses* (Paris 1727).

[25] A. M. Redshaw, 'Voltaire and Lucretius', *SVEC* 189 (1980), p.21.

[26] Chaulieu, *Œuvres*, 2 vols (The Hague 1774), i.14.

This reminds us of lines 96-97 in the *Epître à Uranie*:

> Je ne reconnais point à cette indigne image
> Le Dieu que je dois adorer.

In the second part of the trilogy Chaulieu asks himself rhetorically whether God could possibly want our sacrifices:

> Maître de tout, a-t-il besoin de mon autel?
> S'il est juste, faut-il, pour le rendre propice,
> Que j'aille teindre les ruisseaux,
> Dans l'offrande d'un sacrifice
> Du sang innocent des Taureaux?[27]

The same point is being made in the final lines of Voltaire's poem:

> Et qu'importe, en effet, sous quel titre on l'implore?
> Tout hommage est reçu, mais aucun ne l'honore:
> Un Dieu n'a pas besoin de nos soins assidus;
> Si l'on peut l'offenser, c'est par des injustices.
> Il nous juge sur nos vertus,
> Et non pas sur nos sacrifices.

In the final section Chaulieu has a line which Voltaire echoes: 'Apprends à mépriser le néant de la vie'.[28] Voltaire follows the same pattern, albeit in a somewhat different context: 'T'apprenne à mépriser les horreurs du tombeau' (line 8). Even the alternate use of eight-syllable lines with the Alexandrine, and the use of the epistle genre in each case, serve to show the debt which Voltaire owes to Chaulieu.

Though not a model, the influence of Louis Racine's poem *La Grâce* is also of importance. Voltaire had asked Thiriot to send him this work some weeks before his first announcement of the *Epître* to his friend (D121, 11-18 September 1722), and this request is repeated in the letter which reports that he has completed his own poem. So the Racine work arrives too late for the composition of

---

[27] *Ibid.*, i.19.
[28] *Ibid.*, i.22.

Uranie. But the parallels are nevertheless such that *La Grâce* must be accounted a factor in the genesis of Voltaire's epistle. Voltaire had demonstrated his dislike of Racine's Jansenist views ever since *La Grâce* had appeared in 1720. In January 1722 he produced an *Epître à monsieur Louis Racine* attacking the poem (see above). One line in the *Epître à Uranie* (line 103) is a revised version of a couplet in the earlier epistle.

But it is the fourth and final Canto of Racine's poem which particularly attracts Voltaire's attention. For here the poet boldly faces up to the doctrine of eternal damnation for all who have not been redeemed by divine grace, adumbrating it with unflinching clarity. Voltaire must have had in mind Racine's compelling account of everlasting punishment when addressing the thesis of a hateful God. He particularly adapts to his theme the Jansenist author's observation that this terrible deity sometimes mysteriously cuts off his blessings to entire nations:

> Dans cette obscure nuit l'astre si nécessaire,
> La foi, quand il le veut, s'éteint ou nous éclaire.
> [...]
> Que de peuples, hélas, que de vastes contrées
> A leur aveuglement sont encore livrées,
> Assises loin du jour dans l'ombre de la mort![29]

Voltaire borrows heavily on this phraseology to express a different opinion about those peoples who are ignorant of the Christian God (lines 84-89, 92):

> Il en demande compte à cent Peuples divers,
> Assis dans la nuit du mensonge,
> Et dans l'obscurité où lui-même les plonge,
> Lui qui vient, nous dit-on, éclairer l'Univers.
> Amérique, vastes contrées,
> Peuples que Dieu fit naître aux portes du soleil;
> [...]
> Vous serez donc un jour à sa fureur livrées.

[29] Louis Racine, *Œuvres complètes*, 6 vols (Paris 1808), i.70-71 (ch.4).

This closeness of language suggests that if Voltaire was not actually consulting *La Grâce* when composing these lines, he had retained a remarkably good memory from an earlier reading or possibly kept notes of it. Racine's God serves as a hostile target. Amongst his many incomprehensible acts, he selects the Israelites, a morally worthless race in Voltaire's opinion, as the site for Christ's Incarnation (lines 57-60):

> Il est un Peuple obscur, imbécile, volage,
> Amateur insensé des superstitions,
> Vaincu par ses voisins, rampant dans l'esclavage,
> Et l'éternel mépris des autres Nations.

Here too, for this very first of Voltaire's innumerable attacks upon the Jewish people, he has received some textual help from *La Grâce*, for a passage of Racine's poem contains the following couplet:

> Ce peuple, dont un voile obscurcissait les yeux,
> Murmurateur, volage, amateur de faux Dieux. [30]

To some degree, then, Voltaire's *Epître* is a reply to *La Grâce*.

The poem is not, however, a simple onslaught on the Christian faith. The final title *Le Pour et le contre* is, indeed, implicit in the earlier versions. [31] The imbalance is considerable. Although Voltaire at the outset denies that he will be a 'blasphémateur profane' (line 11) attacking the Christian religion, the charges which he brings against it are grievous. A cruel God has made us in his image, yet the aim seems to be only to condemn us to eternal punishment. Soon 'sa fureur meurtrière' (line 37) will destroy the sacrilegious peoples of the earth in the Flood. But surely this will give hope of a fresh start with a better race? No; the newcomers are even worse. So, will God destroy them also? No; this time he decides to redeem them, through the incarnation of his son – but within the most despised of nations. Here Jesus grows up in

---

[30] *Ibid.*, i.40 (ch.1).
[31] The Rouen manuscript, already carrying this title, bears this out; see below.

ignoble circumstances, preaches for a brief period, dies. At least, however, he has saved us all by his death? No; it is as before. We shall still be punished by the cruel Father in Heaven, wiping out his son's deeds on our behalf, condemning us even for crimes of which we are not guilty through Original Sin. Notwithstanding the sacrifice of Jesus on earth, this God is still taking his revenge for Adam's wrongdoing. Worse yet: this vengeance reaches to the pagan lands who have never heard of Christ; ignorance of him is no excuse.

This is a formidable accusation, built up over the first hundred lines with passionate eloquence, a masterly denunciation of the combined folly and cruelty in Christian doctrine. In contrast, the Christ whom Voltaire reveres is presented in the brief space of twenty verses. The essential point is that he is not God's son: 'Je ne suis pas Chrétien, mais c'est pour t'aimer mieux' (line 105). This removal of the basic lynchpin underlies the rest of what the poet has to say. If Christianity is thus flawed at the heart, there appears to be little point in stressing Christ's victory over death or the affirmation of Christianity through oracles, miracles, martyrs and saints. The last two lines of this section remove all but the most derisory of gratifications (lines 119-20):

> Et si sur l'imposture il fonde sa doctrine,
> C'est un bonheur encor d'être trompé par lui.

Voltaire does not for a moment allow the possibility that the Christian faith may constitute an authentic religion. At best, we may regard Jesus as a good man: 'Ses exemples sont saints, sa morale est divine' (line 116).

In effect, the poet is proposing a balance in which he does not believe. No rational argument in these twenty verses could convincingly refute the comprehensive broadside of the previous hundred; and as Voltaire has said from the first, he is being guided solely by the torch of reason. This second section is only an entr'acte before the triumphant conclusion (lines 121-41). Only one religion is sure: natural religion, which 'la sagesse éternelle /

A gravé de sa main dans le fond de ton cœur' (lines 125-26). This is the true God, whose rule is based on justice, universally the same for all races in all ages, judging us solely on our virtues, rather than on ritual worship or sacrifice. This God will never fail us.

At most, therefore, Christianity is paid lip service. Voltaire seeks to avoid the charge of blasphemy, but the thrust of his polemic is no less clear. A vital part of the attack on *l'Infâme* has already been set in place. Much of Voltaire's later crusade on behalf of social justice is as yet absent, however. In addition, the prime justification of God's existence through the cosmic order, which becomes the key proposition once Voltaire has encountered Newton, has not yet appeared. Here God speaks only to 'le fond de ton cœur' (line 126). Nor has the social utility of God's existence, another perennial argument in later writings, yet become an element in the defence of deism. This is recognisably the Voltaire of pre-1726, before the lessons of the English experience have begun to impinge. But the adherence to natural religion, fervent and assured, has already found its voice, in this the first of Voltaire's great philosophical poems.

Versification

In a philosophic poem of such significance, some mention must be made of the metre which Voltaire employs to give expression to his thoughts, all the more so as the poem owes its success in large part to the effect obtained by the language and poetic rhythms. The author employs two kinds of verse: an eight-syllable and an Alexandrine line.[32] The overall proportions between them are roughly 60:40 in favour of the Alexandrine. But there is no regular pattern in this respect, apart from a general tendency for the use of the octosyllabic verse to decline from its proportionally high point around line 30.

[32] Lines 32 and 51 are decasyllabic in the 1772 edition, though changed to Alexandrines in various other texts.

The advantage of this dual usage lies above all in the contrasting tones which the poet can employ. The Alexandrine often gives full effect to a boldness of statement; e.g. 'un Dieu qui nous forma pour être misérables' (line 25); 'Il nous punit de ceux que nous n'avons pas faits' (line 81); or, probably the most striking line in the whole poem: 'Je ne suis pas Chrétien, mais c'est pour t'aimer mieux' (line 105). A series of Alexandrines trenchantly portrays the vulgarity of Christ's life on earth (lines 61-63):

> Le fils de Dieu, Dieu même, oubliant sa puissance,
> Se fait concitoyen de ce Peuple odieux;
> Dans les flancs d'une Juive il vient prendre naissance.

A whole later sequence, lines 109-22, is made up of Alexandrines, in which Voltaire gives full play to the Christian God, while yet indicating his own respectful detachment.

By contrast, a short line may produce a dramatic antithesis: 'La Religion naturelle' (line 127), the expression of Voltaire's own faith, comes at the end of a tirade of Alexandrines – only the second octosyllabic line in an overall run of eighteen verses. Conversely, two short lines together in parallel convey the whole incomprehensibility of God's actions (lines 55-56):

> Il venait de noyer les pères,
> Il va mourir pour les enfants.

Nowhere is this better shown than in the parting observation of the final lines (lines 140-41):

> Il nous juge sur nos vertus,
> Et non pas sur nos sacrifices.

The text

The many manuscripts of varying authenticity have been well studied by Wade (p.1102-103). But he was unaware (as was A. Brown in his Calendar, *SVEC* 77, 1970, p.22) of the existence of a manuscript copy in the Académie de Rouen, which was brought to light by E. Meyer ('Variantes aux "Poésies mêlées" de Voltaire d'après le manuscrit envoyé par l'auteur à M. de Cideville en 1735', *RHLF* 39, 1932, p.414-16). This collection of poetry was received by Cideville in March 1735, and he thanks Voltaire for it in a letter of 2 March (D847). Voltaire promises to send it 'ce mois cy' in a letter to Cideville (D841), which Besterman tentatively dates at 6 February 1735.

The collection, copied by Voltaire's valet Céran, includes some corrections which were probably made by Voltaire himself, or at least at his instigation. Voltaire makes clear in an earlier letter to Cideville that he regards Céran as an 'imbécille' and an unsatisfactory secretary, and promises that when he sends his verses to Cideville, 'je reveray ses bévues et les miennes' (D799, c.1 November 1734). The manuscript in the Académie de Rouen appears to show just that. It therefore has a special significance. [33] But the defective nature of the text, and uncertainties about how the changes were made, do not justify using it as the base text. The base text is the 1772 edition of the *Nouveaux mélanges*, the only text of the poem published with Voltaire's known participation.

Manuscripts and editions

Manuscripts

Arch   Paris, Archives nationales ms 859, f.291-96 (ms *Recueil de poésies*).

Arch V   Instr. misc. 5370 [D3464].

Ars A   Paris, Bibliothèque de l'Arsenal 2949, f.66 (*Recueil de*

---

[33] I am extremely grateful to Christiane Mervaud for generously transcribing the text of this manuscript.

vers, la plupart extraits des œuvres de Voltaire. De la bibliothèque de M. de Paulmy). Same as base text.

Ars B   Bibliothèque de l'Arsenal 3130, f.269-78 (Recueil de pièces choisies et libres. Tome I. A Paris, le 1ᵉʳ mai 1750. Poésies de Voltaire, etc. De la bibliothèque de M. de Paulmy. Antérieurement de la bibliothèque de M. d'Hémery).

Ars C   Bibliothèque de l'Arsenal 3310, f.34-39 (Recueil de diverses pièces: Voltaire, etc. De la bibliothèque de M. de Paulmy. Armoiries gravées: 'Bibli. Joan. Petri Ludovici de Podio, equitis, domini de Laloubière. 1750).

Ars D   Bibliothèque de l'Arsenal 4846, f.62-68 (Recueil de vers – XVIIIᵉ siècle).

AT   Geneva, Archives Tronchin, 357, no.15.

Bent   Arnhem, Archive Bentinck, Rijksarchief in Gelderland, 382, b-c. (Photocopy kindly lent by M. André Magnan.)

BH   Paris, Bibliothèque historique de la Ville de Paris, Rés. 2025, f.8-10 (Papiers Voltaire).

BL   London, British Library Add. 4456, f.103-106 (Épître à Uranie par Mons. de Voltaire).

BnB   Paris, Bibliothèque nationale, F. fr. 10476, f.349-51 (Recueil: Années 1731-1732).

BnF   Bibliothèque nationale, Nouv. acq. fr. 15591, f.42-45 (Papiers Graffigny).

Ch   Châlons-sur-Marne 284 (Gar.9659), f.344-51.

DA   Darmstadt, Hessisches Staatsarchiv, H.A. IV. 558.4

L   Lyon (Palais des Arts) 54, f.69f. Text ends at line 105.

M   Paris, Bibliothèque Mazarine 3944, f.223f (Recueil de différentes pièces) (followed by two items both dated 1731).

O   Orléans 1148, f.491-507.

P   New York, Pierpont Morgan Library, MA 634, f.9-17.

R   Rouen, Académie de Rouen, mss Cideville C38 bis, Poésies de Voltaire, f.69v-76v.

StP   St Petersburg, National Library of Russia, F.xiv. 21D, f.31-34 (*Collection des pièces en vers saisies sur les auteurs ou écrites par eux pendant leur détention à la Bastille*).

T	Troyes ms 2730, f.227-31.
ThB	Besterman, ThB, ms I, f.83-91.
W	Warsaw, Franç. Q. xiv. 9 (destroyed in World War II; Wade's annotations have been followed).
Y	Yale, Lewis Walpole Library, du Deffand Papers.

Editions

38A

Pièces libres de M. Ferrand et poésies de quelques autres auteurs sur divers sujets (1738).
Bengesco 597. BnF, Enfer 77. BnC 2272.

38H

Lettres de M. de V.*** avec plusieurs pièces de différens auteurs (La Haye, P. Poppy, 1738, 1739). 12°.
Bengesco 1558 (ii.20). BnF, Rés.4589. BnC 3705.

D3464 (1746)

Letter from François Philibert Louzeau to Pope Benedict XIV, 7 October 1746.
Lines 1-9, 70-105, 130-41.

59

Guyon: *L'Oracle des nouveaux philosophes* (1759).
BnF Z.27392. BnC 2473.
Lines 1-31, 96, 110-32: reproduced in the *IVe Conversation*.

w64R

Collection complète des œuvres de Monsieur de Voltaire. Amsterdam, Compagnie [Rouen, Machuel?], 1764. 18 vols. 12°. vol.xiii (1764).

Vol.xiii.

Bengesco 2136. BnF, Rés. Z. Beuchot 26(13). Trapnell 64ʀ. BnC 145.

w68

Collection complette des œuvres de M. de Voltaire. Genève, Cramer [Paris, Panckoucke], 1768-1777. 30 vols. 4°.

Vol.xxvi (1777), p.257-61.

Bengesco 2137. BnF, Rés. m. Z.587(26). Trapnell 68. BnC 141.

70

D'Holbach, *Histoire critique de Jésus-Christ, ou Analyse raisonnée des Evangiles* (1770).

BnF H.7549. BnC 2475.

ɴᴍ (1772)

Nouveaux mélanges philosophiques, etc., etc. s.l. [Genève, Cramer], 1765-1776. 19 parties. 8°.

Vol.xii (1772).

Bengesco 2212. BnF, Z.24718. Trapnell ɴᴍ. BnC 128. The base text.

w75ɢ

La Henriade, divers autres poèmes et toutes les pièces relatives à l'épopée. Genève, Cramer, 1775. 37 vol. L'édition encadrée.

Vol.xiii, p.366-70.

Bengesco 2141. BnF, Z.24851. Trapnell 75ɢ. BnC 158.

ɴᴍ75

Nouveaux mélanges philosophiques, etc., vol.xvii (1775).

Bengesco 2212. BnF, Rés. Z. Bengesco 487 (17). BnC 128.

Base text: ɴᴍ, 1772.

ÉPÎTRE À URANIE

Tu veux donc, charmante Uranie,
Qu'érigé, par ton ordre, en Lucrèce nouveau,
Devant toi d'une main hardie

a   38A: Epître à Madame de ***
     64: Epître impie à Uranie
     w68, NM75, w75G: Le Pour et le contre [*with note*: On a attribué cet ouvrage à
l'abbé de *Chaulieu*, parce qu'il y a en effet quelque ressemblance entre cette pièce et
celle du déiste qui commence par ces mots:
          J'ai vu de près le Styx, j'ai vu les euménides.
          Déjà venaient frapper mes oreilles timides
          Les affreux cris du chien de l'empire des morts.]
     Arch: Epître à Uranie par Voltaire. Copiée en juillet 1760
     AT: [*absent*]
     Ars B: Epître à Uranie. Par M. De Voltaire
     Ars C: Sur la Religion. A Uranie [*margin*: de Voltaire]
     Ars D, P, StP, Y: Epître à Uranie
     Bent, L: Epître à Uranie par Voltaire
     BH: Le Pour et le Contre. A Madame xxx. Par Voltaire
     BL: Epître à Uranie par Mons. de Voltaire
     BNB: Epître à Madame ... 15 février 1732
     DA: Lettre de Philaris à Uranie sur la Religion
     M: Epître sur la Religion. Par Voltaire à Madame la Duchesse de Rupel-
monde, sous le nom d'Uranie
     O: Epître de Monsieur Voltaire à Uranie sur la Religion
     R: Le Pour et le Contre
     T: Epître de Monsieur de Voltaire à Uranie; Sur la Religion
     ThB: Epître à Uranie [*with note*: Made la Marquise du Châtelet]. Par Mr de
Voltaire
     W: A Uranie
1   38A, w68, 70, NM75, w75G, Ars C, Ars D, AT, BNA, BNB, Arch V, DA, L, M,
Y: donc, belle Uranie
     64: Tu prétends donc, belle Uranie
     Arch: [*margin*: belle est dans l'imprimé]
     Bent: donc, o belle Uranie
     BH, StP: Tu le veux donc, belle Uranie
3   M: [*absent*]

A la religion j'arrache le bandeau;
Que j'expose à tes yeux le dangereux tableau   5
Des mensonges sacrés dont la terre est remplie
Et qu'enfin la philosophie
T'apprenne à mépriser les horreurs du tombeau,
Et les terreurs de l'autre vie.[1]
Ne crois pas qu'enivré de l'erreur de mes sens,   10

4   38H, 64, 70, Ars B, O, T, Y: De la
    w68, NM75, w75G, BH: Aux superstitions j'arrache
    BNA: A religion
    P: à ma religion
    R, ThB: j'arrache son bandeau
6   StP: mensonges dont
7   38H, 59, 64, Ars B, BH, BL, Ch, O, T, ThB, W, Y: qu'enfin ma philosophie
    38A, w68, 70, NM75, w75G, Arch, Ars C, Ars D, AT, Bent, BL, BNA, BNB,
Arch V, DA, L, M, P, StP: Et que ma philosophie
8   O, T: mépriser le tombeau
9   Ars C, L, O: les erreurs de
    Bent: Et l'erreur de
    Arch V: d'une autre
10 38H: de l'horreur de
    38A, 59, w68, NM75, w75G, Bent, BNA, BNB, DA: crois point qu'enivré des
erreurs de
    Ars C, Ars D, BH, L, M, P: des erreurs de
    AT: crois point qu'enivré
    StP: pas emparé de

[1] Wade (p.1078) thinks that lines 5-6 and 7-8 may be a paraphrase of Lucretius
(*De rerum natura*, i.931-32 and iii.37-40 respectively). But the evidence for any direct
filiation is not strong. He indicates, however, a closer link between lines 7-9 and
some other lines in the Lucretius poem (iii.14-16):
        nam simul ac ratio tua coepit vociferari
        naturam rerum...
        diffugiunt animi terrores...
Nevertheless, these comparisons are not very specific. A more likely parallel, also
mentioned by Wade (p.1079), is that between lines 8-9 and a verse from Chaulieu's
Les Trois Façons de penser sur la mort: 'Pour braver les horreurs qu'on joint à la
mort'. If either source is to be preferred, this one is the more likely. More probable
still is another line from Chaulieu: 'Apprends à mépriser le néant de la vie'. See
above, Introduction.

De ma Religion blasphémateur profane,
Je veuille avec dépit, dans mes égarements
Détruire en libertin la loi qui les condamne.
Examinateur scrupuleux
Du plus redoutable mystère,   15
Je prétends pénétrer d'un pas respectueux

11 Bent: De la religion
    BNA: blasphémateur infâme,
12 38H, 64, Bent, O, T: veuille par dépit
    59, ThB: veuille par dépit, pour mes
    Arch: veuille avec mépris,
    Ars D: Et défenseur outré de mes égarements
    AT, BNA, M, P, StP, W: dépit, de mes
13 38H, Ars B, O, P, T, W: l'erreur qui
    Ars D: J'attaque en
    Bent: Blâmer en
    BNA: en liberté la
    ThB: qui le condamne
14-31 w68, NM75, w75G, BH:
           Viens, pénètre avec moi d'un pas respectueux
           Les profondeurs du sanctuaire,
           Du dieu qu'on nous annonce et qu'on cache à nos yeux.
           Je veux aimer ce dieu; je cherche en lui mon père
           On me montre un tyran que nous devons haïr.
           Il créa les humains à lui-même semblables,
           Afin de les mieux avilir,
           Il nous donna des cœurs coupables
           Pour avoir droit de nous punir.
           Il nous fit aimer le plaisir
           Pour nous mieux tourmenter par des maux effroyables
           Qu'un miracle éternel empêche de finir.
15 38H, AT, W: De ces redoutables mystères
    38A, 59, ThB: [absent]
    64, 70, Ars B, Ars C, Ars D, Bent, BNA, BNB, DA, L, M, O, P, R, Y: De ce
redoutable
    Arch: D'un si redoutable
    StP: De ses redoutables mystères,
16 L, R: Je cherche à pénétrer

Au plus profond du sanctuaire
D'un Dieu mort sur la Croix, que l'Europe révère.
L'horreur d'une éternelle nuit
Semble cacher ce Temple à mon œil téméraire; 20
Mais la raison qui m'y conduit,
Fait marcher devant moi son flambeau qui m'éclaire.
Les Prêtres de ce Temple, avec un front sévère,
M'offrent d'abord un Dieu que je devrais haïr;
Un Dieu qui nous forma pour être misérables, 25

17   38H: Au redoutable sanctuaire
     Ars B: Jusques au fond du sanctuaire
     L, R: Les profondeurs du
     O, T: Au vénérable sanctuaire
18   38A, 38H, 59, 64, 70, Arch, Ars B, Ars C, Ars D, AT, Bent, DA, M, O, P, StP,
T, ThB, W, Y: Du Dieu
     BNA: que le monde révère
     L, R: Je demande ce Dieu que l'Europe révère
     L: Je l'implore, il sortait, je le cherche, il me fuit
     R: Je l'invoque, il se tait, je le cherche, il me fuit
19   38A, 59, 64, 70, Ars C, Ars D, AT, BNA, BNB, Ch, DA, M, P, ThB, W,
Y: d'une effroyable nuit
     L, R: Les sombres voiles de la nuit
20   38A, 59, 64, 70, DA: à son oeil
     Arch, AT, Bent, StP: cacher le temple
     Ars C, Ars D, BNB, M, P, ThB, W, Y: cacher son temple
     L, R: Semblent cacher son temple
21   Arch, Ars B, Ars D, L, O, P, R, T, Y: qui me conduit
     Ch: ma conduit
21-42 38H: [absent]
22   70, Arch, StP: moi le flambeau
     AT: flambeau salutaire.
23   38A, 59, 64, 70, Arch, Ars B, AT, Bent, BNA, BNB, DA, L, M, O, P, R, StP,
T, W, Y: un ton sévère
     Ars C: Le Prêtre de ce Temple, avec un ton sévère
24-25 Ars C: M'offre d'abord un Dieu qui nous fit misérables
25   Ars D: nous créa pour
     L: nous a fait pour
     R: nous a faits pour

Qui nous donna des cœurs coupables
Pour avoir droit de nous punir,
Nous fit à lui-même semblables
Afin de nous mieux avilir,
Et nous faire à jamais sentir   30
Les maux les plus insupportables. [2]

26   Arch: nous créa des
         O, T: qui donna des
27   Arch: Pour être en droit
         BNA: de les punir
28   38A, 59, 64, 70, Arch, Ars C, AT, Bent, BNA, BNB, DA, L, M, O, P, StP, T,
ThB, W, Y: Qui nous créa d'abord à lui-même
         Ars B: Qui nous créa d'abord à lui-même semblable
         Ars D: Qui nous forma d'abord à
         R: Qui voulut nous créer à
28-29   Ch: [absent]
30   38A, 59, 64, 70, Arch, Ars C, AT, Bent, BNB, Ch, L, P, R, ThB, Y: jamais
souffrir
         DA: nous fit à jamais souffrir
30-31   BNA, StP, W: [absent]
31   38A, 59, 64, Ars C, AT, Bent, BNB, DA, L, R, ThB, Y: Des tourments plus
épouvantables
         70, Ars D, M, O, P, T: Des tourments plus
         Arch: Les tourments les plus effroyables.
         Ars B: Des tourments épouvantables.

[2] The thought contained here is set out clearly in the marquis de Lassay's *Pensées
diverses* (1715-1720); see Wade, p.1082. But here too we are dealing with a stock
argument of rationalist free-thinking which Voltaire could as easily have discovered
elsewhere, for example from the anonymous *Pensées sur la religion* (Wade, p.1083).
Once again, the resemblance with Chaulieu's evocation of a cruel God is more
striking (Wade, p.1079):
          Qui ne nous a formés d'après ses propres traits
          Que pour l'offenser, lui déplaire
          Et pour nous punir à jamais

Il forme à peine un homme à son image,
Qu'on l'en voit soudain repentir;
Comme si l'Ouvrier n'avait pas dû sentir
Les défauts de son propre ouvrage,   35
Et sagement les prévenir.
Bientôt sa fureur meurtrière

32   38A, 64, 70, Ars B, Ars D, AT, BNA, BNB, DA, M, O, R, W: Sa main créait
à peine une âme à
       W68, NM75, W75G, BH: Il venait de créer à peine
       Arch, Ch, Y: Sa main créait à peine
       Ars C: Sa main crée à peine une âme à
       Bent:
              Dans un affreux avenir
              Ce Dieu croit à peine une âme
       L: Sa main formait à peine une âme à
       P: Sa main créait à peine un homme encore à
       R: [absent]
       T: La main forme à peine une âme à
33   38A, DA, L, R: On l'en vit soudain
       64: Qu'il fut touché de
       W68, NM75, W75G, BH, M: On l'en
       70, Ars B, Ars C, Ars D, Bent, BNA, StP, T: l'en vit soudain
       Arch: Que l'on le vit soudain s'en repentir
       BNB: On le vit soudain
       O, Y: le vit soudain
       P, W: Lorsqu'on le vit s'en repentir
       R: on l'en vit soudain repentir des qu'il eut achevé nostre ame a son image
34   P: n'aurait pas
       R: Dès qu'il eut achevé notre âme à son image
35   BNA: Tous les défauts de son ouvrage
36   Ars B, Ars C: le prévenir
36-46 W68, NM75, W75G:
              Aveugle en ses bienfaits, aveugle en son courroux,
              A peine il nous fit naître, il va nous [BH: il nous va] perdre tous.
              Il ordonne à la mer de submerger le monde;
              Ce monde qu'en six jours il forma du néant;
              Peut-être qu'on verra sa sagesse profonde
              Faire un autre univers plus bon, plus innocent.
37   Bent: sa main meurtrière

Du monde épouvanté sape les fondements,
Dans un déluge d'eau détruit en même temps
Les sacrilèges habitants   40
Qui remplissaient la terre entière
De leurs honteux dérèglements.
Sans doute on le verra, par d'heureux changements,
Sous un ciel épuré redonner la lumière
A de nouveaux humains, à des cœurs innocents,   45
De sa haute sagesse aimables monuments.
Non, il tire de la poussière

38   38A, Ars C, Bent, BNB, DA, L, R: frappant
     64, 70, Arch: sapant les
     Ars B, BNA, O, StP, T, W, Y: sapa les
39   Arch: en un moment
     Ars B: Par un
     BNA: d'eaux il plonge en
     BNB: d'eaux
     P, StP: d'eau perdant en
     O, T, W: perdant un
     R: détruit les habitants
39-40   L: détruit les habitants
40   BNA: Ces sacrilèges
     O, T: Ses sacrilèges
42   Ars D: hontes égarements
45   Arch: nouveaux mortels,
     R: humains, et des
46   38A, DA: lente [...] éternels
     38H: mouvement
     64, BNA, W: lente [...] mouvements
     70, Ars D, BNB, L: lente
     Arch: sainte [...] éternels
     Ars B, BL, R: mouvements
     Ars C: toute
     AT: lente [...] aimable monument
     Bent: tendre
     M: lente [monument *absent*]
     P: sagesse lente
     ThB: [*absent*]

Un nouveau Peuple de Titans;
Une race livrée à ses emportements,
Plus coupable que la première. [3]   50
Que fera-t-il? Quels foudres éclatants
Va sur ces malheureux lancer sa main sévère!
Va-t-il dans le chaos plonger les Eléments?
O prodige! ô tendresse! ô mystère!
Il venait de noyer les pères,   55
Il va mourir pour les enfants.
Il est un Peuple obscur, imbécile, volage,
Amateur insensé des superstitions,

48   38H, Ars B, BL, BNA, StP, ThB: de tyrans
     w68, NM75, W75G, BH: Une race d'affreux brigands
     Bent: Une nouvelle race, un peuple
49   w68, NM75, W75G, BH: D'esclaves sans honneur, et de cruels tyrants
     StP: ses égarements
50   w68, NM75, W75G, BH: Plus méchante que
51   38H: quel foudre éclatant
     w68, NM75, W75G, BH: fera-t-il enfin? Quels foudres dévorants
     Ars B: fera-t-il? et quel foudre éclatant
52   38A, 64, w68, 70, NM75, W75G, Arch, Ars C, Ars D, AT, BH, BNB, DA, L, M,
P, W: Vont sur ces malheureux lancer ses mains sévères
     Ch: Vont sur ses malheureux lancer ses mains sévères
     Y: Va sur ces malheureux lancer ses mains sévères
53   38H: Et va-t-il
     Ars A: dans les cachots plonger
54   38A, Arch, AT, O, StP: Ecoutez, ô prodige
     64, w68, 70, NM75, W75G, Ars B, Ars C, BH, BNA, BNB, Ch, DA, L, M, P, T,
ThB, W: Ecoutez, ô prodige! ô tendresse! ô mystères
     Bent: Ecoutez! O tendresse, o prodige, o mystère
     Y: Ecoutez, o prodiges, o tendresses, o mystères
55   38A: noyer le père
56   Bent: Il vient mourir
57   38H, Ars B, Bent, BL, Ch: imbécile et volage
58   Ars A, StP: de superstitions
58-59 Ars C: [absent]

[3] The whole development of the poem from line 32 follows the general argument
outlined briefly in the *Pensées sur la religion* (see Wade, p.1083).

Vaincu par ses voisins, rampant dans l'esclavage,
Et l'éternel mépris des autres Nations. [4]   60
Le Fils de Dieu, Dieu même, oubliant sa puissance,
Se fait concitoyen de ce Peuple odieux;
Dans les flancs d'une Juive il vient prendre naissance.
Il rampe sous sa mère, il souffre sous ses yeux
Les infirmités de l'enfance.   65
Longtemps vil ouvrier, le rabot à la main,
Ses beaux jours sont perdus dans un lâche exercice;
Il prêche enfin trois ans le peuple Iduméen, [5]

59   38H: par ces voisins
     Bent: Haï de ses
61   64, L: de Dieu lui-même
     Arch: d'un Dieu
62   38H: Le fait
     StP: Se rend concitoyen
63   64, Ars C: le flanc d'une
     Arch: d'une fille il
     Ars D: il veut prendre
     Bent: dans le sein d'une
     L: [absent]
64   P: rampe dans sa
     ThB, W: mère, et souffre
66   38A, Arch, Ars C, Ars D, BNB, DA, L, M, R: ouvrier, un rabot
67   38H: Ces beaux
     38A, 64, W68, 70, NM75, W75G, Ars B, Ars C, AT, Bent, BH, BNA, BNB, Ch,
DA, L, P, StP, W, Y: dans ce lâche
     Arch: sont passés dans ce lâche service [margin: exercice]
     Ars D: Ces beaux jours sont perdus dans ce lâche
     M: dans ce vil exercice
68   64: ans ce peuple
     70: enfin le peuple
     Bent: prêche encore trois ans au peuple

[4] See introduction, for Voltaire's use of Louis Racine's *La Grâce*.
[5] Descendant of Edom (Esau): see Genesis xxv.30.

Et périt du dernier supplice.
Son sang du moins, le sang d'un Dieu mourant pour nous,   70
N'était-il pas d'un prix assez noble, assez rare,
Pour suffire à parer les coups
Que l'enfer jaloux nous prépare?
Quoi! Dieu voulut mourir pour le salut de tous,
Et son trépas m'est inutile!   75
Quoi! l'on me vantera sa clémence futile,
Quand, remontant au Ciel, il reprend son courroux,
Quand sa main nous replonge aux éternels abîmes,
Et quand par sa fureur effaçant ses bienfaits,
Ayant versé son sang pour expier nos crimes,   80

69   P: périt par le dernier
     StP: Et souffre le dernier
70   38A, Ars C, Ars D, Bent, BNA, BNB, Arch V, L, R, W: ce sang
71   Arch, Ars C, O: N'est-il
     BL: pas un
73   Ars C: l'enfer nous
74   Bent: pour nous
75   38A, 64, W68, 70, NM75, W75G, Arch, Ars C, Ars D, AT, Bent, BH, BNA, BNB, Ch, DA, Arch V, L, M, O, P, StP, T, W, Y: trépas est
76   38A, 38H, 64, W68, 70, NM75, W75G, Arch, Ars B, Ars C, Ars D, AT, Bent, BH, BNA, BNB, Ch, DA, Arch V, L, M, O, P, StP, T, ThB, W, Y: clémence facile
     Ars D: Et l'on
     DA: Quoi! on
     StP: Qu'on me vante beaucoup sa
77   38H: Qu'en remontant
     70, Arch: aux Cieux
78   AT: main vous replonge
79   38A, 70, Ars D, BNA, BNB, DA, L, P, R, StP, W, Y: Et que par ses fureurs
     38H: quand sa
     64, Arch, AT: Et que par
     Ars C: Et par ses fureurs
     Ch, M: par ses fureurs
     Arch V: Et que par ses fureurs il efface
     T: fureur éclatant ses
80   P: pour effacer nos

Il nous punit de ceux que nous n'avons pas faits!
Ce Dieu poursuit encore, aveugle en sa colère,
Sur ses derniers enfants l'erreur du premier Père;
Il en demande compte à cent Peuples divers,
Assis dans la nuit du mensonge,   85
Et dans l'obscurité où lui-même les plonge,

81   64, W68, 70, NM75, W75G, BH, BNB: n'avons point fait
     Bent, O, T: punit des maux que
82   38H: encore, aveuglément sa
     Arch, Bent: Dieu punit encore
     T: Dieu paraît encore
83   38H: Sur ces derniers
     38A, 70, Arch, Ars B, Ars D, AT, BNA, Ch, L, M, O, R, T, ThB, W, Y: Sur
les derniers
     64, Ars C, Bent, BNB, DA, Arch V, P: Sur les derniers enfants l'erreur d'un
premier
84   38A, 64, 70, Arch, Ars C, Ars D, AT, BNB, Arch V, DA, L, M, P, R, StP,
ThB, W, Y: en redemande
     Bent: en [R:] redemande compte à ces peuples
     BL: Il demande
     BNA: en vient demander compte
86   38A, 64, 70, BNA, BNB, DA, L, M, StP, ThB, W: De ces obscurités où lui-
même il les
     38H, Ars B: Et de l'obscurité
     Arch: De cette obscurité
     Ars C: De ses obscurités
     Ars D, Bent, P, Y: De ces obscurités
     AT, Arch V: De ses obscurités où lui-même il les
     Ch: lui-même il les
     O: Et des obscurités à lui-même il les
     R: De ces obscurités en lui-même il les
     T: Et des obscurités où lui-même il les
86-87   W68, NM75, W75G, BH:
          Il punit au fond des enfers
          L'ignorance invincible où lui-même il les plonge,
          Lui qui veut éclairer et sauver l'univers.

Lui qui vient, nous dit-on, éclairer l'Univers.
Amérique, vastes contrées,
Peuples que Dieu fit naître aux portes du soleil;
Vous, Nations hyperborées,   90
Que l'erreur entretient dans un profond sommeil;
Vous serez donc un jour à sa fureur livrées, [6]

87 38H, AT, Y: dit-on, d'éclairer
    Arch: qui venait, dit-on
    BNA: Et de la loi qui vient d'éclairer
    Bent, BNB: nous dit-il,
    BL: dit-on, éclaircir l'Univers
    Arch V, LE: qui vint
    R: qui veut
88 38H, Arch, Bent, P, StP, Y: vaste contrée
89 38H, AT, DA: Peuple que
    Arch: aux pôles du
    Bent, O: Dieu fait naître
90 38H: Aux Nations
    Ars B: O nations
    Arch V: Vous Vastes Nations
91 38A, 38H, 64, 70, Arch, Ars C, Ars D, AT, Bent, BNA, BNB, Arch V, DA, L,
    M, O, P, R, StP, T, W, Y: Vous que l'erreur nourrit dans
    w68, NM75, w75G: dans un si long sommeil
    Ars B: Vous que l'erreur endort dans
    BH: entretint dans un si long sommeil
    Ch: Vous que
92 38H, O, T: à la fureur
    w68, NM75, w75G, BH: Serez-vous pour jamais à
    Ars C: donc à
    Ars D, AT, Ch: à ses fureurs

[6] See Introduction for Voltaire's use of Louis Racine here. Voltaire had used
similar language in *La Henriade* with reference to pagans ignorant of the Christian
world (ch.vii.85-88: *OC*, vol.2, p.514-15):

  Les pâles habitants de ces froides contrées
  Qu'assiègent de glaçons les mers hyperborées:
  Ceux qui de l'Amérique habitent les forêts,
  De l'erreur invincible innombrables sujets.

Pour n'avoir pas su qu'autrefois,
Sous un autre Hémisphère, aux plaines Idumées,
Le Fils d'un Charpentier expira sur la Croix?   95
Je ne reconnais point à cette indigne image
Le Dieu que je dois adorer; [7]
Je croirais le déshonorer
Par un si criminel hommage.
Entends, Dieu que j'implore, entends du haut des Cieux   100
Une voix plaintive et sincère:
Mon incrédulité ne doit pas te déplaire,

93 38H, Ars B: n'avoir senti qu'autrefois
94 38A, 70, Ars C, Ars D, AT, Bent, BNA, BNB, Ch, Arch V, DA, L, M, R,
ThB, W, Y: Dans un
    w68, NM75, w75G, BH: Dans un autre Hémisphère, au fond de la Syrie
    Arch: Dans un autre Hémisphère, aux plaines d'Idumée
95 38A, Arch V: expira sous la
    BNB: expirait
95-96 w68, NM75, w75G, BH:
        Le Fils d'un charpentier enfanté par Marie,
        Renié par Céphas, expira sur la Croix
96 38H: à ses fausses images
    38A, 64, 70, Ars C, Ars D, AT, Bent, BNA, BNB, Ch, Arch V, DA, L, P, R,
ThB, W, Y: Non je ne connais point
    Arch, M, StP: Non je ne connais pas
    Ars B, BL: à ces fausses images
    O, T: cette fausse image
97 Ars D: Ce Dieu
98 Ch: les déshonorer
99 w68, NM75, w75G, BH: Par une telle insulte et par un tel hommage
101 38A, 70, Arch, Ars C, Ars D, AT, Bent, BNA, BNB, Ch, Arch V, DA, M,
ThB, Y: Ma voix pitoyable et
    L, R: La voix de mon doute sincère
    O, T: Ma voix
102 38A, 64, 70, Ars C, Ars D, Bent, BH, BNB, Arch V, DA, L, M, O, P, T: doit
point te
    Ars A: doit plus te
    StP, W: ne peut point te

[7] For Chaulieu's influence here, see Introduction.

Mon cœur est ouvert à tes yeux;[8]
On te fait un tyran, en toi je cherche un Père;
Je ne suis pas Chrétien, mais c'est pour t'aimer mieux.   105
Ciel! ô Ciel! quel objet vient de frapper ma vue!
Je reconnais le Christ puissant et glorieux
Auprès de lui dans une nue.
Sa croix se présente à mes yeux.
Sous ses pieds triomphants la mort est abattue;   110
Des portes de l'enfer il sort victorieux:
Son règne est annoncé par la voix des oracles,
Son trône est cimenté par le sang des Martyrs;

104   38H: tyran, je cherche en toi un père
      38A, 64, 70, Arch, Ars B, Ars C, Ars D, AT, BNA, BNB, Arch V, DA, L, O,
P, R, StP, T, W, Y: tyran, je cherche en toi mon père
      w68, NM75, W75G, BH: L'insensé te blasphème, et moi je te révère
105   38A, 64, 70, Arch, Ars B, Ars D, AT, BNA, BNB, Ch, DA, L, P, W: suis
point Chrétien
      38H: pas un Chrétien
      Arch V: suis point chrétien, c'est pour t'[en]
      Bent: suis point chrétien, c'est pour t'en
105-141 L: mieux.//
106   38A, 70, ThB: vient s'offrir à ma
      38H, O, T: frapper mes yeux
      64, Ars C, BNB, DA, R: vient effrayer ma
      w68, NM75, W75G, BH: Cependant quel objet se présente à ma
      Arch: objet se présente à ma
      Bent: Juste Ciel vient effrayer ma
      P: Ciel, Ciel!
107   w68, NM75, W75G, BH: Le voilà, c'est le
109   w68, NM75, W75G, BH: L'étendard de sa mort, la croix brille à mes yeux
      AT, BNA: La croix
110   70, AT: ses pas triomphants
      R: Sous ces pieds

[8] A reworking of the verse in Voltaire's *épître* to Louis Racine (1722): 'Tu m'en
fais un tyran; je veux qu'il soit un père' above, p.461.

Tous les pas de ses Saints sont autant de Miracles;
Il leur promet des biens plus grands que leurs désirs;   115
Ses exemples sont saints, sa morale est divine;
Il console en secret les cœurs qu'il illumine:
Dans les plus grands malheurs il leur offre un appui;
Et si sur l'imposture il fonde sa doctrine,
C'est un bonheur encor d'être trompé par lui.   120
Entre ces deux portraits, incertaine Uranie,
C'est à toi de chercher l'obscure vérité,
A toi que la nature embellit d'un génie

114   38H, Bent, BL: de ces Saints
      DA: des Miracles
      R: pas des Saints
      ThB: Tous les pouvoirs des siens sont
115   Bent: des dons plus
      R: que <les> leurs
      ThB: leur donne des
116   AT, Bent, P, ThB: morale divine
      StP: Son exemple est saint
118   38A, 64, 70, Ars C, Ars D, AT, Bent, BNA, BNB, Ch, DA, M, P, W, Y: il
nous offre
      Arch: nous est un
      Ars A: les grands
      R: Dans le sein des malheurs il nous offre
      StP: Et dans tous nos malheurs il nous offre
119   38H: Et dans l'imposture il fraude sa
      64, 70, Ars D, Bent, BNB, M, R: il fonda
      AT, P, W: il fondait
120   Arch: un bienfait encor
      P: Ce serait un bonheur d'être
      StP: C'est encore un bonheur d'être
121   Arch: Entre les deux
      Ch: Entre ses deux
122   AT: la pure vérité
      StP: toi à chercher
      ThB: l'auguste vérité
123   38A, 59, 64, W68, 70, NM75, W75G, Arch, Ars C, Ars D, AT, Bent, BH, BNA,
BNB, DA, M, P, ThB, W, Y: nature honora d'un
      Ch: nature doua d'un
      StP: nature honore d'un

Qui seul égale ta beauté.
Songe que du Très-Haut la sagesse éternelle   125
A gravé de sa main dans le fond de ton cœur
La Religion naturelle; [9]
Crois que ta beauté, ta douceur,
Ne sont point les objets de sa haine immortelle;
Crois que devant son Trône, en tout temps, en tous lieux,   130
Le cœur d'un juste est précieux;

124 NM75, BNA, O, T: seule
     Bent: égala
125 38A, 59, 64, 70, Arch, Ars C, Ars D, AT, Bent, BNA, BNB, Ch, DA, M, R,
StP, ThB, W, Y: sagesse immortelle
126 38A: le fonds de
     59: de ton âme
     StP: de ses mains
128 59, 64, 70, Arch, Ars B, Ars C, AT, Bent, BNA, BNB, Ch, DA, M, O, P, T,
ThB, W: que ta bonne foi, ta beauté, ta douceur
     38H: que sa bonté et sa douceur
     W68, NM75, W75G, BH: que de ton esprit la naïve candeur
     Ars D: que la bonne foi, ta bonté, ta douceur
     R, StP, Y: que ta bonne foi, ta bonté, ta douceur
129 38A: de la haine éternelle
     64, 70, Ars D, Bent, BNA, BNB, Ch, M, P, StP, W, Y: haine éternelle
     W68, NM75, W75G, BH: Ne sera point l'objet
     Arch: ne sont que les objets de sa haine éternelle
     Ars C, R, ThB: sont pas les objets de sa haine éternelle
     AT: point des objets de sa haine éternelle
     Ch: pas des objets de sa haine éternelle
     DA: pas les objets de la haine éternelle
130 59, BNA, BNB, Ars C, P: tous temps
     Arch, M: en tout lieu
     Arch V: Crois que en tous temps, et en
130-131 Bent: [absent]
131 38A, 59, 64, W68, 70, NM75, W75G, Ars C, Ars D, AT, BH, BNA, BNB, Arch
V, DA, M, StP, ThB, W: du juste
     Arch: du juste est toujours agréable

[9] See *La Henriade*: 'Il grave en tous les cœurs la loi de la nature' (ch.vii.109, *OC*,
vol.2, p.516).

Crois qu'un Bonze modeste, un Dervis charitable, [10]
Trouvent plutôt grâce à ses yeux
Qu'un Janséniste impitoyable,
Ou qu'un Pontife ambitieux   135
Et qu'importe, en effet, sous quel titre on l'implore?
Tout hommage est reçu, mais aucun ne l'honore:
Un Dieu n'a pas besoin de nos soins assidus;
Si l'on peut l'offenser, c'est par des injustices.

132   38H: qu'un don modeste, un devoir charitable
      Arch V: qu'un dervis
      BNA: qu'un bonze, un bracmane, un dervis
133   38H, 59, 64, Arch, Ars B, Ars C, AT, BNA, BNB, Ch, M, P, ThB, W,
Y: Trouve
      Bent: Trouve plutôt grâces
      T: grâces
135   38A, 59, 70, Arch, Ars B, Arch V, DA, O, ThB: qu'un Jésuite ambitieux
      64, Ars D, Bent, BNB, R, Y: qu'un Prélat ambitieux
      AT: Et qu'un
      Ch: Et qu'un jésuite
136   70, Ars D: effet, à quel
      BNB, W: Eh! qu'importe
      StP: qu'importe à lui
137   38A, DA: Tout homme le reçoit,
      59, ThB: Tout homme le connaît,
138   38A, 59, 64, 70, Arch, Ars C, AT, Bent, BNA, BNB, DA, M, P, R, StP, ThB,
Y: Ce Dieu n'a pas besoin de nos vœux assidus
      Arch V: Ce Dieu n'a pas besoin de vos vœux assidus
      Ars D:
            Et quel besoin a-t-il de nos vœux
            Que lui sert-il que l'on adore
      Ch: nos vœux assidus
      O, T, W: Ce Dieu
139   DA: l'on peut offenser

[10] *La Henriade* also treats of the 'bonze' and 'dervis' coming before God's judgement, which is then, as in the *Epître*, pronounced favourable (chant VII.89-96, *ibid.*, p.515).

Il nous juge sur nos vertus, 140
Et non pas sur nos sacrifices. [11]

140 Arch: juge par nos
141 38A, 64, Arch: pas par nos
38H: nos vices
BNB: pas par des sacrifices
DA: non pas nos

[11] On the influence of Chaulieu, see above, Introduction.

502

Textes attribués à Voltaire

présentés par

Nicholas Cronk, Catriona Seth

REGNANTE PUERO

En mai 1717, comme nous l'avons vu, le jeune Arouet est arrêté et mis à la Bastille, 'accusé d'avoir composé des pièces de poésie et vers insolents contre M. le Régent et Mme la D. de Berry, entre autres une pièce qui a pour inscription: *Puero regnante*'.[1]

Quelques jours avant son arrestation Voltaire aurait revendiqué la paternité de certains des textes satiriques si nous en croyons le rapport de Salenne de Beauregard, l'espion qui l'a interrogé:

Je sortis de mes tabletes le puero regnante. Il me demanda sur le champs ce que j'avois là de curieux. Je luy montré. Quand il eut veu ce que c'étoit, pour celui là je ne les pas fay chés m^r de Comartin mais beaucoup de temps avant que je parte. [...] Je luy dit, coment mon cher amy vous vous ventés d'avoir fait le puero regnante pendant que je viens de sçavoir d'un bon endroit que c'est un professeur des jésuistes qui l'a fait. Il prit son sérieux là dessus et qu'il ne s'embaroisoit point sy je le croiois ou sy je ne le croiois pas et que les jésuistes faisoient comme le geay de la fable, qu'ils empruntoient les plumes du pand pour se parés.[2]

D'après le compte-rendu de son interrogatoire, Voltaire aurait, lors de son arrestation, refusé la paternité du texte incriminé. Il affirme avoir pensé que 'Cette inscription luy avoit esté donnée chez le sr Dancourt Comédien mais se souvient distinctemen^t qu'il dit aud. s. de Beauregard qu'il estoit bien trompé si cette inscription n'estoit ancienne Et faitte du temps de Catherine de Medicis.'[3] Puis il fait remarquer 'qu'il estoit bien malheureux si on

---

[1] Voir ci-dessus, *La Bastille*.

[2] Nous suivons le texte de D45 [c.10 mai 1717]; d'après le manuscrit BnF 12943, p.2-3 , où le rapport est intitulé 'Mémoire instructif des discours qui m'a tenu le sieur Arroy depuis qu'il est de retour de Comartin'. Voir aussi D52.

[3] D.app.5, qui retranscrit ms. Arsenal 10633, f.455-57: 'Interrogatoire du sr Harrouet fils prisonnier à la Bastille 21 may 1717'. Ainsi que l'ont souligné les exégètes, l'explication de Voltaire est ingénieuse, mais il aurait fallu lire *famosa* et non *famoso* dans l'inscription latine. Soulignons que la Régence pouvait offrir l'occasion de 'récupérer' un certain nombre de textes satiriques publiés lors des régences précédentes, celles d'Anne d'Autriche et de Catherine de Médicis; elle

le soubçonnoit de pareilles horreurs, qu'il y avait déjà longtemps qu'on mettoit sur son Compte touttes les infâmies en vers et en prose qui Courent la ville mais que tous ceux qui le Connoissent sçavent bien qu'il est incapable de pareils crimes'.[4]

Le jeune prisonnier décrit encore d'autres textes qu'il est accusé d'avoir composé comme des 'vers Exécrables' et soutient qu'il n'a pu, du fait de son absence de Paris, écrire ni les poèmes, ni l'inscription latine qui circulent et que les lui imputer est 'la plus insigne calomnie dont il ayt jamais Entendu parler.'

Les explications ingénieuses de Voltaire paraissent faussement naïves et rien ne permet de supposer qu'il n'était pas l'auteur du texte. Il nous semble que l'attribution, acceptée entre autres par Desnoiresterres, Avenel et Pomeau, n'a pas lieu d'être remise en question; les travaux les plus complets sur la question, et notamment l'article de Wachs, n'ont en effet pas permis d'infirmer la tradition.[5] L'inscription contient des allusions transparentes pour le lecteur de l'époque et que rien ne pouvait rattacher à la régence de Catherine de Médicis. Elles portent bien entendu sur le contexte économique et social mais elles reprennent aussi les accusations contre le Régent, 'homme fameux / Par le poison et les incestes'.[6]

---

explique peut-être la présence au nombre des documents saisis lors de l'arrestation de Voltaire et reproduits par Carra de ce qui paraît bien être une mazarinade latine.

[4] *Ibid.*

[5] Morris Wachs, 'Voltaire's "Regnante puero": the date, the title and the French original', *SVEC* 284 (1991), p.107-13. Wachs signale l'existence d'un poème en français de 1716 'Contre la Régence', trouvé dans un recueil de *Mélanges* de 1807, dont 'Regnante puero' semble être une espèce de résumé latin. L'incipit du poème français est 'Sous cet enfant qui règne', ce qui permet à Wachs de postuler l'existence d'une version latine de l'inscription qui aurait commencé, à la différence de celles que nous connaissons, par le titre habituellement donné: 'Puero regnante'. Il n'en attribue pas pour autant le texte français à Voltaire.

[6] R. Pomeau, *D'Arouet à Voltaire*, p.104-105: 'On reconnaît en ce texte les références à l'expérience malheureuse de la polysynodie, à l'agitation janséniste, à la faillite du trésor et à la révision des dettes ("la foi publique violée"), aux troubles provinciaux (notamment en Bretagne à l'instigation de Pontcallec). Mais surtout

La pratique de la composition latine est courante à l'époque et le jeune homme, frais émoulu de ses études, devait être rompu à ce type d'exercices scolaires. L'utilisation du latin devait également offrir une garantie de discrétion supérieure à la composition de textes français: seul un homme instruit pouvait comprendre le texte. Soulignons que parmi les papiers conservés à Saint-Pétersbourg se trouvent des documents recueillis pendant la Révolution par M. Dubrowsky dont la collection fut acquise en 1805 par l'empereur Alexandre, au nombre desquels figure un projet de texte latin contre le Régent attribué à Voltaire.[7]

Nous proposons du *Regnante puero* le texte extrait du chansonnier Clairambault, retranscrit par Th. Besterman (D45, n.3).

CJS

———————

Regnante Puero
    Veneno et incestis famoso
Administrante,
    Ignaris et instabilibus consiliis,
Instabiliori Religione,   5
Aerario exhausto,
    Violata fide publica,
    Injustitiae furore triumphante,
    Generalis imminente seditionis
Periculo,   10

———————

sont reprises les accusations les plus graves contre le régent: non seulement de relations incestueuses avec sa fille, mais d'avoir empoisonné les membres de la famille royale pour accéder à la régence; d'aspirer maintenant à la couronne de France, si le jeune roi mourait prématurément.'

[7] Beuchot cite quatre lignes du 'projet de vers latins' communiqués par le prince Labanoff Rotowski à M. de Montmerqué. C'est cela que reprend René Pomeau dans *D'Arouet à Voltaire*. Ce projet se rattache-t-il aussi à la première arrestation du jeune Arouet? Il accuse du moins, dans l'auteur, si, comme l'indique Beuchot, on doit l'appliquer au régent, des sentiments bien propres à provoquer une lettre de cachet.

Iniquae et anticipatae hereditas
Spei coronae, Patria sacrificata
Gallia mox peritura.[8]

* * *

Voici le texte complet du 'projet de vers latins' tel qu'il est présenté aux pages 85-87 de L. Léouzon Le Duc, *Voltaire et la police. Dossier recueilli à Saint-Pétersbourg, parmi les manuscrits français originaux enlevés à la Bastille en 1789* (Paris, Ambroise Bray, 1867):

> Jam qui sis docui Apollinem, mox qui sis docebit universum orbem.
> Quicumque virum te fortem suspicatus fuerit imbellem experietur.
> O vilis mendax, vilior viliosissimo tuo servo quem colis.
> Nobilem laesisti, nobili satisfacies, si non ferro, ligno saltem.
> Quam vos decet nobiles contemnere, duces ignavi.
> O homuncio! quam expedit stupidam tuam
> Uxorem virgis te saepius excipere.
> Iniquitates ministerii tui te fugiunt,
> Servus humillimus socii tui Desfors.
> Melonius et Reus collega, amores
> Tuos pudidos serviunt, digni tali hero ministri.
> Astrologus de Boutivilliers astra tua inspiciens
> Clamavit: O prodigium! aquila genuit colombam.
> Monachos evangelisantes pie sequens
> Viros probos persecutus es, dignus his apostolis discipulus,
> Marescalco cuidam dedit deus filium
> Vere pium quem Jesuitae illustrem exhibent.
> Dedit Deus patri tuo filium imbellem.
> Stupidum quem vix Fransiscani fratrem mendicantem accepissent.

---

[8] BnF Fr 12629, p.47, où l'inscription est précédée de l'indication 'On attribue ces vers à Harouët: 1717 mars'. Voici la traduction de l'inscription telle que la propose René Pomeau (*D'Arouet à Voltaire*, p.104): 'Sous le règne d'un enfant, / Sous la régence d'un homme fameux / Par le poison et les incestes, / Sous des Conseils ignorants et chancelants, / La religion étant plus chancelante encore, / Le trésor épuisé, / La foi publique violée, / La fureur de l'injustice triomphant, / Le danger d'une sédition générale menaçant, / La patrie sacrifiée à l'espoir inique et prématuré / D'hériter de la couronne / La Gaule bientôt va périr.'

Magister tuus Noailles amat te stupidum,
Collega Desfors laudat te docilem.
Domus tua ridet te impotentem et virgis
Coesum mox subsannabo te nobili viro humillime satis
Facientem; vale mendax impudentissime. [9]

---

[9] De ce que tu es, j'ai instruit Apollon; de ce que tu es, il instruira bientôt l'univers. Qui a soupçonné que tu étais courageux verra bien que tu n'es qu'un pleutre. O vil menteur! Plus vil que ton serviteur, ce comble de vilenie que tu honores! Tu as blessé un noble, un noble aura raison de toi, sinon par le fer, du moins par le bois. Combien il vous sied de faire peu de cas des nobles, princes mollassons! O homoncule! Quel avantage pour toi que ta stupide épouse te batte si souvent de verges! Les iniquités de ton ministère t'échappent, le très humble serviteur de ton compagnon Desfors, Melon et ton collègue Rey servent tes amours infâmes, en dignes ministres d'un tel héros! L'astrologue de Boutivilliers, en consultant les astres, s'est écrié: 'O prodige! Un aigle a engendré une colombe!' Pieux sectateur des moines évangélisateurs, tu as persécuté d'honnêtes gens, en digne disciple de ces apôtres. A un certain Maréchal, Dieu a donné un fils vraiment pieux dont les jésuites font ressortir l'éclat. Dieu a donné à ton père un fils pleutre, un être stupide dont les Franciscains auraient à peine voulu comme frère mendiant. Ton maître Noailles apprécie ta stupidité, ton collègue Desfors loue ta docilité. Ta maison se rit de ton impuissance et je me gausserai bientôt de toi quand, déchiré de verges, tu feras très humblement réparation à un noble. Adieu, menteur, monstre d'impénitence! (texte aimablement traduit par Ginette Vagenheim et Jean-Michel Poinsotte).

'USÉ DU JEU QUE PRATIQUAIT SOCRATE'

Ce poème ne paraît nulle part dans les œuvres imprimées de Voltaire. Ces vers sont recueillis dans la *Correspondance secrète, politique et littéraire*,[1] où ils sont attribués à Voltaire. Par-delà cette référence, notée par Bengesco (iv.309), ce texte se trouve aussi dans les chansonniers Clairambault et Maurepas, où il est de même attribué à Voltaire ('Par Harouet') et où il porte la date de 1715. Ces deux sources apparemment indépendantes semblent se confirmer mutuellement, et l'attribution à Voltaire, si elle n'est pas certaine, semble donc au moins très probable. Le sujet rappelle évidemment celui du *Janséniste et le Moliniste* qui circulait en manuscrit à la même époque; la présence ensemble de ces deux poèmes dans la *Correspondance secrète, politique et littéraire* comme venant du 'portefeuille de ce célèbre écrivain' tend aussi à confirmer l'attribution à Voltaire. Depuis la promulgation de la bulle *Unigenitus* en 1713, la question de la grâce divine était bien entendu au premier plan d'un débat théologique qui divisait le clergé français. Pascal avait expliqué les notions de *grâce suffisante* et de *grâce efficace* dans la 'Seconde Lettre' des *Provinciales*: 'Les Jésuites prétendent qu'il y a une grâce donnée généralement à tous les hommes, soumise de telle sorte au libre arbitre, qu'il la rend efficace ou inefficace à son choix, sans aucun nouveau secours de Dieu, et sans qu'il manque rien de sa part pour agir effectivement; ce qui fait qu'ils l'appellent *suffisante*, parce qu'elle seule suffit pour agir. Et les Jansénistes, au contraire, veulent qu'il n'y ait aucune grâce actuellement suffisante, qui ne soit aussi efficace, c'est-à-dire que toutes celles qui ne déterminent point la volonté à agir effectivement sont insuffisantes pour agir, parce qu'ils disent

---

[1] Ce journal est une compilation qui emprunte une grande part de ses matériaux à la *Correspondance littéraire secrète*. L'éditeur de ce dernier journal, Louis-François Métra, fut très probablement aussi l'éditeur de la *Correspondance secrète, politique et littéraire*: voir Jean Sgard (éd.), *Dictionnaire des journaux 1600-1789* (Oxford 1991), i.260.

qu'on n'agit jamais sans *grâce efficace*.'[2] Dans ce poème grivois, le moliniste, malgré sa philosophie affichée, découvre bien vite les limites de son libre arbitre et donc de la doctrine de la grâce suffisante. Il n'est pas pour surprendre que Voltaire n'ait pas par la suite réclamé la paternité d'un tel péché de jeunesse.

Manuscrits: Chansonnier Maurepas, vol.xiii (BnF mss. fr.12628, p.21), copié sur le Chansonnier Clairambault, vol.x (BnF mss. fr 12695, p.413).

Edition: *Correspondance secrète, politique et littéraire* (dite 'Correspondance de Mettra'), 18 t. ('Londres, chez John Adamson' 1787-90), xi.115 (28 février 1781), 'Epigramme'.

Texte de base: Chansonnier Maurepas; variantes tirées de la *Correspondance secrète*.

Principes de cette édition: Nous reproduisons le texte du chansonnier Maurepas, qui semble être plus proche du moment de la composition, en modernisant l'orthographe. Le texte donné par la *Correspondance secrète, politique et littéraire* (cs) diffère seulement en de petits détails; nous en donnons les variantes.

NEC

Usé du jeu que pratiquait Socrate,
Un Moliniste auprès d'une béate,
Par maint effort excitait au plaisir
Nature lente à suivre son désir.
Tant lente était, qu'encore serait gisante   5
Sans le secours d'une main bienfaisante,
Cela dit lors le cafard transporté,

2 cs: Un Loyoliste auprès
3 cs: Par maints efforts excitait
5 cs: Tant froide était
7 cs: Ceci dit

[2] Pascal, *Les Provinciales*, éd. L. Cognet (Paris 1965), p.22.

Ouvre à mes yeux le secret de la grâce.
La suffisance aurait parbleu raté,
Si dans sa main n'eût trouvé l'efficace. 10

8 cs: le chemin de la grâce
10 cs: dans la main n'eût été l'efficace

APPENDICE I

Poèmes de Voltaire repérés dans les Chansonniers Clairambault et Maurepas (1713-1722)

Ces deux chansonniers, conservés tous les deux à la BnF, sont les plus importants parmi les recueils de chansons et de poésies populaires qui nous sont parvenus; en ce qui concerne les premières années du dix-huitième siècle, le Recueil Maurepas ne fait que recopier le Recueil Clairambault.[1] A partir de 1713, un certain nombre de poèmes de Voltaire se trouvent inscrits dans ces chansonniers; et tandis que la plupart des textes qui s'y trouvent sont naturellement anonymes, dans le cas des poèmes du jeune Arouet, les textes sont toujours attribués. La présence de Voltaire dans ces chansonniers nous en dit long sur la célébrité dont le jeune auteur a très tôt joui, et aussi sur la façon dont les contemporains ont connu et lu les poésies de Voltaire: on ne met dans les chansonniers que des pièces clandestines, qui circulent sous le manteau; il ne s'agit donc nullement de poèmes destinés à la publication. Pour des raisons évidentes, il est souvent difficile de dater de tels poèmes, et les chansonniers nous offrent une indication extrêmement précieuse, sinon de la date de composition, au moins de la date de circulation dans la capitale.

NEC

* * *

Le Janséniste et le Moliniste. Par Harouet. 1713
Chansonnier Clairambault, t.x, FR 12695, p.419-20; cf. Chansonnier Maurepas, t.xii, FR 12627, p.289-90
Voir dans ce volume, p.171.

Le Cadenat. Par Harouet. 1713
Chansonnier Clairambault, t.x, FR 12695, p.421-25; cf. Chansonnier Maurepas, t.xii, FR 12627, p.291
Voir dans ce volume, p.133.

[1] Voir Paul d'Estrée, 'Les origines du chansonnier de Maurepas', *RHLF* 3 (1896), p.332-45.

Coursillonnade. Par Harouet. 1715
Chansonnier Clairambault, t.x, FR 12695, p.409-12; cf. Chansonnier
Maurepas, t.xiii, FR 12628, p.17-20
Voir *A Mlle Duclos* dans ce volume, p.19.

Vers ['Usé du jeu que pratiquait Socrate']. Par Harouet. 1715
Chansonnier Clairambault, t.x, FR 12695, p.413; cf. Chansonnier
Maurepas, t.xiii, FR 12628, p.21
Voir dans ce volume, p.511.

Le Parnasse. Par Harouet. 1715
Chansonnier Clairambault, t.x, FR 12695, p.415-18; cf. Chansonnier
Maurepas, t.xiii, FR 12628, p.23-25
Voir *Le Bourbier* dans ce volume, p.231.

Vers ['Tristes et lugubres objets']. Par Harouet. 1715
Chansonnier Clairambault, t.x, FR 12695, p.675-77; cf. Chansonnier
Maurepas, t.xiii, FR 12628, p.101-102
Ce poème, connu sous le titre 'Les "J'ai vus"', n'est pas de Voltaire, mais
il lui fut souvent attribué à l'époque de la Régence.[2]

Chanson ['De l'Etat sujet inutile']. 'On croit ce couplet d'Harouet, et sur
le sujet de sa prison'. 1715
Chansonnier Clairambault, t.xi, FR 12696, p.22; et t.xii, FR 12697, p.390
(non attribué); cf. Chansonnier Maurepas, t.xiii, FR 12628, p.213
Il n'existe aucune preuve qui permettrait d'attribuer cette chanson à
Voltaire.

Epigramme ['Non, monseigneur, en vérité']. Par Harouet. 1716
Chansonnier Clairambault, t.xi, FR 12696, p.53; cf. Chansonnier
Maurepas, t.xiii, FR 12628, p.271
Voir dans ce volume, p.403

---

[2] Voir BNV 141 (xxxiv), 2017. Le poème, comme le fait remarquer René Pomeau,
est un pamphlet janséniste qui vise la politique de Louis XIV, et non pas celle du
Régent (*Voltaire en son temps*, nouv. éd., i.69-70). Antoine-Louis Lebrun semble en
être l'auteur (voir Jean Buvat, *Journal de la Régence*, éd. E. Campardon, 2 t., Paris
1865, i.99-100, 511).

Regnante puero. 'On attribue ces Vers à Harouët'. 1717 mars
Chansonnier Clairambault, t.xi, FR 12696, p.245; cf. Chansonnier
Maurepas, t.xiv, FR 12629, p.47
Voir dans ce volume, p.507.

Vers d'Arrouet. Au sujet du Ceinturon que Madame d'Averne donna au
Régent. 1721 aoust
Chansonnier Clairambault, t.xiii, FR 12698, p.171; cf. Chansonnier
Maurepas, t.xv, FR 12630, p.476
Voir dans ce volume, p.447.

Lettre de M. de Voltaire, à M. de Genonville son amy. 1721
Chansonnier Clairambault, t.xiii, FR 12698, p.175-77; cf. Chansonnier
Maurepas, t.xv, FR 12630, p.479-80
Voir dans ce volume, p.421.

Vers de Mr Harouet. A M. Racine, sur son Poëme sur la grace. 1722
Chansonnier Maurepas, t.xvi, FR 12631, p.9
Voir dans ce volume, p.460.

Lettre d'Harouet. Au Maréchal de Villars. 1722
Chansonnier Maurepas, t.xvi, FR 12631, p.49-51
Voir dans ce volume, p.452.

APPENDICE II

Poèmes de Voltaire publiés dans
le *Mercure* (1714-1722)

Ode présentée à l'Académie française pour la distribution des prix de l'année 1714 [anon]
Nouveau Mercure galant, 1714 octobre (p.103-14)
Voir dans ce volume, p.181.

'Aux maux les plus affreux' (Sur les malheurs du temps. Ode) [anon]
Nouveau Mercure galant, 1716 juillet (p.8-18)
Voir dans ce volume, p.323.

Lettre de M. Arouet à Monsieur le Grand Prieur
Nouveau Mercure galant, 1716 octobre (p.96-103)
Voir dans ce volume, p.228-94.

A Mme de Gondrin. Epître par Arouet. Sur le péril qu'elle avait couru en traversant la Loire
Le Nouveau Mercure, 1717 mars (p.48-50)
Voir dans ce volume, p.385.

Epître de M. Arouet à M *** [Chaulieu]
Le Nouveau Mercure, 1717 avril (p.51-56)
Voir dans ce volume, p.404.

A Mlle de M*** par M. A**[1]
Le Nouveau Mercure, 1717 juin (p.62-64)
Voir dans ce volume, p.377-78.

Epître à M.*** par M. de V*** (Epître à M. l'abbé Servien)
Nouveau Mercure galant, avril 1721 (p.148-52)
Voir dans ce volume, p.302.

Epître à M. le Maréchal de Villars par M. de Voltaire
Le Mercure, juillet 1722 (p.18-20)
Voir dans ce volume, p.452.

---

[1] Identifié comme Arouet dans la Table des matières.

APPENDICE II

Lettre de M. de Voltaire à S.E.M. le cardinal de Bois
Le Mercure, septembre 1722 (p.111-13)
Voir dans ce volume, p.443.

NEC

OUVRAGES CITÉS

Abbadie, J., *Traité de la véritable religion chrétienne* (1684).

[Anon.], *Anecdotes pour servir à l'histoire secrète des Ebugors* (1733).

Anthologie de la poésie française, éd. C. J. Seth (Paris 2000).

Argens, Jean-Baptiste de Boyer, marquis d', *Lettres juives* (1738).

– *Thérèse philosophe*, dans *Romanciers libertins du XVIIIe siècle*, éd. P. Wald Lasowski, t.i (Paris 2000).

Argenson, René-Louis de Voyer, marquis d', *Journal et mémoires*, éd. E. J. B. Rathéry (Paris 1859-1867).

Aubert, Marcel, *La Cathédrale Notre-Dame de Paris. Notice historique et archéologique* (Paris 1945).

Augustin, saint, *Confessions*, éd. et trad. P. de Labriolle (Paris 1925).

– *Œuvres complètes*, traduites en français, éd. Vivès (1869).

Bachaumont, François Le Coigneux de, *voir* Chapelle.

Barbier, A.-A., *Dictionnaire des ouvrages anonymes*, 3e éd. (Paris 1874).

Barbier, Edmond, *Journal historique et anecdotique du règne de Louis XV* (Paris 1847-1856).

Baudot, Jules, et Léon Chaussin, *Vies des saints et des bienheureux selon l'ordre du calendrier avec l'historique des fêtes* (Paris 1935).

Beasley, Faith E., 'Un mariage critique: *Zayde* et *De l'origine des romans*', *XVIIe Siècle* 181 (1993).

Beauchamps, Pierre-François Godart de, *Histoire du prince Apprius* ('Constantinople' 1728).

Beaumarchais, J.-P. de, 'Un inédit de Beaumarchais: *Le Sacristain*', *RHLF* (1974).

Bengesco, G., *Les Comédiennes de Voltaire* (Paris 1912).

– *Voltaire, bibliographie de ses œuvres* (Paris 1885).

Berchet, Jean-Claude, '*Candide*, ou l'exercice "à la bulgare"', *Amicitia scriptor: littérature, histoire des idées, philosophie. Mélanges offerts à Robert Mauzi*, éd. A. Becq, Ch. Porset et A. Mothu (Paris 1998).

Bertaut, *Les Œuvres poétiques* (1620).

Bertin, Antoine, *Amours* (1780).

Besenval, Pierre-Joseph-Victor de, *Mémoires* (Paris, F. Buisson, 1805).

Bigarrures, Coïro-pygo-glotto-chiro-phallurgiques, éd. B. Didier (Genève et Paris 1981).

Boileau-Despréaux, Nicolas, *Œuvres diverses du sieur D**** (Paris, D. Thierry, 1674).

Boissy, Louis de, *L'Elève de Terpsicore, ou le nourrisson de la satire*, 2 t. (Amsterdam, B. Tromp, 1718).

Boivin, Jean, *Apologie d'Homere, et Bouclier d'Achille* (Paris, François Jouenne, 1715).

Bonneval, C. A., *Mémoires* (La Haye 1738).

Brantôme, Pierre de Bourdeille, abbé de, *Recueil des dames*, éd. E. Vaucheret (Paris 1991).

Brenner, Clarence D., *Le Développe-*

ment du proverbe dramatique en France et sa vogue au début du XVIIIe siècle, University of California Publications in Modern Philology, t.xx, n° 1 (Berkeley, Calif. 1937).

Brosses, le président Charles de, *Lettres historiques et critiques sur l'Italie* (Paris 1986).

Brossette, Claude, *Lettres de Brossette à Jean-Baptiste Rousseau,* éd. Paul Bonnefon (Paris 1910).

Brown, A., 'Calendar of Voltaire manuscripts other than correspondence', *SVEC* 77 (1970).

Brunelli, G. A., 'Voltaire, un manoscritto siracusano e altre testimonianze su Voltaire in Italia', *Studi in onore di Carlo Pellegrini* (Turin 1963).

Buvat, Jean, *Gazette de la Régence, janvier 1715-juin 1719,* éd. E. de Barthélemy (Paris 1887).

– *Journal de la Régence, 1715-1723,* éd. E. Campardon (Paris 1865).

Cambou, P., *Le Traitement voltairien du conte* (Paris 2000).

Capon, G., et R. Yve-Plessis, *Vie privée du prince de Conty* (Paris 1907).

[Carra, J.-L.], *Mémoires historiques et authentiques sur la Bastille* (Londres et Paris, Buisson, 1789).

– et Mercier, *Annales patriotiques et littéraires* (1789).

Cartaud de La Vilate, François, *Essai philosophique et historique sur le goût* (Amsterdam 1736).

Castres, Sabatier de, *Les Trois siècles de notre littérature,* 3 t. (Amsterdam 1772).

Cazotte, Jacques, *Le Bijou trop peu payé, et La Brunette anglaise, nouvelles en vers pour servir de supplément aux œuvres posthumes de Guillaume Vadé* (Genève et Paris 1764).

Challamel, A., *La Régence galante* (Paris 1861).

Chapelle, Claude-Emmanuel Lhuillier, *Histoire de la vie de Molière* (Paris 1705).

– et François Le Coigneux de Bachaumont, *Voyage de Chapelle et de Bachaumont,* dans *Œuvres de Chapelle et de Bachaumont,* éd. Charles-Hugues Lefèvre de Saint-Marc (1755; nouv. éd. (Paris 1854).

– *Voyage d'Encausse faict par messieurs Chappelle et Bachaumont,* éd. M. Souriau (Caen 1901).

Chaulieu, Guillaume Amfrye de, *Œuvres,* 2 t. (La Haye 1774).

– *Œuvres diverses,* 2 t. (Londres 1740).

Cioranescu, A., *L'Arioste en France* (Paris 1939).

Clément, Roger, *La Condition des Juifs de Metz dans l'Ancien Régime* (Paris 1903).

Conlon, Pierre M., *Le Siècle des Lumières. Bibliographie chronologique,* t.i (Paris 1983).

Coras, J. de, *Jonas, ou Ninive pénitente* (1663).

Courouve, Claude, *Vocabulaire de l'homosexualité masculine* (Paris 1985).

Crébillon, Claude, *Œuvres complètes* (Genève 1968), t.i.

Cronk, N., 'The epicurean spirit: champagne and the defence of poetry in Voltaire's *Le Mondain*', *SVEC* 371 (1999).

Dagen, J., 'Le paillard et le polisson. De Brantôme à Voltaire', *Littératures* 5 (Toulouse 1982).

Delandine, Antoine-François, *Couronnes académiques, ou recueil des prix proposés par les sociétés savantes, avec les noms de ceux qui les ont obtenus, des concurrens distingués, des auteurs qui ont écrit sur les mêmes sujets, le titre & le lieu de l'impression de leurs Ouvrages* (Paris, Cuchet, 1787).

Delon, Michel, 'Naufrages vus de loin: les développements narratifs d'un thème lucrétien', *Rivista di letterature moderne e comparate* 2 (1988), p.91-119.

– 'The priest, the philosopher, and homosexuality in Enlightenment France', dans *'Tis nature's fault: unauthorized sexuality during the Enlightenment*, éd. R. Purks Maccubbin (Cambridge 1987).

– et C. J. Seth (éds), *Voltaire en Europe. Hommage à Christiane Mervaud* (Oxford 2000).

Démoris, René, 'Les fêtes galantes chez Watteau et dans le roman contemporain', *Dix-huitième siècle* 3 (1971).

Deschamps, *La Religion défendue: Poème contre l'Epître à Uranie* (1733).

Desfontaines, Pierres-François Guyot, *Nouvelliste du Parnasse*, 2ᵉ éd. (1734).

– *La Voltairomanie*, éd. M. H. Waddicor (Exeter 1983).

Desnoiresterres, Gustave, *Les Cours galantes* (Paris 1860-1864).

– *La Jeunesse de Voltaire* (Paris 1871).

Dictionnaire des journalistes 1600-1789, 2ᵉ éd., éd. J. Sgard (Oxford 1999).

Dictionnaire des journaux 1600-1789, éd. J. Sgard (Oxford et Paris 1991).

Dictionnaire du Grand Siècle, éd. F. Bluche (Paris 1990).

Diderot, Denis, *Quatre contes*, éd. J. Proust (Genève 1964).

Dijk, S. van, 'Le Journal des dames, 1759-1778; les journalistes-dames et les autres', *Traces de femmes – présence féminine dans le journalisme français du XVIIIᵉ siècle* (Amsterdam et Maarssen 1988).

Duclos, Charles Pinot, *Acajou et Zirphile* (1744), dans *Cabinet des fées* (Genève 1786).

– *Histoire de Mme de Luz* (1741), éd. J. Brengues (Saint-Brieuc 1972).

– *Mémoires secrets sur le Règne de Louis XIV, la Régence et le règne de Louis XV* (Paris 1846; nouv. éd. 1864).

Dufresnoy, M.-L., *L'Orient romanesque en France 1704-1789* (Montréal 1946-1948).

Elite de poésies fugitives, éd. Blin de Sainmore (Londres 1764-1770).

Epicure, *Les Six Livres de Lucrèce, De la nature des choses. Traduits par Michel de Marolles, abbé de Villeloin. Seconde édition. A quoy sont adjoustées [...] la Vie d'Epicure, contenant la doctrine de ce philosophe, tirée de Diogene de Laerce* (Paris 1659).

Estrée, Paul, 'Les origines du chansonnier de Maurepas', *RHLF* 3 (1896).

Expilly, abbé, *Dictionnaire géographique, historique et politique des Gaules et de la France* (Amsterdam et Paris 1764).

Fauchery, P., *La Destinée féminine dans le roman européen du dix-huitième siècle* (Paris 1972).

Fénelon, François de Salignac de, *Réflexions sur la rhétorique et sur la poétique [...]. Avec quelques autres pièces concernant l'Académie française* (Amsterdam, Jean-Frédéric Bernard, 1717).

Ferrand, Antoine, *Pièces libres, et poésies de quelques autres auteurs sur divers sujets* (Londres 1738; 1744).

Fleischauer, Charles, *Poésie de Voltaire*, éd. *variorum*, t.i (éd. à compte d'auteur, 1992).

Fontaine, Marie-Louise, Charlotte de Pelard de Givry, comtesse de, *La Comtesse de Savoie* (s.l. 1726).

Galliani, R., 'La date de composition du *Crocheteur borgne* de Voltaire', *SVEC* 217 (1983).

Genest, abbé, *Les Divertissements de Sceaux* (Trévoux 1712).

– *Suite des divertissements de Sceaux* (1725).

Le Grand vocabulaire français (Paris, Panckoucke, 1767-1774).

Grécourt, J.-B. de, *Œuvres* (Paris an V [1797]).

Grimm, F.-M., *La Correspondance littéraire 1er janvier-15 juin 1761*, éd. U. Kölving (Uppsala 1978).

– *Correspondance littéraire, philosophique et critique*, éd. Maurice Tourneux (Paris 1877-1882).

Guillois, Antoine, *Pendant la Terreur. Le poète Roucher 1745-1794* (Paris 1890).

Gunny, Ahmad, 'Voltaire's thoughts on prose fiction', *SVEC* 140 (1975).

Hellegouarc'h, J., 'Genèse d'un conte de Voltaire', *SVEC* 176 (1979).

– 'Mélinade ou la duchesse du Maine. Deux contes de jeunesse de Voltaire: *Le Crocheteur borgne* et *Cosi-Sancta*', *RHLF* 5 (1978).

Hénault, Charles-Jean-François, *Mémoires* (Paris 1855).

Hepp, Noémi, *Homère en France au XVIIe siècle* (Paris 1968).

Histoire générale de la presse française, sous la direction de C. Bellanger, J. Godechot, P. Guiral et F. Terrou, t.i, *Des origines à 1814* (Paris 1969).

Howells, Robin, *Disabled powers: a reading of Voltaire's Contes* (Amsterdam 1993).

The Humours of New Tunbridge Wells at Islington (London 1734).

Jarry, L. J. du, *Essais de sermons pour l'Avent, contenant trois desseins différents* [...] *et aussi trois desseins particuliers pour les dimanches et pour les fêtes de l'Avent* (Paris, D. Thierry, 1698).

– *Essais de sermons pour les dominicales et les mystères, contenant trois desseins pour chaque sujet. Avec des sentences choisies de l'Ecriture sainte et des Pères de l'Eglise pour chaque discours, traduites en françois* (Paris, Denys Thierry, 1696).

– *Oraison funèbre de Marie-Anne-Christine de Bavière, dauphine de France, prononcée dans l'église de l'abbaye royale de Maubuisson, le 27 juin 1690* (Paris, Antoine Dezallier, 1690).

– *Oraison funèbre de très haut et très puissant Seigneur Mre Charles de Ste Maure, duc de Montausier, pair de France, prononcée dans l'église de Sainte-Croix de la Cité, le 23 aoust 1690* (Paris, Antoine Dezallier, 1690).

– *Oraison funèbre de très haut, très puissant prince Louis de Bourbon, prince de Condé, premier prince du sang, prononcée à l'abbaye royale de Maubuisson, le 3 may 1687* (Paris, Daniel Horthemels, 1687).

– *Oraisons funèbres de très haut, très puissant et très excellent prince, monseigneur Louis, dauphin, mort en MDCCXI, et de très haute, très puissante et très excellente princesse, Marie Adélaïde de Savoye, son épouse* (Paris, Nicolas Pepie, 1712).

– *Poème chrétien sur la béatitude, contre les illusions du quiétisme* (Paris, Louis Josse, 1699).

– *Poésies chrétiennes, héroïques et morales* (Paris, Esprit Billiot, 1715).

– *Sermons sur les mystères de Nostre-Seigneur et de la Sainte Vierge* (Paris, Jacques Estienne, 1709).

Jones, S. Paul, *A list of French prose fiction from 1700 to 1750* (New York 1939).

Journal de la Cour et de Paris (1732-1733), éd. H. Duranton (Saint-Etienne 1981).

Journal des nouvelles de Paris (1734-1738), éd. Barthélémy (Paris 1879).

Jullien, A., *La Comédie à la cour* (Paris 1885).

– *Les Grandes Nuits de Sceaux. Le théâtre de la duchesse du Maine d'après des documents inédits* (Paris 1876).

La Fontaine, Jean de, *Le Diable de Papefiguière, Nouveaux Contes* (1674).

– *Fables*, éd. A. Adam (Paris 1966).

– *Œuvres complètes*, Bibliothèque de la Pléiade (Paris 1954).

– *Œuvres diverses*, éd. P. Clarac, Bibliothèque de la Pléiade (Paris 1958).

Lagrange-Chancel, François-Joseph de, *Les Philippiques*, éd. Labessade (Paris 1876).

La Harpe, Jean-François de, *Cours de littérature* (Paris 1880).

– *Lycée ou cours de littérature* (Paris, Agasse, an XII [1804]).

La Motte, Antoine Houdar de, 'Discours sur les prix que l'Académie française distribue, prononcée le 25. août fête de Saint-Louis 1714. après la lecture des pièces qui ont remporté les prix', dans *Recueil de plusieurs pièces de poésie présentées à l'Académie française, pour le prix des années MDCCXIII et MDCCXIV* (Paris, Jean-Baptiste Coignard, 1714).

– *Fables nouvelles, dédiées au roi. [...] Avec un discours sur la fable* (Paris, Gregoire Dupuis, 1719).

– *Odes de M. D***, avec un discours sur la poésie en général, et sur l'ode en particulier* (Paris, Grégoire Dupuis, 1707).

– *Odes nouvelles* (1709).

– *Œuvres*, 9 t. en 10 parties (Paris 1754).

Lancaster, H. Carrington, *The Comédie Française 1701-1774. Transactions of the American Philosophical Society* 41 (Philadelphia 1951).

La Popelinière, Alexandre J. Joseph Le Riche de, *Daïra, histoire orientale* (1760).

Larousse, Pierre, *Grand Dictionnaire universel du XIXᵉ siècle* (1864-1890).

La Vilate, Cartaud de, *Essai philosophique et historique sur le goût* (Amsterdam 1736).

Lee, J. Patrick, 'Voltaire, John Lockman and the myth of the *English letters*', *SVEC* 2001:09.

Léouzon Le Duc, L., *Voltaire et la police. Dossier recueilli à Saint-Pétersbourg, parmi les manuscrits français originaux enlevés à la Bastille en 1789* (Paris 1867).

Le Prince de Beaumont, Jeanne-Marie, *La Belle et la Bête* (1756).

Lerber, Walther de, *L'Influence de Clément Marot aux XVIIᵉ et XVIIIᵉ siècles* (Lausanne et Paris 1920).

Lesage, *Gil Blas*, éd. R. Laufer (Paris 1977).

Lescure, M. de, *Les Maîtresses du Régent. Etudes d'histoire et de mœurs sur le commencement du XVIIIᵉ siècle* (Paris 1860).

Les Mille et une nuits, trad. A. Galland, éd. G. Picard (Paris 1960).

Les Muses chrétiennes, ou petit diction-naire poëtique, contenant les meilleurs morceaux des auteurs les plus connus; à l'usage des séminaires, des commu-nautés religieuses, des collèges et des pensions de jeunes messieurs et de jeunes demoiselles; ouvrage dédié à M. le Curé de Sainte-Marguerite (Paris, Ruault, 1778).

Lesparre, Armand Léon de Madaillan de, marquis de Lassay, *Recueil des différentes choses* (Paris 1721).

Les Scandales du temps (1716), dans *Recueil Clairambault-Maurepas. Chansonnier historique du XVIIIᵉ siècle* (Paris 1880).

Lettre à M. D***, avocat à Besançon, par un membre du conseil de Zurich (s.l. 1767).

Lettres de Brossette à Jean-Baptiste Rousseau, éd. Paul Bonnefon (Paris 1910).

Lever, Maurice, *Les Bûchers de Sodome* (Paris 1985).

Luchet, Jean-Pierre-Louis de La Roche du Maine, marquis de, *Histoire littéraire de M. de Voltaire* (Cassel 1781).

Lyonnet, Henry, *Dictionnaire des comé-diens français*, 2 t. (Paris 1910-1912).

Maine, Louis Auguste de Bourbon, duc du, *La Divine doctrine de Jésus-Christ ou méditations sur le sermon sur la montagne de M. le duc du Maine*, éd. l'abbé Guérin (1840).

Maintenon, Françoise d'Aubigné, mar-quise de, *Correspondance générale*, éd. Th. Lavallée (Paris 1865).

Marais, Matthieu, *Journal et mémoires sur la Régence et le règne de Louis XV (1715-1737)* (Paris 1863-1868).

Marion, Marcel, *Dictionnaire des institu-tions de la France aux XVIIᵉ et XVIIIᵉ siècles* (1923; réimpr. Paris 1993).

Marivaux, Pierre Carlet de Chamblain, *Journaux et œuvres diverses*, éd. F. Deloffre et M. Gilot (Paris 1969).

Mason, Haydn, *Voltaire: a biography* (London 1981).

– 'Voltaire and Louis Racine', *Voltaire and his world: Enlightenment essays presented to W. H. Barber* (Oxford 1985), p.101-16.

Massillon, Jean-Baptiste, *Œuvres* (Paris 1877).

Maurel, A., *La Duchesse du Maine, reine de Sceaux* (Paris 1928).

Mauzi, R., *L'Idée du bonheur au XVIIIᵉ siècle* (Paris 1969).

Mémoires du maréchal de Villars (Paris 1902).

Menant, Sylvain, *La Chute d'Icare. La crise de la poésie française (1700-1750)* (Genève 1981).

Mercier, Barthélemy, abbé de Saint-Léger, *Recueil C* (Paris 1759).

Merrick, J., et B. T. Ragan (eds), *Homo-sexuality in early modern France: a documentary collection* (New York 2001).

Mervaud, C., 'La narration interrompue dans *Le Sopha* de Crébillon', *SVEC* 249 (1987).

– *Voltaire à table* (Paris 1998).

– 'Voltaire, saint Augustin et le duc Du Maine: aux sources de Cosi-Sancta', *SVEC* 228 (1984).

Meyer, E., 'Variantes aux *Poésies mêlées* de Voltaire d'après le manuscrit envoyé par l'auteur à M. de Cideville en 1735', *RHLF* 39 (1932), p.400-23.

Millin, A.-L., 'Abbaye Sainte-Gene-viève à Paris', *Antiquités nationales ou recueil de monumens pour servir à l'Histoire générale et particulière de l'Empire français*, t.lx (Paris, Drouhin, an VII [1799]).

Misson, F.-M., *Nouveau voyage d'Italie* (La Haye 1702).

Montaigne, Michel, *Essais*, nouv. éd. Pierre Coste (Londres, J. Tonson et J. Watts, 1724).

Morris, Thelma, *L'Abbé Desfontaines et son rôle dans la littérature de son temps*, SVEC 19 (1961).

Moureaux, José-Michel, *L'Œdipe de Voltaire. Introduction à une psycholecture*, Archives des lettres modernes 146 (1973).

Nablow, R. A., *A Study of Voltaire's lighter verse*, SVEC 126 (1974).

Nicholls, James, 'Variations on the motif of the one-eyed lover from Marmontel to Flartzenbusch', *Revue de littérature comparée* (janvier-mars 1969).

Noyer, Anne-Marie Petit du (Mme), *Lettres historiques et galantes de Madame du Noyer, contenant différentes histoires, avantures, anecdotes curieuses & singuliéres* (1720), nouv. éd. (Londres, Jean Nourse, 1739).

Palissot de Montenoy, Charles, *Eloge de M. de Voltaire* (Londres et Paris, J.-F. Bastien, 1778).

Pascal, Blaise, *Les Provinciales*, éd. L. Cognet (Paris 1965), p.22.

Pauvert, J.-J., *Anthologie historique des lectures érotiques. De Sade à Fallières* (Paris 1982).

Pearson, R., *The Fables of reason: a study of Voltaire's 'contes philosophiques'* (Oxford 1993).

Pellisson, Paul, et Pierre-Joseph Thoulier d'Olivet, *Histoire de l'Académie française*, 2e éd. (Paris 1730).

Peyrefitte, Roger, *Voltaire. Sa jeunesse et son temps*, 2 t. (Paris 1985).

Pia, Pascal, *Les Livres de l'Enfer* (Paris 1998).

Plaidoyer de Monsieur Freydier, avocat à Nismes contre l'introduction des cadenats, ou ceintures de chasteté (Montpellier, Augustin-François Rochard, 1750).

Polinger, E., *Pierre Charles Roy, playwright and satirist* (New York 1930).

Pollitzer, Marcel, *Le Maréchal galant. Louis-François Armand, duc de Richelieu* (Paris 1952).

Pomeau, René, *D'Arouet à Voltaire, Voltaire en son temps* 1 (Oxford 1985), 2e éd., 2 t. (Oxford et Paris 1985-1995).

– *La Religion de Voltaire*, 2e éd. (Paris 1969).

– '*Le Barbier de Séville*: de l'intermède à la comédie', *RHLF* (1974).

– 'Voltaire, du côté de Sodome?', *RHLF* 86 (1986).

Pontas, Jean, *Dictionnaire des cas de conscience* (1715).

Pouchkine, Alexandre, *Eugène Onéguine*, trad. Vladimir Nabokov, 2 t. (Princeton 1975).

Propp, W., *Morphologie du conte*, trad. C. Ligny (Paris 1971).

Quétel, Claude, *De par le Roy. Essai sur les lettres de cachet* (Toulouse 1981).

Rabelais, François, *Contes et nouvelles*, éd. P. Clarac (Paris 1961).

– *Œuvres complètes*, Bibliothèque de la Pléiade (Paris 1955).

Racine, Jean, *Cantique spirituel*, dans *Œuvres complètes*, t.i, éd. G. Forestier, Bibliothèque de la Pléiade (Paris 1999).

Racine, Louis, *Œuvres complètes*, 6 t. (Paris 1808).

Ragan, Bryant T., 'The Enlightenment confronts homosexuality', dans *Homosexuality in modern France*, éd. J. Merrick et B. T. Ragan (New York 1996).

Ravaisson, François, *Archives de la Bastille. Documents inédits* (Paris 1881).

Recueil de pièces choisies, rassemblées par les soins d'un cosmolite (Anconne, Vriel Bandant, 1735).

Redshaw, A. M., 'Voltaire and Lucretius', *SVEC* 189 (1980), p.19-43.

Registres de l'Académie française 1672-1793 (Paris, Firmin-Didot, 1895).

Rétat, P., *Le Dictionnaire de Bayle et la lutte philosophique au XVIIIᵉ siècle* (Paris 1971).

Rey, Michel, 'Police et sodomie à Paris au XVIIIᵉ siècle: du péché au désordre', *Revue d'histoire moderne et contemporaine* 29 (1982).

Richelet, Pierre, *Dictionnaire français* (Génève, J. Herman Widerhold, 1680).

Robert, R., *Le Conte de fées littéraire en France de la fin du XVIIᵉ siècle à la fin du XVIIIᵉ siècle* (Nancy 1981).

Roucher, Jean-Antoine, *Les Mois* (Paris, Quillau, 1779).

Rousseau, Jean-Baptiste, *Lettres de Rousseau sur différents sujets de littérature* (Genève 1749).

– *Œuvres* (Amsterdam, Changuion, 1734).

Rousseau, Jean-Jacques, *Confessions*, éd. B. Gagnebin et M. Raymond, *Œuvres complètes* t.i, Bibliothèque de la Pléiade (Paris 1959).

Saint-Evremond, Charles de Margetel de Saint-Denis, *Œuvres en prose*, éd. R. Ternois (Paris 1962-1969).

Saint-Simon, Louis de Rouvroy, duc de, *Mémoires. Additions au Journal de Dangeau*, éd. Yves Coirault, 8 t. (Paris 1983-1988).

Sennemaud, Père, *Pensées philosophiques d'un citoyen de Montmartre* (La Haye 1756).

Seth, Catriona, 'Le XVIIIᵉ siècle', dans *Anthologie de la poésie française* (Paris 2000).

Staal de Launay, Rose de, *La Bastille sous la Régence. Mémoires*, éd. F. Funck-Brentano (Paris, Arthème Fayard, s.d.).

– *Mémoires*, éd. G. Doscot (Paris 1970).

Sullerot, E., *Histoire de la presse féminine en France des origines à 1848* (Paris 1966).

Tamagne, Florence, *Mauvais Genre?: une histoire des représentations de l'homosexualité* (Paris 2001).

Tanevot, Alexandre, *Poésies diverses par M. Tanevot* (Paris 1766).

Terquem, O., 'Souvenirs historiques, concussions, avanies, dettes. Les ducs de Brancas et les Juifs de Metz', *Archives israélites* 5 (1844).

Terrasson, Jean, *Dissertation critique sur l'Iliade d'Homère (1715)*, dans *Poésies satiriques du XVIIIᵉ siècle* (Londres 1788).

Trésor de la langue français (Paris 1977).

Vaillot, R., *Avec Mme Du Châtelet*, *Voltaire en son temps* 2 (Oxford 1988).

Van den Heuvel, J., *Voltaire dans ses contes* (Paris 1967).

Versini, L., *Laclos et la tradition. Essai sur les sources et la technique des 'Liaisons dangereuses'* (Paris 1968).

Verville, Béroalde de, *Le Moyen de parvenir* (s.l. 1610).

Vidal, Mary, *Watteau's painted conversations* (New Haven, Conn. 1992).

Vigouroux, F., *Dictionnaire de la Bible* (Paris 1912).

Villette, Charles de, *Mémoires et anecdotes pour servir à l'histoire de M. de Voltaire* (Amsterdam 1779).

Virgile, *Géorgiques*, trad. E. de Saint-Denis (Paris 1956).

Vloberg, Maurice, *Notre-Dame de Paris et le vœu de Louis XIII* (Paris 1926).

Voisenon, Claude Henri Fusée de, *Anecdotes littéraires*, dans *Œuvres complètes* (Paris 1781).

Voltaire, *Artémire*, éd. David Jory, *OC*, t.1A (2001).

– 'Aux mânes de monsieur de Genonville, conseiller au Parlement et intime ami de l'auteur', éd. Nicole Masson, *OC*, t.5 (1998).

– *Candide*, éd. René Pomeau, *OC*, t.48 (1980).

– *Contes en vers et en prose*, éd. S. Menant (Paris 1992).

– *Contes et romans*, éd. Ph. van Tieghem, Les textes français de la Société des Belles Lettres (Paris 1930).

– *Correspondence and related documents*, éd. Th. Besterman, *OC*, t.85-135 (1968-1977).

– *Dictionnaire philosophique*, éd. Christiane Mervaud, *OC*, t.35-36 (1994).

– *Le Dîner du comte de Boulainvilliers*, éd. Ulla Kölving et José-Michel Moureaux, *OC*, t.63A (1990).

– *Discours en vers sur l'Homme*, éd. Haydn T. Mason, *OC*, t.17 (1991).

– *Epître sur la calomnie*, éd. D. J. Fletcher, *OC*, t.9 (1999).

– *Essai sur la poésie épique*, éd. David Williams, *OC*, t.3B (1996).

– *Essai sur les mœurs*, éd. R. Pomeau (Paris 1963).

– *La Henriade*, éd. O. R. Taylor, *OC*, t.2 (1970).

– – *La Ligue* (Amsterdam, J.-F. Bernard, 1724; Amsterdam, H. Desbordes, 1724).

– *Histoire de l'Empire de Russie sous Pierre le Grand*, éd. Michel Mervaud, *OC*, t.46-47 (1999).

– *Lettres sur Œdipe*, éd. David Jory, *OC*, t.1A (2001).

– *Notebooks*, éd. Th. Besterman, *OC*, t.81-82 (1968).

– *Œdipe*, éd. David Jory, *OC*, t.1A (2001).

– *Œuvres complètes*, éd. Louis Moland (Paris 1877-1885).

– *Œuvres complètes / Complete works* (Geneva, Banbury et Oxford 1968-).

– *Œuvres historiques*, éd. René Pomeau (Paris 1957).

– *Pièces inédites de Voltaire* (Paris 1820).

– *Poésies de Voltaire* (Paris, Didot l'aîné, 1823).

– *La Princesse de Babylone*, éd. J. Hellegouarc'h, *OC*, t.66 (1999).

– *La Pucelle*, éd. Jeroom Vercruysse, *OC*, t.7 (1970).

– *Romans et contes*, éd. Fr. Deloffre et J. van den Heuvel (Paris 1979).

– *Le Temple du goût*, éd. O. R. Taylor *OC*, t.9 (1999).

– *Traité de métaphysique*, éd. W. H. Barber, *OC*, t.14 (1989).

– *Traité sur la tolérance*, éd. John Renwick, *OC*, t.56C (2000).

Voltaire éléctronique (Oxford 1998).

Wachs, Morris, 'Voltaire's "Regnante puero": the date, the title and the French original', *SVEC* 284 (1991).

Wade, Ira O., 'The *Epître à Uranie*', *PMLA* 47 (1932), p.1066-12.

– 'A favourite metaphor of Voltaire', *Romanic review* 26 (1935), p.330-34.

Waller, R., 'Voltaire and the regent', *SVEC* 127 (1974), p.7-39.

Watts, G. B., 'The authorship of *L'Elève de Terpsicore*', *Modern language notes* 40 (1925).

INDEX DES INCIPITS

INDEX GÉNÉRAL

BIRKBECK COLLEGE

‖‖‖‖‖‖‖‖‖‖‖‖‖‖‖‖‖‖‖‖‖

1912044565

844
VOL
9
BES

Birkbeck
UNIVERSITY OF LONDON

Malet Street, London WC1E 7HX
020-7631 6239
e-mail: library-renewals@bbk.ac.uk
Items should be returned or renewed by the latest date stamped below.
Please see Library Guide 1 or visit the Library website
http://www.bbk.ac.uk/lib/ for information about online renewals.

6/12/02